**이정로**

_ 미국 로스쿨 입학시험(Law School Admission Test) 전 세계 상위랭크
_ 미국 명문 로스쿨 입학 예정
_ (현) 테스트와이즈 시사영어학원 텝스 대표강사
_ 종로, 신촌 텝스 전타임 최단기 마감강사

# 텝스 급상승 이정로의 논리 어휘

**저 자** 이정로
**발행인** 고본화
**발 행** 반석출판사
2012년 8월 10일 초판 2쇄 인쇄
2012년 8월 15일 초판 2쇄 발행
**반석출판사** | **www.bansok.co.kr**
**이메일** | **bansok@bansok.co.kr**

157-779 서울시 강서구 염창동 240-21 우림블루나인 비즈니스센터 B동 904호
**대표전화** 02) 2093-3399    **팩 스** 02) 2093-3393
**출 판 부** 02) 2093-3395    **영업부** 02) 2093-3396
**등록번호** 제 315-2008-000033호

**Copyright ⓒ** 이정로

**ISBN** 978-89-7172-593-1 〔13740〕

**값** 15,000원(mp3 파일 무료 제공)

이정로의 **논리어휘**

# Preface

시험이 실시된 지 10여 년이 넘은 텝스는 이제 대한민국을 대표하는 공인 영어인증시험이 되었습니다. 나날이 비중이 줄고 있는 토익, 토플과 달리 텝스는 각종 공기업과 정부기관의 채용시험에 활용되고 있으며 LEET(법학전문대학원), MEET(의학전문대학원), DEET(치의학전문대학원), PEET(약학전문대학원), 편입학, 대학원, 특목고 입시 등에 꼭 필요한 영어시험이 되었습니다. 저는 다년간 현장에서 학생들에게 텝스를 강의한 경험을 바탕으로 본 책을 집필하게 되었습니다. 이제 그 결과물을 여러분 앞에 내놓으면서 현재 출시된 수많은 텝스 교재와는 비교할 수 없는 최고의 교재임을 확신합니다. 무릇 좋은 교재란 "기본"과 "실전"의 두 바퀴가 함께 조화를 이루어야 합니다.

본 교재는 모두 두 파트로 이루어져 있습니다. 파트 1은 주제별 구성으로 텝스 어휘에서 가장 빈번히 출제되는 표제어들을 담고 있습니다. 총 30과 구성으로 30일 동안 텝스 어휘의 기본기를 다지고, 파트 2에서 텝스 어휘 시험의 맛보기로 미니실전문제를 풀고 마무리합니다. 이 교재는 텝스 시험의 어휘영역만 국한되는 것이 아니라 나머지 영역(청해, 독해 등)을 모두 아우르는 교재라는 것을 다시 한 번 강조합니다.

현재 텝스 강좌와 책들은 시중에 많이 있습니다. 그 많은 책들 사이에서 수험생들의 고민은 깊어질 수밖에 없습니다. 하지만 결국 최고의 완성도를 갖춘 교재만이 살아남아 선택 받을 것입니다. 수많은 학생들이 제 강의를 통해 원하는 바를 이루어 나가는 것을 보면서 저는 천천히 그러나 최선을 다해 제 강의를 그대로 담은 최고의 수험서를 만들기 위해 준비해 왔습니다.

이 교재를 통해 여러분이 원하는 꿈을 위한 점수를 얻을 수 있을 것이라 자신 있게 말씀 드리며, 끝으로 이 교재를 위해 애써 주신 많은 분들께도 더불어 감사의 인사를 전합니다.

2011년 4월
이 정 로 드림

# Contents

## Part 1_ TEPS Vocabulary Day 01-30

Day 01 정치, 회의 1 · 10
Day 02 정치, 회의 2 · 24
Day 03 정치, 회의 3 · 38
Day 04 정치, 회의 4 · 52
Day 05 여행 · 66
Day 06 교통 · 80
Day 07 미디어 1 · 94
Day 08 미디어 2 · 108
Day 09 회사, 경제 1 · 122
Day 10 회사, 경제 2 · 138
Day 11 회사, 경제 3 · 152
Day 12 가정 · 166
Day 13 환경 · 180
Day 14 금융, 주식 · 194
Day 15 고용 · 208

Day 16 사회 문제 1 · 222
Day 17 사회 문제 2 · 234
Day 18 건강 1 · 246
Day 19 건강 2 · 260
Day 20 여가, 오락 1 · 274
Day 21 여가, 오락 2 · 288
Day 22 문제, 해결 · 302
Day 23 법, 수사 1 · 316
Day 24 법, 수사 2 · 332
Day 25 자연, 재해 1 · 346
Day 26 자연, 재해 2 · 360
Day 27 감정형용사 · 374
Day 28 역사 · 388
Day 29 문학 · 400
Day 30 학교, 교육 · 412

## Part 2_ Mini Actual Test 3 Set

Mini Actual Test 01 Set · 426
Mini Actual Test 02 Set · 433
Mini Actual Test 03 Set · 440

정답 및 해설 · 447

## Appendix_ TEPS plus Vocabulary · 467

# 이 책의 구성 및 특징

✓ **하루에 한 과씩만 외우자!! 텝스 어휘·독해·청해 는 문제없다!!**

일자별 주제에 해당하는 표제어와 뜻, 예문제시. 출제빈 도수가 높은 어휘로만 구성하여 30일 동안 암기하면 텝 스 어휘 기본기는 완성!!

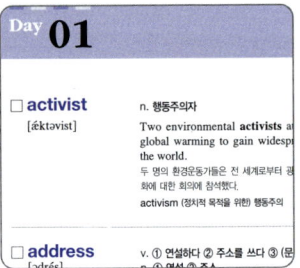

Day **01**

☐ **activist**　　n. 행동주의자
[ǽktəvist]　　Two environmental **activists** a
global warming to gain widespr
the world.
두 명의 환경운동가들은 전 세계로부터 광
화에 대한 회의에 참석했다.
**activism** (정치적 목적을 위한) 행동주의

☐ **address**　　v. ① 연설하다 ② 주소를 쓰다 ③ (문
[ədrés]　　　n. ① 연설 ② 주소

✓ **하루에 암기한 표제어들을 연습문제로 확인하자!!**

일자별 표제어들을 암기한 후, 그 단어가 실제 시험에서 어떻게 출제되는지를 확인하는 시간. 10문제로 구성된 텝 스 어휘영역의 '맛보기'로 외우고 연습하면 어휘실력 업 그레이드!!

■■■■
## Testing Ground

**01.** The article _____ the issues of child ab
(a) advocates　　(b) admires

**02.** The CEO has the right to _____ the me
(a) adjust　　(b) adjourn

**03.** This procedure teaches public servant how to
(a) administer　　(b) admit

✓ **텝스 어휘의 1~25번까지의 키워드는 표·현·암· 기이다!!**

텝스 어휘영역의 구어체문제에 해당하는 표현들을 확인 하고 암기하는 코너. 300여 개의 구어체 표현 암기로 텝 스 어휘영역 1~25번까지 막힘없이 풀 수 있다!!

■■■■
Expression for **TEPS VOC**

1. 이해가 되니?
Are you with me?
Do you follow me?

2. 부탁 하나 해도 될까요?
Can I ask you a favor?
Would you do me a favor?

3. 다음으로 미룰 수 있을까요?

✓ **텝스 어휘영역의 시뮬레이션!! 유사 기출문제로 정리하자!!**

실제 텝스 시험 어휘영역과 유사한 형태로 구성한 Mini Actual Test 3 Set를 풀어보자. 텝스 어휘영역의 높은 점수가 눈앞에 보인다!!

**Mini Actual Test 01 S**

**Part 1_ Questions 1-13**
Choose the best answer for the blank.

1. A: Do you happen to know how to operate this
   B: I'm afraid I'm all _____ when it co
      electronic devices.
   (a) thumbs
   (b) on the tip of my tongue
   (c) ears

✓ **텝스 전문 강사의 직강해설을 본 책에서 만나자!!**

다년간 '텝스'만을 전문으로 하는 강사의 'A = B이다' 처럼 간단하면서도 명쾌한 해설. 시험에 반드시 나오는 텝스 어휘의 맥을 잡는다!!

**정답 및 해설**

**Part 1_**

1. (a)
   A: 혹시 이 스마트 폰 어떻게 사용하는지 알고 있니?
   B: 유감스럽게도 전자 기계를 다루는 데 나는 재주가 없어.

   해설 | '~에 손재주가 없다'는 의미의 I'm all thumbs. 을 묻는 문제이

   on the tip of my tongue는 혀끝에 맴도는 정도의 의미로 무언가가 ?
   않을 때 사용하는 중요한 표현이다. I'm all ears. 매우 경청하다. goes
   는 '금방 잊혀 지다'는 의미로 사용된다.

   Do you happen to know 혹시 ~알고 계세요?  device 장치  op
   다  when it comes to ~에 관해서라면

✓ **부록계의 새로운 패러다임!! 부록은 곧 또 다른 시작이다!!**

텝스 어휘시험에서 단 한 번이라도 출제되었던 적이 있었던 단어들과 숙어들을 품사별로 나열. 이것만은 '반드시' 알아두고 시험장에 가도록 하자!!

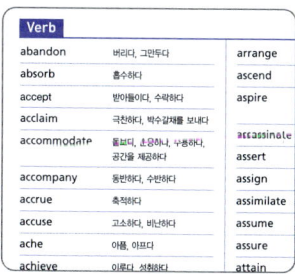

| Verb | | |
|---|---|---|
| abandon | 버리다, 그만두다 | arrange |
| absorb | 흡수하다 | ascend |
| accept | 받아들이다, 수락하다 | aspire |
| acclaim | 극찬하다, 박수갈채를 보내다 | |
| accommodate | 돕브다, 수용하나, 수용하다, 공간을 제공하다 | assassinate |
| | | assert |
| accompany | 동반하다, 수반하다 | assign |
| accrue | 축적되다 | assimilate |
| accuse | 고소하다, 비난하다 | assume |
| ache | 아픔, 아프다 | assure |
| achieve | 이루다, 성취하다 | attain |

# Part

# 01

## TEPS Vocabulary
## Day 01-30

## ☐ activist
[ǽktəvist]

n. 행동주의자

Two environmental **activists** attended the conference on global warming to gain widespread support from all over the world.
두 명의 환경운동가들은 전 세계로부터 광범위한 지지를 얻기 위해 지구온난화에 대한 회의에 참석했다.

**activism** (정치적 목적을 위한) 행동주의

## ☐ address
[ədrés]

v. ① 연설하다 ② 주소를 쓰다 ③ (문제를) 다루다
n. ① 연설 ② 주소

Environmental problems relating to the factory in this area need to be **addressed**.
이 지역의 그 공장과 관련된 환경문제들은 다뤄질 필요가 있다.

The new President is scheduled to deliver his inaugural **address** on Monday.
새 대통령은 그의 취임 연설을 월요일에 할 예정이다.

## ☐ adjourn
[ədʒə́:rn]

v. ① 휴회[휴정]하다, 중단하다 ② 연기하다

It was almost noon when the meeting was **adjourned**.
회의가 휴회되었을 때는 거의 정오였다.

## ☐ adjustment
[ədʒʌ́stmənt]

n. 수정, 적응

I make a good **adjustment** to a new school with the help of other classmates.
나는 다른 학우들의 도움으로 새 학교에 잘 적응하고 있다.

## administer
[ædmínəstər]

v. ① (국가 · 조직 · 회사 등을) 관리하다 ② (약 등을) 투여하다

The board of the Baking Industry Committee in July voted unanimously to **administer** the operations of BISSC.
7월에 은행업 위원회는 만장일치로 BISSC의 운영을 관리하기로 투표했다.

We show you the proper way to **administer** testosterone injections safely.
남성호르몬 주사를 안전하게 투여하는 적절한 방법을 보여 드릴게요.

administration n. ① (국가의) 통치, 지배 ② 관리, 경영 ③ 행정(부)
administrative adj. 관리(행정)상의

---

## adversely
[ædvə́:rsli]

adv. 불리하게

It is certain that excessive workload **adversely** affected the health of workers in the factory.
과도한 업무량이 공장노동자들의 건강에 해로운 영향을 미쳤다는 것은 분명하다.

---

## advocate
[ǽdvəkèit]

v. ① 옹호[지지]하다 ② 주장하다 n. 옹호(지지)자, 주창자

We were the only ones **advocating** for the victim.
우리들이 그 희생자를 지지하는 유일한 사람들이었다.

He is a passionate **advocate** of democracy and human rights.
그는 민주주의와 인권의 열렬한 옹호자이다.

advocacy n. 지지, 옹호

---

## agenda
[ədʒéndə]

n. (회의의) 안건, 의제

The fuel crisis is going to be the top **agenda** for today's board meeting.
연료 위기가 오늘 이사회의 최대 안건이 될 것이다.

---

## aggravate
[ǽgrəvèit]

v. 악화시키다

The disorder was **aggravated** by the economic depression of the 1930s.
그 혼란은 1930년대 경제 침체에 의해 악화되었다.

## ☐ aide
[éid]

n. ① (정부 관료의) 보좌관, 측근 ② 조력자, 조수

Presidential **aides** said the planned tax cut for high-income earners is part of the 'small government' policy.

대통령 보좌관은 고소득자를 대상으로 계획된 세금 감면은 '작은 정부' 정책의 일환이라고 말했다.

## ☐ allegedly
[əlédʒdli]

adv. 주장한 바에 의하면

He **allegedly** refused to treat the boy, insisting that he should be taken to hospital.

전해진 바에 따르면, 그는 그 소년을 병원에 입원시켜야 한다고 주장하면서 그를 치료하는 것을 거부했다.

## ☐ alleviate
[əlíːvièit]

v. 고통을 덜다, 완화하다, 편하게 하다(= relieve)

Bee stings have been known to **alleviate** the symptoms of arthritis.

벌침은 관절염의 증상들을 완화할 수 있다고 알려져 왔다.

## ☐ alter
[ɔ́ːltər]

v. 변경하다

I heard that his lifestyle had **altered** dramatically since the offences two years ago.

나는 2년 전 범죄 이후로 그의 삶의 방식이 극도로 바뀌었다고 들었다.

## ☐ alternative
[ɔːltə́ːrnətiv]

n. 대안

**Alternative** medicine can cure many diseases but not like cancer.

대체의학은 암과 같은 질병은 제외하고 많은 질병들을 치료할 수 있다.

## ☐ amid
[əmíd]

prep. ~의 한가운데

The actress has reportedly moved out of her home **amid** rumors that her husband cheated on her.

그녀의 남편이 바람을 피웠다는 소문 가운데, 보도에 따르면 그 여배우는 이사를 갔다고 한다.

## ☐ appropriate
[əpróuprièit]

adj. 적절한, 적당한 v. ① 충당하다 ② (불법적으로) 도용하다

Then you are criticized for not winning in a style they regard as **appropriate**.
그러면 너는 그들이 적절하다고 생각하는 방법으로 우승하지 않은 것에 대해 비난을 받는다.

Her images have been **appropriated** by many advertisers.
그녀의 이미지들은 많은 광고주들에 이해서 도용되어져 왔다.

## ☐ approve
[əprú:v]

v. ① 찬성하다 ② (정식으로) 승인[동의]하다

He personally **approved** the use of the strong measures on murder cases.
그는 개인적으로 살인 사건들에 대해 강력한 조치를 취하는 것에 찬성했다.

He said the proposals would have to be **approved** by the engineering department.
그는 그 제안들이 기술부에게 승인 받아야 한다고 말했다.

approval n. ① 승인 ② 허가

## ☐ arguably
[áːrgjuəbli]

adv. 논쟁의 여지는 있지만, 거의 틀림없이

She was the **arguably** the best singer in the 90s.
그녀는 분명히 90년대 최고의 가수였다.

## ☐ argue
[áːrgjuː]

v. ① 논쟁하다, 다투다 ② (논리 정연하게) 의견을 주장하다

The couple living next door always **argues** all the time.
옆집에 사는 커플은 항상 다툰다.

African law students **argue** against criminalization of HIV transmission.
아프리카 법학과 학생들이 HIV감염을 유죄로 보는 것에 반대한다.

argue for ~에 찬성해서 주장하다  argue against ~에 반대에 주장하다

## ☐ assemble
[əsémbl]

v. ① 모이다, 소집하다 ② (기계를) 조립하다

He tried to speech out on an **assembled** group of civil servants and lawyers.

그는 소집된 공무원과 변호사 집단 앞에서 의견을 표하려 노력했다.

## ☐ assembly
[əsémbli]

n. 의회, 집회

The National **Assembly** tried to reflect public opinion on the housing problem.

국회는 주택 문제에 대해 여론을 반영하려 노력했다.

## ☐ assert
[əsə́ːrt]

v. 주장하다, 단언하다

The Church **asserts** that human beings are incarnated spirits: souls in bodies.

교회에서는 인간이 신체 내에 있는 혼, 즉 영혼을 구현한다고 주장한다.

## ☐ assume
[əsúːm]

v. 추정하다, 책임을 맡다

He **assumed** that his girl friend is cheating on him after seeing her with another guy.

그는 여자 친구가 다른 남자와 있는 것을 보고 난 후에 그녀가 바람을 펴고 있다고 추정했다.

## ☐ authority
[əθɔ́ːrəti]

n. ① 당국 ② 권한 ③ 권위

It is high time we took advantage of the information given by the **authorities** concerned to take precautions against typhoons.

우리는 태풍에 대비한 예방책을 마련하기 위해서 관계 당국에서 제공받은 정보를 이용해야 할 시급한 때이다.

the authorities concerned 관계 당국  authority on ~에 대한 권위
authoritarian adj. 권위적인, 독재적인

## ☐ autonomy
[ɔ:tánəmi]

n. ① 자치, 자치권 ② 자율성

Fear of being deprived of **autonomy** discourages mentally ill people from seeking care.

자율성을 박탈당하는 두려움이 정신 질환이 있는 사람들이 치료를 찾는 것을 막고 있다.

divisive 분열을 야기하는  jurisdiction 관할, 관할권

## ☐ ballot
[bǽlət]

n. ① 비밀(무기명)투표 ② 투표용지

They account for almost all one-fifth of the electorate, and will cast the deciding **ballots** in many constituencies.

그들은 유권자의 거의 1/5를 차지하고 있으며, 많은 선거구에서 결정적인 투표를 할 것이다.

cast a ballot 투표를 하다  landslide 산사태, (선거의) 압도적인 승

## ☐ bipartisan
[baipá:rtəzn]

adj. ① 양당의, 두 정당을 대표하는 ② 초당파적인

The bill has received **bipartisan** congressional support.

그 법안은 초당파적인 의회의 지지를 받았다.

## ☐ break down
고장 나다(= out of order)

Residents are feeling inconvenience since the telephone system has **broken down** for a week.

일주일 동안 전화 시스템이 고장 나서 주민들은 불편함을 느끼고 있다.

## ☐ breakthrough
[bréikθrù:]

n. ① (난관의) 타개, 돌파 ② 획기적 발견

As the reports say, it is a great **breakthrough** in the treatment of breast cancer.

보도에 따르면, 그것은 유방암 치료에 있어 굉장한 획기적인 발전이라고 한다.

come a long way 획기적인 발전을 하다, 많은 발전을 이루다

## □ bribe
[braib]

n. 뇌물 v. 뇌물을 주다

He was indicted in December of 1999 on a charge of conspiracy to accept a **bribe**.
그는 1999년 12월에 뇌물수수를 음모한 혐의로 기소되었다.

He **bribed** the guard to smuggle guns into the prison.
그는 감옥으로 총기들을 몰래 들여오려고 감시원에게 뇌물을 주었다.

accept a bribe 뇌물을 받다

## □ brief
[bri:f]

v. 요점을 보고하다 adj. ① 간결한, 짧은 ② 잠시의

Police officers were **briefed** before they are going out to arrest the suspects.
용의자들을 검거하러 가기 전에 경찰관들은 보고를 받았다.

We had a **brief** intermission and after that, the performance continued.
우리는 짧은 휴식 시간을 가졌고, 그 후 공연은 계속되었다.

in brief(= in short, simply put, putting it simply) 간단히 요약하면, 정리하면

## □ bureaucracy
[bjuərákrəsi]

n. ① 관료 제도, 관료정치 ② (융통성이 없는) 형식적 관료주의

He disliked committee procedures and **bureaucracy**.
그는 위원회 절차와 관료 제도를 싫어했다.

TIP red tape은(비효율적인, 불필요하게 절차가 복잡한) 관료제를 의미하며 보통 부정적인 의미로 사용된다. by rote(= memorize)는 이해보다는 암기를 강조하는 교육을 비판할 때 이용되는 표현
bureau n. ① (관청의) 국, 부 ② 사무국[소]
bureaucratic adj. 관료정치의, 관료적인, 절차가 번잡한

## □ campaign
[kæmpéin]

n. ① 선거운동, 유세 ② (일련의) 군사 행동

Voters say that they learn more about presidential candidates from the nationally-televised debates than from any other **campaign** event.
투표자들은 다른 어떤 선거운동보다도 국가전역에 방송되는 토론에서 대통령 후보자들에 관해 더 많은 것을 알게 된다고 말한다.

## ☐ candidacy
[kǽndidəsi]

n. 입후보

The statement went on to urge popular support for his **candidacy** in this election.
이 선거에서 그의 입후보에 대한 대중들의 지지를 촉구하기 위한 성명은 계속되었다.

## ☐ candidate
[kǽndidèit]

n. ① (선거의) (입) 후보자 ② 지원(지명)자

None of the Conservative **candidates** standing in the area for the first time was elected.
처음으로 그 지역에서 출마한 보수당 후보자들 중 누구도 선출되지 않았다.
**dark horse** 예상치 못한 강력한 우승 후보

## ☐ captivity
[kæptívəti]

n. 감금, 억류

After a few hours, the police arrested the criminal and the hostage in **captivity** was released.
몇 시간 후, 경찰은 범인을 체포했고, 감금당했던 인질은 풀려났다.

## ☐ celebrity
[səlébrəti]

n. 유명 인사

People waited outside in the cold weather for the chance to see **celebrities** they like.
사람들은 좋아하는 유명인들을 보기 위해서 추운 날씨 속에 밖에서 기다렸다.

## ☐ cemetery
[sémətèri]

n. 묘지

All the crew are buried at Stonefall **cemetery**, alongside many of their fellow.
모든 승무원은 많은 그들의 동료들과 나란히 Stonefall 묘지에 묻혔다.

## ☐ chamber
[tʃéimbər]

n. ① (입법, 사법기관의) 의원 ② 회의실

The council **chamber** is on the fifth floor.
회의실은 5층에 있다.

## ☐ circumstance  n. 주위의 상황, 환경(= environment, surroundings)

[sə́:rkəmstæns]

We cannot accept that he committed suicide because of the suspicious **circumstances**.
의심스러운 상황들 때문에, 우리는 그가 자살했다는 사실을 받아들일 수 없다.

## ☐ clash

[klæʃ]

v. ① (의견 등이) 대립하다 ② 충돌하다 n. ① 불일치, 대립 ② 충돌

The two have always **clashed** on these and other issues.
그 둘은 항상 이런저런 문제들에 대해서 의견이 충돌했다.

There were **clashes** last night between local residents and a couple attending the festival.
지난밤, 축제에 참가한 한 커플과 지역 주민들 사이에 충돌들이 있었다.

## ☐ clout

[kláut]

n. ① (정치적인) 영향력 ② (손으로) 때리기

Japan's international **clout** wanes along with its weakening economic status.
일본의 국제적인 영향력이 약해지는 경제적 지위와 함께 줄어들고 있다.

I was really tempted to give him a **clout** due to his impertinent manner.
나는 그의 무례한 태도를 보고서 정말 때려 주고 싶었다.

**TIP** exercise power[influence / control] 권력, 영향력, 통제력을 행사하다, 발휘하다  do/conduct a research[survey / experiment] 리서치, 서베이, 실험을 수행하다

## ☐ coalition

[kòuəlíʃən]

n. ① (정치상의) 제휴, 연립 ② 연합, 합동

This **coalition** collapsed, however, and a new government was formed in September 1988.
이 연합은 무너졌지만 1988년 9월에 새로운 정부가 구성되었다.

## ☐ coherent

[kouhíərənt]

adj. 논리 정연한, 일관성 있는

I was so confused that I could not give a **coherent** answer.
나는 너무 혼란스러워서 논리 정연한 대답을 할 수 없었다.

logical(= reasonable, rational, make sense, add up) 이치에 맞는, 합당한

## compete
[kəmpíːt]

v. 경쟁하다, 겨루다

But she hated having to **compete** when it was cold.
하지만 그녀는 추울 때 겨뤄야 하는 것을 싫어했다.

## concede
[kənsíːd]

v. ① 인정[시인]하다 ② 양보하다

Dorothy refused to **concede** her error.
Dorothy는 그녀의 잘못을 시인하길 거부했다.

concession n. ① 인정, 시인 ② 양보 ③ 할인

## conclude
[kənklúːd]

v. 끝내다, 결론짓다

The team **concluded** that an updated system was required.
그 팀은 최신 체계가 필요하다고 결론 내렸다.

introduction 서론  body 본론  conclusion 결론  footnote 각주, 주석

## conference
[kánfərəns]

n. 회의, 회담(= meeting, convention, gathering)

We will have the **conference** on the environment next year.
우리는 내년 환경문제에 대한 회의를 할 것입니다.

conference call 회의 전화  summit 정상회담

## congress
[káŋgris]

n. ① 의회, 국회 ② (각국 대표들의) 회의, 회합

Although it meant postponing the ninth party **congress** by a
few weeks, a last-minute compromise was found.
비록 9번째 전당대회가 몇 주 연기가 되지만, 최후에 타협이 되었다.

enact 법을 제정하다  seasoned politician 노련한 정치인  bribe 뇌물

## conspire
[kənspáiər]

v. 공모하다, 도모하다, 음모를 꾸미다

Rumors have it that there wasn't any evidence that he
**conspired** against the government.
소문에 따르면, 그가 정부에 대한 반란을 도모했다는 어떠한 증거도 없다.

conspiracy n. 음모

**01.** The article _____ the issues of child abuse in the city.

    (a) advocates      (b) admires      (c) addresses

**02.** The CEO has the right to _____ the meeting at any time.

    (a) adjust      (b) adjourn      (c) adjoin

**03.** This procedure teaches public servant how to _____ First Aid.

    (a) administer      (b) admit      (c) administrative

**04.** A: What do you do if you want to discuss the matter that's not on the _____?

    B: I usually go by the book.

    (a) agent      (b) agitate      (c) agenda

**05.** Destroying the lush green field may _____ global warming.

    (a) aggravate      (b) aggregate      (c) avoid

**06.** The incidents _____ occurred between January 1997 and October 1998.

    (a) admittedly      (b) enigmatically      (c) allegedly

**07.** They account for nearly two-fifths of the electorate, and will the deciding _____ in many constituencies.

    (a) ballet      (b) ballots      (c) papers

**08.** Doctors have considerably more political _____ than teachers on the subject of medical research.

    (a) clout      (b) ballot      (c) alternative

**09.** His article contains a _____ argument in favor of socio-economic change.

(a) concede        (b) coherent        (c) convene

**10.** Ten men were accused of _____ to bomb the pentagon in Washington DC.

(a) conspiring        (b) conclusion        (c) concealing

**01.** 그 기사는 그 도시에서의 아동 학대에 관한 문제를 중점적으로 다룬다.

**02.** 그 CEO는 언제든지 그 회의를 연기할 수 있다.

**03.** 이 절차는 공무원에게 어떻게 응급조치를 할 건지를 가르친다.

**04.** A: 만일 안건에 있지 않은 문제를 논의하기를 원하면 당신은 어떻게 합니까?
B: 저는 보통은 규정 대로 합니다.

**05.** 수풀이 무성한 지역을 파괴하는 것은 아마도 지구온난화를 악화시킬 것이다.

**06.** 그 사건들은 주장한 바에 따르면 1997년 1월과 1998년 10월 사이에 일어났다.

**07.** 그들은 거의 유권자의 2/5를 차지한다. 그리고 많은 선거구에서 결정적인 투표를 할 것이다.

**08.** 의사들은 의학 연구에 대해 선생님들보다 상당히 더 많은 정치적인 영향력을 가지고 있다.

**09.** 그의 기사는 사회 경제적인 변화를 선호하는 일관성 있는 논거를 가지고 있다.

**10.** 열 명의 남자들이 워싱턴 DC에서 펜타곤을 폭파하려고 공모한 것에 대해 기소되었다.

answer   01. (c)   02. (b)   03. (a)   04. (c)   05. (a)   06. (c)   07. (b)   08. (a)   09. (b)   10. (a)

# Expression for **TEPS VOCA**

1. 이해가 되니?
   Are you with me?
   Do you follow me?

2. 부탁 하나 해도 될까요?
   Can I ask you a favor?
   Would you do me a favor?

3. 다음으로 미룰 수 있을까요?
   Can I take a rain check?
   Can you give me a rain check?

4. 나에게 이래라 저래라 하지 마.
   Don't boss me around.

5. Bill 좀 바꿔 주세요.
   Get me Bill on the line.
   Is Bill there/available?
   Is there anyone by the name of Bill?
   May I speak to Bill?

6. 한번 시도해 봐.
   Give it a go.
   Give it a shot.
   Give it a try.

7. 내가 누굴 우연히 만났는지 맞춰 봐!
   Guess who I bumped into today!

- **run into(= come across)** ~와 우연히 만나다
  She never dreams of running into him from some years ahead.
  그녀는 앞으로 몇 년간 그와 우연히 만날 거라고는 결코 생각을 하지 않는다.

- **mess up** 망쳐 놓다, 실패하다; 뒤죽박죽으로 만들다
  I really regretted messing up with your writing.
  너의 글을 망쳐 놓다니 정말 후회돼.

- **be of help** 힘이 되다, 도움이 되다
  I hope it will be of some help to the people affected by the severe drought.
  이것이 심한 가뭄으로 영향을 받은 사람들에게 어느 정도 도움이 되기를 바랍니다.

- **make up for** 메우다, 벌충하다, 만회하다
  We decided to work overtime to make up for the heavy workload.
  우리는 막중한 업무량을 메우기 위해 초과 근무를 하기로 결정했다.

- **vote for** ~에게 (찬성) 투표하다
  Could you recommend who to vote for? I haven't decided yet.
  누구한테 투표할지 추천해 줄래요? 난 아직 못 정했거든요.

- **boss ~ around** ~를 쥐고 흔들다, 못살게 굴다, 부려 먹다
  I warn you to stop bossing your sisters around.
  네 여동생을 부려 먹는 것을 그만하라고 경고할게.

- **go off** (경보 등이) 울리다
  She said she was late because her alarm clock didn't go off.
  그녀는 알람 시계가 울리지 않았기 때문에 지각했다고 말했다.

- **get lost** 길을 잃다
  We will be there on time unless we get lost.
  우리가 길만 잃지 않으면 제시간에 도착할 거야.

☐ **conscientious** adj. 양심적인, 성실한

[kɑ̀nʃiénʃəs]　　He had been a **conscientious** worker but the employer dismissed him.
그는 성실한 직원이었지만, 사장은 그를 해고했다.

---

☐ **consecutive** adj. 연속되는

[kənsékjutiv]　　The doctor asks his patients to fill it out for seven to ten **consecutive** days to check their condition.
의사는 환자들의 상태를 살피기 위해서 7일에서 10일간 계속해서 그의 환자들에게 상태를 기입해 줄 것을 요청했다.

one after another(= in a row) 차례차례로, 잇따라
successive 연속적인

---

☐ **consensus** n. 일치, 합의, 여론

[kənsénsəs]　　Like other scientists, obesity researchers are supposed to work by a process of **consensus**.
다른 과학자들과 마찬가지로 비만 연구가들은 합의의 과정을 거치면서 연구를 해야 한다.

---

☐ **consent** v. ① 동의하다, 허락하다 ② 허가하다　n. ① 동의, 승낙 ② 허가

[kənsént]　　I was too young to sign the **consent** form and when Malc arrived, he also was found to be too young.
나는 동의서에 서명을 하기는 너무 어렸고, Malc이 도착했을 때 그 또한 너무 어리다는 것을 알게 되었다.

All patients in this hospital can refuse **consent** for a particular treatment at any time.
우리 병원에 있는 모든 환자들은 언제라도 특정한 치료에 대한 승낙을 거부할 수 있다.

## ☐ conservative
[kənsə́ːrvətiv]

adj. (정치적으로) 보수적인  n. 보수주의자

They're also fairly **conservative** when it comes to social attitudes.
사회적인 태도에 관해서라면, 그들 또한 꽤 보수적이다.

Both men are staunch **conservatives**, but of the two Bob is the more ideological and aggressive.
두 남성은 모두 확실한 보수주의자들이지만 둘 중 Bob이 더 이념주의적이고 공격적이다.

## ☐ constituent
[kənstítʃuənt]

n. ① 선거권자 ② 구성 요소  adj. ① 선거권(지명권)을 갖는 ② 구성하는

It also put pressure on them to show their **constituents** some real action.
그들은 선거구민에게 실제적인 행동을 보여 주라는 압력 또한 받았다.

These states are **constituent** parts of the United States.
이 주들은 미국 선거권을 가지는 지역이다.

## ☐ constitute
[kánstətjùːt]

v. ~을 구성하다, ~이 되다

Increasing of international crime and corruption **constitutes** a major threat to the global economy.
증가하는 국제적 범죄와 부패가 국제경제에 주요한 위협이 된다.

## ☐ contend
[kənténd]

v. 주장하다, 겨루다

I **contended** that I'm not the culprit although nobody believed me.
누구도 나를 믿지 않았지만, 난 범인이 아니라고 주장했다.

contention n. ① 논쟁 ② 주장, 논지

## ☐ controversial
[kàntrəvə́ːrʃəl]

adj. 논쟁의, 논쟁의 여지가 있는

The city council are thinking of a highly **controversial** plan to flood the valley in order to build a dam.
시의회는 댐을 건설하기 위해서 골짜기를 침수시킨다는 매우 논쟁의 여지가 있는 계획을 고려 중이다.

## ☐ convention
[kənvénʃən]

n. ① 관습 ② (정치·종교적인 대규모) 대회, 집회

Attending a **convention** or conference sponsored by a professional association in your career field can broaden networking opportunities.
자신이 종사하는 분야의 전문직 단체가 후원하는 대회나 회의에 참석하면 인맥을 넓힐 수 있다.

## ☐ corrupt
[kərʌ́pt]

v. ① 타락시키다, 부패하다 ② 변질시키다   adj. 부패한, 타락한

Politics has become **corrupted** by external pressure.
정치는 외압에 의해 부패되었다.

Suburban communities swiftly expel sleazy politicians and weed out **corrupt** practices.
교외 공동체는 재빨리 추잡한 정치인들을 몰아내고, 부패한 관행들을 없앴다.

corruption n. 부정, 부패, 타락

## ☐ debate
[dibéit]

n. 토론, 토의   v. (특히 격식을 갖춰) 토의[논의]하다

This matter has been the subject of public **debate** in recent days.
이 문제는 최근 공개 토론의 주제가 되었다.

The new law was **debated** in Parliament on 19 January.
새 법률이 1월 19일 의회에서 토의 되었다.

## ☐ demography
[dimǽgrəfi]

n. 인구 통계학, 인구학

In these respects the **demography** of the nineteenth century is less easy to explore than before.
이런 점에서, 19세기의 인구 통계학은 그 전보다 조사하기가 조금 더 어려웠다.

demographic adj. 인구 통계학의

# ☐ demonstrate v. 시위하다

[démənstrèit]

Protestors **demonstrate** against the immigration legislation, saying law threatens civil rights.

반대하는 사람들은 법이 시민권을 위협한다고 말하면서, 이주법에 반대 시위를 하고 있다.

demonstration n. 시위, 데모

# ☐ deprive

[dipráiv]

v. 빼앗다, 박탈하다

This is not about **depriving** people accused of crimes of their legitimate rights.

이것은 범죄로 기소된 사람들에게서 그들의 법적 권리를 빼앗는 것에 관한 것이 아니다.

# ☐ deputy

[dépjəti]

adj. 대리의, 부(副)의  n. 대리인

He became the **deputy** head of the FBI when he was only 32.

그의 나이가 고작 32살일 때 그는 FBI 부국장이 되었다.

His departure was announced on state television by his **deputy**.

그의 출발이 대리인에 의해 국영방송에서 발표되었다.

# ☐ dictator

[díkteitər]

n. 독재자

When a **dictator** decides to liberalize his regime he increases his chances of being ousted.

독재자가 그의 통치방식을 완화하려고 결심하게 되면, 그는 쫓겨날 가능성을 높이는 것이다.

dictatorship n. 독재 정부, 독재국가

# ☐ discourage v. 막다, 의욕을 꺾다, 좌절시키다

[diskə́:ridʒ]

My mother is a doctor, and she tried to **discourage** me from entering the field.

우리 어머니는 의사이신데 내가 그 분야로 가는 것을 막으려 했다.

## ☐ discriminate
[diskrímənèit]

v. 차별(대우)하다, 구별하다

Agencies and landlords are not legally allowed to **discriminate** on grounds of race but ways are invariably found around this.

기관들과 지주들은 법적으로 볼 때, 인종적인 이유로 차별을 하면 안 되지만 인종차별의 사례들이 끊임없이 발견된다.

discrimination n. (인종 · 남녀 등의) 차별

---

## ☐ disincentive
[dìsinséntiv]

n. 경제 성장을 저해하는 것, 의욕을 꺾는 것

It would be a major **disincentive** to proper improvement.

그것은 적절한 투자를 저해하는 주요 요인이 될 것이다.

---

## ☐ dislodge
[dislád3]

v. ① 제자리를 벗어나게 만들다 ② (지위, 직장에서) 몰아내다

She would work hard to retain her customers in her next job because eventually, someone would try to **dislodge** her, too.

결국에는 다른 누군가가 또 그녀를 몰아내려 애쓸 것이기 때문에 그녀는 다음 직장에서 고객들을 유지하기 위해서 열심히 일할 것이다.

---

## ☐ dispute
[dispjú:t]

n. ① 논쟁, 말다툼 ② 분쟁, 쟁의 v. 논쟁[논의]하다, 반박하다

Despite all efforts, settlement of the **dispute** has so far failed.

많이 노력했지만, 분쟁 해결은 지금까지 실패했다.

He specifically **disputed** two witnesses who said they saw him slap her.

그가 그녀를 때리는 것을 봤다고 이야기하는 두 명의 목격자들에게 그는 분명히 반박했다.

arbitrary 중재하다  under dispute(= not clear) 논쟁 중, 명확하지 않은 beyond dispute(= without question, out of question, without doubt) 확실한, 틀림없는

## ☐ dissolve
[dizálv]

v. ① (의회·단체) 해산시키다, 해산하다 ② 용해시키다, 녹다

The Assembly was **dissolved** by presidential decree on Oct. 12.
의회는 10월 12일에 대통령령에 의해 해산되었다.

These are certain sea anemones that give off a characteristic odor upon **dissolving** in water.
이것들은 말미잘의 한 종류들로 물에 녹자마자 특유의 냄새를 내뿜는다.

## ☐ distort
[distɔ́:rt]

v. 왜곡하다, 비틀다

Some critics say that the President has **distorted** facts in order to win the election.
몇 명의 비평가들은 대통령이 선거에 당선되기 위해서 사실을 왜곡시켰다고 말한다.

## ☐ distract
[distrǽkt]

v. 주의를 딴 데로 돌리게 하다

Iran wants to **distract** the world attention from its nuclear problem.
이란은 세계의 관심이 그들의 핵 문제에서 다른 곳으로 바뀌기를 바란다.

## ☐ district
[dístrikt]

n. (행정·사법, 선거·교육 등의) 관할구, 지구

Discussions between the school **district** and the College about sharing education and training facilities also got under way.
학군과 대학 사이에서 교육 및 훈련 시설을 공유하는 것에 대한 토론 또한 진행 중이었다.

## ☐ dropout
[drápàut]

n. 탈락, 중퇴

You may see yourself as a **dropout** or a failure.
당신은 아마도 당신 자신을 탈락자 혹은 실패자라고 여길 수 있다.

## ☐ elaborate
[ilǽbərət]

adj. 정성 들여 만든, 정교한

He did not typically employ **elaborate** statistics to test hypotheses or use control groups in his research.
그는 그 연구에서 가설을 검증하기 위해서 보통 정교한 통계를 이용하지도 않았고, 대조군들을 이용하지도 않았다.

## ☐ elect
[ilékt]

v. 선출하다

Voters in the city are wondering how they ended up with Mattew as their mayor, as they certainly didn't **elect** him to the job.
그 도시의 선거유권자들은 분명히 Mattew를 시장으로 선출하지 않았기 때문에 그가 결국 어떻게 시장이 되었는지 의문스러워하고 있다.

election n. 선거
elective adj. ① 선거에 의해 임용되는 ② 선거권이 있는 ③ (학과목이) 선택의
run for election 선거에 출마하다

## ☐ elicit
[ilísit]

v. 끌어내다

The purpose of the community survey is to **elicit** citizens' comments, opinions and views on specific issues.
지역 조사의 목적은 특정한 문제들에 대한 시민들의 비판, 의견이나 관점을 끌어내기 위해서이다.

## ☐ embody
[embádi]

v. 상징하다, 나타내다, 포함하다

In many ways, the poll tax **embodies** the attitude which dismisses our interdependence.
많은 측면에서, 인두세는 우리의 상호의존성을 무시하는 태도를 나타낸다.

## ☐ empirical
[empírikəl]

adj. 경험에 의한, (실험으로) 증명할 수 있는

He accumulated enough **empirical** evidence regarding the use of poisonous weapons in the area.
그는 그 지역에서 사용되는 독성 무기에 대해 충분한 경험적 증거를 모았다.

## ☐ empower
[empáuər]

v. ~에게 권한[권력]을 부여하다, ~에 힘을 싣다

But fundamentally the workers are not **empowered**, because all these things can be denied at any time.

하지만 근본적으로 근로자들은 권한이 없는데, 이것은 모든 것들이 언제든지 부인될 수 있기 때문이다.

## ☐ enforce
[enfɔ́:rs]

v. ① (법률 등을) 시행하다, 집행하다 ② 강요하다

The only answer to this is to develop a comprehensive program of accounting standards and to **enforce** them vigorously.

이것에 대한 유일한 해결책은 회계 기준들에 대한 종합적인 프로그램을 개발하고, 그 기준들을 강력하게 시행하는 것이다.

enforcement n. 시행, 강제
crack down on 단속하다, 단속을 강화하다
round up 검거하다

## ☐ ethnic
[éθnik]

adj. 민족의, 민족에 관한

Harassment of **ethnic** or religious minorities would result in various international sanctions.

소수 민족들과 소수 종교들에 대한 괴롭힘으로 인해 다양한 국제적 제재가 생겨날 수 있다.

## ☐ exceed
[iksí:d]

v. ~의 한계 등을 넘다, 초과하다

For example, if the cost of injuries **exceeds** $ 5,000, the other party may be sued.

예를 들면, 만약 부상의 비용이 5천 달러를 초과하면, 상대방이 고소될지 모른다.

## □ execute
[éksikjùːt]

v. ① 실행하다, (법적으로) 집행하다 ② 사형에 처하다

This program automatically **executes** the commands once a day.
이 프로그램은 하루에 한번 자동적으로 명령을 실행한다.

According to police sources, many of the dead were tortured before being **executed**.
경찰 소식통에 따르면, 죽은 사람들의 상당수가 사형에 처해지기 전에 고문을 받았다고 한다.

execution n. ① 집행, 수행 ② 처형

## □ fashion
[fǽʃən]

v. 만들다(= make, produce, create)

My grandfather used to **fashion** little toys from a few old pieces of wood.
나의 할아버지는 오래된 나무 조각들로 작은 장난감들을 만들곤 했었다.

Grey is in **fashion** again this coming winter.
이번 겨울에 회색은 다시 유행이다.

Beatles' unforgettable songs will never go out of **fashion**.
비틀즈의 불후의 명곡들은 결코 유행이 시들지 않을 것이다.

be in fashion 유행이 되고 있는  out of fashion 유행이 지난

## □ figure
[fígjər]

n. 인물, 숫자, 형태(모양)

Moderate exercise and a sensible diet will help you get your **figure** back.
적당한 운동과 현명한 식이요법은 당신의 몸매를 되찾는 데 도움을 줄 것이다.

figure out(= make out) 이해하다  keep[lose] your figure 몸매가 날씬하다[망가지다]

## □ fluctuate
[flʌ́ktʃuèit]

v. 계속 변화하다, 오르내리다(= vary)

Seven races made up the first championship and that number has **fluctuated** over the years.
일곱 개 경기들이 첫 번째 챔피언십을 구성했고, 그 숫자는 세월이 지남에 따라 계속 변화하였다.

The oil price is **fluctuating** between 50 dollars and 65 dollars a barrel.
기름 값이 1배럴당 50달러와 65달러 사이를 오르내리고 있다.

fluctuation n. 변동, 오르내림

## ☐ formulate
[fɔ́:rmjulèit]

v. 공식화하다

Many institutions are **formulating** guidelines for the protection of the rights of people.
많은 기관들이 사람들의 권리를 보호하기 위한 가이드라인을 공식화하고 있다.

## ☐ fragment
[frǽgmənt]

v. 부서지다

The new virus threatens our company as a real danger of **fragmenting** the whole system.
그 새로운 바이러스는 전체 시스템을 무너뜨릴 수 있는 실재적 위험으로 우리 회사를 위협한다.

## ☐ govern
[gʌ́vərn]

v. ① (국가 · 국민을) 다스리다, 통치하다 ② 지배하다

London also will oversee laws **governing** abortion, human fertilization and genetics.
런던은 또한 낙태, 인간 수정과 유전학을 통제하는 법을 감시할 것이다.
government n. 정부, 정치

## ☐ heritage
[héritidʒ]

n. 전승, 유산

Residents in this village take great pride in its architectural **heritage**.
이 마을의 거주자들은 마을의 건축 유산에 대한 큰 자부심을 가지고 있다.

## ☐ hierarchy
[háiərɑ̀:rki]

n. (사회, 조직의) 계급제도[조직], 위계

He is willing to explain his comments to the party **hierarchy**.
그는 정당의 계급제도에 대해서 그의 의견을 거리낌 없이 설명한다.

## ☐ hold back

억제하다, 자제하다, 숨기다

They felt the Japanese economy was being **held back** by excessive government regulations.
그들은 일본 경제가 지나친 정부의 규제에 의해 억제되고 있다고 느꼈다.

# Testing Ground

**01.** He was a very _____ student and attended all his classes.

   (a) conscientious   (b) consecutive   (c) consensus

**02.** Prozac is a _____ drug used to treat depression.

   (a) conservative   (b) controversial   (c) contend

**03.** The jury accused the police department of being violent and

   _____.

   (a) convention   (b) corrupt   (c) corrode

**04.** I disapprove of diets so strongly because I think it's wrong to
   _____ your body of certain foods.

   (a) demonstrate   (b) deprive   (c) deceive

**05.** Women are sometimes _____ from studying subjects like
   engineering and physics.

   (a) discouraged   (b) dislocated   (c) dislodged

**06.** An article says that the President has _____ facts in order to
   win the election.

   (a) distracted   (b) distorted   (c) dissolved

**07.** The president declared the district independent in 1991, shortly after
   he was _____ president.

   (a) elected   (b) disputed   (c) embodied

**08.** The theoretical and _____ relationships between the drastic measures will be explored.

(a) empirical        (b) empowered       (c) enforced

**09.** The goal of landing people on Moon was not an easy one to

_____ .

(a) execute        (b) exceed       (c) elude

**10.** Three million years ago our ancestors began to _____ stone tools.

(a) fashion        (b) fad       (c) formulate

01. 그는 매우 성실한 학생이었고 모든 수업에 참여했다.
02. 프로작은 우울증을 치료하는데 사용되는 매우 논란이 되는 약이다.
03. 배심원은 그 경찰 부서를 폭력적이고 부패한 혐의로 기소했다.
04. 나는 다이어트를 매우 탐탁지 않게 여긴다, 왜냐하면 몸에서 특정 음식을 박탈하는 것은 잘못된 것이라고 생각하기 때문이다.
05. 여성들은 때때로 공학이나 물리학 같은 과목을 공부하면서 좌절을 겪는다.
06. 한 기사가 대통령이 선거에서 승리하기 위해서 사실들을 왜곡해왔다고 말했다.
07. 그가 대통령이 된 직후인 1991년에 그 구역을 자유지역으로 선언했다.
08. 그 과감한 조치들 간의 이론적이고 경험적인 관계들이 탐색될 것이다.
09. 달에 인간을 착륙시키는 목적은 실행하기에 쉬운 것이 아니었다.
10. 300만 년 전에 우리 조상들은 돌로 된 도구를 만들기 시작했다.

answer  01. (a)  02. (b)  03. (b)  04. (b)  05. (a)  06. (b)  07. (a)  08. (a)  09. (a)  10. (a)

# Expression for **TEPS VOCA**

1. 그는 해고됐어.
   He got dismissed.
   He got fired.
   He got sacked.
   They let him go.

2. 통화 중입니다.
   He is on another line.
   The line is busy.

3. 그는 시간을 잘 지킨다.
   He is on time.
   He is punctual.
   He is prompt.

4. 그는 하루를 쉬었어요.
   He took a day off.

5. 안녕하세요, 처음 뵌 것 같군요.
   Hello, I don't think we've met.

6. 끊지 말고 기다리세요.
   Hold the line.
   Hold on.
   Stay on the line.

7. 어떻게 지내세요?
   How are you getting along?
   How have you been?
   How's it going?

· **comment on** ~에 대해 의견을 말해 주다, 주석을 달다
Don't comment of the situation when you don't know all the facts.
모든 사실을 알지 않으면, 그 상황에 대해서 의견을 말하지 마라.

· **squeeze into** (억지로) 밀어 넣다
He managed to squeeze his album into my trunk.
그는 간신히 그의 앨범을 내 트렁크에 밀어 넣었다.

· **tag along** 쫓아다니다, 붙어 다니다
Can I tag along?
따라가도 될까요?

· **come down with** (병 등에) 걸리다
I came down with a flu yesterday, and that's why I couldn't prepare for the exam.
어제 독감에 걸려서, 시험 준비를 못했어.

· **sick and tired of** ~에 싫증난
I'm totally sick and tired of your nagging.
나는 너의 잔소리에 완전히 싫증났어.

· **get nowhere** 효과[성과]가 없다, 잘 안되다
He studied really hard to pass the exam, but he couldn't get nowhere.
그는 시험을 통과하기 위해 열심히 공부했지만, 성과는 없었다.

· **stand ~up** ~를 바람맞히다
Jane said that she didn't like Mike at all, and she stood him up yesterday.
Jane은 Mike를 전혀 좋아하지 않는다고 말했고, 어제 그를 바람 맞혔다.

· **care for** 돌보다, 시중을 들다
He is responsible to care for his parents, sisters and even his nephews.
그는 그의 부모님들과 여동생들, 심지어는 조카들까지 돌볼 책임이 있다.

## ☐ hostile
[hástl]

adj. 적대적인

Manchester fans gave their former coach a **hostile** reception.
맨체스터 팬들은 전 코치에게 적대적인 반응을 나타냈다.

## ☐ inauguration
[inɔ́ːgjəréiʃən]

n. 취임식

The transition team for Governor-elect has announced some of the details of his upcoming **inauguration**.
주지사 당선자에 관해서, 인수위원회는 다가올 그의 취임식에 대한 세부사항들에 대해서 발표했다.

inaugural adj. 취임(식)의, 개시[개회]의
inaugural address 취임 연설

## ☐ incompatible
[ìnkəmpǽtəbl]

adj. 양립할 수 없는, 맞지 않는

After we got married, we realized we were completely **incompatible**.
결혼 후 우리는 완전히 맞지 않는다는 것을 깨달았다.

## ☐ incumbent
[inkʌ́mbənt]

adj. 현직의, 재직 중의  n. 재직자

This is what **incumbent** government work out to stabilize the public welfare.
이것이 현 정부가 민생 안정을 위해서 해결해야 할 것이다.

Brook easily beat the **incumbent** to become governor.
Brook은 현 재직자를 쉽게 이기고 주지사가 되었다.

## ☐ indicate
[índikèit]

v. 가리키다, 지시하다

Research **indicates** that over 78% of nurses are dissatisfied with their salary.
리서치는 간호사의 78퍼센트가 그들의 봉급에 만족스럽지 않다고 나타낸다.

indicator n. 지표, 방향 표시

## ☐ induce
[indjúːs]

v. 설득하여 ~하게 하다, 초래하다

Nothing would **induce** me to change my decision to marry him.
아무리 설득해도 내가 그와 결혼하겠다는 다짐을 바꾸지 않을 것이다.

## ☐ indulge
[indʌ́ldʒ]

v. 빠지다, 탐닉하다

Jason is a spoiled brat because his parents **indulge** him too much.
Jason은 부모님이 그를 너무 지나치게 자기 멋대로 하게 두었기 때문에 버릇없는 녀석이 되었다.

## ☐ inferior
[infíəriər]

adj. 열등한

Some people think of American wines as **inferior** to European wines in quality.
몇몇 사람들은 미국 와인이 유럽 와인보다 품질 면에서 떨어진다고 간주한다.

## ☐ institution
[ìnstətjúːʃən]

n. ① 제도, 관습 ② 협회, 학회

Church leaders are scheduled to meet this week to discuss ways of preserving the **institution** of marriage.
교회 지도자들은 결혼 제도를 보존시키기 위한 방법을 토론하기 위해서 이번 주에 만날 예정이다.

institutional adj. ① 제도상의 ② 협회[단체]의

## ☐ intrigue
[intríːg]

v. ① ~의 호기심[흥미]을 돋우다 ② 음모를 꾸미다

Other people's houses always **intrigued** him.
다른 사람의 집들이 항상 그의 흥미를 끈다.

While the King was abroad, the noble had been **intriguing** against him.
왕이 해외에 있는 동안에 귀족들은 그에 대해 음모를 꾸며 왔다.

## □ irrelevant
[irélǝvǝnt]

adj. 부적절한, 관계가 없는

Now, it is **irrelevant** whether you believe me or not.
이제, 당신이 나를 믿든지 안 믿든지 상관없다.

## □ irreplaceable adj. 필수적인, 대체할 수 없는
[ìripléisǝbl]

Fathers have a unique and **irreplaceable** role to play in child development.
아버지는 아이의 발달 과정에서 특별하고 필수적인 역할을 한다.

## □ jeopardize
[dʒépǝrdàiz]

v. (생명, 재산 따위를) 위험에 빠뜨리다

But usually its enforcement does not **jeopardize** the business community.
그러나 보통 그것의 시행은 재계를 위험에 빠트리지 않는다.

## □ jump on the bandwagon 시류에 편승하다

Companies such as Asus are **jumping on the bandwagon**, too, with low-priced computers.
Asus와 같은 회사들 또한 가격이 낮은 컴퓨터로 시류에 편승하고 있다.

## □ keep track of ~을 기록하다, ~을 놓치지 않고 따라가다

I think a large percentage of mothers are exhausted to **keep track of** their children all day.
나는 많은 엄마들이 그들의 아이들을 하루 종일 쫓아 다니느라 기운이 빠질 것이라 생각한다.

# ☐ labor government 노동부

Many of the questions had to do with the **Labor government's** management of school standards and health care.
많은 질문들이 학교 기준과 건강 관리에 대한 노동부의 경영과 관련이 있었다.

# ☐ landslide
[lǽndslàid]

n. ① (선거에서의) 압도적 승리, 압도적인 ② 산사태

The newspapers were predicting a **landslide** for Bill in this election.
그 신문은 이번 선거에서 Bill이 압도적으로 승리할 것이라고 예상했다.

As catastrophic events, **landslides** can cause human injury, loss of life and economic devastation, and destroy cultural and natural heritage.
비극적인 사고로서 산사태는 사람들의 부상과 사망, 경제 악화를 가져올 수 있고, 문화, 자연유산을 파괴시킬 수 있다.

# ☐ legislation
[lèdʒisléiʃən]

n. ① 법률 제정, 입법 ② 법률, 법령

The Senate Judiciary Committee today approved **legislation** aimed at cracking down on Internet piracy.
미국 상원 법사위원회는 오늘 인터넷 불법 복제에 단호한 조치를 취하기 위한 법안을 통과시켰다.

# ☐ liberate
[líbərèit]

v. ① 자유롭게 하다 ② 해방하다

The Algerians have already sacrificed to be **liberated** from France.
알제리 사람들은 프랑스로부터 해방되기 위해서 이미 많이 희생했다.

# ☐ liberation
[lìbəréiʃən]

n. 해방운동

The phrase "Women's **Liberation**" was first used in the United States in 1964.
"여성 해방"이란 구문은 1964년 미국에서 처음 사용되었다.

> **TIP** free(= liberate) ~을 해방시키다, 풀어 주다 discharge (유해 가스 등을) 내뿜다, 방출하다 (영화, 음반 등을) 개봉하다, 발매하다

# ☐ make sense
이치에 닿다, 뜻이 통하다

It doesn't **make sense** to rebuild the condominium damaged by fire.
화재로 파괴된 그 아파트를 재건하는 것은 이치에 맞지 않는다.

# ☐ mandate
[mǽndeit]

v. 명령하다, 요구하다

He argued that what really mattered in science teaching could never be **mandated**.
그는 과학 교육에서 정말 중요한 것은 결코 지시를 받아서는 안 된다는 점이라고 주장했다.

# ☐ manifest
[mǽnəfèst]

v. 입증하다

They also disagree on how functions are **manifested** in literary language.
그들은 또한 문학 언어에서 어떻게 기능들이 입증되는지에 대해서 의견이 불일치했다.

# ☐ metropolitan
[mètrəpɑ́litən]

adj. 대도시의, 수도의   n. 대도시 시민

The **metropolitan** library has kept record of ancient Egyptian life.
그 대도시 도서관은 고대 이집트인들의 생활을 나타내는 기록을 보관해 왔다.

Middle-class **metropolitans**' lives are not as perfect as they seem.
중산층 대도시 시민들의 삶은 보이는 것만큼 완벽하지 않다.

# ☐ minority
[minɔ́rity]

n. 소수(민족)

It is often to see people from ethnic **minorities** facing prejudice.
소수민족인 사람들이 편견에 직면하는 것을 자주 본다.

## ☐ misleading
[mislí:diŋ]

adj. 혼동하게 하는

The news article was **misleading**, and the newspaper has apologized.

그 뉴스 기사는 오보여서, 그 신문은 사과했다.

## ☐ momentous
[mouméntəs]

adj. 중요한, 중대한

The town has been through **momentous** changes with difficult times.

그 마을은 어려운 시간을 보내며 중요한 변화를 겪어 왔다.

## ☐ municipal
[mju:nísəpəl]

adj. 자치 도시의, 시의

That's just one example among many **municipal** bond funds.

그것은 많은 지방채 펀드들 중 하나의 예일 뿐이다.

## ☐ nationwide
[néiʃənwáid]

adj. 국가 전반에 걸친, 전국적인

January 12 saw further **nationwide** strikes and demonstrations in 15 cities.

1월 12일 15개의 도시에서 더 많은 전국적 파업과 시위가 있었다.

## ☐ needy
[ní:di]

adj. 가난한

The charity is raising the money for the Christmas program for the **needy** families.

자선단체는 가난한 가족들을 위한 크리스마스 프로그램을 위해 모금을 하고 있다.

the needy 가난한 사람들

## ☐ **nominate**

[nǽmənèit]

v. ① 지명하다, 추천하다 ② 임명하다

He said the band was absolutely delighted to be **nominated** for the award.
그는 그 밴드가 그 상에 추천되어서 너무 기쁘다고 말했다.

I am pleased to **nominate** them to serve and protect the American people as U.S. Marshals.
나는 미국 국민들을 지키고, 그들을 위해 봉사하는 미연방보안관으로 그들을 임명하게 되어 기쁘다.

nomination n. ① 지명, 임명 ② 수상 후보

## ☐ **notify**

[nóutəfái]

v. (공식적으로) 알리다, 통보하다

Winners will be **notified** by June 30 and will be allowed to bring two guests.
우승자는 6월 30일에 발표될 것이고 두 명의 게스트를 데려 올 수 있다.

notification n. 통보, 통지서

## ☐ **objective**

[əbdʒéktiv]

adj. 객관적인(= unbiased)

I could use an **objective** opinion to solve this problem.
이 문제를 해결하기 위해 객관적인 의견이 필요하다.

## ☐ **oppose**

[əpóuz]

v. ~에 반대하다

I am surprised that the Labor party has decided to **oppose** it.
나는 노동당이 그것에 반대하기로 결정했다는 것이 놀랍다.

**TIP** be objected to 명사, 대명사, 동명사(= be opposed to 명사, 대명사, 동명사[be against]) ~에 반대하다

opposition n. 반대, 대립

## ☐ oppress
[əprés]

v. 억압하다, 압제하다

This is a case of the strong trying to **oppress** the weak, as matters of abortion always are.

낙태 문제들이 항상 그렇듯이 이것은 약자들을 억압하려고 하는 강자들의 사례이다.

oppressive adj. (지배자가) 억압적인

## ☐ outright
[áutráit]

adj. 명백한, 완전한  adv. 노골적으로, 즉각

The mayor recognized that it was an **outright** lie.

시장은 그것이 명백한 거짓말이라는 것을 인식했다.

As soon as I met her, she asked me the rumor that I was seeing another guy **outright**.

내가 그녀를 만나자마자, 그녀는 내가 바람을 피우고 있다는 소문에 대해 바로 물어봤다.

## ☐ outshine
[àutʃáin]

v. 보다 더 빛나다, 능가하다

It was equally important to **outshine** everyone else around me.

내 주의의 모든 사람들을 능가하는 것은 똑같이 중요하다.

## ☐ outweigh
[àutwéi]

v. 보다 중요하다, 보다 크다[대단하다]

The likely dangers of traditional internationalism are starting to **outweigh** the benefits.

전통적인 국제주의의 공산이 있는 위험들은 이익보다 중요해지기 시작하고 있다.

## ☐ overthrow
[òuvərθróu]

v. (정부 등을) 전복시키다, 타도하다  n. 타도, 전복

The king was eventually **overthrown** and the entire country descended into chaos.

그 왕은 결국 타도 당했고, 국가 전체는 혼돈의 나락으로 떨어졌다.

He became to power after the **overthrow** of former president.

전 대통령을 타도한 후 그가 권력을 쥐었다.

## ☐ parliament
[pá:rləmənt]

n. 의회

The bill was passed by **parliament** in December last year.
그 법안은 지난해 12월 의회에서 통과되었다.

---

## ☐ party
[pá:rti]

n. ① 정당 ② (소송 · 계약 등의) 당사자

It is very unlikely that they will sympathize with the aims of the other **parties**.
그들이 다른 당들의 목표에 동조하는 일은 전혀 일어나지 않을 것 같다.

> **TIP** party 일행 How many are in your party? 일행이 몇 명이세요? date (파티에서) 파트너 Can I bring my date? 내 파트너 데려가도 되니? make it (파티, 모임 등에) 시간 내에 가다 I'm afraid I can't make it. 유감 스럽게도 나는 못 갈 것 같아.

---

## ☐ penniless
[pénilis]

adj. 무일푼의

She had gone from being a **penniless** girl to becoming a millionaire.
그녀는 무일푼의 소녀에서 백만장자로 되었다.

---

## ☐ permeate
[pə́:rmièit]

v. 스며들다, 침투하다

How far do your interests **permeate** into your life?
당신의 관심사가 얼마나 당신의 삶 속에 스며들어 있습니까?

---

## ☐ poll
[poul]

n. ① 투표(결과) ② 투표소 ③ 여론조사

When the same question was asked in a **poll**, 42% said they were more worried about the economy than before.
똑같은 질문을 여론조사에서 했을 때, 42퍼센트가 전보다 경제가 좀 더 걱정 된다고 말했다.

When setting out to conduct a national opinion **poll**, the first thing Gallup does is select a place.
국민 여론조사를 시작할 때 Gallup이 처음으로 하는 것은 장소를 고르는 일이다.
plummet(= plunge) (인기, 가격 등이) 급락하다  subside(= wane, lesson) (영향력, 힘 등이) 약해지다, 쇠약해지다, 줄어들다

## ☐ popularity

[pàpjulǽrəti]

n. 대중성, 인기

Another, newer type of yeast is gaining in **popularity**.
또 다른, 새로운 형태의 효모가 인기를 끌고 있다.

gain(grow, increase) in popularity 인기를 끌다

---

## ☐ postpone

[poustpóun]

v. 연기하다, 늦추다

Even Beate **postponed** going out to join the group of older girls in the camp.
Beate조차 캠프에서 성인 여성들 그룹에 합류하려고 밖에 나가는 것을 미뤘다.

postponement n. 연기
delay(= put off) 연기하다  call off 취소하다

---

## ☐ poverty

[pávərti]

n. 가난, 빈곤

It has been officially announced that 37% of the people in India are still below the **poverty** line.
공식적으로 인도의 37퍼센트가 여전히 빈곤선 이하의 생활을 한다고 보고되어 왔다.

below the poverty line 빈곤선, 최저생계

---

## ☐ prejudice

[prédʒudis]

n. 편견

There still is a lot of public **prejudice** against single mothers.
미혼모에 대해 여전히 많은 대중의 편견이 있다.

---

## ☐ preliminary

[prilímənèri]

adj. 예비적인, 임시의

The sites were chosen from **preliminary** studies of 28 locations.
그 지역들은 28개 예비 연구 지역에서 선택되었다.

---

## ☐ present

[prizént]

v. (격식을 차려) ~을 제출하다, 내놓다

We shall give you reasonable time to prepare and **present** your proposals.
우리는 당신이 제안을 준비하고, 발표하기 위한 적당한 시간을 드리겠습니다.

presentation n. ① 발표 ② 제출

**01.** Antonio Belva was the first Navy soldier to be wounded by
_____ fire.

(a) hospitable        (b) hostile        (c) hassle

**02.** After a week together on a business trip it was clear that they were
totally _____.

(a) incompatible        (b) inaugural        (c) incumbent

**03.** Although only 14 percent of the public approves of Congress, in an
ordinary year 95 percent of all _____ are re-elected.

(a) incumbents        (b) indulgent        (c) inadvertent

**04.** Should you _____ vomiting if your dog has ingested
something potentially toxic?

(a) indicate        (b) induce        (c) incident

**05.** Concerns are running high that the political crisis could _____
a peace deal which ended a decade-long civil war.

(a) ingest        (b) jeopardize        (c) justify

**06.** The Korea military should _____ to the international
community their strong determination to prevent war on the Korean
Peninsula.

(a) manipulate        (b) manifest        (c) manifold

**07.** More than 50 people staged a protest in front of the UN headquarters
in New York, calling for the _____ of President Hosni
Mubarak's regime.

(a) overthrow        (b) overtake        (c) overlook

**08.** Social changes and national events _____ deep into people's personal lives, causing us to keep a keen eye on the transformation of Korean society.

(a) permeate　　　　　(b) permit　　　　　(c) perplex

**09.** The entire political class agreed to _____ any formal step that would precipitate early elections until after the finance law has been passed.

(a) postpone　　　　　(b) posthumous　　　　　(c) posterior

**10.** Throughout his first encounter with Seoul, Jason faced countless cases of the _____ that is deeply embedded in Korean society.

(a) prejudice　　　　　(b) premature　　　　　(c) preliminary

---

01. Antonio Belva는 적의 포화로 부상을 입은 첫 번째 해군 병사였다.
02. 출장 일주일 후 그들이 서로 맞지 않는다는 것이 명백해졌다.
03. 고작 국민의 14퍼센트에게 인정받은 의회임에도 불구하고 한 해에 보통 모든 재직자의 95퍼센트가 재임용 된다.
04. 당신의 개가 잠재적으로 독성이 있는 무언가를 삼켰다면 구토를 유발해야 하는가?
05. 정치적 위기가 10년의 내전을 끝낸 평화조약을 위험에 빠뜨릴 수 있다는 염려가 고조되었다.
06. 한국군은 한반도의 전쟁을 막기 위해 국제사회에 그들의 강한 의지를 입증해 보여야 한다.
07. 50명이 넘는 사람들이 Hosni Mubarak 대통령 정권의 타도를 요구하며 뉴욕 UN 본부 앞에서 항의 운동 을 전개했다.
08. 사회 변화와 국가적 사건들은 사람 개인의 삶에 깊게 침투해 우리에게 한국 사회의 변화를 경계의 눈으로 주시하게 한다.
09. 모든 정치인들이 지금 법안이 통과되기 전에는 조기 총선을 촉진할 만한 어떠한 공식적인 조치도 연기하기 로 동의했다.
10. Jason은 그의 서울의 첫 방문을 통해 한국 사회에 깊숙이 박혀 있는 편견의 수많은 사례들을 직면했다.

answer  01. (b)  02. (a)  03. (a)  04. (b)  05. (b)  06. (b)  07. (a)  08. (a)  09. (a)  10. (a)

# Expression for **TEPS VOCA**

1. 너 보고서 어떻게 됐니?
   How did your report go?

2. 새 컴퓨터 어때?
   How do you find your new computer?

3. 제가 어떻게 부르면 될까요?
   How shall I address you?

4. 커피 어떻게 드시겠어요?
   How would you like your coffee?

5. 연락처를 알고 싶은데요.
   How[Where] can I get in touch with you?
   How[Where] can I reach you?

6. 방문 목적은 무엇입니까?
   What's the purpose of your visit?

7. (택시에서) 어디로 모실까요?
   Where to, sir?

· **come along** (일 등이) 잘 진행되다, 잘 해 나가다
How does your report come along?
당신의 보고서는 잘 진행되고 있습니까?

· **keep up with** ~에 뒤떨어지지 않다
I'm not a smart person who can keep up with the society rapidly changing.
나는 빠르게 변화하는 사회에 발맞춰 갈 수 있는 똑똑한 사람이 아니다.

· **subscribe to** (신문, 잡지 등을) 구독하다
Jane told me she wanted to subscribe to a monthly fashion magazine.
Jane은 패션 잡지를 매월 구독하고 싶다고 내게 말했다.

· **be stuck with** ~에 걸려들다, 꼼짝없이 ~하게 되다
Now they are stuck with those higher prices.
이제 그들은 이러한 더 높은 물가에 쩔쩔매게 되었다.

· **fill out** (문서 등을) 작성하다, 기입하다
Please fill out this form as soon as possible because we don't have enough time.
우리 시간이 충분히 없으니까, 이 서류를 가능한 한 빨리 채워 주세요.

· **add up to** (총계가) ~이 되다
You know people say little things add up to big things which change the world, but I can't agree with it.
사람들은 작은 것들이 모여 세상을 바꾸는 큰 것들이 된다고 말하지만, 난 그것에 동의할 수 없다.

· **be sold out** (표가) 매진되다, (물건 등이) 다 팔리다
Tickets for the movie were all sold out.
영화표가 다 팔렸어요.

· **break up with** ~와 헤어지다
She said she recently broke up with her boyfriend after 6 years relationship.
그녀는 최근에 6년 동안 만나 왔던 남자 친구와 헤어졌다고 말했다.

## ☐ preside
[prizáid]

v. (집회 · 회의 등의) 의장을 맡다

It is said that no woman lost a case while Mary was **presiding**.
Mary가 의장을 맡은 동안 어떤 여성들도 패소한 적이 없다고 한다.
**preside over sth** 통괄하다, 회의를 주재하다, 문제를 검토하다

## ☐ procedure
[prəsí:dʒər]

n. 절차, 과정

The court will not sanction the scheme if the requisite statutory **procedures** have not been complied with.
필수 법정 절차에 순응하지 않는 경우, 법원은 그 계획을 승인하지 않을 것이다.

## ☐ proclaim
[proukléim]

v. (공식적으로) 선언하다, 선포하다

Brian has repeatedly **proclaimed** that he is innocent.
Brian은 그가 죄가 없다고 계속 주장했다.
**proclamation** n. 선언 선포, 성명서

## ☐ proponent
[prəpóunənt]

n. 찬성자, 지지자

Jonathan is one of the leading **proponents** of this view like many other doctors.
다른 많은 의사들과 마찬가지로 Jonathan은 이 의견을 주도적으로 지지하는 사람들 중 하나이다.

## ☐ protest
[prətést]

n. 항의, 이의 제기

10,000 employees are on strike in **protest** at the poor working conditions.
만 명의 직원들이 열악한 근무 여건에 항거하여 파업 중이다.

## □ quarrel
[kwɔ́ːrəl]

n. 말다툼, 분쟁 v. 언쟁을 벌이다, 다투다

I have no **quarrel** with that, provided he sets them in that order.
그가 그것들을 그 순서대로 배치시켰다면, 나는 그것에 불만이 없다.

If I hadn't been weak, I should have **quarreled** with almost everything Phil said.
내가 약하지 않았더라면 Phil이 말했던 거의 모든 것과 싸웠어야 했을 것이다.

have no quarrel with 싸울 이유가 없다, 아무런 불평이 없다

## □ questionnaire
[kwéstʃənɛ́ər]

n. 질문 사항, 질문서에 의한 조사

The **questionnaire** asks students how they feel about services on campus.
그 질문지는 학생들에게 학교에서의 서비스에 대해 어떻게 느끼는지 질문한다.

fill in[fill out / complete] a questionnaire 설문지를 작성하다

## □ quote
[kwóut]

v. 인용하다, 예를 들다

A woman who reads her Bible, can **quote** chapter and verse in any given situation.
성경을 읽는 여성은 어떤 상황에서도 정확한 출전을 들 수 있다.

## □ radical
[rǽdikəl]

adj. 급진적인

They are proposing **radical** changes to the way the firm is run.
그들은 그 회사가 운용되는 방법에 대해 근본적인 변화를 제안하고 있다.

## □ rally
[rǽli]

n. (특히 정치적) 집회, 대회 v. (어떤 목적을 위해) 모이다, 집결하다

There will be no big **rally** of the kind seen in the first phase.
첫 단계에서 나타났던 것과 같은 큰 집회는 없을 것이다.

In response, many businesses **rallied** against the Clinton plan to overhaul the health care system and helped defeat it.
이에 대해, 많은 기업체들이 건강보험을 정비하려는 Clinton의 계획에 반대하기 위해 집결했고, 이 계획을 좌절시키는 것을 도왔다.

## □ reaction
[riːǽkʃən]

n. ① 반응 ② 반발, 반동

This means every time the person eats that particular food, he or she will have an allergic **reaction**.
이것은 사람이 저 특정한 음식을 먹을 때마다 알레르기 반응을 보일 것이라는 것을 의미한다.

## □ reconcile
[rékənsàil]

v. 조화시키다, 화해시키다

Many people have a hard time **reconciling** the wedding of their dreams with realistic costs.
많은 사람들은 그들이 꿈꾸던 결혼식과 현실적인 비용을 조화시키는 데 어려움을 겪고 있다.

## □ reconstruction
[rìːkənstrʌ́kʃən]

n. 재건, 복원

Gorbachev began the **reconstruction** and reform of the Soviet system.
고르바초프는 소비에트 체계의 개혁과 재건을 시작했다.

## □ referendum
[rèfəréndəm]

n. (특정한 문제에 대한) 국민투표, 총선거

The people of southern Sudan will vote in a **referendum** to determine whether their region will become an independent nation.
남부 수단 주민들은 그들의 지역이 독립국가가 될 것인지를 결정짓는 국민투표를 할 것이다.

## □ regime
[reʒíːm]

n. ① 정체, 정권 ② 사회제도

It appears that the current **regime** may become meaningless in terms of behavior correction.
행동 수정이라는 점에서 현재 사회제도는 의미가 없을 것으로 보인다.

## □ reign
[rein]

v. 지배하다  n. 치세

Pharaohs **reigned** over Egypt for centuries.
파라오들은 수세기 동안 이집트를 지배했다.

## ☐ rekindle
[riːkíndl]

v. 다시 불러일으키다, 재연하다

Rachel reportedly wants to **rekindle** a relationship with him now that he is divorced.

전하는 바에 의하면, Rachel은 그가 이혼했으니, 그와의 관계를 다시 되살리기를 원한다고 한다.

## ☐ relentless
[riléntlis]

adj. ① 끈질긴 ② 가차 없는

His success is due to a **relentless** pursuit of perfection.

그의 성공은 완벽함에 대한 끈질긴 추구 때문이다.

## ☐ relevant
[réləvənt]

adj. ① 관련 있는, 적절한 ② 상응하는, 상대적인

Not until we have all the **relevant** information can we make a decision.

우리가 모든 관련된 정보를 얻기 전에는 결정을 내릴 수 없다.

## ☐ remarkably
[rimáːrkəbli]

adj. 현저히, 눈에 뜨게

Despite differences in dosage and length of treatment, the results are **remarkably** consistent.

복용량과 치료 길이의 차이에도 불구하고, 그 결과들은 눈에 띄게 일관적이다.

## ☐ resolution
[rèzəlúːʃən]

n. 결단, 결심, 해결책

If you cannot avoid the argument, make a firm **resolution** which side are you on.

당신이 논쟁을 피할 수 없다면, 어떤 입장을 취하는지 분명히 결심해야 합니다.

The **resolution** calls for all doctors to be forced to direct women to alternative centers willing to carry out abortions.

그 해결책은 모든 의사들이 낙태 수술을 해 주는 다른 센디에 여성들을 안내해 주도록 요구한다.

make a resolution 결심하다

## ☐ retain
[ritéin]

v. 유지하다

Schools around the city say they're having a hard time attracting and **retaining** good students.
그 도시 주위의 학교들은 좋은 학생들을 끌어들이고 유지하는데 어려움을 겪고 있다고 말한다.

## ☐ rife
[ráif]

adj. 수없이 많은, 유행하는

Only later did I find out conjecture was **rife** that I was a government spy.
후에야 나는 내가 정부 스파이라는 추측들이 난무했다는 사실을 알았다.

US diplomatic cables have portrayed Afghanistan as **rife** with corruption to the highest levels of government.
미국 외교관 전보는 아프가니스탄을 최고위층까지 부정부패가 넘쳐나는 정부로 묘사했다.

## ☐ riot
[ráiət]

n. 폭동, 소요

Authorities say they're arresting several suspected members believed to have to do with a **riot** at the jail.
당국은 감옥에서 폭동과 관련이 있다고 생각이 되는 몇 명의 용의자들을 체포했다고 한다.

## ☐ sanction
[sǽŋkʃən]

n. ① 허가, 승인 ② 제재 (조치)  v. 허가하다, 승인하다

Throughout most of modern history, economic **sanctions** have preceded or accompanied war.
근대 역사의 전반에 거쳐서, 경제적 제재는 전쟁에 앞서 일어나거나, 함께 동반 되었다.

The church did not **sanction** the king's divorce.
교회는 왕의 이혼을 허락하지 않았다.

## ☐ scheme
[skiːm]

n. 계략, 음모, 술책

I do volunteer work for a victim support **scheme**.
나는 희생자 지원 계획을 위한 자원 봉사를 한다.

## segregate
[ségrigèit]

v. ① (인종에 따라) 차별하다 ② (사람·단체 등을) 분리[격리]하다

The cafe decided to **segregate** the room into smoking and non-smoking areas.

그 카페는 공간을 흡연구역과 금연구역으로 분리하기로 결정했다.

segregation n. ① (인종)차별 ② 분리, 격리

## sensible
[sénsəbl]

adj. 분별 있는, 합리적인

It's **sensible** to keep a note of your serial number.

당신의 일련번호를 적어 놓는 것은 합리적이다.

## set forth

~을 제사하다, 발표하다

She **set forth** an idealistic view of society.

그녀는 사회의 이상적 관점을 설명했다.

## shield
[ʃi:ld]

v. 보호하다

Individual families have to **shield** their children from exploitation.

개개의 가족들이 그들의 아이들이 착취당하지 않도록 보호해야 한다.

## sovereign
[sávərən]

adj. 자주적인, 독립의  n. 통치자, 주권자, 군주(= monarch)

The Hopi tribe maintained their rights as a **sovereign** nation.

호피족은 그들의 독립국가로서의 권리를 주장했다.

The reinforcement of **sovereign** power and growth of the city can bring the growth of citizenship.

수권의 강회와 도시의 성장이 시민권의 성장을 가져올 수 있다.

sovereignty n. 주권, 독립국

## ☐ specify
[spésəfài]

v. 명시하다

The context enables one to **specify** more clearly the meaning of the word and thus to eliminate the ambiguity.

그 문맥은 사람들이 더 명확하게 그 단어의 의미를 명시하도록 하고 있고 그에 따라서 모호함을 줄일 수 있게 한다.

## ☐ spur
[spəːr]

v. ~하도록 자극하다, 박차를 가하다  n. 박차, 자극

Children tend to decide what to play on the **spur** of the moment.

아이들은 갑자기 무엇을 하고 놀지를 결정하는 경향이 있다.

## ☐ stand a better chance 가능성이 더 높다

If we did move to New York, I'd **stand a** much **better chance** of getting a job.

분명 우리가 뉴욕으로 이사를 갔었다면, 나는 직업을 가질 가능성이 훨씬 더 높았을 것이다.

## ☐ staunch
[stɔːntʃ]

adj. (신조 · 주의 등에) 충실한

Entrepreneurs immediately became **staunch** patriots, and agreed to pay wages only at the official rate.

기업가들은 곧바로 충실한 애국자가 되었고, 공정 보합으로만 급료를 줄 것에 동의했다.

## ☐ strategy
[strǽtədʒi]

n. 전략, 계획

An effective brand **strategy** will create a unique identity that will differentiate you from the competition.

효과적인 브랜트 전략은 당신을 경쟁 상대로부터 구분시켜 줄 독특한 아이덴티티를 만들어 줄 것이다.

## ☐ subdue
[səbdjúː]

v. 차분하게 하다, 가라앉히다

The soldiers managed to **subdue** the angry crowd.
군인들은 분노한 군중들을 진압했다.

## ☐ subjective
[səbdʒéktiv]

adj. 주관적인

The ratings were based on the **subjective** judgment of one person.
그 평가들은 한 사람의 주관적인 판단에 기초했다.

## ☐ suffrage
[sʌfridʒ]

n. 투표권, 참정권

Early women's rights leaders believed **suffrage** to be the most effective means to change an unjust system.
초기의 여성들의 권리를 주장했던 지도자들은 투표권이 불공평한 체제를 바꿀 수 있는 가장 효과적인 수단이라고 믿었다.

## ☐ suppress
[səprés]

v. ① (반란·폭동 등을) 진압하다 ② (감정을) 억누르다

The government tried to **suppress** dissatisfaction from spreading among people.
정부는 대중들 사이에 퍼진 불만을 억누르려고 시도했다.

outdo(= surpass, outshine, transcend, go beyond) 능가하다, 앞지르다, 초월하다

## ☐ take for granted 당연히 여기다

He **took** it **for granted** that people would fall in love with Eva.
그는 사람들이 Fva와 사랑에 빠지는 것을 당연하게 여겼다.

## ☐ tax cut

세금 감면

The White House is also calling for smaller **tax cuts** than the Republicans are suggesting.
백악관은 또한 공화당이 제시하고 있는 것보다 더 적은 세금 감면을 요구하고 있다.

tax evasion[dodge] 탈세

## ☐ top notch

최고의, 일류의, 아주 뛰어난

New drug design looks **top notch** against cancer.
새로운 약 디자인은 암에 맞서 싸우는 데는 아주 뛰어난 것처럼 보인다.

## ☐ unanimous
[juːnǽnəməs]

adj. 만장일치의, 합의의

The new vice president was elected by a **unanimous** vote.
새로운 부통령은 만장일치 투표로 선출되었다.

## ☐ undergo
[ʌndərgóu]

v. 겪다

At that time she **underwent** tremendous emotional problems after the breakup of her marriage.
당시 그녀는 결혼 생활이 끝난 후 많은 감정적인 문제를 겪었다.

## ☐ underrepresented  adj. 불충분하게 대표된
[ʌndərréprizèntid]

Some people say that African-American are racially **underrepresented** virtually everywhere.
몇몇 사람들은 흑인들의 인종적 지위가 미약하기는 사실상 세계의 어느 곳에서나 마찬가지라고 말한다.

## ☐ unspecified
[ʌnspésəfàid]

adj. 명시되지 않은, 불특정의

The conference will take place at an **unspecified** date for security reasons.
그 회의는 보안상의 이유로 명시되지 않은 날에 있을 것이다.

## □ uphold
[ʌphóuld]

v. ① 지지[후원]하다, 격려하다 ② (들어) 올리다, 유지하다

The governor is asking the Supreme Court to **uphold** a ban on selling minors violent portrayals in video games.

그 주지사는 대법원이 폭력을 묘사하는 비니오를 미성년자에 판매하는 것에 대한 금지를 지지해 주기를 요청하고 있다.

## □ vernacular
[vərnǽkjulər]

n. 자국어, 방언  adj. 그 고장 고유의

Therefore the diversification of Chinese **vernacular** dwelling is rarely seen in the architectural history of the world.

따라서 중국의 전통 가옥의 다양성은 세계 건축 역사에서 거의 보기가 어렵다.

In many cases, English is quite different from the **vernacular** of my parents' country.

많은 면에서 영어는 부모님의 모국어와는 꽤 다르다.

## □ widespread
[wáidspréd]

adj. 널리 보급된

The issue of sexual harassment is very **widespread** and this can be a social problem.

성추행 문제는 매우 널리 퍼졌고, 이것은 사회적인 문제가 될 수 있다.

**01.** He _____ over the beginning of a major build-up of agents, equipment and technology.

(a) presided　　　　　(b) proclaimed　　　　(c) chaired

**02.** Their _____ was right because that law was unfavorable to most lower class.

(a) pretest　　　　　(b) prompt　　　　(c) protest

**03.** He wanted to make a _____ change in economy by making that policy.

(a) reactive　　　　　(b) rabies　　　　(c) radical

**04.** She had a talent to _____ the opposing parties but her talent didn't work on her family trouble.

(a) react　　　　　(b) reconstruction　　　　(c) reconcile

**05.** Alexander the great was a cruel person but the _____ of him is positively rated by the historian.

(a) reign　　　　　(b) reinstate　　　　(c) reimburse

**06.** _____ attack was too much for her to tolerate.

(a) Relevant　　　　　(b) Retroactive　　　　(c) Relentless

**07.** The professor thought criminal _____ must be argued first of all.

(a) sanctions　　　　　(b) sanguine　　　　(c) sabotages

**08.** Male prisoners were strictly _____ from the female ones.

    (a) congregated        (b) segregated        (c) aggregated

**09.** Increasing the number of scholarship will be needed for students to _____ the will to study.

    (a) specify        (b) spruce        (c) spur

**10.** The firm was established in 2007 and has _____ endless challenges and innovations.

    (a) undergone        (b) unspecified        (c) underrepresented

**01.** 그는 대리점, 장비, 기술의 주요 홍보의 시작을 총괄했다.

**02.** 그 법이 대부분의 하층계급들에게 불리했기 때문에 그들의 항의는 정당했다.

**03.** 그는 그 정책을 수립함으로써 경제 부분에서의 급진적인 변화를 만들어내고자 했다.

**04.** 그녀는 적대적인 당사자들을 화해시키는데 재능이 있지만 그녀의 재능은 그녀의 가정 불화에는 효과가 없었다.

**05.** 알렉산더 대왕은 잔인한 사람이었지만 그의 통치는 역사가들에 의해 긍정적으로 평가 받는다.

**06.** 가차 없는 공격이 너무 심해서 그녀는 참을 수 없었다.

**07.** 그 교수는 범죄 제재가 가장 먼저 논의되어야 한다고 생각했다.

**08.** 남성 죄수들은 여성 죄수들과 엄격하게 분리되었다.

**09.** 장학금 수를 늘리는 것은 학생들의 학업 의욕을 자극하는데 필요할 것이다.

**10.** 그 회사는 2007년에 설립되었고, 끊임없는 도전과 혁신을 겪어왔다.

answer  01. (a)  02. (c)  03. (c)  04. (c)  05. (a)  06. (c)  07. (a)  08. (b)  09. (c)  10. (a)

# Expression for **TEPS VOCA**

1. 그걸 미국 달러로 바꾸셔야 합니다.
   You need to convert that into US dollars.

2. 딱 제가 할 말이네요.
   You took the words right out of my mouth.

3. 제 자리에 앉으셨네요.
   You're in my seat.

4. 너 보고서 어떻게 돼 가니?
   How's your paper coming along?

5. 더 이상 못 참겠어.
   I can't stand it any more.
   I can't take it any longer.

6. 네 말이 맞아.
   I couldn't agree with you more.
   I'll say.
   You can say that again.
   You said it.

7. 잔돈이 좀 필요해요.
   I could use some change.

· **let up** 악천후가 잦아들다, 멈추다
The snow doesn't seem to be going to let up until the evening.
그 눈은 오늘 밤이 되어야 그칠 것처럼 보이네요.

· **dine out** 외식하다
We weren't at home at that time We were dining out with Johnson's.
우리는 그때 집에 없었어요. Johnson의 가족과 외식하고 있었거든요.

· **aim to V at** ~하려고 하다, ~할 의도이다
Our company aims to send at least 1200 volunteers to India over 2 years.
우리 회사는 앞으로 2년 동안 적어도 1200명의 자원봉사자를 인도에 보낼 계획이다.

· **be armed with** ~으로 무장하다
He was armed with all the facts, and didn't make any logical mistakes at the press conference tonight.
그는 사실들로 무장하고 있었기 때문에, 오늘밤의 기자 회견장에서 어떤 논리적 실수도 말하지 않았다.

· **pitch in** (원조, 돈 등을) 보태다
She would say no if she were a mean person, but she didn't do that and tried to pitch in.
그녀가 비열한 사람이라면 거절하겠지만, 그녀는 그렇게 하지 않고 도움을 보태려고 노력했다.

· **work for + 사람** ~에게는 괜찮다, 적당하다
This blue shirts and black pants will work for my dad.
이 파란색 셔츠와 검은색 바지는 우리 아빠한테 잘 어울릴 거야.

· **take care of** ~를 돌보다
She always doesn't forget to take care of her parents in law.
그녀는 언제나 시부모님들을 돌보는 것을 잊어버리지 않는다.

· **move in** 이사해 오다
When Joseph moved in, however, we found it a lot different from what we had imagined.
그러나 Joseph이 이사 왔을 때, 우리는 우리가 상상했던 것과 많이 다르다는 것을 알게 되었다.

## accommodate
[əkámədèit]
v. ① 숙소를 제공하다 ② 수용하다 ③ 편의를 도모하다

Migrant workers are to be **accommodated** near the place where they work.
이주 노동자들은 그들의 직장과 가까운 장소에서 머물 것이다.

The new print system will **accommodate** our office conditions.
새 프린트 시스템이 우리 사무실 환경을 편리하게 만들 것이다.

accommodation n. ① 숙박 설비 ② 편의, 도움

**TIP** accommodation은 숙박 시설로 독해에서는 hotel과 같은 의미로 사용된다.

## admission
[ædmíʃən]
n. ① 입국, 입학, 입장 ② 입장료

No **admission** before 8 a.m.
오전 8시 전에는 입장 금지합니다.

More than 65 departments and programs offer graduate degrees at Stanford, and **admission** requirements vary greatly among them.
Stanford에서 65개 이상의 학과와 프로그램으로 졸업 학위를 받을 수 있고, 입학 요건 사항들은 각 과와 프로그램에 따라 매우 다르다.

## agency
[éidʒənsi]
n. ① 대리점 ② (정부의) 기관, 청

They worked at a large advertising **agency** together and decided to go out on their own.
그들은 큰 광고 대행사에서 함께 일했고, 그들 자진해서 퇴사하기로 결정했다.

The UN **agency** is responsible for helping refugees.
UN은 피난민에게 도움을 줄 책임이 있다.

agent n. 대행인, 대리인

## ☐ arrange

[əréindʒ]

v. ① 마련하다, 준비하다 ② 배열하다, 정돈하다

Ann's **arranging** a surprise party for Russell's birthday.
Ann은 Russell의 생일을 위해 깜짝 파티계획을 짜고 있다.

Can you **arrange** yourselves in a circle so that everyone can see me?
여러분들이 원형으로 앉아서, 모두가 저를 볼 수 있도록 해 주시겠어요?

## ☐ arrangement

[əréindʒmənt]

n. ① 준비, 채비 ② 배열, 정돈 ③ 협정, 합의

The company is making **arrangements** for an annual event.
그 회사는 연례행사에 대한 준비를 하고 있다.

We are planning the seating **arrangement** for the summit conference.
우리는 정상회담을 위한 좌석 배치를 계획하고 있다.

Foods are permitted at the hospital by prior **arrangement**.
병원에서의 음식은 사전 협의에 의해서 허락된다.

## ☐ attendant

[əténdənt]

n. ① 종업원, 안내원, 수행원 ② 참석자

He's been a faithful **attendant** on the king for over 10 years.
그는 10년이 넘도록 왕의 충실한 수행원직을 담당하고 있다.

He then gave them the choice of apologizing to the flight **attendant** or taking another flight.
그는 그리고 나서 그들에게 그 승무원에게 사과를 하거나 다른 비행기를 타는 것 중에 선택을 하라고 했다.

## ☐ attraction

[ətrǽkʃən]

n. ① 명소 ② 매력

"Monet's garden" is one of the theme park's most popular **attractions**.
"Monet's garden"는 테마파크에서 가장 인기 있는 관광 명소 중 하나이다.

**TIP** tourist attraction(= tourist spot) 관광 명소로 같이 사용된다.

## ☐ baggage
[bǽgidʒ]

n. ① 수화물 ② (마음의) 앙금, 응어리

We recommend that your carry-on **baggage** be put under the seat and not in the overhead for safety concerns.
우리는 기내 휴대용 수하물을 안전상의 우려가 있으니, 머리 위가 아닌 좌석 아래에 보관하기를 권고합니다.

Being abused as a child, she brings a lot of **baggage** into the marriage.
어릴 때 학대를 당한 그녀는 결혼하고도 마음에 많은 응어리를 지니고 있다.

## ☐ book
[buk]

v. 예약하다

His secretary had **booked** him into the Western Hotel.
그의 비서는 그를 위해 웨스턴 호텔을 예약했다.

be booked up 예약이 꽉 차다   by the book 원칙대로, 규정대로
You can't judge a book by its cover. 겉모양으로 무언가를 평가할 수 없다.

## ☐ breathtaking
[bréθtèikiŋ]

adj. 숨이 막힐 정도로 놀란 만한, 아슬아슬한

But the on-line service is still growing at a **breathtaking** pace.
그러나 온라인 서비스는 여전히 엄청난 속도로 성장하고 있다.

## ☐ cancel
[kǽnsəl]

v. 취소하다

Classes were all **canceled** for the day.
그날 수업들은 모두 휴강이었다.

cancellation n. 취소

## ☐ capacity
[kəpǽsəti]

n. ① 용량, 수용력 ② 재능, 역량

Cheryl's **capacity** for understanding and the passion to learn is impressive.
Cheryl의 이해 능력과 배우려는 열정은 인상적이었다.

## ☐ concierge
[kὰnsiέərʒ]

n. 호텔 안내원

It is probably impossible to imagine where would hotel guests be without the presence of a skilled **concierge**.
숙련된 호텔 안내원 없이 호텔에 머무는 것은 아마 상상할 수 없을 것이다.

## ☐ confirm
[kənfə́:rm]

v. 확인하다

I'll call the hotel and **confirm** our reservations.
내가 호텔에 전화해서 우리 예약을 확인해 볼게.
confirmation n. 확인, 입증

## ☐ custom
[kʌ́stəm]

n. 관습

When entering a Korean home, it is the **custom** that you should take your shoes off.
한국인의 집에 들어갈 때는, 신발을 벗는 것이 관습이다.

## ☐ customs
[kʌ́stəmz]

n. 세관, 관세(단수 취급)

High **customs** tariffs and turnover taxes were introduced to prevent a large-scale inflow of consumer goods.
높은 관세율과 매출세는 큰 규모의 소비물자의 유입을 막기 위해 도입되었다.

## ☐ declare
[diklέər]

v. ① (세관에서) 신고하다 ② 선언하다

If you have few things to **declare**, it would not take much time to clear customs.
당신이 신고할 물건이 거의 없다면, 세관 통과하는 데 많은 시간이 들진 않을 겁니다.
declaration n. ① 신고(서) ② 선언, 공표

## ☐ destination
[dὲstənéiʃən]

n. (여행의) 목적지, 도착지

At the border you will be asked your **destination** and how long you plan to stay.
국경에서 당신의 도착지와 체류 기간에 대한 질문을 받을 것입니다.

## ☐ detect
[ditékt]

v. 탐지하다

He could **detect** a faint smell of perfume as he entered the room.
그가 방에 들어가면서, 옅은 향수 냄새를 알아챌 수 있었다.

detection n. 탐지, 발견  detector n. 탐지기

## ☐ duty
[djú:ti]

n. ① 세금 ② 의무

I had some time to buy several things in a **duty**-free shop just before the boarding.
나는 탑승하기 바로 전에 면세점에서 몇 가지 물건들을 살 시간이 있었다.

Teachers have a **duty** to ensure that students are not injured while they are in their care.
선생님들은 학생들이 보호 아래 있을 때 부상당하지 않도록 보장할 의무를 가진다.

duty-free shop 면세점  on duty 근무 중  off duty 비번  leave 휴가  sick leave 병가  call in sick 전화로 병결을 알리다  take a day off 하루를 쉬다  fill in for 대신 일해 주다

## ☐ entry
[éntri]

n. ① 입장(권) ② 등록, 가입 ③ 참가

All **entries** for the contest must be received by September 11.
대회에 대한 모든 등록은 9월 11일까지 수령되어야 한다.

## ☐ excursion
[ikskə́:rʒən]

n. (짧은) 여행, 소풍

One day he took an **excursion** to the other end of the island for a change.
어느 날, 그는 기분 전환 삼아 섬의 다른 반대편으로 소풍을 갔다.

get-together 모임, 만남  outing(= picnic) 소풍, 야유

## ☐ fasten
[fǽsn]

v. ① 고정시키다 ② (지퍼 · 단추 등을) 단단히 채우다

Christine **fastened** the brooch to her dress.
Christine은 그녀의 드레스에 브로치를 고정시켰다.

Bundle up and fasten your coat. 따뜻하게 입고, 코트 잘 잠궈.

## □ immigrant
[ímigrənt]

n. 이주자, 이민자

The bill would have cut off government aid even to legal **immigrants**.
그 법안은 합법적인 이주민에게 조차 정부의 지원을 삭감시킬 것이다.

immigration n. ① (공항·항구 등에서의) 입국 심사 ② 이민, 이주
immigration office 출입국 관리 사무소

## □ itinerary
[aitínərèri]

n. 여행 계획, 일정표(= travel plan)

Again she went over the first few days of their **itinerary** in her mind.
다시, 그녀는 마음속으로 처음 며칠 간 그들의 여행 계획을 점검해 보았다.

by way of(= via, through) ~을 경유하여, ~를 통하여, ~를 이용하여
ruins 유적지, 폐허  in ruins 폐허가 되어

## □ jet lag

(비행기 여행의) 시차에 의한 피로

It's **jet lag** and it affects nearly everyone on long-haul flights.
그것은 시차에 의한 피로이고, 장기간 비행하는 거의 모든 사람들에게 영향을 미친다.

aviation 항공  spatial disorientation 공간 방향감각 상실
off course 항로를 이탈한  unwind(= relax) 긴장을 풀다, 휴식을 취하다

## □ landmark
[lǽndmà:rk]

n. ① 주요 지형지물 ② 유적물 ③ (토지의) 경계표

The Washington Monument is a popular historical **landmark**.
워싱턴 기념비는 유명한 역사적 유적물이다.

Is there any **landmark** around where you are standing?
당신이 지금 서 있는 곳 주변에 두드러진 건물이 있나요?

## □ landscape
[lǽndskèip]

n. ① (한눈에 보이는) 경치, 풍경 ② 전망, 조망

**Landscape**, in a blend of Eastern and Western styles, is his main subject.
동, 서양 스타일을 혼합한 풍경이 그의 주제이다.

## magnificent
[mægnífəsnt]

adj. 장대한, 장엄한

They're not cheap but look **magnificent**.
그것들은 값이 싸지 않지만, 장엄하게 보인다.

## outlook
[áutlùk]

n. ① (특정 장소에서 보았을 때의) 전망, 경치 ② (장래의) 전망

The job **outlook** for a construction worker is promising but the competition in this area may be high.
건설 노동자의 직업 전망은 유망하지만, 이 분야에서 경쟁이 높을 것 같다.

## perspective
[pəːrspéktiv]

n. 전망, 가망

The novel is written from a mother's **perspective**.
이 소설은 한 어머니의 관점으로 쓰였다.

## plush
[plʌʃ]

adj. 호화스러운, 고급의

She works for a **plush** hotel in downtown Miami.
그녀는 마이애미 시내에 있는 고급 호텔에서 일한다.

## prestigious
[prestídʒəs]

adj. 유명한, 일류의

One of the most **prestigious** universities in this community is looking for a new president.
이 지역에서 가장 유명한 대학들 중 하나가 새로운 학장을 찾고 있다.

## quarantine
[kwɔ́ːrəntìːn]

n. ① (공항의) 검역소 ② 격리, 고립

Animals entering from abroad are put in **quarantine** for six months.
외국에서 들어오는 동물들은 6개월간 격리된다.

quarantine officer 검역관

## □ region
[ríːdʒən]

n. 지대, 지방, 지역

As in the other mountain **regions**, population pressure was alleviated to some extent by seasonal migration.
다른 산악 지역에서처럼, 인구과잉은 계절에 따른 이주에 의해 어느 정도 완화되었다.

---

## □ registration
[rèdʒistréiʃən]

n. ① 등록, (출생, 혼인, 사망 사실의) 신고 ② (우편물의) 등기 처리

May I see your license and **registration**, Ma'am?
면허증과 차량등록증 좀 보여 주시겠습니까?

The **registration** fee is $75.
등기료는 75달러입니다.

---

## □ renew
[rinjúː]

v. ① 갱신하다 ② 재개하다

Arrived at the Kennedy International Airport, I cannot get on the plane off to Paris since I forgot to **renew** my passport.
케네디 국제공항에 도착한 나는 여권 갱신하는 것을 잊어버려 파리 행 비행기를 탈 수 없다.

renewal n. 갱신, 재개

---

## □ reserve
[rizə́ːrv]

v. ① 예약하다 ② 남겨 두다

I'll show you the room you **reserved**.
예약하신 방을 보여 드리겠습니다.

Dougal noticed that her cup was cracked; the best cup was **reserved** for visitors.
Dougal은 그녀의 컵에 금이 갔다는 것을 알아차렸는데, 가장 좋은 컵은 손님들을 위해 남겨 두었던 것이다.

reservation n. (호텔 · 교통편 등의) 예약
without reserve 솔직히, 거리낌 없이   on reserve 예약된   make a reservation 예약하나

## resort
[ri:zɔ́:rt]

n. 휴양지

Acapulco is one of Mexico's most popular **resorts**.
Acapulco는 멕시코의 가장 유명한 휴양지 중 하나이다.

## routine
[ru:tí:n]

n. 일상

I was looking for an interesting event out of the monotonous **routine** at the factory.
나는 공장의 단조로운 일상에서 벗어난 어떤 흥미로운 사건을 찾고 있었다.
daily routine 일상 업무

## scenery
[sí:nəri]

n. ① 경치, 풍경 ② (극장, 무대의) 배경, 무대장치

The train passes by some breathtaking **scenery** in the Canadian Rockies.
그 기차는 캐나다 근처의 로키 산맥의 숨 막히는 경치를 지나갔다.
scenic adj. 경치 좋은

## security
[sikjúrəti]

n. 보안, 안전

**Security** has been increased at all airports in the wake of the attacks.
공격의 결과로 모든 공항에서 보안을 증진시켰다.
security area 보안 구역

## sightseeing
[sáitsì:iŋ]

n. 관광

After an afternoon's **sightseeing** we were all exhausted.
오후의 관광 후에, 우리는 모두 지쳤다.

## situate
[sítʃuèit]

v. ~을 ~에 놓다, ~의 위치를 정하다

They have the opportunity to **situate** their own struggles in a wider historical context.
그들은 좀 더 광범위한 역사적 맥락에서 그들 자신의 투쟁들을 고려해 볼 기회를 가진다.

## ☐ sojourn
[sóudʒəːrn]

n. 체류

During her week's **sojourn** in Paris, she is entirely attracted by the city that she does not want to come back.
일주일 동안 파리에 머문 후에, 그녀는 그 도시에 완전히 매료되어 돌아오고 싶어 하지 않는다.

## ☐ souvenir
[sùːvəníər]

n. 기념품

Tourist **souvenirs** like furs, ivory, animal skins and coral necklaces can devastate wildlife.
모피, 상아, 동물 가죽, 산호 목걸이와 같은 관광 기념품은 야생동물을 황폐화 시킬 수 있다.
heirloom 골동품, 가보  delicacy 섬세함, 진미(맛있는 음식)
souvenir store 기념품 가게

## ☐ spacious
[spéiʃəs]

adj. 넓은

Bedrooms are **spacious** and all have private bathroom and balcony.
침실은 공간이 넓고 모두가 개인 욕실과 발코니를 가지고 있다.

# Testing Ground

**01.** The library can _____ up to million books.

    (a) accommodate       (b) admit           (c) accord

**02.** He _____ an appointment for Wednesday.

    (a) deranged         (b) arranged        (c) ranged

**03.** The great mountains are the main _____ of our country.

    (a) attraction        (b) attract         (c) contraction

**04.** Have you _____ a dental appointment at 3 o'clock?

    (a) backed          (b) tabled          (c) booked

**05.** The Journalist tried to _____ the politician's corruptions.

    (a) conform         (b) comply         (c) confirm

**06.** The police have _____ war on gangs at school.

    (a) declared         (b) declined       (c) inclined

**07.** The location of the town along the river is _____.

    (a) magnificent       (b) malignant      (c) sumptuous

**08.** The woman says that the book was written from a male _____.

    (a) prospective      (b) perspective     (c) respective

**09.** Studying in a _____ foreign university like ivy league is what most students dream of.

    (a) presumptive      (b) prestigious      (c) preoccupied

**10.** Toddlers soon develop a daily _____ of walking and running.

    (a) routine               (b) route               (c) rural

**01.** 그 도서관은 백만 권의 책들을 수용할 수 있다.

**02.** 그는 수요일로 약속을 정했다.

**03.** 그 웅장한 산들은 우리나라의 주요 관광지이다.

**04.** 3시에 치과 예약했습니까?

**05.** 그 저널리스트는 정치가의 부패를 확인하기 위해 노력했다.

**06.** 경찰은 학교 폭력 집단과의 전쟁을 선포했다.

**07.** 그 강을 따라 있는 그 동네의 위치는 굉장히 좋다.

**08.** 그 여성은 그 책이 남성의 관점에서 쓰였다고 말한다.

**09.** 아이비리그 같은 외국의 일류 대학에서 공부하는 것은 대부분의 학생들이 꿈꾸는 것이다.

**10.** 아장아장 걷는 아이들은 곧 걷거나 뛰는 등의 일상을 발전시킨다.

answer  01. (a)  02. (b)  03. (a)  04. (c)  05. (c)  06. (a)  07. (a)  08. (b)  09. (b)  10. (a)

# Expression for **TEPS VOCA**

**1.** 이해가 안 돼.
I don't get it.

**2.** 나 별로 몸이 안 좋아.
I feel out of sorts.

**3.** 너 기분이(몸이) 별로 안 좋아 보인다.
You look under the weather.
You don't look very well.
You look down.
You look blue.
Why the long face?

**4.** 교통 체증에 걸렸어요.
I got stuck in traffic.
I got caught in traffic.

**5.** 명심할게요.
I'll keep it in mind.

**6.** 행운을 빌어요!
I'll keep my fingers crossed for you!

**7.** 공항에 너를 (차로) 데리러 갈게.
I'll pick you up at the airport.

- **get into** (직무, 일 등에) 종사하다
What made you decide to get into this job?
이 일에 종사하게 된 이유가 뭔가요?

- **be done with** ~를 끝내다
You must be done with this report by Friday.
당신은 금요일까지 보고서를 끝내야 합니다.

- **be at a loss** 당황하다, 어찌할 바를 모르다
I was at a loss how to express my emotion.
내 감정을 어떻게 표현해야 좋을지 몰랐다.

- **stay up** 밤을 새우다, 밤샘하다
She has to stay up all night for not preparing for the presentation tomorrow.
그녀는 내일 있을 프레젠테이션을 준비하지 않았기 때문에 밤을 새야 한다.

- **get hold of** 붙잡다, 연락하다
He tried to get hold of her two days ago.
그는 이틀 전에 그녀와 연락하려고 노력했다.

- **all for it** 전적으로 동감하는
He might know that you're all for it.
네가 전적으로 찬성한다는 것을 그가 알고 있을지도 모른다.

- **ask for it** 화를 자초하다
She was asking for it since she ran a red light.
그녀가 빨간 불에 지나갔기 때문에 화를 자초했던 것이다.

- **be fed up with someone[something]** ~에게 싫증나다, 지겹다
She was fed up with repeated reproach of her colleague.
그녀는 동료의 반복되는 비난에 질렸다.

교통

## ☐ aboard
[əbɔ́:rd]

ad. (배 · 열차 · 버스 · 비행기 등)에 타고

The plane crashed, killing all 200 people **aboard**.
비행기가 충돌했고, 탑승한 200명 모두가 죽었다.

## ☐ accelerate
[æksélərèit]

v. 가속하다, 속도를 높이다

The Ferrari can **accelerate** from 0 to 60 mph in 6.3 seconds.
페라리는 6.3초 내에 0에서 63마일까지 가속할 수 있다.

## ☐ aviation
[èiviéiʃən]

n. 비행, 항공기 산업, 항공술

Light **aviation** is an unpredictable business.
경비행기 산업은 예측할 수 없는 사업이다.

## ☐ board
[bɔ:rd]

v. (배 · 비행기 등에) 탑승하다, 승선하다

A week later he **boarded** a ship bound for New York.
일주일 후에 그는 뉴욕행 배에 탑승했다.

board 이사회, 위원회  room and board 숙식(잠자는 것과 먹는 것을 일컬음)  on board 탑승한, 승선한

## ☐ boulevard
[bú(:)ləvà:rd]

n. (도시 안팎의) 대로, 넓은 가로수길

At night no light shows in the elegant houses on Srinagar's **boulevards**.
밤에 Srinagar의 가로수 길에 들어선 멋진 집들에서는 빛 한줄기 보이지 않는다.

## ☐ bypass
[báipæs]

n. 우회도로

If I were in your shoes I would rather take the **bypass** to avoid traffic jam.
내가 만약 너라면, 교통 체증을 피해서 우회도로로 갈 것 같다.

detour(= circumvent) 우회하다

## ☐ capsize
[kǽpsaiz]

v. (배가) 전복되다

A huge wave struck the side of our boat, almost **capsizing** it.
큰 파도가 우리 보트의 옆면을 쳤고, 보트는 거의 전복될 뻔했다.

## ☐ casualty
[kǽʒuəlti]

n. (pl.) 사상자(수), 부상자(수)

First reports of the air crash tell of more than 50 **casualties**.
공중 충돌의 첫 번째 보고들에서 사상자가 50명 이상이라고 알리고 있다.

## ☐ charter
[tʃɑ́ːrtər]

n. ① 헌장, 선언문 ② (항공, 비행기 등의) 임대, 전세
v. ① 임대(전세)하다 ② 특허를 주다

I **chartered** a boat to take us to some of the smaller islands.
나는 몇 군데의 더 작은 섬으로 우리를 데려다줄 배를 임대했다.

The airline is now primarily a **charter** service.
그 항공사는 지금은 주로 임대 서비스를 한다.

chartered bus 전세 버스

## ☐ collide
[kəláid]

v. ① 충돌하다, 부딪치다 ② (의견이) 상충하다

Four or five cars had **collided** in the fog.
4~5대의 차들이 안개 속에서 충돌했다.

collision n. 충돌, (이해의) 상충
collide with ~와 충돌하다
run over (차로) ~을 치다  Jaywalk 무단횡단 run a red light 정지 신호
를 무시하다  head-on 정면의

## ☐ commute
[kəmjúːt]

v. 통근하다

I don't mind **commuting** on the train as long as I have a
good book to read.
난 읽기에 좋은 책이 있는 한 기차로 통근하는 것에 신경 쓰지 않는다.

commuter n. 통근자
telecommute 재택근무하다  commuter train 통근 열차

# □ compartment n. 객실, 칸

[kəmpáːrtmənt]

Put the ice cream back in the freezer **compartment** when you are finished.
아이스크림을 다 먹고 나서, 다시 냉동실에 넣어 놓으세요.
overhead compartment 머리 위 짐칸

# □ congest

[kəndʒést]

v. 혼잡하게 하다

Streams of data can **congest** the Internet if a large sum of potential users get on the Internet searching the information simultaneously.
만일 많은 잠재적 이용자들이 정보를 찾기 위해 인터넷에 동시에 접속을 하면, 데이터의 흐름은 인터넷을 혼잡하게 만들 수 있다.
congestion n. ① 혼잡 ② 밀집
traffic jam(= traffic congestion) 교통 체증  heavy traffic 극심한 교통 체증  standstill 정지한  grind [come] to a halt 정지하다, 멈추다

# □ convey

[kənvéi]

v. 운반하다, 나르다

The blood is **conveyed** to the heart from the veins.
혈액은 혈관을 통해 심장으로 흐른다.
conveyance n. 운반, 수송

# □ crash

[kræʃ]

n. 충돌, 추락 (사고)  v. 충돌하다, 추락하다

They heard that the **crash** happened at the school right after the test.
그들은 시험 직후에 충돌이 그 학교에서 발생했다는 것을 들었다.

He lost control of his car at the first bend and **crashed**.
그는 첫 번째 커브에서 차의 중심을 잃어버리고, 충돌했다.

## ☐ delay
[diléi]

v. 지체시키다(하다)  n. 지체, 지연

After three months' **delay**, work finally began on the new building.
3개월의 지연 끝에, 마침내 새로운 건물에 대한 작업이 시작되었다.

Mr. MacGregor said that he would **delay** introducing the scheme because of the demands made on teachers by other educational reforms.
MacGregor 씨는 다른 교육개혁으로 인해 선생님들에게 주어지는 요구 사항들 때문에 그 계획의 도입을 늦추고 싶다고 말했다.

## ☐ depart
[dipá:rt]

v. ① (열차 등이) 출발하다 ② 떠나다

Pullman will **depart** from London Euston from platform 4.
풀먼식 차량은 런던 Euston의 4번 플랫폼에서 출발할 것이다.
departure n. 출발

## ☐ detour
[dí:tuər]

n. 우회로

I often took a **detour** to avoid the traffic jam of the city.
나는 도시의 교통 혼잡을 피하기 위해 자주 우회로를 탔다.

## ☐ disrupt
[disrʌpt]

v. 방해하다, 지장을 주다

If you find a prescribed medication is **disrupting** your sleep, the effects may be temporary.
처방을 받은 약이 당신의 수면에 지장을 주면, 그 효과는 일시적일 것이다.

## ☐ diverge
[divə́:rdʒ]

v. 벗어나다, (길 등이) 갈라지다

The agendas of the press and the Republican electorate **diverge** dramatically during primary season.
대선 예비선거 기간 동안 언론과 공화당 유권자들의 안건들은 완전히 갈라졌다.

## ☐ embark
[embáːrk]

v. ① 탑승하다 ② 시작하다, 착수하다

A large group had assembled at the pier, waiting to **embark**.
한 무리가 탑승하기를 기다리면서 부두에 모였다.

And we have **embarked** on the most important and wide-ranging reforms since the 1940s.
그리고 우리는 1940년대 이후로 가장 중요하고 광범위한 개혁에 착수했다.

## ☐ express
[iksprés]

n. ① 급행열차 ② 속달  adj. ① 급행의 ② 속달의

Several minutes before the **express** was due to pull out, the platform was empty.
급행열차가 출발하기 한 몇 분 전에, 플랫폼은 텅텅 비었었다.

Editing was done via **express** mail.
편집은 속달우편을 통해 이루어졌다.

express train 급행열차

## ☐ fare
[fɛər]

n. 교통 요금, 운임

A one-week stay in Majorca costs $779 including air **fare**.
마요르카에 일주일간 머무는 것은 항공 운임을 포함하여 779달러의 비용이 든다.

## ☐ freight
[freit]

n. 화물

We'll send your personal belongings by air **freight**.
귀하의 개인 소지품들은 항공화물로 부쳐 드리겠습니다.

freight forwarder 화물 운송업자

## ☐ fuel
[fjúːəl]

v. 연료를 공급하다

The car was **fuelled** and waiting in the basement car park.
그 자동차는 연료가 채워졌고, 지하 주차장에서 대기하고 있었다.

fuel speculation[rumors, controversy] 투기[소문, 논쟁]를 부채질하다

## ☐ fuel-efficient

[fjúːəlifíʃənt]

adj. 연료 효율이 높은

The company is about to manufacture automobiles that are cheaper, **fuel efficient**, and environmentally friendly.

그 회사는 저렴하고, 연비가 적게 들고, 환경 친화적인 차를 생산할 예정이다.

## ☐ halt

[hɔːlt]

n. 멈춤, 중단  v. 멈추다, 중지시키다

He was run over by at least twelve wagons before the train was brought to a **halt**.

그 기차가 멈추기 전에 그는 적어도 열두 개의 화차에 의해 치였다.

The government is going to **halt** the trade in illegal animal furs.

정부는 불법적인 모피의 거래를 중지시킬 것이다.

## ☐ heavy traffic

극심한 교통(량)

On a day of **heavy traffic** it could take more than an hour.

교통량이 많은 날에는, 한 시간 이상 걸릴 수 있다.

## ☐ intersection

[ìntərsékʃən]

n. (도로의) 교차점, 사거리

The **intersection** is one of the busiest in the city.

그 교차로는 그 도시에서 가장 복잡한 곳 중 하나이다.

## ☐ jam

[dʒæm]

v. ① 막다, 메우다 ② 쑤셔 넣다  n. ① 혼잡 ② (기계의) 고장, 정지

Kelly poured himself another glass of wine and **jammed** the cork back into the bottle.

Kelly는 스스로 다른 잔에 와인을 따르고, 코르크 마개를 다시 병에 쑤셔 넣었다.

Our taxi got stuck in a traffic **jam**

우리가 탄 택시가 차가 막혀서 꼼짝 못했다.

## ☐ jolt
[dʒóult]

n. 충격  v. 덜컥거리며 움직이다

The tax laws may be a severe **jolt** to the economy.
그 세법은 경제에 심각한 충격일 것이다.

Everyone was alarmed when the elevator **jolted** to a halt.
그 엘리베이터가 덜컥거리며 섰을 때 모든 사람이 깜짝 놀랐다.

## ☐ land
[lǽnd]

v. 착륙하다, 상륙하다

A flock of Canada geese **landed** on the river in front of us.
캐나다 거위의 한 무리가 우리 앞에서 강 위에 내려앉았다.

## ☐ launch
[lɔ́:ntʃ]

v. ① 시작하다 ② (배를) 물에 띄우다 ③ (로켓 등을) 발사하다

China is planning to **launch** a space rocket later this month.
중국은 이달 말에 우주 로켓을 발사할 계획이다.

## ☐ license
[láisəns]

n. 면허장, 허가서  v. 면허를 주다, ~을 허가하다

She forgot to renew her driver's **license**.
그녀는 운전면허 갱신하는 것을 잊었다.

The restaurant is **licensed** to sell alcohol.
그 레스토랑은 알코올 판매하기 위한 허가를 받았다.

Pilots over age 40 must renew the medical certificate required as a condition of **licensing** every two years.
40세가 넘은 비행사는 매 2년마다 면허 자격 조건으로 필요한 건강검진 증명서를 갱신해야만 한다.

## ☐ load
[lóud]

n. ① 짐 ② (정신적인) 짐, 부담  v. ~을 싣다

A $1.2 billion debt **load** disturbed his sleep.
12억 달러 빚의 부담 때문에 그는 잠을 설쳤다.

A woman was **loading** groceries into her car.
한 여성이 그녀의 차에 야채를 싣고 있었다.

## ☐ menace
[ménəs]

n. 위협, 위협적인 존재   v. 위협하다

Despite all the **menace**, nobody dies.
모든 그 위협에도 불구하고, 어느 누구도 죽지 않았다.

The giraffes are still **menaced** by poachers.
기린들이 여전히 밀렵꾼들에 의해 위협받고 있다.

## ☐ overhaul
[òuvərhɔ́:l]

n. (기계의) 점검(정비)   v. 점검[정비]하다

The computer system needs a complete **overhaul**.
컴퓨터 시스템은 전반적인 점검이 필요하다.

All the electrical wiring in the house was being completely
**overhauled** because of the risk of fire.
집안에 모든 전기 배선이 화재에 대한 위험 때문에 철저하게 점검되고 있었다.

## ☐ pedestrian
[pədéstriən]

n. 보행자

The man lost control of his car, killing a **pedestrian**.
그 남자가 자동차 제어를 못해서 한 명의 보행자를 죽였다.

## ☐ pier
[píər]

n. 선창, 부두

He said he had managed to swim under the **pier**.
그는 부두 밑에서 수영할 수 있다고 말했다.

## ☐ ramp
[rǽmp]

n. (사이를 연결하는) 경사로

I hit a patch of ice as I entered the **ramp** to the expressway.
내가 고속도로 경사로에 진입했을 때 얼음 조각에 부딪혔다.

## ☐ roar
[rɔ́:r]

v. 으르렁거리나, 굉음을 내며 실수하다   n. 포효, 함성

There was the sound of a siren and fire engines **roared** past.
사이렌 소리가 들렸고, 소방차가 굉음을 내며 빠르게 지나갔다.

I love to hear the **roar** of the crowd at a baseball game.
나는 야구 경기에서 군중들의 함성 소리 듣는 것을 좋아한다.

## ☐ run over

(차가 사람을) 치다

He was nearly about to **run over** the kid crossing the street.
그는 하마터면 길을 건너고 있는 아이를 차로 칠 뻔 했다.

## ☐ steer

[stíər]

v. (배·자동차 등을) 조종하다

Even the children had a go at **steering** the boat.
아이들조차도 배 조정하는 것을 시도해 보았다.

## ☐ stray

[stréi]

v. (길을) 벗어나다, (이야기가) 옆길로 새다  adj. 길을 잃은

Four of the soldiers **strayed** into enemy territory.
군인들 중 네 명이 적군의 영역으로 들어갔다.

She had been attacked by the **stray** wolf.
그녀는 길을 잃은 늑대에 의해 공격받았었다.

## ☐ ticket

[tíkit]

n. (교통법규 위반에 대한 벌금을 부과하는) 딱지

The police pulled him over and gave him a speeding **ticket**.
경찰이 그에게 길 한쪽으로 차를 대게 하고 속도위반 딱지를 발부했다.

a parking[speeding] ticket 주차[속도] 위반 딱지

## ☐ transfer

[trænsfə́:r]

n. ① 환승, 갈아타기 ② 이동, 전임, 전근(자)

The **transfer** from the airport to the hotel is included in the price.
공항에서 호텔까지 이동은 요금에 포함되어 있다.

## ☐ transit

[trǽnsit]

n. ① (사람·화물의) 운송, 운반 ② 통과, 통행

Many people use the mass **transit** to get to work.
많은 사람들이 출근할 때 대중교통을 이용한다.

## ☐ transportation    n. ① 운송, 수송 ② 교통[수송]기관

[trænspərtéiʃən]    The fare for public **transportation** is too expensive.
대중교통 요금이 너무 비싸다.

---

## ☐ vehicle

[víːikl]    n. ① 운송 수단, 탈것 ② 수단, 매체

The secret ballot was an important **vehicle** for freer elections.
비밀투표는 더 자유로운 선거를 위한 중요한 수단이다.

**TIP** 독해에서 vehicle은 car를 의미하며, vessel은 ship으로 자주 사용된다.

---

## ☐ wreck

[rék]    n. ① (차량, 건물 등의) 충돌, 파괴 ② 난파(선의 잔해)
v. 파괴하다, 망가뜨리다(= destroy)

Investigators are searching the **wreck** for clues as to why the plane crashed.
조사관들은 왜 비행기가 충돌했는지에 대한 단서를 찾기 위해 잔해들을 조사하고 있다.

Susie drove right into a street lamp and **wrecked** her car.
Susie가 가로등을 들이받았고 자동차를 망가뜨렸다.

wreck havoc 파괴하다, 망가뜨리다   shipwreck 난파, 난파시키다

# Testing Ground

**01.** The government should take measures to _____ the rate of economic growth.

    (a) decrease         (b) accelerate         (c) accede

**02.** The ship _____ in rough waters with the loss of almost 200 lives.

    (a) capsized         (b) captive         (c) caption

**03.** I said sorry immediately after accidently _____ with her in the street.

    (a) bumping         (b) colluding         (c) colliding

**04.** Most of them _____ long distances while others live near the company.

    (a) commute         (b) communicate         (c) telecommute

**05.** That plane _____ into a mountain and most of the passengers died.

    (a) crashed         (b) crushed         (c) cramped

**06.** A large number of people had assembled at the pier, waiting to _____.

    (a) embark         (b) diverge         (c) detour

**07.** She was run over by at least twelve wagons before the train was brought to a _____.

    (a) halt         (b) half         (c) hamper

**08.** She ran down the hill, the backpack _____ from side to side on her back.

(a) jolting       (b) jollying       (c) jotting

**09.** Murderers are a definite _____ to society, therefore they should be hanged.

(a) menace       (b) menial       (c) merger

**10.** At that time, we were just trying to search the _____ for clues as to why the ship was crashed.

(a) leak       (b) wreck       (c) seek

01. 정부는 경제성장률을 가속화하기 위한 조치를 취해야만 한다.
02. 그 배는 파도가 심하게 치는 곳에서 거의 2백 명의 생명을 앗아가면서 전복됐다.
03. 나는 실수로 거리에서 한 여자와 부딪힌 후 바로 미안하다고 말했다.
04. 다른 사람들은 회사 근처에 사는 반면에 그들 대부분은 장거리를 통근한다.
05. 그 비행기는 산에 부딪쳤고 대부분의 승객들은 사망했다.
06. 많은 사람들이 탑승을 기다리면서 부두에 모여들었다.
07. 그녀는 기차가 멈추기 전에 적어도 12개의 화차에 의해 치었다.
08. 그녀는 언덕 아래로 뛰어 내려왔고, 가방이 등에서 양쪽으로 거칠게 움직였다.
09. 살인자들은 사회에 분명히 위협적인 손재이기 때문에 사형되어야 한다.
10. 그 당시에 우리는 왜 그 배가 충돌했는지에 관한 실마리에 찾기 위해 난파선을 조사했다.

answer   01. (b)   02. (a)   03. (c)   04. (a)   05. (a)   06. (a)   07. (a)   08. (a)   09. (a)   10. (b)

# Expression for **TEPS VOCA**

1. 저기에서 내려 줄게.
   I'll drop you off there.

2. 나 차 좀 태워 줄래?
   Will you give me a ride?
   Will you give me a lift?

3. 과찬의 말씀입니다.
   I'm so flattered.

4. 나 바빠.
   I'm swamped with my work.
   I'm behind in my work.
   I'm tied up at work.
   My hands are full.

5. 깜박 까먹었어요.
   It slipped my mind.

6. 절대 안 돼!
   It will be the day!
   Not in a million years!
   Not on your life!
   No way!
   Over my dead body!

7. 오래간만이군요.
   It's been a long time since I saw you last.
   I haven't seen you for a long time.
   I haven't seen you for ages.
   Long time no see.

- **pass out(= black out[faint])** 기절하다
  My son passed out just after the terrible car accident.
  내 아들은 그 끔찍한 차 사고가 난 직후 바로 기절했다.

- **attend to** 주의를 기울이다
  The executive had some urgent tasks to attend to.
  그 간부는 주의를 기울여야 할 급한 일들이 있었다.

- **be bound for** ~로 향하다, ~행이다
  The bus was bound for City hall.
  그 버스는 시청 행 버스였다.

- **be bound to** ~하게 되어 있다
  My children are bound to achieve their goals.
  내 아이들은 꼭 목표를 달성할 것이다.

- **have nothing to do with** ~와 관련 없다
  She and her sister have nothing to do with this rumor.
  그녀와 그녀의 여동생은 이 소문과 아무런 관계가 없다.

- **have something to do with(= be related with, be associated with)**
  ~와 관련이 있다
  She thought I had something to do with this event.
  그녀는 내가 이 사건과 관련이 있다고 생각했다.

- **have in common** 공통점을 갖다
  As I told you, you and he have a lot in common.
  내가 네게 말했듯이, 너와 그는 많은 공통점을 가졌다.

- **leave behind** 남기고 죽다, 뒤에 남기다
  His mother passed away leaving behind him and his sister.
  그녀의 어머니가 그와 여동생을 남기고 세상을 떠났다.

☐ **addressee**
[ǽdresíː]

n. 수신인

You should write down the **addressee**.
수신인을 반드시 기입해야 합니다.

**TIP** address (문제 등을) 해결하다, 역점을 두어 다루다, (편지, 소포 등에) 주소나 이름을 명확히 기입하다. move는 회의 용어로 '요청, 제청합니다' 라는 의미로 자주 사용된다. I move this meeting should be adjourned. 나는 이 회의가 휴정되기를 요청합니다. contain the disease / fire / emotion 질병, 화재, 감정을 억제하다

☐ **airmail**
[ɛ́ərmèil]

n. 항공우편

The parcel will be delivered via **airmail**.
그 소포는 항공우편으로 보내질 것입니다.

by airmail 항공우편으로  surface mail 육로나 배로 부치는 편지
registered mail 등기 우편  express mail 특급배송편지
forwarding 편지를 바뀐 주소로 보내주는 것

☐ **announce**
[ənáuns]

v. ① 방송하다 ② 발표하다

It is **announced** that G-20 summit successfully finished this year.
올해 G20개국 정상회담이 성공적으로 마쳤다고 보도되었다.

☐ **area code**

지역번호

A telephone number should complete with **area code**.
전화번호는 지역번호가 함께 사용되어야 한다.

## article
[ɑ́:rtikl]

n. ① (신문 · 잡지의) 글, 기사 ② (계약의) 조항 ③ 품목

Have you seen the **article** about the president?
대통령에 대한 기사 봤어?

**Article** 10 of the Korean Convention guarantees fundamental human rights.
대한민국 헌법 10조는 인간의 기본권을 보장한다.

There will be a huge amount of demand for these **articles**.
이 상품들은 수요가 굉장할 것이다.

---

## ascribe
[əskráib]

v. (원인을) ~라고 여기다, (작가를) ~라고 생각하다

The news report **ascribes** the rise in childhood asthma to the increase in pollution.
그 뉴스 보도는 소아천식의 증가를 오염물질의 증가 탓이라고 생각한다.

---

## attention
[əténʃən]

n. ~앞, 참조

This mail is for the **attention** of the president.
이 편지는 회장님 앞으로 온 것입니다.

---

## author
[ɔ́:θər]

n. 저자, 작가

Among the guests was the **author** Stephenie Meyer.
작가 스테프니 메이어가 게스트 가운데 있었다.

---

## autograph
[ɔ́:təgræf]

v. 사인을 해 주다  n. (유명인의) 서명, 사인

A boy had broken his ankle playing soccer, and his friends had **autographed** his cast.
한 소년이 축구를 하다 발목이 부러졌고, 그의 친구들이 그의 깁스에 사인을 해주었다.

The air traffic controllers and pilots on board asked for **autographs**.
탑승한 항공 교통 관제관들과 비행사들은 사인을 요청했다.

## ☐ broadcast

[brɔ́:dkæst]

v. ~을 방송하다  n. 방송, 방송 프로

The program will be **broadcast** live tonight.
그 프로그램은 오늘 저녁에 생방송된다.

BBC's radio **broadcast** of a soccer game is on the air.
축구 경기가 BBC 라디오로 방송되고 있다.

air 방송하다  censor 검열하다  rerun 재방송  soap opera 드라마
rave review 좋은 평가  commercial 상업광고  advertising 광고

## ☐ brochure

[brouʃúər]

n. (홍보용) 책자

Additional **brochures** can be obtained from the information
desk.
추가적인 책자는 안내 데스크에서 얻을 수 있다.

guideline 지침서  manual 소책자(사용안내서)  dissertation 논문(박사
학위)  tip 충고  direction 방향, 지시 사항

## ☐ bulletin

[búlətin]

n. ① 뉴스 속보 ② 게시, 공고 ③ (학회 등의) 회보

The latest **bulletin** was at 10 p.m.
가장 최근 뉴스는 밤 10시에 있었다.

Every employees saw a **bulletin** on the recent recession.
모든 직원들은 최근 경기 침체에 대한 게시를 보았다.

It is a **bulletin** of the Korean Space Science Society.
이것은 한국 우주과학회 회보이다.

bulletin board 게시판

## ☐ busy

[bízi]

adj. 전화가 통화 중인

His line was **busy**.
그는 통화 중이었다.

be tied up with(= be swamped with, my hands are full) 매우 바
빠서 옴짝달싹 못 하다

## ☐ censor
[sénsər]

v. 검열하다

It was an appalling thing to **censor** Picasso like that.
그런 식으로 피카소를 검열하는 것은 끔찍한 일이었다.

## ☐ classification
[klæ̀səfikéiʃən]

n. 분류, 유형

This has been demonstrated with a bird **classification** system.
이것은 조류 분류 시스템으로 설명되어 왔다.

## ☐ classified
[klǽsəfàid]

adj. ① 비밀(기밀)의 ② 분류된

You shouldn't carry **classified** information.
당신은 기밀 정보를 처리할 수 없습니다.

## ☐ commentator
[káməǹtèitər]

n. (신문, 방송) 해설가

He was the former political **commentator** on the morning news.
그는 전직 아침 뉴스 정치 해설가였다.

comment on ~에 논평을 달다

## ☐ compile
[kəmpáil]

v. ① (책을) 편찬[편집]하다 ② (자료를) 수집하다

They are **compiling** a new wordbook of TEPS.
그들은 새로운 텝스 어휘 책을 편집 중이다.

This report should be **compiled** from a survey of at least 1000 households.
이번 보고서는 적어도 1000가구 이상의 조사에서 수집되어야 한다.

## ☐ conceit
[kənsíːt]

n. (예술적) 장치, 비유(법), 자만심

I got so sick of his **conceit** that I threw the trophy away.
그의 자만심에 너무 진절머리가 나서 나는 그 트로피를 버려버렸다.

## ☐ contravene
[kÀntrəvíːn]

v. 위반하다

The Credit Finance Association expelled six companies for **contravening** their rules.
여신금융협회는 그들의 규칙을 위반한 것에 대해 여섯 개의 회사를 퇴출시켰다.

## ☐ contributor
[kəntríbjutər]

n. ① 기고가, 참석자 ② 기부자, 기여자

He is a regular **contributor** to New York TIMES.
그는 뉴욕타임즈의 정기 투고가이다.

A man of enterprise should work for society as a **contributor**.
기업가는 기부자로서 사회를 위해 힘써야 한다.

## ☐ correspond
[kɔ̀ːrəspánd]

v. ① (~와) 편지 왕래하다 ② 일치[부합]하다

They occasionally **correspond** with their relatives.
그는 때때로 친지들과 서신 왕래 한다.

Culprit's testimony didn't **correspond** with the fact.
범인의 진술은 사실과 일치하지 않았다.

correspondence n. ① 편지 왕래, 통신 ② 일치, 조화
correspondent n. 특파원

## ☐ critique
[kritíːk]

n. 평론, 비평  v. 비평하다

The speech was a devastating **critique** of Reagan's economic policy.
그 연설은 레이건의 경제정책에 대한 매우 통렬한 비평이었다.

After that, the rest of the group will **critique** your presentation.
그 후에, 그 집단의 나머지 사람들은 당신의 발표를 비평할 것이다.

literary critic 문학비평가

## ☐ deceptive
[diséptiv]

adj. 기만적인, 현혹시키는

Federal organizations have been monitoring the Internet for **deceptive** advertisements and other unlawful activities.
연방 기관들은 사기성 광고와 다른 비합법적 활동을 단속하기 위해 인터넷을 감시하고 있다.

## □ delivery
[dilívəri]

n. (편지 · 물품 등의) 배달, 전달

The flower shop provides a **delivery** service for nothing.
꽃집은 무료 배달 서비스를 제공한다.

## □ direct mail

(직접 개인이나 가정으로 보내는) 광고 우편물

The store sends **direct mail** to their customer every month.
그 상점은 매월 고객들에게 광고 우편물을 발송한다.

## □ directory
[diréktəri]

n. 주소 성명[인명]록, 안내책자

You can find his name in the telephone **directory**.
전화번호부에서 그의 이름을 찾을 수 있습니다.

## □ disconnect
[dìskənékt]

v. (전화 회선 등과의) 접속[연결]을 끊다

She keeps getting **disconnected** while she is online.
그녀가 온라인 되어 있는 동안 계속 접속이 끊깁니다.

## □ dispatch
[dispǽtʃ]

v. (편지 등을) 급송하다, 보내다  n. ① 파견, 발송 ② 급보

Goods couldn't be **dispatched** until next week.
다음 주 까지는 물품이 배달되기 힘들 것입니다.

A **dispatch** from headquarters will be sent.
본사에서 급보가 발송될 것입니다.

## □ dispel
[dispél]

v. 없애다, 떨치다

The Central Bank attempted to **dispel** rumors of a possible
financial crisis.
중앙은행은 경제적 위기 발생 가능성에 대한 소문을 없애기 위해 노력했다.

## ☐ draft
[drǽft]

n. ① 원고, 초안 ② 도안, 밑그림 ③ 징병(제도)

I've made a rough **draft** of the script.
그 대본의 개략적인 초안을 만들었어.

Please send the final **draft** by tomorrow.
내일까지 최종 도안을 보내 주세요.

Republic of Korea has a **draft** system in which people are ordered to join the army.
한국은 국민들을 군대로 보내는 징병제도를 시행한다.

## ☐ edit
[édit]

v. 편집하다, 수정하다

The draft needs **editing**.
그 초안은 편집될 필요가 있다.

edition n. 판, 간행본  editor n. ① 편집자 ② (신문 · 잡지의) 편집 책임자
editorial adj. ① 편집(상)의 ② 사설의  n. (신문 · 잡지의) 사설, 논설

## ☐ enclosure
[enklóuʒər]

n. (편지에) 동봉된 것

Please make sure the **enclosure** is well packed.
동봉된 것들이 잘 싸여 있는지 확인해 주세요.

## ☐ enrich
[enrítʃ]

v. 풍요롭게 하다, 질을 높이다

People who have fame and money usually search for something else to **enrich** their lives.
명성과 돈을 가진 사람들은 보통 그들의 삶을 풍요롭게 하기 위해 그 밖의 다른 것들을 찾는다.

## ☐ envelope
[énvəlòup]

n. 봉투

You should glue down the edge of the **envelope**.
봉투의 가장자리를 접착제로 단단히 붙이세요.

## ☐ esteem
[istíːm]

n. 존경, 존중  v. 존경하다

I thought that Scripture told me to **esteem** others more than myself.
나는 성전이 나에게 나 자신보다 다른 사람들을 존경하라고 말했다고 생각했다.

**self-esteem** 자존감, 자부심

## ☐ excerpt
[éksəːrpt]

v. 발췌하다, 인용하다  n. 발췌, 인용(구)

The story is **excerpted** from last news.
그 이야기는 최근 뉴스에서 발췌되었다.

Any **excerpt** should be referenced at the end of the report.
모든 발췌문은 보고서 끝에 참고 목록으로 표시되어야 한다.

## ☐ extension
[iksténʃən]

n. ① 내선, 구내전화 ② 연장, 확대

There is a dramatic **extension** of new technology of the developing country.
개발도상국에서 신기술이 급격히 확대되고 있다.

Thank you for letting me know his **extension** number.
그의 내선 번호를 알려 주셔서 감사드립니다.

## ☐ extract
[ikstrǽkt]

v. ① 발췌하다 ② 추출하다, (치아 등을) 뽑아내다  n. 발췌, 추출물

Our goal is to **extract** the maximum benefit from the business deal.
우리의 목표는 사업 거래로부터 최대의 이익을 이끌어내는 것이다.

I prefer the body oil consisting of plant **extract**.
나는 식물성 추출물이 함유된 바디 오일을 선호한다.

## ☐ feature
[fíːtʃər]

v. 특별히 크게 다루다  n. ① (신문 · 텔레비전의) 특집 기사 ② 특징, 특색

The current issue **features** the 2010 Guangzhou Asian Game.
이번 호에서는 2010년 광저우 아시안 게임을 특집으로 다루고 있다.

Lightness is a remarkable **feature** in the latest laptop.
최신 랩탑의 두드러진 특징은 가벼움이다.

## ☐ fragile
[frǽdʒəl]

adj. (물건이) 부서지기 쉬운

We don't carry a **fragile** stuff.
저희는 부서지기 쉬운 물건을 취급하지 않습니다.

## ☐ glossary
[glɑ́səri]

n. 용어[어휘] 풀이 사전

I need a **glossary** of biology to keep up with the class.
나는 수업을 따라가기 위해서 생물학 용어집이 필요하다.

## ☐ headline
[hédlàin]

n. ① (신문 기사의) 표제 ② 주요 뉴스

I didn't have enough time to read it although the **headline** of news seemed interesting.
뉴스의 표제가 흥미로워 보였지만, 기사를 읽을 시간은 없었다.

BBC broadcast last night's murder as the **headline**.
BBC는 지난밤의 살인사건을 주요뉴스로 방송했다.

hit(make) the headlines 중대 뉴스가 되다, 유명해지다

## ☐ hot line
긴급 직통전화

The following **hotline** numbers are available day and night.
이 긴급 직통전화 번호들은 밤낮으로 이용 가능합니다.

line of business 직업  What line of business are you in?
(= What do you do?) 직업이 무엇이세요?  out of line 지나친
stay on the line(= hang on) 기다리다  The line's busy. 통화 중이다.
line (영화) 대사

## ☐ impression
[impréʃən]

n. ① 1회 인쇄 부수 ② 인상, 느낌

The book I bought is the third **impression** of the second edition which is the newest.
내가 산 책은 2판 3쇄로 최신판이다.

I got a good **impression** of my new student.
나는 새로운 학생들에게 좋은 인상을 받았다.

for good(= permanent, forever) 영원한
indelible impression 지울 수 없는 인상

## □ in-depth

면밀한, 철저하고 상세한

An **in-depth** report of evading tax should be investigated.
탈세에 대한 면밀한 조사가 행해져야 합니다.

at length(= in detail) 자세히, 상세히

## □ incite
[insáit]

v. 선동하다, 부추기다

Both are accused of **inciting** and participating in the massacre of hundreds of Tutsis in Kibungo in 1994.
둘은 1994년 키붕고에서 수백 명의 투트시 족의 대량학살을 선동하고 참가한 것에 대해 고소되었다.

## □ infomercial
[infəmə́:rʃəl]

n. 정보 광고

The public turns off when all they see is an **infomercial**.
대중들은 그들이 보는 모든 것이 정보 광고일 때 TV를 끈다.

## □ issue
[íʃuː]

v. 발행하다

The US State department **issues** millions of passports each year.
미국 국무부는 매년 수백만 개의 여권을 발행한다.

## □ journal
[dʒə́:rnl]

n. ① (일간) 신문, 잡지, 정기 간행물, 학술지 ② 일지, 일기

The captain kept a **journal** of his travels across Pacific Ocean.
선장은 태평양 횡단 여행에 대한 일지를 작성했다.

journalist n. 신문 · 잡지의 종사자, 언론인

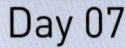

■ ■ ■ ■
# Testing Ground

**01.** Together we _____ an article for publication.

(a) compiled       (b) conceited       (c) comported

**02.** We started to _____ three years ago, when we enter the different university.

(a) correspond       (b) correlate       (c) corrode

**03.** In an interview Tuesday, the Foreign Affairs Secretary tried to _____ doubts about his handling of the problem.

(a) disparity       (b) dispatch       (c) dispel

**04.** I read a _____ of your latest writing and thought it was very interesting.

(a) drag       (b) raft       (c) draft

**05.** _____ documents on screen can be much easier than working on paper.

(a) Crediting       (b) Creating       (c) Editing

**06.** Nowadays, teachers do not teaches students to _____ others more than themselves.

(a) esteem       (b) redeem       (c) deem

**07.** Police questioned the murder suspect for several hours, but were unable to _____ any further information.

(a) extract       (b) exact       (c) extirpate

**08.** The museum sends _____ porcelain objects to specialists to be restored.

(a) fragile          (b) frigid          (c) fracture

**09.** A lot of people including Jason were arrested for _____ the riot.

(a) issuing          (b) inciting          (c) fighting

**10.** The State Department is about to _____ a statement about the attack.

(a) issue          (b) journal          (c) file

01. 우리는 함께 출판 기사를 편찬했다.
02. 삼 년 전 서로 다른 대학에 입학 했을 때, 우리는 서신을 왕래하기 시작했다.
03. 화요일 인터뷰에서 외교통상부 장관은 그가 그 문제를 처리하는 데에 대한 의구심들을 없애려고 애썼다.
04. 나는 당신의 최근 작문 초안을 읽었고 그것은 매우 흥미로웠다고 생각했다.
05. 스크린 상에서 문서를 편집하는 것은 종이로 작업하는 것보다 훨씬 쉽다.
06. 요즘, 선생님들은 자기 자신보다 다른 사람들을 존경하라고 가르치지 않는다.
07. 경찰은 몇 시간 동안 살인용의자를 심문했지만 어떤 또 다른 정보를 빼낼 수 없었다.
08. 그 박물관은 복원시키기 위해 부서지기 쉬운 자기를 전문가에게 보냈다.
09. Jason을 포함한 많은 사람들이 그 폭동을 선동한 죄로 체포되었다.
10. 국무부는 그 공격에 대해 지금 막 성명을 발표하려 하고 있다.

answer  01. (a)  02. (a)  03. (c)  04. (c)  05. (c)  06. (a)  07. (a)  08. (a)  09. (b)  10. (a)

# Expression for **TEPS VOCA**

1. 말이 쉽지.
   It's easier said than done.
   It's easy for you to say.

2. 그냥 몸만 와.
   Just bring yourself.

3. 그 사람 심하게 대하지 마.
   Go easy on him.

4. 약은 드셨어요?
   Have you taken anything for it?

5. 그는 유리하게 흥정을 잘 해요.
   He drives a hard bargain.

6. 일행이 몇 분이세요?
   How many in your party?

7. 발목을 삐었어요.
   I sprained my ankle.
   I twisted my ankle.

· **blow out(=put out, extinguish)** 불어 끄다
The boy was about to blow out the candles.
그 소년이 막 촛불을 불어서 끄려고 했다.

· **come true** (꿈 등이) 이루어지다
Finally my dream has come true after the years of my efforts.
수년간의 노력 끝에 마침내 나의 꿈이 실현되었다.

· **burst into** 갑자기 ~하기 시작하다
The girl burst into tears when she found her lost doll.
그 소녀는 그녀의 잃어버린 인형을 찾자 갑자기 울기 시작했다.

· **check in[into]** 투숙하다, 등록하다
All passengers are recommended to check in at least two hours before the flight.
모든 승객들은 적어도 비행 전 두 시간 전에 탑승수속 하도록 권유된다.

· **check out** (도서관에서) 책을 대출하다; (호텔에서) 체크아웃 하다
You can check out more than two books at once.
한 번에 두 권 이상 대출할 수 있습니다.

· **check something out** ~을 조사해 보다, ~을 확인해 보다
We should have had to check out the car before we left.
우리는 출발하기 전에 차를 확인했어야 했다.

· **come of age** 성년이 되다
When she came of age, her father bought her a new laptop.
그녀가 성년이 되었을 때, 그녀의 아버지는 그녀에게 새 노트북을 사 주었다.

· **make fun of** ~를 놀려대다
It's bad to make fun of people who is disabled.
장애를 가진 사람들을 놀리는 것은 못된 짓이다.

## □ junk mail

광고 우편물

Your email was classified as a **junk mail**.
당신의 전자우편이 광고우편으로 분류되었습니다.

skim through[over] (집중하지 않고) 대충 훑어보다   delete 삭제하다
screen 검사하다

## □ live
[liv]

adj. ① 생방송의, 실제 상황의 ② 살아 있는

We must be more careful since it is a **live** broadcast.
생방송이니까 우리는 주의를 더 기울여야 한다.

Children can see and touch **live** animals at the zoo.
아이들은 동물원에서 살아 있는 동물들을 보고 만질 수 있다.

## □ lively
[láivli]

adj. ① 활기찬, 발랄한 ② 생생한

They entertained us with **lively** dance.
그들은 활기찬 춤으로 우리를 기쁘게 해줬다.

The detective investigated the **lively** scene of incident.
그 탐정은 생생한 사건 현장을 조사했다.

## □ mail
[meil]

v. 우편으로 보내다, 우송하다   n. 우편(물)

If you should have any problem with these goods, please **mail** them.
만일 이 상품들에 대해서 문제가 있다면, 그것들을 우편으로 보내십시오.

I got a piece of **mail** in the morning, which made me nervous.
아침에 한 통의 우편물을 받았는데, 이것은 나를 불안하게 만들었다.

## manuscript
[mǽnjuskrìpt]

n. ① (손으로 쓰거나 인쇄 전의) 원고 ② 필사본

Some parts of the **manuscript** have been lost before the live show starts.
그 생방송이 시작되기 전에 원고의 몇몇 부분이 유실되었다.

manual 소책자, 사용 안내서 guideline 지침서 dissertation (박사 학위) 논문 tip 충고 draft 초안 proofread 교정하다 typo 오타

---

## margin
[máːrdʒin]

n. 여백

He scribbled down our names in the **margin**.
그는 우리의 이름을 여백에 갈겨썼다.

---

## memoir
[mémwɑːr]

n. 회고록

I have written a **memoir** trying to explain my ongoing enthusiasm.
나는 나의 끊임 없는 열정을 설명하는 회고록을 쓰고 있다.

---

## obituary
[oubítʃuèri]

n. (신문에 실리는) 사망 기사, 부고

People can't leave the **obituary** behind.
사람들은 그 부고 소식을 지나칠 수 없었다.

---

## operator
[ápərèitər]

n. ① 전화 교환수 ② 기계 · 기구 등을 조작[운전]하는 기사

She works as an **operator** at a phone company.
그녀는 전화 회사에서 교환원으로 일합니다.

---

## outnumber
[àutnʌmbər]

v. ~보다 숫자가 많다

Those in need of organs or tissue far **outnumber** donors, according to the American Medical Association.
미국의학협회에 따르면, 장기나 조직이 필요한 사람들의 숫자가 기증자들보다 훨씬 많다.

## overview
[óuvərvjùː]

n. 개관, 개요

This **overview** is written on the basis of up-to-date information.
이 개요는 최신 정보에 근거하여 기록된다.

## parcel
[páːrsəl]

n. 소포, (선물 등의) 꾸러미

Please, put the **parcel** post on the scale.
소포를 저울에 올려 주세요.

## periodical
[pìəriádikəl]

n. 정기 간행물

**Periodical** cannot leave the local library.
지역 도서관에서 정기 간행물은 대출되지 않는다.

check out (책 등을) 대출하다  make a copy(= duplicate) 복사하다
circulation desk 도서 대출 창구  overdue (도서 반납이) 연체된, (출산 예정 아이가) 늦어진

## pervade
[pərvéid]

v. 널리 퍼지다, 만연하다

I remember the overwhelming sense of defeatism and moral chaos that **pervaded** public discourse.
나는 공개적인 토론에 널리 퍼져 있던 압도적인 패배감과 도덕적 혼돈을 기억한다.

## pervasive
[pərvéisiv]

adj. 만연한

Violence and crime are **pervasive** features of city life.
폭력과 범죄는 도시 삶에 만연해 있는 특징들이다.

## plagiarism
[pléidʒərìzm]

n. 표절

The newspaper accused the professor of **plagiarism**.
신문사는 그 교수를 표절로 고소했다.

plagiarize v. 표절하다

## postage due 우편요금 부족

This mail was returned because of **postage due**.
우편 요금 부족으로 이 편지가 반환되었습니다.

## postal
[póustl]

adj. 우편의, 우체국의

I would appreciate your quick **postal** service.
빠른우편 서비스에 감사를 표합니다.

A **postal** card does not need envelope.
관제엽서는 봉투가 필요 없습니다.

## postscript
[póustskrìpt]

n. 추신(= P.S.)

P.S. stands for **postscript**.
P.S.는 추신을 의미한다.

## preface
[préfis]

n. 서문  v. 서문을 쓰다, ~로 시작하다

This edition contains a new **preface** by the author.
이번 호는 그 저자가 쓴 새로운 서문을 포함한다.

She **prefaces** her book with an attempt to sum up the whole hideous story.
그녀는 무시무시한 전체 이야기를 요약하는 시도로 책의 서두를 꺼낸다.

## proofread
[prú:frì:d]

v. 교정을 보다

Please **proofread** on the hard copy, not on the laptop.
노트북 말고, 인쇄본으로 교정 봐 주세요.

## □ publication
[pʌ̀bləkéiʃən]

n. ① 출판(물), 발행(물) ② 발표, 공개

A monthly **publication** is issued on the first day of a month.
월간지는 매월 초에 발행된다.

The **publication** of the test result was delayed as expected.
예상대로 실험결과 발표가 연기되었다.

publisher n. (책 · 신문 · 음반 등의) 출판업자, 출판사
publishing industry 출판업

## □ quarterly
[kwɔ́ːrtərli]

adj. (잡지 등이) 1년에 4회의, 분기별의  n. 계간지

The news about the business group, which have gone into the black of first quarter of this year, is on the **quarterly**.
올해 1사분기에 흑자를 낸 비즈니스 그룹 소식이 계간지에 실려 있다.

a quarter 1/4

## □ quote
[kwout]

n. 인용(구)  v. 인용하다, 견적을 제시하다

Sometimes, a single **quote** would intrigued me to read the book.
가끔, 하나의 인용문이 내가 그 책을 읽도록 흥미를 유발시키곤 한다.

If you call the hotel directly, you can get a rate lower than those **quoted** by travel agents.
만약 당신이 호텔에 직접 전화한다면, 여행사 직원들이 제시한 가격들보다 더 저렴한 숙박요금을 낼 수 있다.

## □ recipient
[risípiənt]

n. 수령인, 수취인

Tissues and organs were transplanted into 50 **recipients**.
조직과 장기가 50명의 수령인에게 이식되었다.

## □ recite
[risáit]

v. 낭독하다, 암송하다

Bergner said he can **recite** phrases from the film.
Bergner는 그 영화에서 나온 구절들을 암송할 수 있다고 말했다.

## ☐ reference
[réfərəns]

n. ① 참고, 참조 ② 언급  v. 참고표시를 하다, 참조문으로 인용하다

The report is full of **references** to declining in the tribe.
보고서에는 부족의 쇠퇴에 대한 언급이 가득하다.

My thesis does not **reference** anything written for the last three years.
내 논문은 지난 3년간 문서형식으로 된 어떤 것도 참고하지 않는다.

reference book (백과사전 · 지도 등의) 참고 도서

## ☐ register
[rédʒəstər]

v. ① 등기우편으로 보내다 ② 기록(등록)하다
n. ① 기록(부), 명부 ② 자동 등록기

Please **register** this.
이것을 등기우편으로 보내 주세요.

Have you signed the dental appointment **register**?
치과 진료 예약 명부에 서명하셨습니까?

registered mail 등기우편

## ☐ resonate
[rézənèit]

v. 울려 퍼지다, 반향을 얻다

Bob Johnson has a message that will **resonate** with those voters.
Bob Johnson은 저 유권자들에게 반향을 일으킬 하나의 메시지를 가지고 있다.

## ☐ return postage  반송 우편요금

You must enclose **return postage**.
반송 우편요금을 함께 보내셔야 합니다.

## □ revise
[riváiz]

v. ① 개정하다 ② (의견·의도 등을) 바꾸다

Once you write an article, you have to go over it several times and **revise** it.
일단 기사를 쓰고 나면, 당신은 몇 번씩 다시 보고, 고쳐야 한다.

We should **revise** the estimates of economy growth this year.
우리는 올해 경제 성장에 대한 추정치를 바꾸어야 한다.

The government may well **revise** its policy due to the public opposition.
정부가 대중들의 반대 때문에 정책을 바꾸는 것은 당연하다.

revised edition 개정판

## □ salutation
[sæljutéiʃən]

n. (편지의) 인사말

He missed a **salutation** on his mail.
그는 편지에 인사말을 빠뜨렸다.

## □ scoop
[sku:p]

v. (특종기사를) 앞서 보도하다  n. (신문의) 특종

BBC have **scooped** their rivals.
BBC는 그들의 경쟁사보다 앞서 보도했다.

He's trying to look for a **scoop**.
그는 특종을 찾기 위해 노력하고 있다.

## □ seal
[si:l]

v. ① ~에 도장을 찍다 ② 밀봉하다  n. 인장

She **sealed** her will to her daughter.
그녀는 날인하여 유서를 딸에게 줬다.

Please make sure you've attached the file before **sealing** the envelope.
봉투를 밀봉하기 전에 서류가 첨부되어있는지 확인하세요.

## □ soap opera
드라마

A **soap opera** deals with relationships of the same group of people.
드라마는 보통 같은 집단 내에 있는 사람들 사이의 관계를 다룬다.

## □ spawn
[spɔ́ːn]

v. (결과 등을) 낳다, 산란하다

The Arab-Israeli War of 1973 **spawned** the 1973 oil crisis.
1973년 아랍과 이스라엘 전쟁은 1973년 석유파동을 낳았다.

## □ special delivery 속달

She sent her application form by **special delivery**.
그녀는 지원서를 속달우편으로 보냈다.

## □ subscribe
[səbskráib]

v. 정기 구독하다, 기부하다

If you **subscribe** to our magazine now, you can get 10% discount.
지금 우리 잡지를 정기 구독하시면, 10퍼센트의 할인을 받을 수 있습니다.
subscriber n. 정기 구독자, 기부자
subscription n. (신문 · 잡지 등의) 정기 구독(료), 기부

## □ supplement
[sʌ́plmənt]

n. ① (신문의) 증보면 ② 보완, 추가 (부분)

That section had been published in the weekend illustration **supplements**.
그 부분은 주말 삽화 증보판에 출판되었다.

## □ surcharge
[sə́ːrtʃɑ̀ːrdʒ]

n. 추가 요금

There may be a **surcharge** on the extra minutes.
추가 시간에 대한 추가 요금이 있을 수도 있다.

## □ taint
[téint]

v. (평판 등을) 오염시키다, 더럽히다  n. 오점, 불명예

It appeared the water supply had been **tainted** with a deadly toxin.
물 공급이 치명적인 독소로 오염되어 왔던 것으로 보였다.

The city has suffered for several years under the **taint** of corruption.
그 도시는 수년 동안 부패의 오명으로 고통을 받았다.

## ☐ telegraph
[téləgræf]

v. 전보를 치다  n. 전보, 전신

When you arrive at the U.S., please **telegraph**.
미국에 도착하면 전보를 보내 주시오.

He provided a comprehensive network of farm buildings connected by a **telegraph** system.
그는 연결된 전보시스템을 통해서 농장빌딩에 광범위한 네트워크를 공급했다.

---

## ☐ telephone directory  전화번호부

Her name is on my **telephone directory**.
그녀의 이름이 제 전화번호부에 있습니다.

---

## ☐ toll-free call  무료 전화 서비스

When the printer is out of order, make a **toll-free call**.
프린터에 이상이 있으면, 무료 전화로 전화 주세요.

---

## ☐ translation
[trænsléiʃən]

n. 번역 (작품)

There are some phrases of direct **translations** of French ones in English.
영어에는 프랑스어의 구문을 그대로 옮긴 구문들이 몇 개 있다.

translator n. 번역자, 통역자
free translation 의역  literal translation 직역

---

## ☐ uncover
[ʌnkʌvər]

v. 밝히다, 폭로하다

The authorities concerned **uncovered** a plot to smuggle weapons into the country.
관계 당국은 그 나라로 무기를 밀수 한다는 음모를 밝혔다.

---

## ☐ unprecedented  adj. 전례 없는
[ʌnprésədèntid]

There has been an **unprecedented** demand for second-hand car.
중고차에 대한 전례 없던 수요가 있었다.

## □ version

[vɔ́ːrʒən]

n. ① (어떤 것의) 변형, ~판 ② 번역, ~판 ③ 견해, 설명

I got the English **version** of the book from the library.
나는 도서관에서 그 책의 영어판을 찾았어.

He gave us his **version** of what had happened last weekend.
그는 지난 주말에 있었던 일에 대한 그의 견해를 밝혔다.

## □ villain

[vílən]

n. 악당, 악역

At the end of the film, the **villain** is caught and punished.
그 영화의 마지막에, 그 악당은 잡히고 벌을 받는다.

## □ wrap-up

간추린 내용 뉴스, 요약

If you don't have enough time to watch full news, just try watching **wrap-up**.
뉴스를 다 볼 시간이 없으면, 간추린 뉴스를 봐라.

## □ zip code

우편번호

What's your **zip code**?
당신 집 우편번호가 어떻게 됩니까?

# Testing Ground

**01.** A Croatian man who created a glass coffin for himself said he also wrote an _____ in which he cites "drinking too much" as the cause of his death.

    (a) obituary         (b) article         (c) mail

**02.** The familiar examples of _____ are newspapers, or magazines which are published daily, weekly, or monthly.

    (a) periodicals       (b) subscriptions     (c) pamphlets

**03.** The power of their positive thinking _____ in our company, which raises morale of the employees.

    (a) widespread       (b) pervades       (c) perplexes

**04.** This system was designed to prevent _____, and to establish copyright over all kinds of music.

    (a) fake            (b) plague         (c) plagiarism

**05.** Remember to _____ on the hard copy, not on the computer.

    (a) recite           (b) proofread      (c) censor

**06.** So if you _____ to magazines or are on the mailing lists of other catalogs, it is possible that your name will get circulated.

    (a) subscribe        (b) submit        (c) subsidize

**07.** Dietary _____ may also be important to ensure adequate amount of vitamins and minerals.

    (a) supplements     (b) complements    (c) implements

**08.** This fact just shows how our regional elections have been _____ by money, politics, and opportunism.

(a) painted          (b) fainted          (c) tainted

**09.** The conference was held to _____ the truth, and expose the true nature of what the corrupt politicians are trying to do to us.

(a) ignore          (b) uncover          (c) publish

**10.** American manufacturers are presented with an _____ opportunity to enter a great number of rapidly growing foreign markets.

(a) unprecedented          (b) unrepresented          (c) unprejudiced

# Expression for **TEPS VOCA**

1. 그럭저럭요.
   Nothing in particular.
   Nothing much.
   So so.
   The same as ever.

2. 뭐라고 위로의 말씀을 드려야 될지 모르겠네요.
   Please except my deepest sympathy.
   Please except my deepest condolences.

3. 전화하라고 할까요?
   Shall I have her call you back?
   Shall I have him return your call?

4. 지금까지는 잘 지내고 있어요.
   So far so good.

5. 누가 아니라니?
   Tell me about it.
   You're telling me.

6. 무슨 일 있어?[어떻게 지냈어?]
   What have you been up to lately?
   What are you up to?

7. 너 무슨 걱정거리라도 있니?
   What's bothering you?
   What's bugging you?
   What's eating you?

· **see off** 배웅하다
She went to the airport to see her husband off.
그녀는 남편을 배웅하기 위해 공항까지 갔다.

· **fit in** ~와 잘 일치하다, 조화되다
I make sure he has fit in properly with your engineering team.
나는 그가 너희 엔지니어링 팀과 잘 맞는다고 확신한다.

· **put ~ into practice** ~를 실행하다
It is time to put our opinion into practice.
우리의 의견을 실행에 옮겨야 할 때이다.

· **learn by heart** 명심하다, 암기하다
He learned the list of attendants and celebrities by heart.
그는 참석자들과 유명 인사들의 명단을 외웠다.

· **star in** ~에서 주연을 맡다
The director wants the actress to star in a trilogy which is to be released next year.
감독은 내년에 개봉할 3부작에 그 여배우를 주연으로 쓰고 싶어 한다.

· **be in the mood to** ~하고 싶다, ~하고 싶은 기분이다
I was not in the mood to dance at that time.
그때는 춤을 추고 싶은 생각이 없었다.

· **come into effect(= take effect)** 효력을 나타내다, 실시하다
The regulation will come into effect from January.
그 규칙은 1월부터 효력이 발생된다.

· **get rid of** 제거하다, 처분하다
My father was going to get rid of his old cell-phone.
아버지는 그의 오래된 핸드폰을 처분하려고 했다.

## ☐ acquire
[əkwáiər]

v. 인수하다, 얻다

Research helps us **acquire** new insight on the causes of diseases.

연구는 우리가 질병들에 관한 원인에 관해서 새로운 식견을 얻도록 도와준다.

acquisition n. 인수

develop[acquire, learn] a skill 새로운 기술을 배울 기회를 가지다

## ☐ adjust
[ədʒʌ́st]

v. ① 조정하다, 맞추다 ② 순응[적응]하다(= adjust to[adapt])

"You don't have to come," Lewis said, as he **adjusted** his tie in a mirror.

Lewis는 거울을 보고 넥타이를 고쳐 매면서 "당신은 올 필요 없어"라고 말했다.

TIP be[get] used to 명사, 대명사, 동명사(= be accustomed to 명사, 대명사, 동명사) ~에 익숙해지다

adjustment n. ① 적응 ② 조절, 조정

## ☐ advertise
[ǽdvərtàiz]

v. 광고하다

We don't need to **advertise** alcohol or cigarettes at sporting events any more.

우리는 더 이상 스포츠 경기에서 술과 담배를 광고할 필요가 없다.

advertisement n. 광고(= advertising), 선전

place[put] an ad 광고를 내다

paid advertisement 유료 광고

## ☐ advisor
[ædváizər]

n. 고문, 상담역

Compensation is only granted if the **adviser** is unable to pay back your money.

그 고문이 당신의 돈을 갚을 수 없을 때에만 한해서 보상금을 받게 된다.

advisory adj. 고문[자문]의, 조언을 주는

## ☐ affiliate
[əfílièit]

v. ① 합병시키다 ② 가입하다  n. ① 지사, 지점 ② 계열(협력) 회사

Our company will be **affiliated** with another company soon.
우리 회사는 곧 다른 회사와 합병할 것이다.

As part of the merger, **affiliates** of Hilton Hotels would also sell $ 800 million in new bonds.
합병의 일부로서 힐튼 호텔의 계열회사들은 또한 신규 채권 8억 달러어치를 팔 수 있다.

affiliated company 계열[자매]회사

## ☐ agriculture
[ǽgrikʌ̀ltʃər]

n. 농업

But this pattern has begun to change, especially in the ever-sensitive area of **agriculture**.
이러한 양식은 특히, 항상 농업에 민감했던 지역에서 변화하기 시작했다.

agricultural adj. 농업의

## ☐ allocate
[ǽləkèit]

v. 할당하다

All this highlighted the need for more land to be **allocated** by planning authorities for development.
이 모든 것은 개발 계획 담당 부서들에 의해 더 많은 땅이 할당되어야 할 필요성을 강조했다.

allocation n. ① 할당, 배당 ② 배당금, 할당량

## ☐ analysis
[ənǽləsis]

n. 분석(= analyze)

An **analysis** of data from Australia shows that skin cancer is on the increase.
호주의 한 데이터 분석은 피부암이 증가하고 있다는 것을 보여 준다.

## ☐ appraise
[əpréiz]

v. (자산 등을) 감정하다, 값을 매기다

**Appraising** jewelry goes beyond determining its value, and it refers to its quality, color, condition and aesthetic beauty.
보석을 감정하는 것은 가치를 알아내는 것 이상이고, 보석의 질과 색깔, 상태나 미적인 아름다움을 나타낸다.
appraisal n. 감정, 평가

## ☐ arduous
[áːrdʒuəs]

adj. 몹시 힘든, 고된

The long, **arduous** journey to Bethlehem could have resulted in a miscarriage or stillbirth.
Bethlehem를 향하는 그 길고 몹시 힘든 여행은 유산이나 사산의 결과를 낳을 수도 있었다.

## ☐ assess
[əsés]

v. 평가하다, 가늠하다

For these reasons the functional significance of these observations is difficult to **assess**.
이러한 이유로, 이러한 관찰들의 기능적인 중요성은 평가하기 힘들다.
assessment n. 사정, 평가, 사정액  assessor n. 과세[재산] 평가인

## ☐ asset
[æset]

n. (pl.) 자산, 재산

As more **assets** are purchased, this will drive up their price.
더 많은 자산을 구매될수록, 그것들의 가격은 높아질 것이다.
property 부동산  belongings 소지품들  assets and liabilities 자산 및 부채  fixed assets 고정자산  liquid assets 유동자산  disposable income 가처분 소득  evade (세금 등을) 회피하다

## ☐ assign
[əsáin]

v. 맡기다, 배정하다

We have been **assigned** the task of keeping the records up to date.
우리는 기록을 최근 내용으로 수정 · 정리하는 일을 할당받았다.
assignment n. 임무, 부여된 일

## ☐ associate

[əsóuʃièit]

v. 제휴[연합]하다  n. 제휴자

By using metaphors and similes you allow the readers to **associate** their own experiences and memories.
은유의 직유를 사용함으로써, 낭신의 독자들이 그들 자신의 경험과 기억을 연관시킬 수 있게 해 줄 것이다.

They also decided to focus most on mid-level **associates** and young partners.
그들은 또한 대부분의 초점을 중간 수준의 제휴자와 젊은 파트너들에 맞추기로 결정했다.

association n. ① 제휴, 연합 ② 협회
be associated with(= be related with, have something to do with)
~와 관련이 있다

## ☐ astute

[əstʃúːt]

adj. 영리한, 기민한, 약삭빠른

The President's wife is often politically **astute**, ambitious and very influential in White House policy decisions.
그 영부인은 종종 백악관 정책 결정을 하는 데 있어서 정치적으로 기민하고, 야심이 있고 매우 영향력이 있다.

## ☐ audit

[ɔ́ːdit]

n. 회계감사  v. (회계를) 감사하다

A parliamentary **audit** and inspection of government agencies and state-run corporations is scheduled to continue from Sept. 30 to Oct. 19.
정부 기관과 국영기업에 대한 국정감사가 9월 30일부터 10월 19일까지 계속될 계획이다.

His fund is **audited** annually by an accountant working together.
그의 자금은 같이 일하는 회계사에 의해서 매년 감사된다.

## ☐ awesome

[ɔ́ːsəm]

adj. 놀라운, 굉장히 좋은

That was an act that demonstrated how **awesome** are the power and prestige of the presidency.
그것은 대통령직위의 권력과 특권이 얼마나 놀라운지 보여주는 행동이었다.

## ☐ bankrupt
[bǽŋkrʌpt]

adj. 파산한, 지불 능력이 없는

The company went **bankrupt** before the building work was completed.
그 회사는 건축 공사가 끝나기 전에 파산했다.

bankruptcy n. 파산, 도산
declare[go] bankrupt(= out of business, close down) 파산하다
at a loss 당황한, 손해를 보는  at a profit 이득을 보는  market share
시장점유율

## ☐ barter
[bá:rtər]

v. 물물교환하다  n. 물물교환

Eventually money becomes worthless, and people are forced to **barter** or substitute with other sorts of currencies, like cigarettes.
결국 돈이 가치가 없어지고, 사람들은 담배와 같이 다른 종류의 화폐로 물물교환하거나 대체할 수밖에 없다.

Experts say most of these freebies are really a form of **barter**.
전문가말로는 이 무료 물품들 대부분은 진정한 물물교환의 형태라고 한다.

## ☐ belonging
[bilɔ́:ŋiŋ]

n. (pl.) 소유물, 소지품

It doesn't cost much to insure your personal **belongings**.
당신의 개인 소유물에 대해 보험을 드는 것은 비용이 많이 들지 않는다.

## ☐ bid
[bid]

n. 입찰  v. (경매에서) 값을 매기다, 입찰하다

He would not rule out the possibility of making a **bid** for the business.
그는 그 회사 입찰 가능성을 배제하려 하지 않았다.

The airline asked five airplane makers to **bid** on an order for $ 1 billion worth of new jets.
그 항공사는 5개의 항공기 제조자들에게 10억 달러의 가치가 있는 새로운 제트기의 주문에 입찰하라고 요청했다.

## ☐ boost
[buːst]

v. 증가[증대]시키다

The plan will **boost** the economy.
그 계획은 경제를 부양시킬 것이다.

Some people know that just a phone call can really **boost** morale.
난순한 전화 한 통이 정말로 사기를 고무시킬 수 있다는 사실을 아는 사람들이 있다.

boost[raise, improve, build] morale 사기를 고무하다

## ☐ brisk
[brisk]

adj. ① 활기 있는 ② 기운찬, 활발한

The committee got off to a **brisk** start at its first meeting.
위원회는 첫 번째 미팅에서 활기찬 시작을 했다.

## ☐ brokerage
[bróukəridʒ]

n. 중개업

How can I purchase stocks without going through a **brokerage**?
제가 중개인을 거치지 않고 어떻게 주식을 살 수 있나요?

## ☐ budget
[bʌ́dʒit]

n. ① (정부 · 개인의) 예산 ② 경비, 운영비  v. ~의 예산을 세우다

His first **budget**, in 1991, contained a $ 7 billion tax increase.
그의 첫 번째 예산은 1991년에 70억의 세금 증가를 포함했다.

This scheme enables you to **budget** the cost through fixed monthly payments.
이 계획은 당신이 월 고정 비용으로 예산을 세우는 것을 가능하게 해준다.

## capital

[kǽpitl]

n. ① 자본 ② 수도 ③ 대문자

The government is eager to attract foreign **capital**.
그 정부는 외국 자본을 끌어드리려고 애쓴다.

On Oct 10 between 30 and 100 people were reported hurt during a rally in the **capital**, Tokyo.
10월 10일에 수도인 도쿄에서 일어난 집회에서 30명에서 100명의 사람이 부상당했다고 보도 되었다.

Please fill in your name and address in **capitals**.
대문자로 당신의 이름을 기입하고, 주소를 쓰세요.

death penalty(= capital punishment) 사형 제도
be sentenced to 형량을 선고 받다

## commission

[kəmíʃən]

n. ① 수수료 ② 위원회 ③ 임무  v. 위임하다

The **commission** is expected to decide this month whether to open an investigation.
그 위원회는 조사 여부에 관해서 이번 달에 결정할 것이다.

He was called to Washington and **commissioned** by President Lincoln.
그는 워싱턴이라 불렸고, 링컨 대통령에 의해 위임되었다.

## commodity

[kəmádəti]

n. 상품, 일용품, 생활필수품

A lighter is a rare **commodity** here.
라이터는 여기서 잘 팔지 않는 상품입니다.

goods(= merchandise) 상품들

## consult

[kənsʌ́lt]

v. (전문가에게) 의견을 묻다, 상담하다

No one has been able to **consult** the Jarawa about what they want because no one speaks their language.
누구도 자라와 민족의 언어를 말할 수 없었기 때문에 그들이 원하는 것에 대해 상담할 수 없었다.

consultant n. 고문

## ☐ consume
[kənsú:m]

v. 소비하다

For example, how many calories a day do you **consume**?
예를 들면, 당신은 하루에 얼마나 많은 칼로리를 소비하나요?

consumer n. 소비자  consumption n. 소비, 소비량
consumer price index 소비자 물가지수

## ☐ contract
[kántrækt]

n. 계약(서)  v. 계약하다

Future **contracts** will cost more or less, depending on trends in tuition costs.
등록금의 경향에 따라 미래의 계약은 비용에 정도의 차는 있을 것이다.

The city of Chicago has **contracted** to purchase three city transit buses that will be powered by fuel cells.
시카고는 연료전지에 의해 작동되는 도시 수송버스 세 대를 구매하기 위해 계약을 맺었다.

**TIP** contract[develop] the disease '질병에 걸리다' 또는 '발병하다' 라고 해석된다.

## ☐ contrive
[kəntráiv]

v. 어떻게든 ~하다, 고안하다

The lawsuit says oil companies **contrived** a gasoline shortage in the early 1970s.
그 소송에 따르면 정유회사들이 1970년대 초 어떻게든 석유 부족이 발생하도록 했다고 한다.

## ☐ convert
[kənvə́:rt]

v. 바꾸다, 전환하다, 개종하다

All employee **converted** the spare bedroom into an office.
모든 직원들이 남은 침실을 사무실로 바꾸었다.

## ☐ cooperate
[kouápərèit]

v. 협력[협조]하다

For safety they should **cooperate** when local authorities display signs, warning that the seashore is dangerous.
안전상의 이유로, 그들은 지방단체가 해변이 위험하다고 경고하는 표지판을 보여주었을 때 협조해야 한다.

cooperation n. 협력, 협조

## ☐ corporation
[kɔ̀:rpəréiʃən]

n. ① 유한 주식회사 ② 법인

A domestic **corporation** has supplied the FBI with the names of those involved in nuclear plants.

한 국내 회사가 FBI에게 원자력 발전소들에 연루된 사람들의 이름을 제공했다.

## ☐ curtail
[kə:rtéil]

v. 삭감하다

Women's rights in Iran have been **curtailed** since the Islamic Revolution in 1979.

이란에서 여성 인권은 1979년 이슬람 혁명 이래로 계속 줄어들었다.

**all time low** 사상 최저, 사상 최악 **all time high** 사상 최고치

## ☐ cutback
[kʌtbæk]

n. (생산 · 노동력 등의) 축소, 삭감

Although employment growth has been steady since the recession, government **cutbacks** will likely curb it.

경제 침체 이후에 고용률이 변함이 없음에도 불구하고, 정부의 감축은 고용률을 억제할 것 같다.

**cut down on** 줄이다, 삭감하다 **budget deficit** 예산 부족

## ☐ deduct
[didʌkt]

v. (세금 등을) 공제하다

Your employer will **deduct** income tax from your salary.

당신의 고용주가 당신의 봉급에서 소득세를 공제할 것이다.

**deduction** n. 공제

## ☐ default
[difɔ́:lt]

v. (채무 · 계약을) 이행하지 않다  n. (채무 · 계약의) 불이행, 체납

If you **default** on your loan, the bank can sell the car.

만약 당신이 대출에 대한 채무를 이행하지 않는다면, 은행은 당신의 차를 팔 수 있습니다.

Often, loans are refused to poorer borrowers because of the greater risk of **default**.

가끔 체납의 위험이 더 크다는 이유로 더 가난한 차용자들에게 대출이 거부된다.

## ☐ depression
[dipréʃən]

n. 불경기, 불황

In Germany the **depression** in the late 1920s helped Hitler's rise to power.

독일에서 1920년대 말의 경기 침체가 히틀러가 세력을 키우는 데 도움이 되었다.

depress v. 부진하게 만들다, (시세 등을) 떨어뜨리다

## ☐ diminish
[dimíniʃ]

v. 줄다, 감소하다(= reduce, dwindle)

Falls can also result from **diminished** vision, hearing, and muscle strength.

시력저하, 청력저하, 근력저하 때문에도 넘어질 수 있다.

## ☐ distribute
[distríbjuːt]

v. 배급[분배]하다(= hand out, give out)

The questionnaires were **distributed** at random near the subway.

설문지는 지하철 주변에서 무작위로 배포되었다.

distribution n. 분배, 배포

## ☐ distributor
[distríbjətər]

n. 도매상인, 배급사

For example, the business may be the sole **distributor** of certain products within the United State of America.

예를 들면, 그 회사는 아마도 미국 내에서 특정 물품의 유일한 배급업자일 것이다.

## ☐ downsizing
[dáunsàiziŋ]

n. 소형화, 기구 축소

The overall quality of care remains vulnerable to health industry cost-cutting and **downsizing**.

전반적인 보살핌의 질은 비용을 삭감하고 규모를 줄이고 있는 건강 산업에 취약하다.

miniature 소형 축소물

## ☐ due
[dju:]

adj. ① 지불 기일이 된 ② 예정인 ③ ～에 기인하는

It's a great relief to know that the report is **due** until weekend.
보고서 제출기한이 주말까지여서 정말 다행이다.

be due to 명사(= owing to, on account of, because of) 때문에
due date (어음의) 지불 만기일

## ☐ economical
[èkənámikəl]

adj. 경제적인, 절약하는

A small car is more **economical** to run in urban areas.
도심지역에서는 소형차가 더 경제적이다.

## ☐ economics
[èkənámiks]

n. 경제학

A Harvard professor of **economics** teaches the study of the way in which money and goods are produced and used.
하버드 경제학 교수는 자금과 상품이 생산되고 사용되는 방법에 대한 학문을 가르친다.

## ☐ economize
[ikánəmàiz]

v. 절약하다

We are trying to **economize** on electricity.
우리는 전기를 아껴 쓰려고 노력하고 있다.

saving 절약  savings 저축  cut down (씀씀이를) 줄이다
reasonable[affordable] price 합당핸[지불 가능핸] 가격

## ☐ effective
[iféktiv]

adj. 효율적인, 효과적인

In my opinion neither of these arguments is **effective** to draw a conclusion.
제 생각에는 이러한 말다툼은 결론을 이끌어내는 데 효과적이지 않습니다.

## □ eligible
[élidʒəbl]

adj. 적임의, 적격한

The majority of **eligible** voters said they would rather not cast ballots, leading to the worst percentage voter turnout since 1924.

대다수의 유권자들이 그들은 투표를 안 하는 편이 나을 것이라고 말했고 이는 1924년에 최악의 투표자 수를 야기했다.

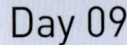

# Testing Ground

**01.** Our team has to _____ the plans of business trip because of the timing of the storm.

(a) adapt            (b) decide            (c) adjust

**02.** The coming year is undoubtedly going to be one of opportunity for _____ investors and now is the time to buy.

(a) astute            (b) clear            (c) vague

**03.** When you start thinking about how to go _____ , it's also time to think about whether there are other options.

(a) solvent            (b) bankrupt            (c) bankable

**04.** The idea was to give local people the chance to sell or _____ their excess produce, and get together socially at the same time.

(a) bargain            (b) barber            (c) barter

**05.** EPA officials said that they hope to _____ the fuel efficiency of the minivan by 30 percent to 35 percent.

(a) boost            (b) beat            (c) board

**06.** In the most extreme cases, people who _____ food to which they are allergic can go into shock or even die.

(a) confirm            (b) consume            (c) contribute

**07.** The city is considering ways to _____ the amount of sewer water treated as a way to save money.

(a) critical            (b) cocktail            (c) curtail

**08.** Taxpayers would be allowed to _____ 10 percent of their business income from this year.

    (a) deduce            (b) dedicate            (c) deduct

**09.** The number of affected areas in which repair work could proceed in part had _____ from 199 yesterday to 194 today.

    (a) grown            (b) subsidized            (c) diminished

**10.** An annual average of 13,600 would be _____ for the scheme, though during peak periods as many as 22,000-24,000 jobless could join.

    (a) blamed            (b) responsible            (c) eligible

---

**01.** 우리 팀은 태풍이 상륙하는 시기 때문에, 출장 계획을 조정해야만 한다.

**02.** 다가오는 해는 분명히 기민한 투자자들을 위한 기회들 중 하나가 될 것이고, 지금은 매입을 할 시기이다.

**03.** 당신이 어떻게 파산을 할 지 생각하기 시작했을 때는 다른 선택 사항이 없는지에 대해 생각해봐야 할 때이기도 하다.

**04.** 그 생각은 지역 주민에게 그들이 남는 생산품을 팔거나 물물교환할 기회를 제공하기 위해서 였고, 동시에 사회적으로 모이기 위한 것이었다.

**05.** 환경보호국 관료들은 그들이 미니밴의 연료 효율성을 30~35퍼센트까지 올리기를 바란다고 말했다.

**06.** 대부분의 극단적인 경우에, 알레르기 반응이 있는 음식을 섭취하는 사람들은 쇼크 상태가 되거나 심지어 사망할 수도 있다.

**07.** 그 도시는 자금을 절약하기 위한 방법으로 처리되는 하수의 양을 줄이는 방법을 고려 중이다.

**08.** 올해부터 납세자들은 그들의 사업소득의 10퍼센트를 공제받는 것이 가능할 것이다.

**09.** 부분적으로 수리 작업이 진행될 수 있는 피해 지역 수는 어제 199개에서 오늘 194개로 줄었다.

**10.** 최고기 동안에는 2만 2천명에서 2만 4천명의 실업자들이 참여할 수 있지만, 매년 이 계획에 평균 만 3천 6백 명이 적당할 것이다.

answer  01. (c)  02. (a)  03. (b)  04. (c)  05. (a)  06. (b)  07. (c)  08. (c)  09. (c)  10. (c)

# Expression for **TEPS VOCA**

1. 쫙 빼 입었네, 어디 가니?
   You're dressed up, What's the occasion?

2. 가능성이 희박해.
   Fat chance[slim chance].

3. 마음대로 쓰십시오.
   Be my guest.
   Go ahead.

4. 믿어도 될까요?
   Can I bank on it?
   Can I count on it?

5. 음료수 좀 드시겠어요?
   Care for something to drink?

6. 솔직히 얘기해 봐.
   Give it to me straight.

7. 그가 나를 바람 맞혔어.
   He stood me up.

· **cram for the test** ~를 벼락치기하다
She has to cram for the mathematic test tomorrow.
그녀는 내일 수학 시험을 위해 벼락치기해야만 한다.

· **flunk out** 낙제하다
Tom flunked out of his university last year.
Tom은 그의 대학에서 작년에 낙제했다.

· **care for + 부정, 의문** ~을 좋아하다
I don't much care for my girl friend's parents.
나는 내 여자 친구의 부모님을 그다지 좋아하지 않는다.

· **be familiar with** ~에 익숙하다
I am familiar with this embarrassing situation.
나는 이런 황당한 상황에 익숙하다.

· **come by(= swing by)** 들르다
He'll come by the party later.
그는 나중에 그 파티에 들를 것이다.

· **stick to(= adhere to, cling to)** ~를 고수하다
I found it impossible to stick to my decision.
나는 내 결정을 고수하는 것이 불가능하다는 것을 알아차렸다.

· **get along with** ~와 잘 지내다
I get along with my new friends at high school.
나는 고등학교에서 새 친구들과 잘 지낸다.

· **rely on(= depend on, turn to, bank on)** ~를 의지하다
People tend to rely on their sons and daughters as they get older.
사람들은 나이가 들어가면서 자녀들에게 의지하는 경향이 있다.

### ☐ embargo
[embá:*r*gou]

n. 통상[수출] 금지령 v. 통상[수출]을 금지하다

At the same time, international interests would like to ease the sanctions regime, particularly the trade **embargo**.

동시에, 국제적 관심은 제재 조치, 특히 무역 통상 금지를 완화하기를 원한다.

impose[lift] embargo 통상금지를 부과[철회]하다
lift the ban[prohibition] 금지령을 철회하다

---

### ☐ enhance
[enhǽns]

v. (가치, 지위, 아름다움 등을) 늘리다, 강화하다

We're using technology to **enhance** our standard of living.

우리는 생활수준을 높이기 위하여 기술을 이용하고 있다.

enhancement n. 증대, 강화

---

### ☐ enterprise
[éntə*r*pràiz]

n. ① 기업 ② 사업

Commercial **enterprises** such as banks and food manufacturers are booming.

은행이나 음식 제조업 같은 영리사업이 호황 중이다.

---

### ☐ entrepreneur
[à:ntrəprənə́:*r*]

n. (모험적이고 혁신적인) 기업가

I think almost everyone agrees that Walt Disney is a perfect example of an **entrepreneur**.

나는 거의 모든 사람들이 Walt Disney가 기업가의 완벽한 사례라는 데에 동의할 거라고 생각한다.

---

### ☐ estate
[istéit]

n. (넓은) 토지

He returns to Moscow, sets his **estates** in order, and eventually marries his lover.

그는 모스크바로 돌아와 재산을 정돈하고 결국 그의 연인과 결혼한다.

zone 구역  the vacant lot 빈 구역

## ☐ evaluate

[ivǽljuèit]

v. 평가하다(= assess)

Opposition lawmakers were split in **evaluating** the impact of the real-name system.
야당은 실명제의 영향을 평가할 때 의견이 엇갈렸다.

evaluation n. 평가(액)

## ☐ executive

[igzékjətiv]

n. (경영) 간부  adj. ① 행정적인 ② 실행하는

But it is not clear whether Peter Bullock, the chief **executive** of Neill, will be staying.
Neill의 최고경영자인 Peter Bullock이 머무를지는 확실하지 않다.

The suggested **executive** authority reforms are detailed in a just released document.
제시된 집행 권한의 개정은 방금 발행된 서류에 자세히 나와 있다.

executive committee 실행 위원회, 집행위원회
executive board 집행(운영)위원회

## ☐ expand

[ikspǽnd]

v. ① 확장하다 ② 팽창시키다

The city's population **expanded** by 20 percent in the 1960s.
그 도시의 인구가 1960년대에 20퍼센트로 늘어났다.

expansion n. 확장, 팽창

## ☐ expenditure

[ikspéndit∫ər]

n. ① 지출 ② 경비

He and the Pentagon continued to call for very high levels of defense **expenditure**.
그와 국방부는 계속해서 높은 수준의 방위 경비를 요구했다.

## ☐ expense

[ikspéns]

n. ① 비용 ② 소요 경비

My farther borrowed $200,000 and used the money tor legal **expenses**.
우리 아버지는 20만 달러를 빌렸고 그 돈을 법률 비용으로 사용했다.

expense account 수당, 소요 경비  expense report 경비 보고서

## □ expire
[ikspáiər]

v. 만기가 되다, 기한이 다 되다

Between 1775 and 1800, when their patent **expired**, steam-engines were built.
1775년과 1800년 사이 그들의 특허가 만료되었을 때, 증기기관이 만들어졌다.
expiration n. (계약 · 기한 등의) 만기

## □ extravagant
[ikstrǽvəgənt]

adj. ① 낭비하는, 사치스러운 ② 지나친

The more **extravagant** a male is, the more likely he'll be noticed.
더 사치스럽게 꾸미는 수컷일수록 더 주목을 받게 될 것이다.

## □ feasibility
[fìːzəbíləti]

n. 실행할 수 있음, 가능성

A business **feasibility** study is heavily dependent on the market research and analysis.
사업 타당성 조사는 전적으로 시장조사와 분석에 달려 있다.
feasible(= possible, viable) 실행 가능한

## □ fiscal
[fískəl]

adj. 재정의, 회계의

Many other distinguished **fiscal** economists recognized this.
많은 다른 뛰어난 재정 경제가들은 이것을 알아차렸다.
fiscal year 회계연도

## □ flourish
[fláːriʃ]

v. 번영하다, 번식하다

The economy is booming and small businesses are **flourishing**.
경제가 붐이 일어나고 있고, 소규모 사업체들도 번성하고 있다.

## □ frugal
[frúːgəl]

adj. 절약하는, 검소한(= thrifty)

Entrepreneurs have to be particularly **frugal** and inventive.
기업가들은 특히 검소하고 독창적이어야 합니다.

## □ goods
[gúdz]

n. ① 상품 ② 물품, 물건

But usually you want the **goods**, so an exchange of goods is normally considered quite acceptable.

하지만 보통 당신이 그 상품을 원하니까 상품의 교환은 일반적으로 어느 정도 용인됩니다.

## □ headquarters
[hédkwɔ̀:rtərz]

n. ① (회사의) 본사(= main office) ② (군대의) 사령부, 본부

Employees on their way into work at Hasbro **headquarters** Thursday morning said they opposed a merger.

목요일 아침에 Hasbro 본사에 일을 하러 가던 직원들은 합병에 반대한다고 말했다.

## □ implement
[ímpləmənt]

v. 실행[이행]하다

But it is essential to establish the policies in laws, as policies do not **implement** themselves.

정책은 저절로 이행되지 않기 때문에 법으로 정책을 제정하는 것이 필요하다.

implementation n. 이행, 실행

## □ impose
[impóuz]

v. ① (의무 · 세금 · 벌 등을) 부과하다(= impose on[upon]) ② 강요하다(= compel)

If Japan does not eliminate those unfair tariffs, the U.S. will **impose** sanctions.

일본이 그 부당한 관세들을 철폐하지 않으면, 미국은 제재 조치를 취할 것이다.

## □ incorporated
[inkɔ́:rpərèitid]

adj. ① 법인의(= Inc.) ② 결합된

In total, 58% of the micro firms are **incorporated** of these, about one-fifth are federally incorporated.

통틀어, 소규모 회사들의 58퍼센트가 합쳐졌고 이들 중 1/5은 연방제로 합쳐졌다.

Its main use, therefore, is for the issue of advertisements to **incorporated** companies of a reasonable size.

그러므로 그것은 적당한 규모의 법인기업에 대한 광고 발행용으로 주로 쓰인다.

## ☐ industrialize
[indʌ́striəlàiz]

v. 산업[공업]화하다

Russia should **industrialize** Afghanistan and Central Asian countries.
러시아는 아프가니스탄과 중앙아시아 나라들을 산업화 시켜야 한다.

industry n. 산업, 공업
industrialized nation 공업국(선진국)
(= developed countries, advanced countries)

## ☐ inflation
[infléiʃən]

n. ① (통화 팽창에 의한) 물가 상승 ② 통화팽창

Eurozone annual **inflation** was 2.0% in December 2009.
유로존의 연간 물가 상승은 2009년 12월에 2.0퍼센트였다.

Can **inflation** be controlled by raising interest rates?
이율을 높여서 물가 상승을 통제할 수 있을까?

## ☐ influence
[ínfluəns]

v. 영향을 주다  n. 영향(력)

The prisoner claims he was **influenced** by his older friends to carry out the crime.
그 죄수는 범죄를 저지르는 데 선배들의 영향을 받았다고 주장했다.

The authorities were worried about the **influence** of Western films and TV programmers.
당국은 서양 영화와 TV 프로그램들의 영향력에 대해 걱정했다.

## ☐ infrastructure
[ínfrəstrʌ̀ktʃər]

n. 사회 공공 기반 시설, 공공 기반 시설

Some underdeveloped countries lack a suitable economic **infrastructure**.
몇몇 후진국들은 적절한 경제적 공공 기반시설이 부족하다.

## ☐ innovate
[ínəvèit]

v. 혁신[쇄신]하다

Their ability to **innovate** has allowed them to compete in world markets.
그들의 혁신 능력으로 인해 그들이 세계시장에서 경쟁할 수 있었다.

innovation n. 혁신, 쇄신

## ☐ inquiry
[inkwáiəri]

n. ① 조사, 탐구 ② 질의, 문의

An **inquiry** will be held to discover why the school's educational record is so bad.

조사를 통해 왜 그 학교의 교육 기록이 이렇게 나쁜지 알아낼 것이다.

by rote (기계적) 암기  active inquiry 능동적인 질의

## ☐ insolvent
[insálvənt]

adj. 파산한

Officials estimate the Medicare fund will be **insolvent** by 2002.

관리들은 노인의료보험이 2002년에 파산할 것이라고 추정한다.

## ☐ invest
[invést]

v. 투자하다

They are reluctant to **invest** in a company controlled by a single individual.

그들은 한 개인이 운영하는 회사에 투자하는 것에 대해 꺼려한다.

investment n. 투자(액)  investor n. 투자자
return 수익률  endowment 기부금  grant 보조금

## ☐ invoice
[ínvɔis]

v. 청구서를 작성해 보내다  n. 송장

No foreign warehouses were necessary and orders were **invoiced** in the appropriate foreign currency.

어떤 외국 창고도 필수적이진 않고, 주문은 적절한 외국통화로 청구되었다.

They sent him an **invoice** at the end of the month.

그들은 이번 달 말에 그에게 송장을 보냈다.

## ☐ landlord
[lǽndlɔːrd]

n. (남자) 건물주, 지주

**Landlords** attract tenants with free wireless internet.

건물주는 무료 무선 인터넷으로 세입자들을 유혹했다.

## ☐ lavish
[lǽviʃ]

adj. ① 낭비하는, 호화로운 ② 아낌없이 주는  v. 아낌없이 주다

In the meantime, the **lavish** living goes on as usual.
그동안에도 사치스러운 생활은 여전히 계속된다.

From then on, act as if you've never met her before, avoid the mundane and **lavish** her with compliments.
그때부터, 마치 전에 네가 그녀를 만나지 않은 것처럼 행동하고, 재미없는 것을 피하고 그녀에게 칭찬을 아끼지 마라.

## ☐ lease
[liːs]

n. (건물·토지 등의) 임대 계약  v. (건물·토지 등을) 임대하다

I have lived in this apartment for the last ten years and the **lease** has been renewed three times.
난 이 아파트에서 지난 10년을 살았고 임대 계약이 세 번 갱신되었다.

Councils and housing associations will be allowed to **lease** or buy empty homes in order to provide accommodation for homeless people.
지방 의회들과 주택 건축 조합들은 노숙자를 위해 거처할 곳을 공급하기 위해 빈집을 임대하거나 살 수 있게 될 것이다.

## ☐ legacy
[légəsi]

n. ① 유산(= heritage) ② (과거의) 유물

No **legacy** is so rich as honesty.
정직만큼 값진 유산은 없다.

## ☐ levy
[lévi]

v. (세금을) 부과하다

Taxes are not **levied** on the young to pay for the old.
노인들을 위해 지출하려고 젊은 사람들에게 세금을 부과하지 않는다.

## ☐ liability
[làiəbíliti]

n. ① 빚, 채무 ② 책무, 의무

Any such attempt may result in termination of this Agreement, without **liability** to us.
그러한 시도를 할 경우, 폐사의 귀책사유 없이 본 계약은 종료될 수 있습니다.

# manufacture
[mænjufǽktʃər]

v. 제조[생산]하다

You are capable of learning the skills of **manufacturing** in this plant.
당신은 이 공장에서 생산 기술을 배울 수 있습니다.

---

# merchandise
[mə́:rtʃəndàiz]

n. (소매점의) 상품

The fire at the pawnbroker's warehouse destroyed **merchandise** valued at over $5 million.
그 전당포 업자의 창고에서의 화재는 5백만 달러 이상 가치의 상품을 파괴했다.

---

# merge
[mə:rdʒ]

v. 합병[병합]하다

A local bank announced that it was to **merge** with another of the high street banks.
한 지방 은행이 다른 번화가의 은행들과 합병할 예정이라고 알렸다.

merger n. (두 개 이상 회사의) 합병

---

# meticulous
[mətíkjuləs]

adj. 꼼꼼한, 세심한

Her planning and preparation were **meticulous**.
그녀의 계획과 준비는 꼼꼼했다.

meticulous attention 세심한 주의

---

# monetary
[mɑ́nəteri]

adj. 통화의, 화폐의, 금전상의

Some economists question the effectiveness of **monetary** control as a means of regulating the economy.
몇몇 경제학자들은 경제를 규제하기 위한 수단으로서 통화 통제의 효과에 의문을 던졌다.

---

# monopoly
[mənɑ́pəli]

n. 독점, 독차지

They are demanding an end to the Communist Party's **monopoly** of power.
그들은 공산주의 정당의 독점 권력을 끝낼 것을 요구하고 있다.

## ☐ mortgage
[mɔ́:rgidʒ]

n. 장기 융자

Remember the **mortgage** itself isn't a debt, and so the compensation scheme doesn't apply.
장기 융자 자체는 빚이 아니기 때문에 보상 제도가 적용되지 않는다는 사실은 염두해 두세요.
mortgage loan 담보대출  mortgage rate 담보율

## ☐ organization
[ɔ̀:rɡənizéiʃən]

n. 조직화, 조직(체)

The person being called can tell us what he or she thinks or feels about our **organization** and what we offer.
호명된 사람은 우리 조직에 대해서 그리고 우리가 제공하는 것에 대해서 어떻게 생각하고 어떻게 느끼는지 우리에게 말해 줄 수 있다.
organic adj. 유기적인, 조직적인

## ☐ outflow
[áutflòu]

n. (금액, 액체 등의) 유출

This cash **outflow** occurred in the first half of the year.
이 현금 유출은 올해 상반기에 발생했다.

## ☐ output
[áutpùt]

n. 생산(량), 산출

Combined **output** during the next few years is projected to skyrocket to more than 500,000 barrels daily.
향후 몇 년간 합쳐진 생산량은 하루당 50만 배럴보다 더 많이 치솟을 것으로 예상된다.
input 투입량

## ☐ oversee
[òuvərsí:]

v. (작업 · 직원 등을) 감독[감시]하다(= supervise)

The C.E.O of the company is always **overseeing** the employees.
그 회사의 사장은 항상 직원들을 감시한다.

## ☐ panic
[pǽnik]

n. 경제공황(= depression[recession])

A bomb exploded on the subway, causing **panic** among rush-hour commuters.

폭탄이 지하철에서 폭발하면서 러시아워 통근자들은 공황상태에 빠졌다.

**depression** 우울증, 경기 침체  **lay off** 대량 해고하다

---

## ☐ plummet
[plʌ́mit]

v. ① (물가가) 곤두박질치다, 급강하하다  ② 수직으로 떨어지다
(= plunge)

As personal computers have **plummeted** in price and become easier to use, it's no wonder more users are interested in using their PCs.

개인용 컴퓨터들(PC)의 가격이 크게 떨어져 더 쉽게 이용할 수 있게 됨에 따라, 그들의 PC를 이용하는 데 관심을 두는 이용자들이 늘어난 것은 당연한 일이다.

---

## ☐ privatize
[práivətàiz]

v. 민영화하다

The company was **privatized** by the government in 1991.

그 회사는 1991년에 정부에 의해 민영화되었다.

# Testing Ground

**01.** Advances in robotics is greatly expected to _____ health care delivery over the next decade.

    (a) ensure         (b) emerge         (c) enhance

**02.** The new service has been launched which will allow companies to _____ the performance of its boards, directors and committees.

    (a) evaluate         (b) evacuate         (c) evaporate

**03.** You've always dreamed of an _____ wedding, but you didn't realize how much a wedding can cost until you started planning your own!

    (a) traditional         (b) extravagant         (c) unrealistic

**04.** The purpose of a _____ study is to determine if a business opportunity is possible and practical.

    (a) feasibility         (b) possibility         (c) accessibility

**05.** Talking about how you are on good terms in a relationship is going to help it to _____ and grow.

    (a) fragment         (b) fluctuate         (c) flourish

**06.** If you take steps to live a more _____ lifestyle, think once more before buying something.

    (a) necessary         (b) affluent         (c) frugal

**07.** The local high schools will soon _____ a new reform program in the coming next school year.

    (a) complement         (b) implement         (c) experiment

**08.** It is said that the company is _____ and the board believed there are no realistic sources of financing.

    (a) sober           (b) insolate           (c) insolvent

**09.** The conviction of this murder case couldn't have been possible without _____ Investigation by the police.

    (a) meticulous       (b) mediocre       (c) meditative

**10.** US life expectancy continues to _____, but not because of inadequate health care.

    (a) plunge          (b) promote         (c) plummet

01. 로봇 공학에서의 진보는 이후 10년간 보건 의료전달을 크게 강화시킬 전망이다.

02. 회사들이 이사회, 임원과 위원회의 업무 수행 능력을 평가할 수 있도록 하는 새로운 서비스가 시작되었다.

03. 당신은 항상 화려한 결혼식을 꿈꿔 왔겠지만, 자신의 결혼식 계획을 시작하고 나서야 결혼식에 얼만큼의 돈이 필요한지 자각하게 되었을 것이다.

04. 타당성 조사의 목적은 사업 기회가 가능한지, 실용적인지 알아보기 위해서이다.

05. 당신이 어떻게 좋은 관계를 유지하는가에 대해 이야기 하는 것은 그것이 번창하고 성장하는데 도움이 될 것이다.

06. 더 검소한 생활을 하기 위한 방법을 취하고 싶다면, 물건을 사기 전에 한 번 더 생각하세요.

07. 지역 고등학교들은 다가오는 내년 학기에 새로운 개혁 프로그램을 시행할 것이다.

08. 회사가 파산했다고 전해지고, 이사회는 현실적인 자금 조달을 할 수 있는 소스가 없다고 생각한다.

09. 경찰에 의한 꼼꼼한 수사가 없었더라면, 이 살인 사건의 유죄판결은 가능하지 않았을 것이다.

10. 미국의 평균수명이 계속 떨어지고 있지만 부적절한 건강보험이 그 이유는 아니다.

answer  01. (c)  02. (a)  03. (b)  04. (a)  05. (c)  06. (c)  07. (b)  08. (c)  09. (a)  10. (c)

# Expression for **TEPS VOCA**

1. (힘들어도) 참고 견뎌.
   Hang in there.
   Stick it out.
   Tough it out.

2. 그는 퇴근했어요.
   He went for the day.

3. 그는 24시간 내내 일하고 있어요.
   He's been working around the clock.

4. 어떻게 하면 화가 풀어지겠니?
   How can I make it up to you?

5. 뭐가 뭔지 모르겠어.
   I can't make heads or tails of it.

6. 내가 (저녁을) 낼게.
   I'll treat you to dinner.
   It's on me.
   I'll foot the bill.
   I'll pick up the tab.
   Let me get the check.

7. 그때까지 끝낼 게요.
   I will get it done by then.

· **fill someone in** ~에게 자세한 정보를 주다
I can fill you in about his news.
나는 너에게 그의 소식에 관하여 알려 줄 수 있다.

· **feel up to** ~을 해낼 것 같이 느끼다
I feel up to getting good grade.
나는 좋은 성적을 얻을 수 있을 것 같다.

· **get carried away** 매우 흥분하다, 넋을 잃다
Don't get carried away when you drive or you can make some trouble.
운전할 때 흥분하지 마라, 그렇지 않으면 문제가 생길 수 있다.

· **be concerned with** ~와 관련되다
We must be concerned with government's policy.
우리는 정부 정책에 관여해야만 한다.

· **be concerned about(= be worried about)** ~에 대해서 걱정하다
I am concerned about my mother's health.
나는 내 엄마의 건강에 대해 걱정하고 있다.

· **look forward to** ~를 고대하다
I look forward to getting good grade in mathematics.
나는 수학에서 좋은 성적을 얻기를 기대한다.

· **try on** 옷을 입어 보다
They're too tight. Can I try on another one?
너무 꽉 끼는군요. 다른 옷을 입어 봐도 될까요?

· **take one's time** 천천히 하다
It is important to take one's time when you drive.
운전할 때 서두르지 않는 것은 중요하다.

## ☐ proceeds
[prousi:dz]

n. (판매 · 거래 등의) 매상고, 수입

CrossCom says that it plans to use the net **proceeds** for new product development and for working capital.
CrossCom은 신상품 개발과 운용 자본을 위해서 순 수익금을 사용할 계획이라고 말했다.

## ☐ procrastinate
[proukrǽstənèit]

v. 미루다, 늑장부리다

It's time to stop **procrastinating** and start the work again.
늑장 그만 부리고, 일을 다시 시작할 시간이다.

## ☐ profit
[práfit]

n. (금전상의) 이익, 수익

If an extension is not obtained subsequent **profit** costs may be deferred.
연장이 되지 않는다면, 그에 이은 수익 비용이 지체될 수 있다.

**profitable** adj. ① 이익이 되는 ② 이로운, 유익한
**at a profit** 이익이 되는

## ☐ property
[prápərti]

n. ① 재산 ② (땅 · 건물을 합친) 부동산

However, it is necessary to produce receipts when dealing with leasehold **property**.
그러나 임차권이 있는 부동산을 거래할 때에는 영수증을 발급하는 것이 필요하다.

## ☐ proprietary
[prəpráiətèri]

adj. 소유주의, 등록 상표가 붙은

It is now more feasible than ever for organizations to switch from their expensive **proprietary** machines to lower-cost Unix computers.
현재 조직체가 비싼 등록 상표가 붙은 기계들을 저가의 유닉스 컴퓨터들과 바꾸는 것은 예전보다 훨씬 실현 가능하다.

**proprietor** n. 소유주, 소유 경영인

## prospect
[práspekt]

n. (장래에 대한) 가망, 전망

He now had some buildings to show **prospects**.
그는 지금 장래의 전망이 있는 빌딩 몇 개를 가지고 있다.

prospective adj. ① 가망 있는 ② 예상되는

## protectionism
[prətékʃənìzm]

n. 보호무역주의

In general terms, the report argues that **protectionism** has a negative effect on the environment.
일반적인 말로, 그 보고서는 보호무역주의가 환경에 부정적인 영향을 미친다고 주장한다.

## publicity
[pʌblísəti]

n. 광고, 선전, 홍보, 언론의 관심

Standards in education have received much **publicity** over the last few years.
교육의 기준은 지난 몇 년에 걸쳐서 더 많은 언론의 관심을 받았다.

Members of the chorus dressed up as the Beatles as a **publicity**.
합창 단원들은 홍보를 위해 비틀스처럼 차려 입었다.

publicize v. 선전하다, 광고하다

## real estate

부동산

Ayala forfeited more than $ 500, 000 that he had amassed in **real estate** and personal property.
Ayala는 그가 부동산과 개인 자산으로 모아 놓았던 50만 달러 이상을 몰수당했다.

realtor 부동산 중개업자

## recede
[ri:sí:d]

v. 물러나다, 약해지다

Although the threat of nuclear war **receded**, there were still other things beginning to worry us.
핵전쟁의 위협이 약해졌지만, 우리를 걱정시키는 다른 일들이 여전히 있었다.

recession n. 불경기, 불황

## ☐ redeem
[ridí:m]

v. (실수 등을) 만회하다, (죄악으로부터) 구원하다

For short period of time, it seemed as if he could be **redeemed**.
아주 잠시 동안, 그는 구원 받을 수 있을 것처럼 보였다.

He has **redeemed** himself in overseeing her recovery.
그는 그녀의 회복을 두루 살펴보면서, 그의 실수를 만회했다.

## ☐ reduce
[ridjú:s]

v. 줄(이)다

We are **reducing** costs and investing for more effective operations.
우리는 비용을 줄이고 더 효율적인 운용을 위해 투자를 하고 있다.

reduction n. 감소, 절감
discount(= markdown) 가격 인하, 할인

## ☐ reimburse
[rì:imbə́:rs]

v. 배상[변제]하다, 상환하다

Stores accepting food stamps are **reimbursed** with money by the government.
식료품 할인 쿠폰을 받는 가게들은 정부가 돈을 배상해 준다.

reimbursement n. 배상, 변상

## ☐ relinquish
[rilíŋkwiʃ]

v. (소유권을) 포기하다, 넘기다

Once people have power, they never want to **relinquish** it.
사람들은 한번 권력을 손에 쥐면, 절대 포기하려 하지 않는다.

## ☐ restructure
[ri:strʌ́ktʃər]

v. 구조를 조정하다, 재구축하다

How can health services be **restructured** to meet the needs of aging population more appropriately?
노령화되는 인구의 요구를 더 적절히 만족시키기 위해서 건강서비스가 어떻게 재구축 되어야 하는가?

## ☐ retailer
[ríːteilər]

n. 소매상인

A big reason why **retailers** file for bankruptcy is their inability to get credit.
소매업자들이 파산하는 근 이유는 융자를 얻을 수 없기 때문이다.

retail n. 소매  adj. 소매의
wholesale 도매, 노매의

## ☐ rig
[rig]

v. 조작하다, (기기 등을) 설치하다

The opposition believes the President is trying to **rig** the election .
야당은 대통령이 선거를 조작하려 한다고 믿고 있다.

## ☐ scheme
[skíːm]

n. ① 계획, 기획 ② 책략

Being a realist, he is one of the people who dislike fanciful **schemes**.
현실주의자인 그는 공상적인 계획을 싫어하는 사람들 중 한 명이다.

tactic(= strategy) 전략

## ☐ setup
[sétʌp]

n. 조직, 구성, 배치

An efficient accounts **set-up** can not only save a company money, but it can improve its relationship with its clients.
효율적인 계좌 신설은 회사의 돈을 절약시켜 줄 뿐만 아니라, 고객과의 관계도 향상시킬 수 있다.

## ☐ slack
[slæk]

adj. (경기가) 침체된, 한산한

First, try to avoid travelling during busy season and travel in **slack** season.
첫째로, 성수기 동안 여행하는 것을 피하고, 비수기일 때 여행하세요.

## ☐ sluggish

[slʌ́giʃ]

adj. ① 부진한 ② 게으른

But my computer was still **sluggish** during the backup process.

내 컴퓨터는 백업을 하는 과정 동안 여전히 느렸다.


## ☐ solicit

[səlísit]

v. (돈, 지원 등을) 요청하다, 간청하다

I want to make it clear that I was asked to do it, not **solicit** it.

내가 요청한 게 아니라, 요청 받은 것이란 사실을 확실히 해 두고 싶다.


## ☐ speculate

[spékjəlèit]

v. ① 추측하다, 사색하다 ② 투기하다

Wall Street had **speculated** earlier this week that Kodak would unload the unprofitable unit.

월 스트리트는 이번 주 초에 코닥이 수익성이 없는 부분을 처분할 것이라고 추측했다.

**speculation** n. ① 투기 ② 추측


## ☐ stagnation

[stǽgnéiʃən]

n. 경기 침체

**Stagnation** is the situation when both the inflation rate and the unemployment rate are high.

경기 침체는 물가 상승 비율과 실업률이 둘 다 높을 때의 상태이다.


## ☐ stimulate

[stímjəlèit]

v. 활발하게 하다, 자극하다

I had eaten with Minna, but the cold had **stimulated** my appetite again.

나는 미나와 밥을 먹었지만, 추운 날씨가 내 식욕을 다시 자극했다.

**stimulation** n. 자극, 고무

## stipulate
[stípjəlèit]

v. (계약, 조항 등이) 규정[명기]하다

He signed a contract which **stipulates** when the project must be completed.
그는 그 프로젝트가 반드시 완성되어야 할 시일이 명시된 계약서에 서명하였다.
stipulation n. 계약, 조건

## stringent
[stríndʒənt]

adj. (법률 등이) 엄중한, (재정적으로) 힘든

Parents must comply with the **stringent** rules for vehicular access.
학부모들은 차량을 이용한 접근에 관한 엄격한 규정에 따라야 한다.

## submit
[səbmít]

v. ① 제출[제안]하다 ② 복종[굴복]시키다

He refused to **submit** to colonial rule unlike other people.
다른 사람들과 다르게 그는 식민지 통치에 복종하는 것을 거부했다.
submission n. ① 제출, 제안 ② 복종, 굴복

## subsidiary
[səbsídièri]

n. 자회사, 부속물

Most large corporations own a number of smaller companies called **subsidiaries**.
대부분의 큰 주식회사들은 자회사라 부르는 소규모 회사들을 많이 소유하고 있다.
subsidiary company 자회사

## subsidize
[sʌ́bsidàiz]

v. 보조금을 주다

The government continues to try to **subsidize** people who are below the poverty line.
정부는 빈곤선 아래에 있는 사람들에게 보조금을 주려고 계속 노력한다.

## ☐ supervise
[súːpərvàiz]

v. ① 관리[감독]하다 ② 지휘[지도]하다, 감시하다

Their lives are completely **supervised** by the owner without any exception.

고용주는 그들의 삶을 예외없이 철저하게 감시한다.

supervision n. ① 관리, 감독 ② 지휘, 감시
supervisor n. 주임, 관리자, 감독자

## ☐ surpass
[sərpǽs]

v. 능가하다, 뛰어나다

An analysis of landfills shows that thrown away food far **surpasses** plastics in volume.

매립지 연구는 버려지는 음식물의 양이 플라스틱의 양보다 훨씬 많다는 것을 보여 준다.

## ☐ synergy
[sínərdʒi]

n. (각 기능의 협동에 의한 산술적 합계 이상의) 상승 효과

Maggy is sure that the scientific and technological **synergy** that has been developed is real and extremely valuable.

Maggy는 발전되어 온 과학적, 기술적 상승 효과는 현실적이고 매우 가치 있다고 확신한다.

## ☐ takeover
[téikòuvər]

n. 인수, 취득

Hostile **takeovers** are difficult especially in Germany, where no company has ever successfully made a hostile bid.

적대적 인수는 특히 독일에서는 실행하기 어렵고, 이제까지 독일에서 적대적 합병에 성공한 기업이 아무도 없었다.

take over 인수하다, 접수하다  occupy 점유하다

## ☐ tariff
[tǽrif]

n. 관세

No one had risked more for **tariff** reform than he had in 1923.

1923년에 조세 개혁을 위해 그가 감당했던 위험보다 더 큰 위험을 감수한 사람은 아무도 없었다.

tariff rate 관세율  raise(= elect, build) tariff barriers 관세 장벽을 쌓다

## □ tenant
[ténənt]

n. 임차인

A **tenant** is someone who pay rent to live in a house or flat, or who pays rent for the use of land or buildings.
임차인은 집이니, 아파트에 살기 위해 임차료를 내거나 혹은 땅과 빌딩 사용에 대한 임차료를 내는 사람이다.

---

## □ tenure
[ténjər]

n. ① 보유 기간 ② 재직 기간(= term)

He has permanent **tenure** in this position and cannot be dismissed.
그는 이 직책에서 재직기간이 영구적이고 해고될 수 없다.

---

## □ thrifty
[θrífti]

adj. 검소한, 절약하는

He was a hardworking, frugal and **thrifty** man who was saving to buy a small cottage from his employer.
그는 고용주로부터 시골에 있는 작은 집을 사기 위하여 돈을 모으고 있는 근면하고, 소박하고, 검소한 사람이다.

thrift n. 검약, 검소

---

## □ trade
[treid]

n. ① 무역 ② 거래  v. ① 매매[거래]하다 ② 교환하다

There are efforts to increase public understanding of the benefits of free **trade**.
자유무역의 이점에 대한 대중의 이해를 높이기 위한 노력들이 있다.

I want to **trade** this paperclip with you for something bigger or better.
난 이 종이집게를 당신이 가진 것 중에 좀 더 좋거나 큰 것과 바꾸고 싶어요.

---

## □ transact
[trænsǽkt]

v. (업무 · 교섭 등을) 행하다, 처리하다

Around 45 percent of all funds sold after advice are **transacted** this way.
중고 후에 팔린 모든 기금의 약 45퍼센트가 이러한 방법으로 거래되었다.

## ☐ turnaround
[tə́:rnəràund]

n. 180도 전환, 호전, 작업을 완료해서 회송하는 데 걸리는 시간

Their new coach is credited for the team's dramatic **turnaround**.
새 코치가 그 팀의 극적인 호전에 대한 공로를 인정받았다.

---

## ☐ underestimate  v. 과소평가하다
[ʌ̀ndəréstəmèit]

Damages in fatal accident cases are likely to be substantial and should not be **underestimated**.
치명적인 사고에서의 손실액은 상당할 것 같고 과소평가되어서는 안 된다.

---

## ☐ undertake
[ʌ̀ndərtéik]

v. (책임 등을) 떠맡다, (일에) 착수하다

Yet this endeavor is the hardest task a human can **undertake**.
하지만, 이러한 인내는 인간이 견딜 수 있는 가장 힘든 일이다.

---

## ☐ unemployment  n. 실업(률), 실업자 수
[ʌ̀nimplɔ́imənt]

As for the **unemployment** issue, I have never uttered one word.
실업 문제에 대해서, 나는 어떤 말도 한 적이 없다.

high unemployment rate 높은 실업률

---

## ☐ unequivocally  adv.모호하지 않게, 명백히
[ʌ̀nikwívəkəli]

The answer to my request was an **unequivocally** "no".
나의 요청에 대한 대답은 분명하게 '아니요' 이었다.

---

## ☐ valid
[vǽlid]

adj. ① (법적으로) 유효한 ② 근거 있는, 타당한

Both certificates are **valid** for three months and the ceremony must take place in the district where notice has been given.
두 증명서는 3개월 동안 유효하고, 의식은 통보를 받은 지역에서 열려야 합니다.

validity n. ① 효력 ② 타당성

## □ wholesale
[hóulsèil]

n. 도매  adj. 도매의

**Wholesale** inventories increased faster than sales in September.

9월에 도매 채고가 판매량보다 더 빠르게 늘었다.

## □ wholesaler
[hóulsèilər]

n. 도매상인

The cozy, family-owned shop is not only a full-service florist, but a **wholesaler** as well.

아늑하고, 가족 소유인 그 가게는 풀 서비스를 제공하는 꽃가게일 뿐만 아니라, 도매가게이기도 하다.

## □ woe
[wou]

n. 어려움, 고민

Like other countries around, Russia was also in difficult time dealing with economic **woes**.

다른 주변국과 마찬가지로, 러시아 또한 경제적 어려움을 다루느라 힘든 시간을 보냈다.

■ ■ ■ ■
# Testing Ground

**01.** Usually time spent _____ is simply wasted but when managed effectively, the desire to avoid one job can be used to get other job done.

   (a) practicing       (b) procrastinating     (c) hastening

**02.** Instead of facing that _____, she fled China and whether she is a legitimate refugee deserving US protection is uncertain.

   (a) propose          (b) aspect           (c) prospect

**03.** Essential fatty acids help nourish skin and keep it plump and youthful, helping to _____ wrinkles.

   (a) reduce          (b) conduce        (c) induce

**04.** The aim of the _____ is to assist children with exceptional potential, regardless of their personal circumstances.

   (a) plot             (b) scheme         (c) schedule

**05.** California stands to gain some jobs this year but it seems that recovery will be _____.

   (a) slender         (b) lingering       (c) sluggish

**06.** Now let's _____ about a major challenge for our nation in upcoming year.

   (a) speculate       (b) spectacle       (c) squeeze

**07.** The first question about tax cuts is, exactly how they _____ the economy.

   (a) cause           (b) generate       (c) stimulate

**08.** Several local governments _____ temporarily to low-income groups as to help them.

(a) subside          (b) subsidize          (c) subdue

**09.** The Labor Department's statistics don't include the _____ and those who have stopped looking for work.

(a) unemployments     (b) displacements     (c) engagements

**10.** So, in particular, a _____ argument need not have true premises, nor need it have a true conclusion.

(a) vast             (b) valid             (c) vague

01. 보통, 미루는데 보내는 시간은 단순히 낭비되는 것이지만, 효과적으로 사용할 수 있다면, 하나의 일을 피하고자 하는 욕구가 다른 일을 끝내는데 이용될 수 있다.

02. 그 가망성에 직면하는 것 대신 그녀는 중국으로 도망쳤고, 그녀가 미국의 보호를 받을만한 합법적인 피난민인지에 관한 것은 확실치 않다.

03. 필수지방산은 피부에 영양분을 공급하고, 피부를 탱탱하고 젊게 유지하도록 도움을 주는데 이것은 주름을 줄이도록 도와준다.

04. 이 계획의 목적은 뛰어난 잠재성을 가진 아이들을 그들의 개인적인 환경에 상관없이 돕기 위해서이다.

05. 캘리포니아는 올해 몇몇 직종에서 이득을 얻었지만 회복은 부진할 것으로 보인다.

06. 이제, 다가오는 해에 우리나라에 가장 큰 도전에 관해 추측해 보자.

07. 세금 삭감에 대한 첫 번째 질문은 정확히 어떻게 이것이 경제를 활발하게 하는 가이다.

08. 몇 개의 지역 정부는 저소득 단체를 돕기 위해 그들에게 일시적인 보조금을 제공하고 있다.

09. 노동부 통계는 실업자나 직장 구하는 것을 포기한 사람들은 포함시키지 않는다.

10. 따라서 특별히 타당한 주장은 진실된 전제를 가지고 있을 필요도 없고, 진실된 결말을 가지고 있을 필요도 없다.

answer  01. (b)  02. (c)  03. (a)  04. (b)  05. (c)  06. (a)  07. (c)  08. (b)  09. (a)  10. (b)

# Expression for **TEPS VOCA**

1. 제안을 거절할 거야.
   I will turn down the offer.

2. 포장해 갈 음식을 주문하고 싶은데요.
   I'd like to place a takeout order.

3. 놓친 부분을 알려 드릴게요.
   I'll fill you in on what you missed.

4. 제가 사겠습니다.
   I'll pick up the bill[tab].
   It's my treat.
   This is on me.

5. 잘 듣고 있으니 말해 봐.
   I'm all ears.

6. 일이 서툴러요.
   I'm all thumbs.

7. 나 너에게 화가 났어.
   I'm upset with you.
   I'm mad at you.

- **prefer A to B** B보다 A를 더 좋아하다
  I prefer math to English.
  나는 영어보다 수학을 더 좋아한다.

- **make a fuss** 야단법석을 떨다, 소동을 떨다
  Nobody knows why he is making a fuss about this little things.
  아무도 왜 그가 이런 사소한 일들에 소란을 부리는 지 몰랐다.

- **interfere with** ~을 방해하다
  Nervousness can interfere with your test at school.
  초조함은 학교에서 당신의 시험을 방해할 수 있다.

- **be equal to** ~를 감당할 수 있다
  We are sure she is equal to the deal.
  우리는 그녀가 그 거래를 감당할 수 있다고 확신한다.

- **take it easy** 서두르지 않다, 태평하다
  Take it easy, we are not late.
  서두르지 마세요, 우리 늦지 않았어요.

- **get down to business** 본론으로 들어가다
  We don't have enough time, let's get down to business.
  우리 시간이 충분하지 않아요, 본론으로 들어갑시다.

- **get off the hook** 곤경에서 빠져 나오다
  If I were strong, I could get him off the hook.
  내가 만약 강하다면, 그를 곤경에서 벗어나게 해줄 수 있을 텐데.

- **get out of hand** 아수라장이 되다, 통제 불능이 되다
  His health condition is getting out of hand.
  그의 건강 상태가 통제 불능이 되어 간다.

## ☐ **additive**
[ǽdətiv]

n. 첨가물, 첨가물

Our wholesome products are free from artificial **additives**.
우리의 건강에 좋은 식품들은 인공첨가물이 없다.

food additive 식품 첨가물  free from ~이 없는  preservative 방부제

---

## ☐ **appliance**
[əpláiəns]

n. (가정용) 기구, 전기 제품

Police reported they had seized **appliances**, clothing, video and audio tapes from warehouses and storage areas.
경찰은 창고들과 저장고들에서 기구, 옷, 비디오 그리고 오디오 테이프를 몰수했다고 보고했다.

kitchen appliance 주방 용품

---

## ☐ **beverage**
[bévəridʒ]

n. (물 외의) 음료

The nation's biggest **beverage** makers have agreed to end sales of all sugary sodas to public schools.
국내 최대 음료 제조 회사들이 모든 설탕이 든 탄산음료를 국립학교에 판매하는 것을 중지하기로 합의했다.

---

## ☐ **blend**
[blénd]

v. 섞(이)다  n. 혼합물, 조합

Generally speaking, one is best avoiding the middle color tones as they will not **blend** well with the flowers.
일반적으로 말하면, 그 꽃들과 잘 어울리지 않기 때문에 중간 색깔 톤을 없애는 게 가장 좋다.

It is an excellent team, with a **blend** of experience and youthful energy.
이 팀은 경험과 젊은 에너지가 조합된 훌륭한 팀이다.

mingle with ~와 섞이다, 혼합되다

## brew
[bruː]

v. ① (커피 · 차 등을) 끓이다 ② (맥주 등을) 양조하다(= make beer)

She let herself in and ministered to their needs, **brewing** a pot of tea and lighting a good fire.

그녀가 들어왔고 차를 끓이고 불을 잘 피우면서 그들을 돌봤다.

brewery 양조장

## built-in

붙박이의, 미리 짜 맞추어 넣은

There is a **built-in** bookshelf on one side of the wall which is full of books.

벽 한쪽에는 책으로 가득 찬 맞춤 책장이 있다.

## cellar
[sélər]

n. 지하 저장고

The other three children were apparently held captive in the **cellar** with their mother.

또 다른 세 명의 아이들이 분명히 그들의 어머니와 함께 지하에 갇혀 있었다.

## chew
[tʃúː]

v. 씹다

The meat we prepared for the dinner was so tough that I couldn't **chew** it.

우리가 저녁 식사로 준비했던 고기가 너무 질겨서 씹을 수가 없었다.

swallow 삼키다

## chop
[tʃáp]

v. ① 잘게 썰다, 저미다 ② (도끼 등으로) 패다

**Chop** vegetables and fruits into bite-sized pieces.

채소들과 과일들을 한입 크기로 자르세요.

## closet
[klázit]

n. 벽장

She threw me in a **closet** and tied me up.

그녀는 나를 벽장에 밀어 넣고 묶었다.

## ☐ corridor

[kɔ́:ridər]

n. 복도, 회랑

We had to wait outside in the **corridor** until our names were called.
우리는 우리 이름이 호명될 때까지 복도 밖에서 기다려야만 했었다.

## ☐ crush

[krʌ́ʃ]

v. ① 으스러뜨리다 ② 가루로 만들다, 빻다

It is like a butterfly wing, quickly **crushed** between finger and thumb as we grasp it.
그것은 마치 나비의 날개와 같아 우리가 움켜쥐면 손가락과 엄지 사이에서 금세 으깨진다.

## ☐ cuisine

[kwizí:n]

n. 요리, 조리법, 음식

To experience the exciting cultures, fascinating people and exotic **cuisine** of different lands is something to remember forever.
다른 국가의 흥미로운 문화들, 매력적인 사람들과 이국적인 요리를 경험하는 것은 평생 기억에 남을 만한 것이다.

delicacy 진미, 맛있는 음식

## ☐ devour

[diváuər]

v. 게걸스럽게 먹다

However, this starfish is capable of **devouring** these armored animals.
그러나 이 불가사리는 이러한 무장한 동물들을 먹어 치울 능력이 있다.

## ☐ dwell

[dwél]

v. 살다, 거주하다(= inhabit)

They decide to **dwell** in the forest for health reasons.
그들은 건강상의 이유로 숲 속에 들어가 살기로 결정했다.

dweller n. 거주자, 주민(= inhabitant)
dwell in(= inhabit) ~에 살다, 거주하다   dwell on(= ponder) 곰곰이 생각하다   housing 주거

## edible
[édəbl]

adj. 식용의, 먹을 수 있는

It does not require 100 tons of plant material to produce one ton of **edible** material per year.

매년 1돈의 식용 가능한 재료들을 만들어 내기 위해 100톤의 식물 재료가 필요하지는 않다.

**audible** 들을 수 있는  **arable** 경작 가능한  **literate** 글을 읽고 쓸 수 있는

---

## facade
[fəsá:d]

n. (건물의) 정면

The **facade** will be changed by the removal of the old canopy and the installation of an illuminated screen above the entrance.

건물의 정면이 오래된 덮개의 제거와 입구 위에 조명 스크린 설치로 변화될 것이다.

---

## fixture
[fíkstʃər]

n. 고정 세간

Bathrooms retain old-fashioned yet appealing tiles and **fixtures**.

욕조들은 옛날식이지만 매력적인 타일들과 붙박이 세간들을 간직하고 있다.

---

## furnish
[fə́:rniʃ]

v. ① (가구를) 비치하다 ② 공급[제공]하다

All rooms are comfortably **furnished** and have their own shower and toilet.

모든 방들은 편안하게 가구가 비치되어 있고 그 방만의 샤워 시설과 화장실을 가지고 있다.

The new finds will **furnish** important information on prehistoric man.

새로운 발견들은 선사시대 인간에 대한 중요한 정보를 제공할 것이다.

## ☐ garage
[gərá:ʒ]

n. 차고, 정비소

They add that if the museum is to remain in the park, an underground **garage** would be vital.
그들은 만약 그 박물관이 그 공원 내에 남아 있을 예정이라면 지하 차고지는 필수일 것이라고 덧붙였다.

**garage sale** 중고 가구나 옷 등의 세일

## ☐ gourmet
[guərméi]

n. 미식가  adj. 맛있는

A number of **gourmets** say that you should not freeze Camembert in a fridge.
많은 미식가들은 까망베르 치즈는 냉장고에 넣어 얼리면 안 된다고 말한다.

The restaurant only sells **gourmet** food, at a reasonable prices.
그 식당은 저렴한 가격으로 맛있는 요리만 판다.

## ☐ grate
[gréit]

v. (음식을) 강판으로 갈다

I always like to **grate** some cheese over the potatoes before serving them.
나는 항상 그것들을 주기 전에 감자 위에 치즈를 조금 갈아 올리는 걸 좋아한다.

## ☐ gulp
[gʌ́lp]

v. (음식·음료를) 꿀꺽 삼키다

He **gulped** down his breakfast and ran for the bus.
그는 아침을 급하게 삼키고 버스를 타기 위해 달렸다.

## ☐ house
[haus]

v. 거처를 제공하다

A lot of refugees are being **housed** in temporary accommodation.
많은 난민들이 임시 숙박 시설에서 거처를 제공 받고 있는 중이다.

**vacate** 방 등을 비워 주다  **evacuate** 대피시키다  **studio** 원룸
**condominium** 아파트  **real estate** 부동산  **realtor** 부동산업자
**landlord** 집주인  **tenant** 세입자  **rent** 월세

# housekeeper n. 가정부

[háuskì:pər]

The **housekeeper** used to decide what vacuum cleaner to order, but it was the maids who had to use them
그 기정부는 무슨 신병청소기를 주문할지를 결정하곤 했지만 그것들을 사용해야 하는 사람들은 하녀들이었다.

housekeeping n. 살림살이, 가사
household chores 집안 허드렛일

---

# inherit

[inhérit]

v. (재산 · 체질 등을) 물려받다

The legal heiress **inherited** the money from her mother.
그 법적 상속녀는 어머니로부터 그 돈을 물려받았다.

---

# intoxicate

[intáksikèit]

v. ① (술 등으로) 취하게 하다 ② 흥분시키다

He did nothing, but just his presence **intoxicated** the audiences.
그는 아무것도 하지 않았지만, 그의 존재 자체만으로 관중들을 흥분시켰다.

intoxication n. (술에) 취한 상태, 취함

---

# lodge

[ládʒ]

v. (잠시) 숙박하다  n. ① 오두막집 ② (관광지의) 여관

The endangered birds were **lodged** in the park.
멸종 위기에 처한 새들이 공원에 머무르게 되었다.

lodging n. 하숙, 셋방

---

# marital status 혼인 여부

Los Angeles law prohibits housing discriminating based on **marital status**.
로스앤젤레스 법은 혼인 여부에 바탕을 둔 주거 차별을 금지한다.

## ☐ mower
[móuər]

n. 잔디 깍는 기계

If yours is still being mended, borrow your neighbor's **mower** and cut the lawn.
만일 당신 것이 아직 수선 중이면 이웃의 잔디 깎는 기계를 빌려서 잔디를 깎으세요.

mow the lawn 잔디 깎다  make a bed 침구를 정리하다

## ☐ next of kin

가장 가까운 친척

The social workers sorted out the documents to find his **next of kin**.
그 사회복지사는 그의 가장 가까운 친척을 찾아내기 위해서 문서들을 분류했다.

relative 친척

## ☐ peel
[pi:l]

v. (과일 · 야채 등의) 껍질을 벗기다  n. (과일 · 야채의) 껍질

Some people say that it is good to eat fruit without **peeling** it, which is not agreeable to me.
어떤 사람들은 껍질을 벗기지 않고 과일을 먹는 것이 좋다고 말하는데, 나는 그것에 동의할 수 없다.

Add the **peel** and boil slowly until all the sugar syrup is pretty much absorbed.
껍질을 넣고 설탕 시럽이 꽤 흡수될 때까지 서서히 끓여라.

## ☐ posterity
[pɑstérəti]

n. 후대, 후세

His name might go down to **posterity** as the most distinguished man of the age.
그의 이름은 그 시대의 가장 유명한 사람으로 후세에 전해질지도 모른다.

## ☐ preserve
[prizə́:rv]

v. 보존하다  n. 보호구역

We should encourage people to plant more trees and **preserve** our existing woodlands.
우리는 사람들이 더 많은 나무를 심도록 장려해야 하고, 현존하는 삼림을 보존해야 한다.

The 3600 acre wildlife **preserve** is home to more than 30 varieties of native and exotic animals.
3600 에이커의 야생동물 보호구역은 30종이 넘는 다양한 서식 동물과 희귀 동물의 서식지이다.

preservative n. 방부제

## ☐ quench
[kwéntʃ]

v. 갈증을 풀다

While life as a sailor was harsh, his thirst for the sea was not **quenched**.
선원으로서의 삶은 가혹했지만, 바다에 대한 그의 갈증은 해소되지 않았다.

Quench your thirst. 당신의 갈증을 푸세요.
absorb(= take in) 흡수하다  be absorbed in ~에 몰두하다

## ☐ rack
[rǽk]

n. ① (물건을 거는) 걸이 ② 선반

Many home owners have found that overhead **racks** are the perfect solution for that problem.
많은 집주인들은 선반들이 그 문제에 대한 완벽한 해결책임을 알아냈다.

## ☐ seasoning
[síːzəniŋ]

n. 양념, 조미료

Let onion simmer 1 minute with **seasonings**, then add pumpkin puree and chicken broth.
양파를 양념과 함께 1분 끓인 다음, 호박 퓨레와 닭고기 국물을 첨가해라.

in season 제철인  out of season 제철이 아닌  seasoned 양념이 된
seasoned politician 노련한 정치인

## ☐ sibling
[síbliŋ]

n. 형제자매

Sometimes it is clear that **siblings** do not like each other.
가끔씩 형제자매들이 서로 좋아하지 않는다는 것은 분명하다.
sibling rivalry[jealousy] 형제간의 경쟁[질투]
hand-me-down 물려받은 옷

## ☐ simmer
[símər]

v. (약한 불에서) 부글부글 끓이다

Cover pan and **simmer** slowly until chicken is tender, about 20 minutes.
팬 뚜껑을 덮고 약 20분간 닭고기가 부드러워 질 때까지 천천히 끓여라.

## ☐ sip
[síp]

v. 홀짝홀짝 마시다  n. (음료) 한 모금

Cathy stood by the table, **sipping** her new tea and wondering what she could cook.
Cathy는 새로운 차를 홀짝거리며 그녀가 무엇을 요리할 수 있는지 생각하면서 테이블 옆에 서 있었다.

## ☐ spouse
[spáus]

n. 배우자

Any civil servant who talks to his or her **spouse** about work would be committing an offence.
업무에 대해 자신의 배우자에게 말하는 공무원은 누구든지 범죄를 저지르는 것과 다름없다.

## ☐ starve
[stá:rv]

v. 허기지다, 굶주리다

I was away in the refugee camp and always **starved** for news of home.
나는 난민 수용소에 있어서 항상 우리 집에 관한 소식에 굶주리고 있었다.

malnutrition 영양실조  famine 기근, 굶주림  impoverish 가난하게 만들다

## ☐ stool
[stúːl]

n. (등받이와 팔걸이가 없는) 의자

He and his girlfriend occupied two **stools** and had a lot of attitude because they were so successful.
그와 그의 여자 친구는 두 개의 의자를 차지했고 그들이 꽤 유명했기 때문에 많은 불평을 했다.

## ☐ upholster
[ʌphóulstər]

v. (의자·소파 등의) 속을 채우고 덮개[천]를 씌우다

Want to **upholster** your outdoor furniture in leather, but afraid it won't weather well?
가죽으로 옥외 가구를 덮개를 씌우고 싶지만 잘 바랠까 봐 걱정입니까?

## ☐ vacant
[véikənt]

adj. ① (집·방 등이) 비어 있는 ② 공석인

President Obama has appointed three successors to the **vacant** posts.
오바마 대통령은 빈자리들에 세 명의 후임자를 임명했다.

vacancy n. ① 빈방, 공터 ② 공석, 결원(= opening)
employ[hire, recruit, take on] (사람을) 채용하다

## ☐ whip
[hwíp]

v. (계란 흰자·크림 등을) 휘저어 거품을 내다

In a separate bowl, **whip** egg whites until firm but not dry.
분리된 그릇 내에서 달걀 흰자가 단단하게 그러나 마르지 않을 때까지 휘저어라.

# Testing Ground

**01.** Experience _____ repair in a whole new way from refrigerator to washing machine service.

(a) applicant       (b) appliance       (c) application

**02.** The following list of plants has been compiled from a wide variety of sources as being safely _____.

(a) edible       (b) audible       (c) arable

**03.** If you don't know how to _____ a small space in your home, learn how to do it in this article.

(a) finish       (b) furnish       (c) furbish

**04.** We can provide information to you on who can and cannot _____ if someone dies without making a will.

(a) express       (b) leave       (c) inherit

**05.** Is there a way to pass a breath Alcohol tester while _____?

(a) influenced       (b) intoxicated       (c) involved

**06.** The _____ are the modern day log cabins and they retain a rustic charm.

(a) lodges       (b) accommodations       (c) houses

**07.** Drinking a glass of water would be helpful to _____ thirst.

(a) solve       (b) forget       (c) quench

**08.** An internet-obsessed couple allowed their infant daughter to
_____ to death while they cared for their virtual child.

(a) exhaust          (b) starve          (c) wear

**09.** People who have to leave their home _____ during their
vacation are at risk without the proper insurance.

(a) blank          (b) vacant          (c) free

01. 냉장고에서 식기세척기 서비스까지 완전히 새로운 방식의 기구 수리를 경험해 보세요.
02. 아래 목록의 식물들은 안전하게 먹을 수 있는 것으로서 다양한 출처로부터 모아 편찬되었다.
03. 만약 당신이 집의 작은 공간에 어떻게 가구를 배치해야 할지 모른다면, 이 기사에서 배우십시오.
04. 우리는 누군가가 유서를 쓰지 않고 죽었을 때 유산을 상속 받을 수 있는 사람과 없는 사람에 대한 정보를 제공해 줄 수 있습니다.
05. 술에 취했을 때 부는 알코올 측정기를 통과하는 방법이 있나요?
06. 오두막집은 현대의 통나무집으로 시골적인 매력을 보유하고 있다.
07. 갈증을 해소하려면 물 한잔 마시는 것이 도움이 될 것이다.
08. 인터넷 중독인 한 커플이 그들의 가상 아이를 신경 쓰는 동안 딸을 굶겨 죽였다.
09. 그들의 휴가 동안 집을 빈 채로 두어야 하는 사람들은 적당한 보험도 없어 위험에 처해 있다.

answer    01. (b)   02. (a)   03. (b)   04. (c)   05. (b)   06. (a)   07. (c)   08. (b)   09. (b)

# Expression for **TEPS VOCA**

1. 잘 한번 생각해 볼게.
   Let me sleep on it.

2. 기분 전환 삼아 외식하죠.
   Let's eat out for a change.

3. 동전 던지기로 결정하자!
   Let's flip for it!
   Let's toss for it!

4. 나눠서 내자!
   Let's split the bill!

5. 부탁 좀 드려도 될까요?
   May I ask a favor of you?
   Will[Would] you do me a favor?
   Would it be all right if I asked you for a favor?

6. 들러 줘서 고마워.
   Thanks for dropping by.
   Thanks for coming by.
   Thanks for stopping by.

7. 이 음식 정말 최고야.
   The food is out of this world.

· **get the hang[knack] of something** ~하는 방법을 터득하다
Math seems difficult, but you can get the hang of it if you study hard.
수학은 어려워 보이지만 열심히 공부한다면 터득할 수 있다.

· **get the picture** 잘 이해하다
I can't get the picture of his lecture.
나는 그의 강의를 이해할 수 없다.

· **get on one's nerve** 신경을 건드리다
Construction noise is getting on my nerves.
건설 공장 소음이 내 신경을 건드린다.

· **go easy on** 가혹하지 않게 하다, 심하게 다루지 않다
Go easy on me, I am having a hard time these days.
나한테 너무 심하게 하지 마, 나 요즘 힘든 시기를 겪고 있어.

· **go through** (고난 · 경험 등을) 거치다, 견디다
It is hard to go through my father's death.
아버지의 죽음을 겪는 것은 힘들다.

· **grab a bite** 간단히 먹다
Grab a bite before you take a exam.
시험 보기 전에 뭐 좀 간단히 먹어라.

· **contain the disease[fire, epidemic, emotion]** 질병, 화재, 전염병, 감정을 억제하다
Before getting worse, doctors are trying to contain the disease.
더 심각해지기 전에, 의사들은 질병을 억제하기 위해 노력하고 있다.

· **be content with(= be satisfied with)** ~에 만족하다
I want a new car, because I am not content with mine.
나는 내 차에 만족하지 않기 때문에 새 차를 원한다.

## ☐ acid rain

산성비

Hydrocarbons are responsible both for **acid rain** and for ozone formation.
탄화수소는 산성비와 오존 형성에 원인이 된다.

deforestation 산림 황폐화  global warming 지구온난화  climate change 기후변화  fossil fuels 화석연료  endangered species 멸종 위기에 처한 종들  vanishing wildlife 사라져가는 야생동식물들  habitat 서식지

## ☐ astronaut
[ǽstrənɔ̀:t]

n. 우주 비행사

Is this how the first **astronauts** felt looking back at Earth?
이것이 최초의 우주비행사들이 지구를 되돌아 볼 때 느낌인가?

## ☐ automate
[ɔ́:təmèit]

v. (기계, 컴퓨터에 의해) 자동화하다

Other monitoring devices may also be connected and data acquisition is fully **automated**.
다른 관찰 도구들이 또한 연결 될 것이고 자료 수집은 완전히 자동화되었다.

automatic adj. 자동의, 반사적인
manual 수작업의, 노동의

## ☐ browse
[bráuz]

v. 둘러보다, (인터넷을) 검색하다

**Browsing** some case studies in our daily life would be helpful to solve the problem.
실생활에서 사례 연구를 찾아보면, 그 문제를 해결하는데 도움이 될 것이다.

## ☐ computerize
[kəmpjú:təràiz]

v. ① 컴퓨터로 처리하다 ② (컴퓨터를 이용하여) 자동화하다

A simple **computerized** library book checkout system has calculated the number of checked-out books each day.
간단하게 자동화된 도서관 대출 시스템은 매일 대출된 책의 수를 산출할 수 있다.

# ☐ contaminate

[kəntǽmənèit]

v. 오염시키다

The issue was whether the bacteria in his body would **contaminate** the local ecosystem.

이 문제는 그의 몸에 있는 박테리아가 지역 생태계를 오염시킬지 아닐지에 관한 것이었다.

contamination n. 오염

---

# ☐ dilute

[dilúːt]

v. 묽게 하다, 희석시키다

**Dilute** the alcohol with water before you use it.

사용하기 전에 알코올을 물로 희석하세요.

---

# ☐ dispose

[dispóuz]

v. ① 처리[처분]하다 ② 배치[준비]시키다

Lots of trashes were **disposed** around the city after the festival.

축제 이후에 도시 주변에는 많은 쓰레기들이 버려져 있었다.

disposal n. 처리, 폐기

waste disposal 쓰레기 처리  at one's disposal ~의 재량 하에 있는, ~의 권한 하에 있는

---

# ☐ dump

[dʌmp]

v. ① 아무렇게나 내던지다 ② 팔아치우다  n. 쓰레기 하치장

She **dumped** her old suitcase.

그녀는 오래된 옷 가방을 내다 버렸다.

---

# ☐ eclipse

[iklíps]

n. (일식, 월식 등의) 식, (영향력 등의) 쇠퇴

There will be a lunar **eclipse** next week.

다음 주에 월식이 있을 예정이다.

---

# ☐ emit

[imít]

v. (빛, 열 등을) 내다, 방출하다

This matter will **emit** deadly poison during burning the trash.

쓰레기를 태우는 동안 이 물질은 맹독성 물질을 배출할 것이다.

# ☐ environment
[inváiərənmənt]

n. 환경

Some chemicals are damaging to the **environment**.
몇몇 화학물질들은 환경에 악영향을 준다.

environmentalist n. 환경보호론자, 환경전문가
renewable 재생 가능한  sustainable 지속 가능한  environmentally
friendly(= eco-friendly) 친환경적인  recyclable 재활용 가능한
organic 유기의

---

# ☐ exhaust
[igzɔ́:st]

v. ① 고갈시키다 ② 기진맥진하게 하다  n. (자동차의) 배기가스

We are in danger of **exhausting** natural resources.
우리는 천연자원의 고갈의 위기에 처해 있다.

---

# ☐ exploit
[éksplɔit]

v. ① 개발하다 ② 착취하다

We should recognize the urgent need to **exploit** the resources
of Korea.
우리는 한국의 자원 개발의 시급한 필요성을 인식해야 한다.

take advantage of(= make use of, play on) ~을 이용하다

---

# ☐ fallout
[fɔ́:làut]

n. (핵폭발에 의한) 방사능 낙진, 부산물, 후유증

People would not be well-informed about a potential harm
to the radioactive **fallout**.
사람들은 방사능 낙진의 잠재적인 위험에 대해 잘 알지 못할 것이다.

---

# ☐ formula
[fɔ́:rmjulə]

n. 공식, 법칙, 화학식

Since it is quite complex **formula**, the teacher says to her
students to memorize it.
그것이 꽤 복잡한 공식이었기 때문에, 선생님은 학생들에게 그냥 외우라고 이
야기한다.

## ☐ fossil
[fásl]

n. 화석  adj. 화석의

The use of **fossil** fuel ends up causing global warming.
화석연료의 사용은 지구온난화로 귀결되었다.

reptile 파충류  date from(= back) ~부터 존재해 왔다, (기원 등이) 거슬러 올라간다(= originate from)  be derived from ~에서 유래하다, ~에서 얻다

---

## ☐ fume
[fju:m]

n. 매연, 유독가스, 연기(종종 pl.)

A strong smell of paint **fumes** filled the room.
강한 페인트 냄새가 방을 가득 채웠다.

---

## ☐ garbage
[gáːrbidʒ]

n. (음식) 찌꺼기, 쓰레기, 하찮은[가치 없는] 것

Please take out the **garbage** when you leave.
떠날 때 쓰레기를 가져가 주세요.

---

## ☐ greenhouse effect 온실효과

Earth will be warmer and warmer again as the **greenhouse effect** progresses.
온실효과가 진행될수록 지구는 다시 점점 더워질 것이다.

---

## ☐ hydropower
[háidrəpàuər]

n. 수력전기

Fossil fuel should be replaced with alternate energy like **hydropower**.
화석연료는 수력전기와 같은 대체에너지로 바뀌어야 한다.

---

## ☐ incinerator
[insínərèitər]

n. 소각로

The state rebuilt an **incinerator** at the site in 2003.
주 정부는 소각로를 2003년에 그 지역에 다시 만들었다.

## ☐ industrial waste 산업폐기물

The dumping of **industrial waste** into rivers and seas is illegal.
산업폐기물을 강과 바다에 버리는 것은 불법이다.

## ☐ infinite
[ínfənit]

adj. 무한한, 끝없는

He had an **infinite** of potential that could play the piano.
그는 피아노를 칠 수 있는 무한한 잠재력을 가지고 있다.

**realm of the infinite** 무한의 영역

## ☐ junk
[dʒʌŋk]

n. 쓸모없는 물건, 폐품, 허접한 쓰레기

His garage is filled with **junk**.
그의 창고는 쓸모없는 폐품으로 가득 차 있다.

## ☐ lumber
[lʌ́mbər]

n. 재목, 판재, 목재

**Lumbers** were stacked in the corner.
목재가 구석에 쌓여 있었다.

## ☐ manipulate
[mənípjulèit]

v. 조종하다, 다루다, 조작하다

He is a seasoned politician that he can **manipulate** public opinion.
그는 노련한 정치가라서 여론을 조종할 수 있다.

The boss managed to **manipulate** employees into working weekends.
사장은 직원들을 조종하여 주말에 일하게 할 수 있었다.

## ☐ manipulation
[mənìpjuléiʃən]

n. 조작, 취급

He will be accused of stock market **manipulations**.
그는 주식시장 조작 혐의로 기소되었다.

## meteorite
[míːtiəràit]

n. 운석

The theory suggests that the epidemic was carried to earth by **meteorites**.

그 새로운 이론에 따르면 운석에 의해 전염병이 옮겨졌다고 한다.

## myriad
[míriəd]

n. 무수한

There were a **myriad** of views about his move.

그의 움직임에 대한 수많은 의견들이 있었다.

## natural environment 자연환경

Let **natural environment** be itself.

자연환경을 그대로 내버려 두어라.

## natural resources 천연자원

We are lacking of **natural resources** in Korea.

한국에는 천연자원이 부족하다.

## noteworthy
[nóutwə̀ːrði]

adj. 주목할 만한

Our investigation made a lot of **noteworthy** conclusions.

우리의 조사는 주목할 만한 결론들을 많이 내렸다.

## nuclear
[njúːkliər]

adj. ① 원자력의 ② 핵(무기)의 ③ 핵의

This is the first stage of a **nuclear** reaction which can lead to an explosion.

이것은 핵반응의 첫 번째 단계이고, 핵폭발을 낳을 수 있다.

nuclear waste 핵폐기물

## ☐ orbit

[ɔ́ːrbit]

n. 궤도 v. 궤도를 돌다

The **orbit** of that comet intersects the orbit of the Mars.
그 혜성의 궤도는 화성의 궤도를 가로지른다.

The Jupiter in our solar system **orbits** the Sun.
태양계에서 목성은 태양 주위를 돈다.

The Moon **orbits** around the Earth in thirty-day intervals.
달은 30일 주기로 지구를 공전한다.

## ☐ patent

[pǽtnt]

n. 특허권 adj. 특허의

He had a **patent** and had earned millions of dollars in royalties.
그는 하나의 특허권을 가지고 있었고 로열티로 수백만 달러를 벌어 왔다.

piracy 불법 복제, 불법 판매 software piracy 소프트웨어 불법 복제
sue 고소하다 legal status 법적인 지위 illegal(= illicit[unlawful])
불법의, 불법적인

## ☐ periphery

[pərí:fəri]

n. 주변

The countries on the **periphery** of Europe is under sever stress.
유럽 주변국들은 심한 압박을 받고 있다.

peripheral adj. 주변의, 지엽적인

## ☐ postulate

[pást∫əlèit]

v. 추정하다, 상정하다 n. 가정

The second **postulate** refers to the graph on the left.
두 번째 가정은 왼쪽의 그래프를 참조한다.

postulation n. 추정, 상정

## □ pressure
[préʃər]

n. 압박, 압력  v. 압박하다

In this urgent situation, we need to make the effort to **pressure** North Korea.
이러한 긴박한 상황에서 우리는 북한을 압박할 노력이 필요하다.

My grandmother passed away last week duc to her high blood **pressure**.
할머니께서 고혈압으로 지난주에 돌아가셨다.

## □ probe
[próub]

n. 조사, 탐사선  v. 탐사하다

NASA sent another **probe** to Moon in the past.
나사는 과거에 다른 탐사선을 달에 보냈다.

He says he will continue to **probe** the elderly brain.
그는 계속해서 노인들의 뇌를 탐구할 것이라 말한다.

## □ resilient
[rizíljənt]

adj. 탄력 있는, 회복력이 좋은

My dog is the most **resilient** pet I have ever had.
우리 강아지는 내가 길렀던 애완견 중 가장 회복력이 빠르다.

## □ retrieve
[ritríːv]

v. ① (정보를) 검색하다 ② 되찾다, 회수하다

She'd agreed to meet Matthew half way, and **retrieved** the children.
그녀는 Matthew와 타협하는데 동의했고, 그 아이를 되찾아 왔다.

## □ sophisticated
[səfístəkèitid]

adj. ① (기계 등이) 정교한 ② (사람이) 지적인, 수준 있는

Really **sophisticated** users may like to invest in the ultimate communications link between the two systems, a local area network.
정말 세상 물정에 밝은 이용자들은 지역 네트워크인 두 시스템 사이의 최고의 연락망에 투자하기를 좋아할지 모른다.

## ☐ space probe 우주 탐사선

Atlantis was to carry the Galileo **space probe** on the first leg of a six-year voyage to Jupiter this afternoon.
아틀란티스가 오늘 오후에 목성으로 6년간 항해할 첫 우주 탐사선 갈릴레오를 옮길 예정이다.

## ☐ state-of-the-art 최첨단의, 최신식의(= advanced, high-tech, cutting edge of)

They are eager to know on **state-of-the-art** technologies not to fall behind.
그들은 시대에 뒤쳐지지 않기 위해서 최첨단 기술 정보를 알기를 열망한다.

## ☐ substance
[sʌ́bstəns]

n. 물질, 실체, 중요성

She is arrested for smoking marijuana, which is an illegal **substance**.
그녀는 불법약물인 마리화나를 피운 혐의로 체포되었다.

## ☐ telescope
[téləskòup]

n. 망원경  v. 짧게 하다, 단축하다

She was leaning against the **telescope**.
그녀는 망원경에 기대어 서 있었다.

The whole process of weeks was **telescoped** into 2 weeks.
몇 주가 걸릴 전체 과정이 2주로 단축되었다.

## ☐ utilize
[júːtəlàiz]

v. 활용하다, 이용하다

Scientist found out that we can **utilize** the wind as alternative energy.
과학자들은 우리가 바람을 대체에너지로 이용할 수 있다는 것을 알아냈다.

## ☐ velocity
[vilásəti]

n. 속도

The **velocity** of light in air and water is the same.
공기 중에서와 수중에서의 빛의 속도는 같다.

## ☐ verify
[vérəfài]

v. 확인하다, 증명하다

The lawyer was not able to **verify** their claims of abuse.
그 변호사는 그들의 학대혐의에 대해 입증하지 못했다.

---

## ☐ virtual
[və́:rtʃuəl]

adj. ① 가상 기억의 ② 사실상의

The days of **virtual** 3-D chess are some way off yet.
가상 3D 체스의 시대가 오려면 아직 시간이 좀 더 걸린다.

virtual reality 가상현실  real 실제의  authentic(= genuine) 진짜의
fake(= forgery, counterfeit) 위조, 가짜

# Testing Ground

**01.** I wish I were an _____ and explored the moon!

    (a) pilot           (b) captain          (c) astronaut

**02.** The bill prohibits the _____ of the land and requires the treatment of contaminated land.

    (a) concentration     (b) contamination     (c) connection

**03.** The proposed employers charter could _____ employee rights and leave vulnerable workers even more exposed.

    (a) dilute          (b) dissolve         (c) melt

**04.** Is your medicine cabinet filled with expired or unused drugs? Here's how to _____ of them.

    (a) take           (b) dispose         (c) consume

**05.** An Israeli energy firm has made a proposal for a joint project to _____ undersea natural gas in the eastern Mediterranean.

    (a) explore         (b) expire          (c) exploit

**06.** Waste _____ produced 4.8% of the electricity consumption and 13.7% of the total domestic heat consumption in that country.

    (a) incinerator      (b) recycling       (c) littering

**07.** A teacher needs _____ patience of children to perform a great job in school.

    (a) finite          (b) infinite        (c) adequate

**08.** Students are _____ the image to better explore the parts of the body.

(a) managing        (b) lying        (c) manipulating

**09.** Some people _____ that she is returning almost certainly to reveal the whole story.

(a) postulate        (b) pasture        (c) prove

**10.** Second Life is a free 3D _____ world where users can socialize, connect and create using free voice and text chat.

(a) virtual        (b) real        (c) alive

**01.** 내가 우주 비행사가 되어 달을 탐험할 수 있다면 좋을 텐데!

**02.** 그 법안은 그 땅의 오염을 금지하며 오염된 땅에 대한 치유를 요구한다.

**03.** 그 제안된 고용주 헌장은 노동자의 권익을 약화시킬 것이며 약한 노동자들을 훨씬 더 열악한 환경에 노출시킬 것이다.

**04.** 약품 수납 선반이 기간이 지나거나 사용하지 않는 약로로 가득 차 있습니까? 그 약들을 어떻게 처리해야 할지 여기 방법이 있습니다.

**05.** 이스라엘 에너지 회사에서는 동 지중해에서의 해저 천연가스를 개발하는 합작 프로젝트에 신청했다.

**06.** 저 나라에서는 쓰레기 소각로가 4.8퍼센트의 전기 소비와 13.7퍼센트의 총국내열소비를 만들어냈다.

**07.** 교사라는 직업은 학교에서 훌륭한 업무를 수행하려면 학생들에 대한 무한한 인내가 필요하다.

**08** 학생들은 몸의 부분들을 더 자세히 관찰하기 위해 이미지를 조종하고 있다.

**09.** 몇몇 사람들은 그녀가 사건의 선밀을 밝히기 위해 거의 확실히 돌아올 것이라고 추정하고 있다.

**10.** Second Life는 무료 3D 가상 세계로, 무료 음성, 문자 채팅을 이용해 사용자늘이 사회생활을 하고, 관련지을 수 있게 해 주고, 강조할 수 있게 해 준다.

answer   01. (c)   02. (b)   03. (a)   04. (b)   05. (c)   06. (a)   07. (b)   08. (c)   09. (a)   10. (a)

1. 일찍 잠자리에 들 거야.
   I'm turning in early.

2. 신세 많았습니다.
   I'm your debt.
   I'm indebted to you.

3. 너한테 두 손 들었다!
   I've got to hand this to you!

4. 그럼 대기자 명단에 올려 주실 수 있나요?
   In that case, Can you put me on the waiting list?

5. 싸게 잘 샀다.
   It's a great deal.
   It's a real bargain.
   It's a good buy.

6. 힘 내!
   Keep your chin up!
   Pull yourself together!

7. 지나간 일은 그냥 잊어버리자!
   Let bygones be bygones!

· **go out with** ~와 데이트하다, 사귀다
Mike didn't want to go out with somebody who is selfish.
Mike는 이기적인 사람과 사귀고 싶지 않았다.

· **lay off** 일시 해고하다, 휴직시키다
The company finally decided to reduce the wages of the entire staff instead of laying off twenty employees.
그 회사는 마침내 20명의 직원을 해고하는 대신에 전 직원의 급료를 삭감하기로 결정했다.

· **it pays to** ~에 이익이 되다, ~에게 수지맞다
He doesn't agree that it pays to know someone who is rich.
그는 돈 많은 사람을 알고 있는 것이 득이 된다는 것에 동의하지 않는다.

· **keep an eye on** 주의 깊게 살펴보다
While I'm out, please keep an eye on my bag.
내가 없는 동안, 가방 좀 잘 부탁해.

· **keep[stay] in touch with someone** 계속 연락하고 지내다, 소식을 주고받다
This new device will help you keep in touch with your family and friends anytime and anywhere.
이 새로운 기계는 언제, 어디서나 당신의 가족, 친구들과 연락할 수 있도록 도와줄 것입니다.

· **learn the ropes** 요령을 터득하다
This job will be a little difficult before you learn the ropes.
네가 요령을 터득하기 전에는 이 일이 약간 어려울 것이다.

· **hang up** 전화를 끊다
Soon after I hung up, I regretted what I said to him without thinking.
전화를 끊고 난 직후, 나는 그에게 생각 없이 했던 말을 후회했다

· **hang on** 기다리다
He hanged on too long due to his kids, when he had to study for his dream.
그는 그의 꿈을 위해 공부해야 했을 때 그의 아이들 때문에 너무 오랫동안 참고 버텼다.

## ☐ account
[əkáunt]

v. 간주하다  n. 예금계좌, 이메일 계정

Until people are proved guilty, people are **accounted** innocent.
유죄가 입증되기 전까지, 사람들은 무죄로 간주된다.

If you want to open a bank **account**, you'd better read this instruction first.
만약 은행 계좌를 만들고 싶으시다면 이 지시 사항을 먼저 읽어보시는 게 낫습니다.

account number 계좌번호

## ☐ account for

설명하다, 차지하다(= make up)

The Asian beer market is to **account for** 38 percent of total beer consumption by 2015.
아시아 맥주 시장은 2015년까지 총 맥주 소비의 38퍼센트를 차지할 것이다.

## ☐ accrue
[əkrú:]

v. ① (이자 등이) 붙다, 누적되다 ② (결과로서) 생기다

If you take out this loan, each month $5,000 of interest on the loan will be **accrued**.
만약 이 대출을 받으신다면 매달 5천 달러의 이자가 붙을 거예요.

take out a loan 대출을 받다  interest-free 무이자
make a deposit 입금하다

## ☐ allot
[əlát]

v. 분배하다, 할당하다, 배당하다

He **allotted** himself 20 minutes a day to get in shape.
그는 건강을 유지하기 위해 하루에 20분을 할당했다.

allotment n. 할당금, 배당, 분배

## □ appreciate
[əprí:ʃièit]

v. ① 감사하다 ② (예술 작품 등을) 감상하다 ③ 가치를 평가하다

Most investments are expected to **appreciate** at a steady rate.
대부분의 투자는 인정된 비율로 가치가 오를 것으로 예상한다.

I **appreciate** everything I have.
나는 내가 가진 모든 것에 감사해 한다.

appreciation n. ① 가격[가치] 상승 ② 평가하기, 이해 ③ 감상 ④ 감사

## □ beneficiary
[bènəfíʃièri]

n. (연금 · 보험금 등의) 수령인, 수혜자

Mary Lee became the first Medicare **beneficiary**.
Mary Lee는 첫 번째 건강보험의 수혜자가 되었다.

## □ benefit
[bénəfìt]

n. 이점, 혜택, 복리 후생

The firm is well known for its great **benefit** package.
그 회사는 우수한 복리 후생으로 잘 알려져 있다.

benefit from ~으로부터 혜택을 얻다  pension 연금

## □ bounce
[báuns]

v. (수표 등이) 부도 처리가 되다

How can a **bounced** check impact your ability to do banking?
부도난 수표가 은행 업무를 하는 당신의 능력에 어떤 영향을 미치나요?

## □ bulk
[bʌlk]

n. 대량, (~의) 대부분

Would you give me a discount if I buy in **bulk**?
대량으로 구매하면 할인해 주나요?

## □ change
[tʃéindʒ]

n. ① 돈 ② 거스름돈

Did you know there are 293 different ways to make **change** for a dollar?
1달러 지폐를 바꿀 수 있는 293가지의 방법이 있다는 것을 알고 있었니?

Keep the change! 거스름돈은 가지세요!  out of change 잔돈이 없는
out of cash 현금이 없는  out of paper 용지가 떨어진

## ☐ check
[tʃék]

n. ① 수표 ② 계산서

Learn the basics of managing your **checking** account.
당좌예금을 관리하는 것에 관한 기본에 대해서 배우세요.

## ☐ circulate
[sə́:rkjəlèit]

v. ① (화폐 등이) 유통하다 ② 돌다, 순환하다(= go around [disseminate])

Money **circulates** as it goes from person to person.
돈은 사람에서 사람으로 이동하는 것처럼 순환한다.

circulation n. ① (화폐의) 유통 ② (혈액의) 순환
circulation desk 도서 대출 창구

## ☐ counterfeit
[káuntərfìt]

adj. 위조[가짜]의  v. 위조하다(= fake)

**Counterfeit** Rolex watches are unlawfully sold in the marketplace.
위조된 Rolex 시계들이 시장에서 불법적으로 팔리고 있다.

counterfeit bill[note] 위조지폐  software piracy 소프트웨어 불법 복제

## ☐ coverage
[kʌ́vəridʒ]

n. ① (보험의) 보상 범위 ② 보도 범위, 보도 방송

Find out how much Auto Insurance **coverage** you need.
당신이 필요한 자동차 보험의 보상 범위가 얼만큼인지를 알아보세요.

A study of newspaper **coverage** of crime in nine cities found more attention given to violent crimes than any other thing.
9개의 도시들에서 이루어진 범죄 관련 신문 보도 범위에 대한 연구에서 다른 것들보다 폭력적인 범죄에 더 많은 관심이 주어진 것을 알아냈다.

## ☐ cumulative
[kjú:mjəleitiv]

adj. 누적하는, 누진적인

If you suffer from sleep deprivation, the effects of sleeplessness may become **cumulative**.
만약 당신이 수면부족으로 고통 받고 있다면, 잠 부족의 효과가 누적이 될 수 있다.

## currency
[kə́ːrənsi]

n. 통화, 유통

The rise in **currency** value is supposed to be a major factor in the decreased import.
화폐가치의 상승은 수입 감소의 주요 요인이 된다고 한다.

## deficit
[défəsit]

n. 적자, 부족한 금액

Unfortunately, figures for this quarter showed a **deficit** of $5 million.
불행하게도, 이번 분기의 수치들은 5만 달러의 적자를 보였다.

## delinquent
[dilíkwənt]

adj. ① 체납이 되어 있는 ② 비행의

A collection agency may seek legal action on a **delinquent** loan.
미수금 처리 대행 회사는 체납된 대출에 대해서 법적인 조치를 취할 지도 모른다.

delinquency n. ① 체납금 ② (청소년의) 비행
delinquent account 체납 계좌  juvenile delinquent 청소년 비행
collection agency 미수금 처리 대행 회사

## depreciate
[deprí:ʃièit]

v. (화폐 · 재산 등의) 가치가 떨어지다, 절하하다

While physical assets **depreciate** reasonably slowly over time, the value of financial asset may lose all value in minutes.
물리적인 자산은 시간이 흐름에 따라 알맞게 서서히 가치가 떨어지는 반면에 금융자산의 가치는 순간에 모든 가치를 잃을 수도 있다.

depreciation n. 가치의 하락

## devaluate
[diːvǽljuèit]

v. ① (화폐가치를) 평가절하하다 ② ~의 가치를 내리다

Both developed and emerging economies are now eager to **devaluate** their currencies to increase their exports.
선진국과 신생국이 이제 모두 수출을 늘리기 위해 통화를 낮추고 싶어 한다.

## ☐ disposable
[dispóuzəbl]

adj. 처분 가능한, 쓰고 버리는 n. 쓰고 버리는 물건, 일회용품

Using a **disposable** stick, stir the butter and chocolate until they are smooth.
일회용 젓가락을 사용해서, 버터와 초콜릿을 건더기가 없게 저어라.

We can see many **disposables** like paper cups and napkins.
우리는 종이컵과 냅킨 같은 일회용품들을 많이 볼 수 있다.

They are likely to have **disposed** of their habit of quarrel finally.
그들은 마침내 말싸움하는 습관을 버린 것으로 보인다.

dispose of ~를 다루다, 처리하다

## ☐ dividend
[dívədènd]

n. (주식의) 이익 배당금, 상금

A small salary combined with **dividend** payments avoids large National Insurance NI payments.
분할된 납입금과 더불어 박봉은 NI 지불금을 받을 수 없다.

## ☐ endorse
[endɔ́:rs]

v. ① 지지하다 ② (수표에) 이서하다, 배서하다

**Endorsing** a check means to sign the back of it in order to cash it, deposit it or sign it over to someone else.
수표에 이서하는 것은 수표를 현찰로 바꾸고 입금하기 위해 수표 뒤에 사인하는 것 또는 다른 사람에게 보낼 때 사인하는 것을 의미한다.

endorsement n. 이서

## ☐ exempt
[igzémpt]

v. 면제하다

Boys who are not a Korean citizen, are **exempt** from the obligation of military service.
한국 시민이 아닌 남자들은 군대에 갈 의무로부터 면제된다.

## fake
[feik]

v. 위조[날조]하다  n. 위조품  adj. 모조, 가짜의

Bangkok is a great place to shop if you don't overdose on T-shirts and **fake** designer clothing.
딩신이 디서츠와 가짜 디자이너 의류를 너무 많이 사지만 않는다면, 방콕은 쇼핑하기 좋은 장소이다.

There was a second problem, which was **fakes**.
두 번째 문제가 있었는데, 그것은 가짜였다.

No witnesses reported seeing anyone leave the **fake** bombs.
가짜 폭탄을 남겨 두고 가는 사람을 본 목격자는 없었다고 보도되었다.

fake money 위조화폐

## finance
[finǽns]

n. ① 재정, 재무 ② 융자  v. ~에게 자금을 대 주다, 융자하다

A finance director is the person who is in charge of all the **financial** dealings of the company.
재무담당이사는 회사의 모든 자금거래를 담당하는 사람이다.

## fortune
[fɔ́ːrtʃən]

n. 부, 재산, 큰돈

He was going to devote his private **fortune** to set up a law school.
그는 로스쿨을 세우기 위해서 그의 사재를 쓰려고 했다.

## impede
[impíːd]

v. 방해하다

I believe that this route through the house will not be **impeded**.
나는 집으로 가는 이 길은 막히지 않을 거라고 믿는다.

## inspect
[inspékt]

v. 살피다, 검사하다

Pigs are **inspected** regularly for 2 months.
돼지는 2달에 걸쳐 정기적으로 검사 받는다.

inspection n. 조사, 검사

## □ intervene
[ìntərvíːn]

v. 개입하다, 끼어들다

Most people would not want to **intervene** in disputes between couples.
대부분의 사람들은 연인들 사이의 논쟁에 개입하고 싶어 하지 않을 것이다.

intervention n. 개입, 중재
the intervening time 중간시기

## □ lucrative
[lúːkrətiv]

adj. 수익성이 좋은, 전망이 밝은

However, she found that it was very **lucrative** business.
그러나 그녀는 이것이 매우 수익성 있는 사업임을 알아차렸다.

## □ malfunction
[mælfʌ́ŋkʃən]

v. 오작동하다  n. 오작동, 고장

If one component is **malfunctioning**, this machine will not work at all.
만약 한 개의 부분이라도 오작동한다면, 이 기계는 전혀 작동하지 않을 것입니다.

## □ outstanding
[àutstǽndiŋ]

adj. ① 미지불의  ② 미해결의, 뛰어난(= exceptional, brilliant, great)

She would create something special, something **outstanding** for her.
그녀는 뭔가 특별하고, 뭔가 돋보이는 것을 만들 것이다.

## □ overdue
[òuvərdjúː]

adj. (지불) 기한이 지난, 미지불의, 연체된

Our records indicate that payment on your account is **overdue** in the amount of $300.
본사의 기록에 따르면 귀하의 계좌에 300달러의 연체액이 있습니다.

## □ owe
[óu]

v. 빚을 지다, 신세를 지다

You don't **owe** me any explanation.
나한테 어떤 설명도 할 필요 없어요.

## precaution
[prikɔ́ːʃən]

n. 예방책, 예방 조치

Washing hands is always said to be a cheap and simple **precaution**.
손을 씻는 것은 언제나 저렴하고 간단한 예방법이라고들 한다.

---

## remit
[rimít]

v. 보내다, 송금하다

The loan payment is supposed to be **remitted** at least by February 3rd.
대출 할부금은 적어도 2월 3일까지는 송금될 것으로 예상됩니다.

---

## revenue
[révənjùː]

n. 수익, 세입

To the company, it was a massive loss of **revenue**.
회사 차원에서, 이것은 큰 수익 손실이었다.

---

## savings
[séiviŋs]

n. (pl.) ① (은행의) 저축(액) ② 저금

**Savings** accounts are a safe way to store and grow your money.
보통예금은 당신의 돈을 보관하고 늘리는 안전한 방법입니다.

saving 절약  cut back 씀씀이를 줄이다  savings account 보통예금

---

## secure
[sikjúər]

adj. 안전한

The majority had experienced **secure** employment for relatively long periods of time.
대부분이 상대적으로 긴 시간 동안 안정 고용을 경험했다.

---

## shareholder
[ʃɛ́ərhòuldər]

n. 주주(= stockholder)

She is scheduled to go to the **shareholder**'s meeting tonight.
그녀는 오늘 밤에 주주 회의를 가기로 예정되어 있다.

## ☐ software piracy 소프트웨어 무단 복제

**Software piracy** is on the rise nowadays.
오늘 날 소프트웨어 무단 복제가 증가 추세에 있다.

## ☐ squeeze
[skwíːz]

n. (금액, 일자리 등의) 감소, 긴축  v. 밀어 넣다

Despite **squeezes** on capital expenditure in this sector, total sales did increase slightly.
이 분야의 자본 지출의 감축에도 불구하고, 총 판매액은 조금 증가했다.

## ☐ streamline
[stríːmlàin]

v. 효율화하다, 간소화하다

She tried everything she can to **streamline** applications.
그녀는 지원을 간소화하기 위해 할 수 있는 모든 것을 하려 노력했다.

## ☐ surplus
[sə́ːrplʌs]

n. 잉여, 과잉, 흑자  adj. 잉여의

There is a **surplus** of money in that region.
저 지역은 돈이 매우 많다.

Until recently, **surplus** cotton was a major export.
최근까지도, 남는 면은 주요 수출품이었다.

## ☐ surrender
[səréndər]

v. ① 항복하다 ② 포기하다, 넘겨주다  n. ① 항복, 포기 ② 양도

They promised to abide by the peace agreement and **surrender** all their weapons to the occupying forces.
그들은 평화협정에 따르기로 약속했고 점령군에게 그들의 무기 전부를 넘겨주기로 약속했다.

## ☐ teller
[télər]

n. (은행의) 금전 출납계, 금전 창구직원

There are a number of minimum bank **teller** qualifications you need to meet in order to become a bank teller.
은행 창구 직원이 되기 위해서 당신이 충족해야 할 최소한의 요건들이 많다.

# ☐ traveler's check 여행자수표

**Travelers checks** allow you to carry as much money as you need to cover expenses on your trip abroad.
여행자수표는 당신의 해외 여행 비용을 부담하기 위해 당신이 필요한 만큼의 돈을 가지고 가도록 허락해 준다.

# ☐ withdraw
[wiðdrɔ́ː]

v. 인출하다(= take money out of a bank account)
I'd like to **withdraw** some money.
나는 돈을 좀 인출하고 싶다.
withdrawal n. 인출

# ☐ yield
[jíːld]

v. ① (수익, 결과, 농작물을) 생산하다 ② 굴복[항복]하다  n. 생산량
Varsity firm will **yield** good returns from the current marketplace as things are looking up.
Varsity 회사는 상황이 개선됨에 따라 현재 시장에서 많은 수익을 생산해 낼 것이다.

Don't **yield** to their outrageous demands.
그들의 부당한 요구에 항복하지 마라.

# Testing Ground

**01.** Until you take the time to _____ the life you have, you will never reach your highest potential of happiness.

(a) recognize        (b) understand        (c) appreciate

**02.** _____ products are often produced with the intent to take advantage of the superior value of the imitated product.

(a) Genuine        (b) Counterfeit        (c) Original

**03.** People living in the Arctic should be _____ from mandatory greenhouse-gas cutbacks.

(a) except        (b) exempt        (c) expect

**04.** Putting a dam upstream of the falls would interfere with and _____ the flow of water.

(a) impede        (b) impose        (c) implement

**05.** She entered the pharmaceutical industry in the belief that it would be _____.

(a) lucrative        (b) lucid        (c) clear

**06.** Borrowers who have no _____ items or unpaid fines in excess of $15.00 may renew their cards.

(a) overall        (b) overdone        (c) overdue

**07.** In contrast, overseas workers from neighboring China _____ $47 billion during the year.

(a) transmitted        (b) remitted        (c) removed

**08.** If you have a _____ goal, use this calculator to figure out how much you need to save and for how long.

    (a) save                 (b) savings            (c) saving

**09.** They tried to _____ over ten people into the car not to late for the meeting.

    (a) squander          (b) hurry             (c) squeeze

**10.** We believe our customers should be able to _____ funds from their accounts as easily as they can make deposits.

    (a) withdraw          (b) withstand        (c) withhold

01. 당신이 가진 삶에 감사할 시간을 가지고 나서야, 당신은 가질 수 있는 최고의 행복감에 도달하게 될 것이다.
02. 위조 제품들은 종종 모방 제품의 우수한 가치를 이용하기 위한 의도로 생산된다.
03. 북극에 사는 사람들은 강제적인 온실가스 배출 감소 정책으로부터 면제되어야 한다.
04. 폭포의 상류에 댐을 설치하는 것은 물의 흐름을 간섭하고 방해하지 않을 것이다.
05. 그녀는 제약업 전망이 밝을 것이라 믿고 들어갔다.
06. 연체된 물건이나 15달러를 초과한 벌금 미납이 없는 대출자들은 카드를 갱신할 수 있다.
07. 반면에, 인접한 중국에서 온 외국 노동자들은 한 해 동안 470억 달러를 송금했다.
08. 만약 저축 목표가 있다면 얼마나 많이 그리고 얼마나 오랫동안 저축할 필요가 있는지 이해하기 위해 이 계산기를 사용하세요.
09. 회의에 늦지 않기 위해서, 그들은 차에 10명이 넘는 사람들을 밀어 넣으려고 애썼다.
10. 우리는 우리 고객들이 저축을 하는 것만큼 쉽게 자금을 인출할 수 있어야 한다고 생각한다.

answer   01. (c)   02. (b)   03. (b)   04. (a)   05. (a)   06. (c)   07. (b)   08. (b)   09. (c)   10. (a)

1. 어디 아프신 거 아닌가요?
Are you coming down with something?

2. 너무 기운 빠져 하지 마.
Don't let it get you down.

3. 참 잘 됐네요!
Good for you!
I'm happy for you.
I'm thrilled for you.

4. 남은 음식은 포장해 주세요.
I'll wrap up the leftovers.

5. 나 빈털터리예요.
I'm broke.
I'm flat broke.

6. 중고차를 하나 사려고 해요.
I'm in the market for a used car.

7. 노래를 잘 못해요.
I'm not much of a singer.

- **make up for** 만회하다, 메우다
The government is to blame since they made up for these benefits through reducing domestic spending for the poor.
정부는 가난한 사람들을 위한 사회복지예산을 줄여 그 같은 혜택에 필요한 비용을 충당했기 때문에 비난 받을 만하다.

- **make up with**(= reconcile) 화해하다
I heard that they had made up with yesterday.
난 어제 그들이 화해했다고 들었다.

- **hammer out** ~을 어렵게 이루어 내다
She had to hammer out a solution alone.
그녀는 홀로 해결책을 짜내야 했다.

- **have an eye for** ~에 대한 안목이 있다
She has an eye for a work of art.
그녀는 예술품을 보는 안목이 있다.

- **have an ear for** ~에 소질이 있다
I heard the other day that she has an ear for music.
나는 전에 그녀가 음악에 조예가 깊다고 들었다.

- **step on it** 자동차의 가속 페달을 밟다, 속력을 내다
I'm late for a class. Please, step on it!
저 수업에 늦었어요. 속력을 내주세요!

- **be due to + 동사 원형** ~하기로 되어 있다
Tom was due to be released from jail after two months.
Tom은 출감을 두 달 앞두고 있었다.

- **due to + 명사**(= owing to, on account of, because of, what with ~) ~때문에
The museum will be closed for two weeks due to construction on the floor.
그 박물관은 바닥 공사 때문에 2주 동안 문을 닫게 될 것이다.

## □ acceptance
[ækséptəns]

n. 수락, 수용

Students often have a good idea of what scores they need on college-entrance exams to earn **acceptance** letters and scholarships.
학생들은 보통 합격 통지서와 장학금을 받기 위해서 입학시험에서 그들이 얼마만큼의 점수를 받아야 하는지 잘 안다.

## □ adept
[ədépt]

adj. 숙련된, 숙달된(= skillful, skilled, adept)

Many are highly **adept** at adding up their calorie intake.
많은 사람들은 그들의 칼로리 섭취량을 합계하는 데 아주 숙달되어 있다.

## □ advance
[ədvǽns]

v. ① 승진[향상]시키다 ② 나아가다

Communicating with the executive of the company to **advance** our interests will be necessary.
우리의 이익을 증대시키기 위해 회사 간부들과의 소통은 필수적이다.

The meeting room will be booked in **advance**.
회의실은 사전에 예약될 것입니다.

advancement n. 승진
in advance(= beforehand) 미리

## □ application
[æ̀plikéiʃən]

n. ① 지원, 신청 ② 적용, 응용

The **application** of the measures was extended.
그 조치의 적용 범위가 확대되었다.

I am going to **apply** for driver's license.
나는 운전면허시험에 응시할 예정이다.

You must **apply** an ointment and bandage the area.
당신은 상처 부위에 연고를 바르고 붕대를 감아야 합니다.

applicant n. 지원자, 응모자, 신청자

## appoint
[əpɔ́int]

v. 임명[지명]하다

She was later **appointed** a skating judge.
그녀는 나중에 스케이트 심판으로 임명되었다.

appointment n. 임명, 지명

## aptitude
[ǽptitùːd]

n. 적성, 소질

Of her surviving children, Carl showed no particular musical **aptitude**.
살아남은 그녀의 아이들 중에 Carl은 어떤 특별한 음악적 소질도 보이지 않았다.

## captivate
[kǽptivèit]

v. 사로잡다, 매혹하다

The voice are so **captivating** that I like her.
목소리가 매력적이어서 나는 그녀를 좋아한다.

## colleague
[kálìːg]

n. (업무상의) 동료

Can you imagine him a **colleague** of yours?
그가 너의 동료라는 게 상상이 되니?

## competence
[kámpətəns]

n. 능력, 역량

There was never any question about his **competence**.
그의 능력에 대해 결코 어떤 의문점도 없었다.

## competent
[kámpətənt]

adj. 유능한, 충분한 자격을 갖춘

These employees were **competent** and experienced.
이 직원들은 유능하고 숙련되었다.

## ☐ confront
[kənfrʌ́nt]

v. 대항하다, 직면하다

He would have liked to be able to **confront** and examine his own previous self.
그는 이전의 자신과 대항해서 스스로를 분석할 수 있기를 바랐다.

## ☐ confrontation
[kʌ̀nfrəntéiʃən]

n. 대결, 직면

Jane always tried to avoid **confrontation** with her mother.
Jane은 어머니와의 대립을 항상 피하려고 했었다.

## ☐ demanding
[dimǽndiŋ]

adj. ① (사람이) 지나치게 요구하는 ② (일이) 힘든

These **demanding** on-site visits gave Pearl a better perspective.
힘든 현지 방문들로 Pearl은 더 올바른 시야를 갖게 되었다.

## ☐ demote
[dimóut]

v. 강등시키다, ~의 지위를 떨어뜨리다

Dismiss, suspend, or **demote** all or any employees who participate in such strike or violation.
그러한 파업이나 폭력에 가담한 직원들 모두 해고, 정직, 강등시켜라.

## ☐ dependable
[dipéndəbl]

adj. 신뢰할 수 있는, 의지할 수 있는

The vines from these slopes produce wine of an extremely **dependable** quality.
이 경사지에 있는 포도나무는 믿을 수 있는 최고 품질의 와인을 생산한다.

## ☐ derive from

~에서 유래하다, 기인하다

As long as you **derive** inner help and comfort **from** anything, keep it.
내적인 도움과 위안을 찾을 수 있는 것이라면 어떤 것이든 계속 간직해라.

## ☐ designate
[dézignèit]

v. ① 임명(지명)하다 ② 가리키다

Fidel has **designated** his brother Raul, now head of the armed forces, as his successor.

Fidel은 현새 군대 대장인 그의 동생 Raul을 후계자로 지명했다.

---

## ☐ dismiss
[dismís]

v. ① 해고하다 ② 해산시키다(= get fired, get sacked, let him go)

The company can **dismiss** its employees when they cause a loss to the company.

회사는 직원들이 회사에 손실을 주었을 경우에 그 직원들을 해고할 수 있다.

dismissal n. ① 해고 ② 해산, 퇴거

---

## ☐ employ
[emplói]

v. 고용하다(= hire, recruit, take on)

The volatility of their earnings also made it hard for them to deal with the liability concerns raised by **employing** a student.

그들의 수입 불안정은 또한 그들이 학생을 고용함으로써 생기는 법적 책임에 대한 우려를 처리하기 힘들게 만들었다.

employee n. 고용인, 종업원  employer n. 고용주
employment n. ① 고용 ② 취업

---

## ☐ evade
[ivéid]

v. 회피하다, 모면하다

Many people already left this town to **evade** being drafted into the army.

많은 사람들이 군에 들어가는 것을 회피하기 위해 벌써 이 마을을 떠났다.

evasion n. (책임의) 회피

---

## ☐ fringe benefit (때로 pl.) 부가 급부, 후생복지급여

We provide **fringe benefits** like one month paid vacation a year and health insurance.

우리는 1년에 한 달의 유급 휴가와 건강보험 등의 부가 급부를 제공합니다.

## □ in-service

근무시간 중에 행해지는, 근무 중인

Time available for **in-service** training was cut and cut again.
연수 교육을 위해 이용 가능한 시간은 다시 한 번 줄었다.

## □ labor dispute 노동쟁의

They were able to settle their **labor dispute**.
그들은 노동쟁의를 해결할 수 있었다.

go on strike 파업하다  arbitrate 중재하다  negotiate 협상하다

## □ leave
[líːv]

n. 휴가

You cannot reach her since she is on **leave**.
그녀가 휴가 중이기 때문에, 당신은 그녀에게 연락할 수 없습니다.

sick leave 병가  go on a trip(= go on vacation) 휴가를 가다

## □ meditate
[médətèit]

v. 중재하다, 조정하다

My husband and I will **meditate** on the matter for a while.
남편과 나는 잠시 동안 그 문제에 대해 생각해 보려고 한다.

## □ motivate
[móutəvèit]

v. ~에게 동기를 주다, 자극하다

To **motivate** others to implement their decisions, they need
strong leadership qualities.
다른 사람들이 결심한 바를 실행할 수 있도록 동기를 부여하기 위해서, 그들은
강한 지도자적 자질이 필요하다.

motivation n. 동기부여, 자극

## □ mundane
[mʌ́ndein]

adj. 평범한, 일상적인

**Mundane** matters like sleeping and eating don't interest me.
자고 먹는 것과 같은 일상적인 일은 나를 흥미롭게 하지 않는다.

## negotiate
[nigóuʃièit]

v. 협상하다, 교섭하다

He also told them about the new incentive plan that he had **negotiated** with Alpha for achieving the current plan.
그는 현재 계획을 성취하기 위해 Alpha와 협상해 왔었던 새로운 장려금 계획에 대해 그들에게 말했다.

negotiable adj. 협상할 수 있는  negotiation n. 협상, 교섭

## pay raise

임금 인상

Funding the **pay raise** will be more difficult and we fear that hard-pressed services will suffer further.
임금 인상에 자금을 투자하는 것은 훨씬 어려울 것이고, 우리는 문제점을 안고 있는 서비스가 더 타격을 받을 것이 두렵다.

## paycheck
[péitʃèk]

n. 급료 (지불 수표)

Often times, you can receive the **paycheck** by the end of the month.
보통 급료 지불 수표는 매달 말이 되어야 받는다.

## payroll
[péiròul]

n. 급료 지불 명부

Suddenly I was spending more time managing my **payroll** than I was helping my clients.
갑자기 나는 내가 내 고객을 돕고 있었을 때 보다 내 급료 지불 명부를 관리하는데 더 많은 시간을 보내고 있었다.

## pension
[pénʃən]

n. 연금

I wonder at what age I can begin drawing my **pension**.
나는 몇 살에 내가 연금을 타기 시작하는지 궁금하다.

draw one's pension 연금을 타다

## □ performance n. ① 성과 ② 실행 ③ 공연
[pərfɔ́ːrməns]

But the Lakers were up to the task, despite the Clippers' better recent **performances**.

하지만 Clippers 팀이 최근 성적이 나아졌음에도 불구하고 Lakers 팀은 자신이 있었다.

student performance 학생 성적  doctor's performance 의사의 업무 수행 능력


## □ personnel
[pə̀ːrsənél]

n. ① 인사 담당 부서 ② (회사·군대의) (전)직원, (전)인원(= staff)

In addition, two small staff groups, data processing **personnel**, and the legal counsel reported directly to the president.

게다가, 두 개의 소규모 직원 단체, 전산실 직원, 법률 고문은 바로 사장에게 보고했다.


## □ prodigal
[prádigəl]

adj. 낭비하는

Whereas John's father is thrifty, he is a bit **prodigal**.

존의 아버지는 검소한 반면, 그는 좀 낭비한다.


## □ qualification n. ① 자격 부여 ② 능력, 자질
[kwàləfəkéiʃən]

In true Celtic fashion, physical strength and absence of blemish would be the **qualification** of a king.

진정한 켈틱 방식에서, 체력과 무결점은 왕의 자격이 되곤 했다.

qualify v. ~에게 자격(권한)을 주다, 적격(적임)이다


## □ recommend v. ① 추천하다 ② 권고하다
[rèkəménd]

For a number of reasons, therefore, planners may **recommend** that growth should be channelled into selected settlements.

그러므로 많은 이유들 때문에, 입안자들은 선택된 합의안에 성장이 집중해야 한다고 권고할 것이다.

## recruit
[rikrúːt]

v. (회사 등에서) 직원을 모집[채용]하다  n. ① 신입 회원 ② 신병

The 10-player team is **recruited** from a student body of 96, only 42 of which are girls.

10명의 선수들이 뛰는 그 팀은 96명의 재학생 전원에서 모집되었는데 그중 42명만이 여자였다.

recruitment n. ① 신입 사원 모집 ② 신병 징모

## remuneration
[rimjúːnəréiʃən]

n. ① 급료, 봉급 ② 보답, 보상

Petitions to the Admiralty for **remuneration** for his discovery brought nothing.

그의 발견에 대한 보상을 요구하며 해군본부에 보낸 청원서는 어떤 것도 가져 다주지 못했다.

## requirement
[rikwáiərmənt]

n. 자격 요건, 요구

Some applicants who meet the **requirements** are rejected because they write for the same market as an existing member.

자격 조건들을 충족시키는 몇 명의 지원자들은 기존 구성원과 같은 분야에 지원을 했기 때문에 거절당했다.

## resign
[rizáin]

v. 사임[사직]하다(= step down)

He will **resign** if he is forced to accept an unrealistic budget he can not commit to.

만약 그가 책임질 수 없는 비현실적인 예산을 받아들여야 한다면 그는 사임할 것이다.

resignation n. ① 사임, 사직 ② 사표 ③ 포기, 체념

## resume
[rizúːm]

n. 이력서  v. 재개하다, 다시 시작하다

He gave a **resume** of the year's work and wished the Society another successful year.

그는 그 해 업무에 관한 개요를 주었고, 그 협회가 또 다른 성공적인 해를 나기를 바랐다.

## □ retire
[ritáiər]

v. 퇴직[은퇴]하다

Soccer players generally **retire** when they become mid-thirty.
축구 선수들은 일반적으로 그들이 삼십 대 중반이 되면 은퇴한다.
**retiree** n. 퇴직자  **retirement** n. 퇴직

## □ sick leave

병가

I could take the afternoon off from work as **sick leave**.
나는 병가로 오후 근무를 쉴 수도 있어.

## □ strike
[stráik]

n. 동맹파업

In the long run, the outcome of the Delphi Chassis **strike** could be less important than the walkout itself.
긴 안목으로 보면, Delphi Chassis 파업의 결과가 작업 중단 그 자체보다 덜 중요할 수 있다.
**union** 노조

## □ superior
[səpíəriər]

n. ① 상관 ② 선배  adj. ~보다 높은, 상급의

Like the new managers, most **superiors** emphasized that the manager was the one with formal authority and decision-making responsibility.
새로운 매니저들처럼 대부분의 상관들은 공식적 권위와 의사결정의 책임을 가진 사람이 바로 매니저임을 강조했다.

I assure that this product is **superior** in quality.
이 제품이 질적으로 상급임을 확신합니다.
**superiority** n. 우월
**be superior to** 보다 우월하다  **be inferior to** 보다 열등하다  **be equal to** 동등하다

## □ temporary
[témpərèri]

adj. ① 임시의 ② 일시적인  n. 임시 고용인

It was supposed to be **temporary**, but we used it for many months.
그것이 일시적일 것이라 했지만, 우리는 몇 달간 그것을 사용했다.

## □ union
[júːnjən]

n. ① 노동조합 ② 결합, 연합 ③ 국가연합, 연방

She tried to get into the matter of trade **unions**.

그는 노동조합들의 문제를 다루려고 노력했다.

## □ wage
[wéidʒ]

n. 임금

As capital moves to low-**wage** areas, the employment rate tends to rise, and wages are pushed up.

자본이 임금이 적은 지역으로 이동하면서, 고용률이 증가하는 경향이 있고, 임금은 올라간다.

**be inclined to V** 하는 경향이 있다  **upturn** 상승세

## □ workforce
[wɔ́ːrkfɔːrs]

n. ① 노동 인력 ② 전 종업원

The four groups produce a highly skilled **workforce** that no institution could develop on its own.

네 그룹들은 어떤 기관도 자력으로 개발할 수 없었던 매우 숙련된 노동인력을 생산한다.

# Testing Ground

**01.** The Korean soccer team has enough _____ ball-manipulators to defeat Iran.

(a) adapt              (b) adopt              (c) adept

**02.** North Korea's ailing dictator Kim Jong-il _____ his youngest son a four-star general on Tuesday.

(a) appointed          (b) elected            (c) decided

**03.** The U.S. State Department has _____ Hezbollah as Foreign Terrorist Organizations.

(a) designed           (b) designated         (c) desired

**04.** Our study shows that a virus can also adapt it to _____ the immune response.

(a) erode              (b) erupt              (c) evade

**05.** Also remember that people who get an old age _____ have special housing subsidies available to them.

(a) benefit            (b) allowance          (c) pension

**06.** Calculate your recommended daily protein _____ and protein intake based on your ideal body weight.

(a) options            (b) responsibility     (c) requirements

**07.** Many people choose to _____ when they are eligible for private or public pension benefits.

(a) retain             (b) retire             (c) retail

**08.** More than 1.3 million government nurses, teachers, and office workers went on _____ in South Africa on Wednesday, pushing for higher wages.

(a) construction      (b) application      (c) strike

**09.** By law, employers must pay at least the minimum _____.

(a) fee      (b) fare      (c) wage

**10.** The _____ in the age group capable of supplying the most productive labor for goods and services has been shirinking.

(a) workforce      (b) force      (c) workload

**01.** 한국 축구 대표팀에는 이란 대표팀을 이기기 위한 충분히 숙련된 선수들이 있다.

**02.** 화요일에 북한의 쇠약해진 독재자 김정일은 그의 가장 어린 아들을 4성 장군에 임명했다.

**03.** 미 국무부는 외국 테러 집단으로 헤즈볼라를 지명했다.

**04.** 우리의 연구는 바이러스가 면역반응을 피하기 위해 그것에 맞게 반응할 수도 있다는 것을 보여 준다.

**05.** 또한, 노령연금을 받는 사람들은 그들에게 지급 가능한 특별 주택 보조금을 받을 수 있다는 사실을 기억하세요.

**06.** 당신의 표준 체중에 기반하여 일일 권장 단백질 소요량과 필수 단백질 섭취량을 계산해 보십시오.

**07.** 많은 사람들이 그들이 사적, 공적 연금 혜택을 받을 수 있는 자격이 되면 은퇴하는 것을 선택한다.

**08.** 수요일, 남아공에서는 급료 인상을 위해 130만 보다 훨씬 많은 정부 간호사, 교사 그리고 사무직원들이 파업했다.

**09.** 법적으로 고용주들은 최소 임금을 지불해야만 한다.

**10.** 제품이나 서비스에서 가장 생산성 높은 노동력을 제공할 수 있는 연령대의 인력이 줄어들고 있다.

answer   01. (c)   02. (a)   03. (b)   04. (c)   05. (c)   06. (c)   07. (b)   08. (c)   09. (c)   10. (a)

# Expression for **TEPS VOCA**

1. 여기서 드시겠습니까, 아니면 포장해 드릴까요?
   Is this for here or to go?

2. 그가 빨간 불일 때 달렸어. / 그가 신호를 위반했어.
   He ran a red light.

3. 그는 중태예요.
   He is in critical condition.

4. 좋은 생각이 났어.
   I came up with a great idea.

5. 한숨도 못 잤어요.
   I couldn't sleep a wink.

6. 너무나 즐거운 시간을 보냈어.
   I had a ball.
   I had the time of my life.

7. 나 녹초가 됐어.
   I'm dead tired.
   I'm worn out.
   I'm wiped out.
   I'm beat.
   I'm bushed.
   I'm burned out.

- **reside in(= inhabit)** 거주하다
There are many Koreans reside in Japan these days.
요즘엔 일본에 거주하는 한국인들이 매우 많다.

- **iron out** (문제를) 해결하다, 결론을 도출하다
We have to iron out major issues first.
우리는 중요한 문제부터 먼저 해결해야 한다.

- **figure out** (곰곰이 생각하여) 알아내다
The most important thing is that we should figure out what is wrong with our report.
내가 생각하기에 가장 중요한 일은 우리의 보고서에 무엇이 문제인가를 찾아내는 것이다.

- **go up** (수치가) 늘다; (값이) 오르다
The price will go up incessantly unless we take action for that.
우리가 그것에 조치를 취하지 않는다면 그 가격은 계속해서 오를 것이다.

- **make up one's mind** 마음을 정하다
I can't make up my mind without Ted. I need him!
Ted 없이는 결정할 수 없어. 그가 필요해!

- **be over** 끝나다
I think this class will be over in about an hour.
내 생각에 수업이 한 시간 정도 후에 끝날 것 같아.

- **throw out** 버리다, 없애다
I think your mom threw them out as she had warned you the other day.
내 생각엔 선에 너희 엄마가 요전에 경고했던 대로 그것들을 내다 버리신 것 같아.

- **see to it that** ~하도록 하다, 조치하다
See to it that the problem is worked out as soon as possible.
문제가 가능한 한 빨리 해결되도록 조치해 주십시오.

## ☐ abolish
[əbáliʃ]

v. 폐지하다(= revoke)

Many countries have **abolished** the death penalty in either law or practice.
많은 국가들이 법적 또는 관습적으로 사형 제도를 폐지했습니다.

do away with(= get rid of, eradicate, eliminate, root out) ~을 없애다, 폐지하다, 제거하다

## ☐ abundance
[əbʌ́ndəns]

n. 풍부함(= profusion)

There was an **abundance** of water at the Han river.
한강에는 물이 넘쳐났었다.

## ☐ accompany
[əkʌ́mpəni]

v. 동반하다(= companion)

The thunderstorm was **accompanied** by the typhoon.
태풍과 함께 뇌우가 동반되었다.

## ☐ affirm
[əfə́:rm]

v. 긍정하다, 단언하다

It says in the newspaper that the Supreme Court has **affirmed** the lower court's ruling.
신문에서 대법원이 하급법원의 판결에 확정 판결을 했다고 보도한다.

affirmative adj. 긍정적인

## ☐ aim
[eim]

v. 목표하다(= attempt)

Study hard if you **aim** for success.
성공하려면 열심히 공부해라.

At the discussion, Rosemary took **aim** at racism, class struggle, and imperialism.
토론에서, Rosemary는 인종주의, 계급투쟁, 그리고 제국주의를 비판했다.

## ☐ ambivalent
[æmbívələnt]

adj. 상반된 감정이 공존하는(= mixed)

Today is a morally **ambivalent** age.
현대는 도덕적으로 상반된 감정이 공존하는 시대이다.

## antidote
[ǽntidòut]

n. 치료법, 해독제(= remedy)

There are some **antidotes** to the poison.
그 독에는 몇 가지 치료법이 있다.

## apt
[ǽpt]

adj. ① ~하는 경향이 있는(= inclined) ② 적당한(= appropriate)

She is **apt** to exaggerate things.
그녀는 상황을 과장하는 경향이 있다.

I shopped around to find a dress **apt** for the party.
나는 파티에 어울리는 드레스를 찾기 위해 가게를 돌아다녔다.

## astonish
[əstániʃ]

v. 놀라게 하다(= astound)

He was **astonished** at her words.
그는 그녀의 말에 놀랐다.

## attest
[ətést]

v. 입증하다(= confirm)

He **attested** to the fake of the china.
그는 그 도자기가 가짜임을 입증했다.

## attributed to

~에서 기인한(= explained by)

She **attributed** her longevity **to** well-being food.
그녀는 자신의 장수의 원인을 좋은 음식 덕분이라 생각했다.

## bewilder
[biwíldər]

v. 어리둥절하게 만들다, 당황하게 하다

The teacher was **bewildered** by his reaction during the class.
그 선생님은 수업시간 동안에 그의 반응 때문에 당황했다.
bewilderment n. 어리둥절함

## camouflage
[kǽmuflà:ʒ]

v. 감추다(= conceal)  n. 위장

He **camouflaged** the traps with leaves.
그는 나뭇잎으로 함정을 감추었다.

# ☐ communicate v. 의사소통하다, 전달하다, 통신하다
[kəmjú:nəkèit] (= make oneself understood)

Many mothers find it difficult to **communicate** with her teenage sons.
많은 어머니들은 십대인 아들과 의사소통하는 것을 어려워한다.

# ☐ crucial
[krú:ʃəl]

adj. 중대한(= vital)

Vitamins are **crucial** for our body.
비타민은 우리 몸에 중요하다.

Telecommunications play a **crucial** role in information technology.
통신은 정보 기술에 중요한 역할을 한다.

# ☐ detrimental
[dètrəméntl]

adj. 해로운(= harmful)

However, too much or little anxiety will always affect any performance in a **detrimental** way.
하지만, 지나치게 긴장을 하거나, 긴장을 하지 않는 것은 항상 수행 능력에 해로운 영향을 미친다.

# ☐ diffuse
[difjú:z]

v. 퍼지게 하다, 보급하다

The wind quickly **diffused** any toxic vapors that may have leaked out.
유출되었을지 모를 유독성 증기를 바람이 빠르게 퍼뜨렸다.

diffusion n. 유포, 보급

# ☐ duplicate
[djú:plikət]

v. 복사하다(= imitate)

He **duplicated** that report for me.
그는 나한테 그 보고서를 복사해 주었다.

# ☐ entirely
[entáiərli]

adj. 완전히(= thoroughly)

Though that accident wasn't **entirely** her fault, she continued to blame herself.
그 사고는 완전히 그녀의 잘못은 아니었지만, 그녀는 계속해서 자책했다.

## □ equivalent
[ikwívələnt]

adj. 동등한(= even)

All cultures are **equivalent**.
모든 문화는 동등하다.

---

## □ equivocally
[ikwívəkəli]

ad.애매하게(= ambiguously)

When I asked him where he was yesterday, he answered me **equivocally**.
어제 어디 있었냐고 내가 그에게 물었을 때, 그는 나에게 애매하게 대답했다.

---

## □ eradicate
[irǽdəkèit]

v. 근절하다(= eliminate)

Racism can be hard to **eradicate**.
인종차별주의는 근절하기 힘들 수 있다.

---

## □ extraordinary
[ikstrɔ́:rdənèri]

adj. 비범한(= exceptional)

I have never seen such an **extraordinary** performance.
나는 그렇게 굉장한 공연을 본 적이 없다.

---

## □ fulfill
[fulfíl]

v. ① 이행하다, 실행하다 ② 만족시키다

You should give more detailed answers if you are to **fulfill** the examiner's expectations.
당신이 채점관의 기대치를 만족시키려면 더 구체적인 답변을 해야 합니다.

fulfillment n. 이해, 실행

---

## □ hamper
[hǽmpər]

v. 방해하다

The police's work is **hampered** by people who file false complaints.
거짓 고소를 한 사람들 때문에 경찰 업무가 방해받았다.

---

## □ have nothing to do with
~와 관계가 없다(= be not related to)

I **have nothing to do with** this crime.
나는 이 범죄와 관계가 없다.

## imperative
[impérətiv]

adj. 반드시 해야 하는, 명령적인

It was **imperative** that she should reach the party before he did.
그가 도착하기 전에 그녀는 그 파티에 반드시 먼저 도착해야 했다.

## indigenous
[indídʒənəs]

adj. 토착의(= aboriginal)

Kimchi is one of the **indigenous** foods of Korea.
김치는 한국의 고유의 음식 중에 하나이다.

## inhibit
[inhíbit]

v. 억제하다(= hinder)

The law **inhibits** people from smoking at bus stop.
버스 정류장에서의 흡연은 법적으로 금지된다.

## intimate
[íntəmit]

adj. 친숙한(= familiar)

I was on **intimate** terms with her.
나는 그녀와 친숙한 사이였다.

This allows suppliers to develop an **intimate** knowledge of customer needs and wants.
이것은 공급자들이 고객의 요구에 대해 잘 알 수 있도록 해 준다.

have an intimate knowledge of sth ~에 대해 잘 알고 있다

## lucid
[lú:sid]

adj. 명료한(= distinct)

He gave me a **lucid** explanation.
그는 나에게 명료한 설명을 해 주었다.

## magnificent
[mægnífəsnt]

adj. 굉장히 멋진(= splendid)

I have a **magnificent** garden.
나는 굉장히 멋진 정원을 가지고 있다.

## milestone
[máilstòun]

n. 획기적인 사건(= important event)

The accident was **milestone** in his life.
그 사고는 그의 인생에 있어서 중요한 일이었다.

## perceive
[pərsíːv]

v. 알아차리다(= discern)

She **perceived** a change in my attitude.
그녀는 내 태도의 변화를 알아차렸다.

## perplex
[pərpléks]

v. 당황하게 하다

She didn't smile and this **perplexed** me because I knew she liked my dog.
그녀는 웃지 않았고 나는 그녀가 우리 강아지를 좋아한다는 것을 알고 있었기 때문에 그녀가 웃지 않은 것에 당황했다.

perplexity n. 당혹감

## preoccupied
[priːákjupàid]

adj. 몰두한(= absorbed)

I am **preoccupied** with mathematics these days.
나는 요즘 수학에 몰두하고 있다.

## reassure
[rìːəʃúər]

v. 안심시키다

I continuously tried to **reassure** her that she had made the right decision in turning down the job.
나는 그녀가 그 직업을 거절했을 때 올바른 결정을 한 것이라고 계속해서 그녀를 안심시키려 노력했다.

## reckon
[rékən]

v. 계산하다, ~라고 생각하다

This hotel is **reckoned** to be one of the best in my country.
이 호텔은 우리나라에서 가장 좋은 호텔 중 하나라고 여겨진다.

## □ reinforce
[rìːinfɔ́ːrs]

v. 강화하다(= strengthen)

Troops will be sent to **reinforce** the public order of the country.

그 나라의 사회 공공질서를 강화하기 위해 군대가 보내질 것이다.

## □ render
[réndər]

v. ~가 되게 하다(= make)

A number of people were **rendered** homeless by the tornado.

많은 사람들이 토네이도로 인해 집을 잃었다.

## □ reside in

거주하다(= dwell)

I grew up in England but now I **reside in** Korea.

나는 영국에서 자랐지만 지금은 한국에서 살고 있다.

## □ rife with

가득 찬(= full of)

Africa history is **rife with** invasion.

아프리카 역사는 침략으로 얼룩져 있다.

## □ scrutinize
[skrúːtənàiz]

v. 면밀히 조사하다, 응시하다

For example, unlike the United States, mergers should be very closely **scrutinized**.

예를 들면, 미국과 다르게 합병은 매우 철저하게 조사되어져야 한다.

scrutiny n. 면밀한 조사, 응시

## □ sedentary
[sédntèri]

adj. 움직이지 않는(= stationary)

He should start working out some exercise because his lifestyle is too **sedentary**.

그는 너무 움직이지 않는 생활방식을 가지고 있기 때문에 운동을 시작해야만 한다.

## □ stipulation
[stípjuléiʃən]

n. 조건(= requirement)

That **stipulation** was removed last year, and the number of complaints decreased significantly.

그 조건은 작년에 제거되었고, 그 후에 많은 불평들이 눈에 띄게 감소했다.

## ☐ succinct
[səksíŋkt]

adj. 간결한(= concise)

He said that the report should be **succinct**.
그는 보고서가 간결해야만 한다고 말했다.

## ☐ surpass
[sərpǽs]

v. ~보다 뛰어나다, 우월하다(= outdo)

An analysis of landfills shows that thrown away food far **surpasses** plastics in volume.
매립지에 대한 분석은 버려진 음식물쓰레기의 양이 플라스틱의 양보다 훨씬 많다는 것을 보여준다.

## ☐ tailored
[téilərd]

adj. 맞추어진(= adapted)

His lecture's level is **tailored** to his audience.
그의 강연 수준은 청중에 맞추어져 있다.

## ☐ thereby
[ðɛ̀ərbái]

adv. 그것에 의하여(= as a result of that)

Regular exercise strengthens the body, **thereby** reducing the risk of illness.
규칙적인 운동은 몸을 튼튼하게 해 주고, 그 결과로 병에 걸릴 위험을 감소시킨다.

## ☐ transcend
[trænsénd]

v. 초월하다(= go beyond)

A great music like Beethoven's **transcends** time and space.
베토벤의 음악과 같은 위대한 음악은 시간과 공간을 초월한다.

## ☐ trigger
[trígər]

v. 일으키다(= initiate)

Stress can **trigger** many sickness.
스트레스는 많은 질병을 일으킬 수 있다.

## ☐ wane
[wéin]

v. 감소하다, 쇠퇴하다(= decrease)

The actor was beginning to **wane**.
그 배우는 잊혀지기 시작했다.

**01.** The farmers' cooperative has protested a government plan to
_____ import duties on staple foods, saying it will damage the
country's economy.

(a) astonish      (b) abound      (c) abolish

**02.** The hospitalis are developing strategies to overcome challenges that
may _____ government policy changes.

(a) accompany      (b) company      (c) accomplish

**03.** She continues to _____ both doctors and the public with her
incredible recovery following the tragic shooting.

(a) astonish      (b) assume      (c) shun

**04.** Traditional personal _____ is limited in its function because it
lacks versatility; it can't just change colors or forms.

(a) celebrate      (b) ridicule      (c) camouflage

**05.** Are FTAs _____ to economic development or do they bring
about greater economic prosperity?

(a) detrimental      (b) deteriorate      (c) destructive

**06.** To _____ the original styles, sometimes people have to be
creative.

(a) duplicate      (b) complicate      (c) explicate

**07.** But she says the only way the problem will be _____ is by the
addition of more police.

(a) emancipated      (b) advocated      (c) eradicated

**08.** At least six _____ people were killed and 15 others injured in separate gunfights between rival tribal groups.

(a) indigenous          (b) ingredient          (c) ingenious

**09.** The coal ash will block enough sunlight to _____ photosynthesis, which is a major source of the ocean's dissolved oxygen.

(a) inherent          (b) inhabit          (c) inhibit

**10.** Anna and Claire have lived together at one period and have had an _____ relationship in the past but for some reason they've separated.

(a) intimate          (b) awkward          (c) sensitive

---

01. 농업협동조합은 기초 식품에 대한 수입세를 폐지하려는 정부 계획에 반대 시위를 해왔고, 그것이 국가 경제에 해를 입힐 것이라 말했다.

02. 병원은 정부 정책 변화를 동반할 수 있는 도전들을 극복하기 위한 전략을 개발하는 중이다.

03. 비극적인 총상 후에 그녀의 믿을 수 없는 회복력은 의사와 대중들을 계속해서 놀라게 한다.

04. 전통적인 개인 위장은 바로 색깔과 형태를 바꿀 수 없는 것과 같이 다양성이 부족하기 때문에 기능면에서 제한적이다.

05. 자유무역협정이 경제 발전에 해로울 것인가, 아니면 더 큰 경제적 번영을 가져다 줄 것인가?

06. 원래의 스타일을 따라 하기 위해서, 가끔 사람들은 창의적이어야 한다.

07. 하지만 그녀는 문제를 근절시킬 유일한 방법은 더 많은 경찰을 추가함으로써 이루어질 것이라고 말했다.

08. 라이벌 부족 간에 각각의 총격전으로 인해 적어도 6명의 원주민이 사망했고, 15명이 부상을 입었다.

09. 석탄재는 대양의 용존 산소량의 주요 근원이 되는 광합성을 막을 만큼 충분히 햇빛을 차단할 것이다.

10. Anna와 Claire는 어느 시기에 함께 살았고, 과거에 친밀한 관계를 가졌지만, 어떤 이유로 갈라섰다.

answer  01. (c)  02. (a)  03. (a)  04. (c)  05. (a)  06. (a)  07. (c)  08. (a)  09. (c)  10. (a)

# Expression for **TEPS VOCA**

1. 점점 상황이 나아지고 있어.
   Things are looking up.
   Things are picking up.

2. 갈 준비 다 됐다.
   We're all set to go.

3. 뭐 하느라 오는 데 이렇게 오래 걸렸어?
   What took you so long?
   What's taking you?
   What's keeping you?

4. 녹차 좀 드시겠어요?
   Would you care for some green tea?
   Would you like some green tea?

5. 익숙해질 거야[요령을 익히게 될 거야].
   You'll get the hang[knack] of it.

6. 일리가 있네요.
   You've got a point there.

7. 기운 내세요.
   Cheer up.
   Come on.
   Snap out of it.

· **count me in[out]** 나 좀 끼워 줘[빼 줘]
I want you to count me out the deal since it is too dangerous.
그 거래는 너무 위험하니 난 빼 줬으면 좋겠어.

· **work out** 운동하다
To keep in shape, I work out everyday and do not overeat.
몸매를 유지하기 위해서, 나는 매일 운동하고 과식하지 않는다.

· **feed on** ~을 주식으로 먹다
Hyenas feed on leftovers of other animals.
하이에나는 다른 동물들이 먹다 남긴 찌꺼기를 먹고 산다.

· **chip in** 돈을 추렴하다, 기부하다
If all students chip in, we can buy a good present for the teacher.
모든 학생들이 조금씩 돈을 모으면, 우리는 선생님께 좋은 선물을 사 드릴 수 있다.

· **pay attention[heed] to** 주의하다
I want you guys to pay attention to me.
나는 당신들이 나에게 주목해 주었으면 합니다.

· **turn in(= hand in, submit)** 제출하다
Jane is still in the library because she is expected to turn in her paper by
tomorrow.
Jane은 내일까지 보고서를 제출해야 하기 때문에 아직까지도 도서관에 있다.

· **put on** 입다
It's cold outside, put on your coat!
밖에 춥다, 코트 입고 가렴!

· **show up(= appear)** 나타나다
Even if I don't show up, he can never know the reason.
내가 나타나지 않더라도 그는 절대 이유를 알 수 없을 것이다.

## □ accumulate
[əkjúːmjəlèit]

v. 모으다(= compile)

I can't understand how we've managed to **accumulate** so much junk!
우리가 이렇게 많은 쓰레기를 어떻게 모을 수 있었는지 이해할 수 없다!

## □ acquisition
[ækwəzíʃən]

n. 획득(= procurement)

Mergers and **acquisitions** are often decided by two or three people.
기업 인수 합병은 종종 두 사람이나 세 사람에 의해 결정이 된다.

## □ adhere
[ædhíər]

v. 고수하다(= stick)

Peeling old paint have be scraped away so that new paint will **adhere**.
새 페인트를 칠하기 위해서 오래된 페인트를 벗겨냈다.

## □ adjacent
[ədʒéisənt]

adj. 인접한(= nearby)

Areas **adjacent** to the nuclear facility were found to have high levels of radioactivity.
핵시설 인근 주변에서 높은 수준의 방사능이 있는 것으로 발견되었다.

## □ agriculture
[ǽgrikʌ̀ltʃər]

n. 농업(= farming)

Local wildlife and **agriculture** are likely to be badly affected.
지역의 야생동물과 농업은 나쁜 영향을 받을 것 같다.

## □ amass
[əmǽs]

v. 모으다(= accumulate)

During the course of her lifetime, Mrs. Brook **amassed** over $7 million.
일생 동안, 브룩 여사는 70만 달러 이상을 모았다.

## annihilate
[ənáiəlèit]

v. 전멸시키다(= abolish)

The virus had **annihilated** all those who are in the areas near the city.
그 바이러스는 도시 주변의 지역에 있는 모든 사람들을 전멸시켰었다.

## apparent
[əpǽrənt]

adj. ① 명백한(= obvious) ② 외견상(= seeming)

It seems that there is no **apparent** connection between the murders.
살인들 사이에 어떤 명백한 연결고리도 없는 것처럼 보인다.

## arise from

~에서 기인하다(= originate from)

Low achievement at school often **arises from** poverty and bad social conditions.
학교에서 낮은 성취율은 종종 가난과 나쁜 사회적 상황에서 기인한다.

## associated
[əsóuʃièitid]

adj. 연관된(= correlated)

Output will be **associated** with an increase in both scale and diversity.
결과는 규모와 다양성 모두의 증가와 연관이 있을 것이다.

## at the expense of  ~의 비용[대가]으로(= at the cost of)

Some countries may make use of automation to improve their international competitiveness, sometimes **at the expense of** other countries.
몇몇 국가들은 그들의 국제적 경쟁력을 높이기 위해 자동화를 이용할 수도 있는데, 때때로 이는 다른 국가의 희생으로 이루어질 수도 있다.

## banish
[bǽniʃ]

v. 추방하다(= expel)

Government regulation did not end inequality or **banish** corporate influence in politics.
정부 규제는 불평등을 없애주지도 않았고, 정치에서 기업의 영향을 없애주지도 않았다.

## □ be at odds with ~와 불화하다(= disagree with)

The government decision to raise taxes is to **be at odds with** their policies on inflation.
정부의 세금 인상 결정은 인플레이션에 대한 그들의 정책과 일치하지 않는다.

## □ breeding
[bríːdiŋ]

n. 번식(= reproduction)

It is not only the **breeding** pair that occupies the territory around a nest.
그것이 둥지 주변의 영토를 차지하면서 새끼를 기르는 유일한 한 쌍이 아니다.

## □ bring about 초래하다(= cause)

Indeed, the expectation of such misfortunes quickly **brings** them **about**.
정말로, 그런 불운에 대한 예상이 바로 불운을 초래한다.

## □ chronically
[kránikəli]

adv. 만성적으로(= constantly)

Research and technology are said to be **chronically** underfunded.
연구와 기술은 만성적인 자금 부족 상태라고들 한다.

## □ coincide
[kòuinsáid]

v. 동시에 일어나다

I had to cancel our lunch date, because it **coincided** with my hospital appointment.
병원 예약과 겹쳤기 때문에 우리 점심 데이트를 취소해야만 했다.

## □ comprehensive adj. 포괄적인(= complete)
[kàmprihénsiv]

The factory was given a **comprehensive** safety inspection five months ago.
그 공장은 5달 전에 광범위한 안전 검사를 받았다.

## conserve
[kənsə́:rv]

v. 보존하다(= preserve)

The structure makes clear why some kinds of residues are highly **conserved**.

그 **구조물**은 어떤 종류의 잔여물들이 아주 잘 보존된 이유를 밝혀 준다.

## conspicuous
[kənspíkjuəs]

adj. 뚜렷한(= prominent)

Since living in a small country town, and Lauren looked very **conspicuous** in her fashionable New York clothes.

작은 시골 마을에 살기 때문에, 유행을 따르는 뉴욕의 옷을 입은 로렌은 매우 튀어 보였다.

## crack down

~을 엄히 단속하다(= enforce laws)

The U. S. Department of Labor has **cracked down** on wage violations in the last decade.

미국 노동부는 지난 10년간 임금 위반들에 관해서 엄격히 단속해 오고 있다.

## crop up

나타나다(= emerge)

I couldn't just understand how such a number of problems **cropped up** in that short time.

그 짧은 시간에 어떻게 그렇게 많은 문제들이 일어날 수 있는지 이해가 되지 않을 뿐이다.

## debris
[dəbrí:]

n. 잔해(= remains)

As the summer vacation is over, the beach was littered with **debris**.

여름방학이 끝나자, 해변은 쓰레기들로 넘쳐났다.

## distinguish
[distíŋgwiʃ]

v. 구별하다(= tell apart)

A tiny baby soon learns to **distinguish** its mother's face from other adults' faces.

작은 아기는 곧 다른 어른들의 얼굴들과 엄마의 얼굴을 구별하는 것을 배운다.

## drawback
[drɔ́:bæ̀k]

n. 결점(= shortcoming)

One of the major **drawbacks** of being famous is that I can have little privacy.
유명해 지는 것의 가장 큰 단점 중 하나는 사생활을 거의 가질 수 없다는 것이다.

## emerge
[imə́:rdʒ]

v. 나타나다(= appear)

**Emerging** from the bathroom, he heard his wife speaking to someone at the front door.
욕실에서 나온 그는 그의 아내가 현관에서 누군가와 이야기하고 있는 것을 들었다.

Sexual harassment has recently **emerged** as a major issue.
성추행이 최근 주요 문제로 부각되었다.

## exaggerate
[igzǽdʒərèit]

v. 과장하다(= enlarge)

Newspapers tend to **exaggerate** their influence on the way people vote.
신문은 사람들이 투표를 하는 방식에 그들이 미치는 영향을 과장하는 경향이 있다.

## excel
[iksél]

v. 능가하다(= surpass)

Many parents put too much pressure on their children to **excel** in every group.
많은 부모들은 그들의 자녀들이 어떤 그룹에서건 뛰어나도록 지나친 압력을 주고 있다.

## exert
[igzə́:rt]

v. 발휘하다(= wield)

David is a young gentleman of talents, with an ambition to **exert** them.
David는 능력을 가진 점잖은 청년이고, 그 능력을 발휘할 야망을 가지고 있다.

## □ expedite
[ékspədàit]

v. 더 신속히 처리하다

We are very sorry for the delay and we are making every effort to **expedite** your order.

배송이 늦어셔서 내난히 죄송하며, 저희는 귀하의 주문을 더 신속하게 처리하기 위해서 모든 노력을 쏟고 있습니다.

## □ full-blown

완전한, 성숙한(= complete)

The drop in shares could bring about a **full-blown** crisis.

주식 하락은 완전한 위기를 야기할 수 있을 것이다.

## □ incinerate
[insínərèit]

v. 태우다(= burn)

Packaging waste is to be **incinerated** rather than buried in landfill.

포장 폐기물은 매립지에 묻히기보다 소각될 것이다.

## □ incorporate
[inkɔ́:rpərèit]

v. 통합하다(= integrate)

We have **incorporated** a users' guide with the software.

우리는 소프트웨어와 사용서 지침서를 통합했다.

## □ mumble
[mʌ́mbəl]

v. 웅얼거리다

Running over by the car, he **mumbled** a few words and lost consciousness.

차에 치인 후, 그는 몇 마디를 중얼거리더니 의식을 잃었다.

## □ ordinary
[ɔ́:rdənèri]

adj. 보통의, 평범한(= mundane)

The shares of **ordinary** insurers would be cheap.

일반 보험 회시들의 주식은 서념할 것이다.

## ☐ overlook
[òuvərlúk]

v. 간과하다, 못 본체하다

My teacher, Mrs. Johnson, tends to **overlook** any small faults the girls may have.

내 선생님이신 Johnson 부인은 여자아이들이 할 수 있는 작은 실수들을 못 본체 하는 경향이 있다.

## ☐ perpetual
[pərpétʃuəl]

adj. 끊임없이 반복되는, 빈번한

For many working mothers, balancing the demands of children and job is a **perpetual** challenge.

직업을 가진 많은 어머니들에게, 아이들이 바라는 것과 직장의 요구사항에 대한 균형을 이루는 것은 끊임없는 도전이다.

## ☐ pinnacle
[pínəkəl]

n. 정점, 절정

In just his sophomore year, he has already reached the **pinnacle** of his high school career.

고작 2학년일 때 그는 이미 고등학교 생활의 정점에 도달했다.

## ☐ refrain
[rifréin]

v. 삼가다, 중단하다(= cease)

Please **refrain** from smoking in the restaurant.

식당에서 흡연은 삼가 주세요.

## ☐ resort to

의지하다(= turn to)

Many homeless teenagers **resort to** stealing when their money runs out.

집이 없는 10대들의 상당수가 돈이 떨어지면 도둑질에 의존한다.

## ☐ significant
[signífikənt]

adj. 중요한(= essential)

Volunteer tutoring programs can have a **significant** impact on student achievement.

자원봉사 개인 지도 프로그램이 학생의 성취도에 큰 영향을 미칠 수 있다.

## ☐ stun
[stʌn]

v. 놀라게 하다(= daze)

They had only intended to **stun** the guard, to give them time to escape.
그들은 단지 도망갈 시간을 벌기 위해서 경비원을 놀라게 할 의도였다.

## ☐ suspend
[səspénd]

v. 연기하다(= postpone, procrastinate, defer)

All pay increases are to be **suspended** until further notice.
다른 공지가 있을 때까지 모든 임금 인상이 연기될 것이다.

## ☐ tangible
[tǽndʒəbl]

adj. 실질적인(= concrete)

He has no **tangible** evidence of Jim's guilt.
그는 Jim의 유죄에 대한 어떤 실질적인 증거도 가지고 있지 않다.

## ☐ thoroughly
[θə́ːrouli]

adv. 철저히, 완전히(= completely)

After 10-15 minutes, dry feet **thoroughly** and apply a massage cream or oil.
10분에서 15분 후에, 발을 완전히 말리고, 마사지 크림이나 오일을 바르세요.

## ☐ transparent
[trænspέərənt]

adj. 투명한

The plastic box is **transparent** so you can see what's inside without opening it.
그 플라스틱 상자는 투명해서 열지 않고도 안쪽에 무엇이 들어있는지 볼 수 있다.

## ☐ tremendous
[triméndəs]

adj. 엄청난(= colossal)

It was a **tremendous** thrill, meeting her in person.
그녀를 직접 만나니 엄청나게 떨렸다.

## ☐ underway
[ʌ̀ndərwéi]

adj. 진행 중인(= in progress)

Plans are **underway** to build a new theater in the city.
그 도시에 새로운 영화관을 짓는 계획이 진행 중이다.

# Testing Ground

**01.** You need to _____ much knowledge to be an expert of certain field.

    (a) accumulate        (b) pile              (c) build

**02.** The terror organization threatened to _____ the whole state, which was their trick to earn a lot of money.

    (a) expose            (b) kill               (c) annihilate

**03.** You need a _____ understanding of that book to take an exam, not just reading.

    (a) apprehensive    (b) comprehensive    (c) excessive

**04.** Space _____ is defined as the objects in orbit around Earth created by humans that no longer serve any useful purpose.

    (a) shuttle          (b) probe           (c) debris

**05.** Statistics show that some European countries have _____ from recession, showing positive growth this year.

    (a) emerged        (b) jumped        (c) advanced

**06.** I'm sure that he will _____ his ability in the real game even if he is struggling now.

    (a) expert          (b) exert           (c) exempt

**07.** Make a list of what you need to bring so you don't _____ anything.

    (a) overtake       (b) overall       (c) overlook

**08.** I was _____ by landscapes of Swiss and that's why I've recommended you to visit there.

(a) stunned (b) shunned (c) submitted

**09.** He _____ the judgment about the case because of his mother's death.

(a) suspended (b) prompted (c) proceeded

**10.** He is the most inspiring writer and has a _____ impact on my own work that I don't think I've written anything that hasn't quoted his work.

(a) trembling (b) tremendous (c) little

---

01. 어떤 분야의 전문가가 되기 위해서는 당신은 많은 지식을 축적해야 한다.

02. 그 테러 조직은 주 전체를 전멸시켜 버리겠다고 협박했는데, 그것은 많은 돈을 얻기 위한 그들의 전략이었다.

03. 그 시험을 보기 위해 너는 단순히 그 책을 읽는 것이 아니라 전체적인 이해를 하는 것이 필요하다.

04. 우주 잔해는 인간에 의해 만들어진, 더 이상 유용한 목적을 수행하지 않고 지구 주위를 공전하는 물체를 나타낸다.

05. 통계 자료에 따르면 몇몇 유럽 국가들은 올해 긍정적인 성장을 보이면서 경제 침체에서 벗어났다고 한다.

06. 나는 그가 비록 지금 어려움을 겪고 있더라도 실제 경기에서는 그의 능력을 발휘할 것이라고 믿는다.

07. 어떤 것도 빠뜨리지 않도록 당신이 가져 와야 할 것들의 목록을 만드세요.

08. 스위스에 갔을 때, 경치가 아름다워서, 나는 네가 그곳에 가보기를 추천해 주는 거야.

09. 그는 모친상으로 인해 그 사건에 대한 판단을 유보했다.

10. 그는 가장 많은 영감을 주는 작가이고, 내 작품에 큰 영향을 미쳐서 나는 그의 작품에서 인용하지 않고 쓴 것이 아무것도 없다고 생각한다.

# Expression for **TEPS VOCA**

1. 오늘은 여기까지 하죠.
   Let's call it a day[Let's call it quits].

2. 하자(조금 어려워도 그냥 해 버리자)!
   Let's go for it!

3. 조의를 표합니다.
   Please accept my sympathy.
   You have my sympathy.

4. 제 우편을 새로운 주소지로 보내 주세요.
   Please forward my mail to my new address.

5. 상사가 우리에게 화풀이해요.
   The boss is taking it out on us.

6. 친구 좋다는 게 뭐야?
   What are friends for?

7. 컴퓨터에 관한 한 Tom이 전문가야.
   When it comes to computers, Tom is an expert.

· **be hooked up to** (전선 등이) ~에 연결되다
Our low energy consuming electric boiler is hooked up to wireless Internet networks.
우리의 저 전력 전기 보일러는 무선으로 인터넷 네트워크에 연결되어 있다.

· **come over** 방문하다
Sometimes, Amy wants Bill to come over and study math together as he is very smart.
Bill이 매우 영리하기 때문에 Amy는 그가 때때로 집에 들러 함께 수학 공부하기를 바란다.

· **be in charge of** ~을 책임지다, 맡다
He wanted his manager to be in charge of the project A.
그는 그의 매니저가 프로젝트 A를 맡기를 원했다.

· **be supposed to** ~하기로 되어 있다
They were supposed to be finish the project two hours ago.
그들은 2시간 전에 그 프로젝트를 끝냈어야 했다.

· **point out** 지적하다
A number of politicians pointed out that the U.S. overlooked the rural market.
많은 수의 정치인들이 미국이 지방 시장을 간과했다고 지적했다.

· **make fun of** ~를 놀려 대다
I was afraid of my classmates making fun of how stupid I was.
나는 나의 학우들이 내가 바보 같다고 놀릴까 봐 두려웠다.

· **do a great job** 훌륭히 해내다
Even though it was very difficult, he did a great job solving the problem.
비록 그것이 매우 어려웠지만, 그는 훌륭하게 문제를 해결해냈다.

· **participate (in)** ~에 참여하다
Some teachers in our school are expected to participate in the festival.
우리 학교의 몇몇 선생님들이 축제에 참여할 예정이다.

## □ abortion
[əbɔ́:rʃən]

n. 낙태, 중절

**Abortion** opponents defended the centers as providing legitimate counseling and an alternative for women who don't want to have an **abortion**.
낙태 반대자들은 낙태를 원하지 않는 여성들에게 합법적인 상담이나 대안을 제공한다는 점에서 그 센터들을 옹호했다.

embryo(= fetus) 태아  pros and cons 찬반론
for and against 찬성과 반대

## □ abrasion
[əbréiʒən]

n. ① 찰과상 ② 마모

As Diana fell down, she has severe **abrasions** to the left cheek.
Diana는 넘어지면서, 왼쪽 볼이 심하게 긁혔다.

## □ abuse
[əbjú:z]

n. ① 남용, 오용 ② 학대  v. ① 남용하다, 오용하다 ② 학대하다

His adoptive mother and her boyfriend are charged with multiple counts of child **abuse** and neglect.
그를 입양한 어머니와 그녀의 남자친구는 다수의 아동 학대 죄목과 방치로 고발되었다.

As we get older, we may be **abused** by other authority figures—teachers, doctors or bosses.
나이가 들어가면서, 우리는 선생님, 의사, 또는 사장과 같은 다른 권위적인 인물들에 의해 학대당할지도 모른다.

## □ acupuncture
[ǽkjupʌ̀ŋktʃər]

n. 침술

Now, Americans know that **acupuncture** has an effect on relieving pain.
이제, 미국인들은 침이 고통을 완화하는 데 효과가 있다는 것을 안다.

## acute
[əkjúːt]

adj. 극심한, 급성의

In some countries in Africa food shortage is **acute**.
아프리카의 몇 개국에서 식량 부족 문제가 극심하다.

Generally, people are likely to assume that alcohol causes very **acute** diseases.
일반적으로 사람들은 알코올이 급성질환을 야기한다고 가정하는 것 같다.

## addiction
[ədíkʃən]

n. (마약 등의) 중독, 탐닉

The girl reported to police that her mother and brother often had fights over his gaming **addiction** and they quarreled severely late Monday night.
그 소녀는 경찰에게 그녀의 어머니와 남동생이 그의 게임중독과 관련해서 싸워 왔고 그들은 지난 월요일 밤에 심하게 다퉜다고 보고했다.

addict n. (약물 등의) 중독자  addictive adj. 중독(습관)성의

## ailment
[éilmənt]

n. 병

It is a common **ailment** for the senior citizens.
그것은 노인들에게는 일반적인 질병이다.

## amnesia
[æmníːʒə]

n. 기억상실증

Last year he had a car accident, and since then he is suffering from **amnesia**.
그는 작년에 자동차 사고를 겪은 후 계속해서 기억상실증으로 고통 받고 있다.

## anatomy
[əmǽtəmi]

n. 해부학

I have never had chance to take an **anatomy** class so this course excites me.
나는 해부학 수업을 들은 기회가 없었기 때문에, 이 과목이 나를 늘뜨게 만든다.

## □ anemia
[əníːmiə]

n. 빈혈

If you have fewer red blood cells, you may have **anemia**.
적혈구 수가 부족하다면, 당신은 빈혈에 걸린 것일지 모른다.

## □ anesthetic
[æ̀nəsθétik]

n. 마취제[약]

A needle is inserted between two of your vertebrae after a local **anesthetic** has been applied.
국소 마취 후에 바늘 하나가 두 개의 척추 뼈 사이에 삽입된다.

## □ ankle
[ǽŋkl]

n. 발목

He then jumped to avoid falling and broke his **ankle**.
그는 그때 떨어지지 않기 위해 점프를 했고 발목이 부러졌다.

sprain[twist, break] one's ankle 발목을 삐다, 부러지다
fall down 넘어지다

## □ antibiotic
[æ̀ntibaiátik]

n. 항생제

But the decision to give **antibiotics** to Yeltsin may have been precautionary and not indicative of his condition.
그러나 옐친에게 항생제를 준다는 결정은 예방 차원이었을 것이며, 그의 상태를 보여 주는 것은 아니었다.

## □ antiseptic
[æ̀ntəséptik]

n. 소독[방부]제

This week the school is collecting medical supplies, including plasters, vitamins and **antiseptics**.
이번 주 그 학교는 반창고, 비타민, 소독제를 포함하는 의료품을 모으고 있는 중이다.

## □ artery
[áːrtəri]

n. 동맥

After checkup, the doctor found one of the heart **arteries** is blocked.
건강검진 후에 그 의사는 심혈관중 하나가 막혔다는 것을 발견했다.

## ☐ artificial respiration 인공호흡

It is reasonable and prudent to expect all members of your Patrol and Troop to be proficient in **artificial respiration**.
순찰대와 군내의 모든 병력들이 인공호흡에 능숙하도록 요구하는 것은 합리적이고 신중한 것이다.

## ☐ assimilate
[əsíməlèit]

v. ① 소화하다 ② 동화하다[되다]

Like everyone else, they have had little choice but to **assimilate** into the dominant culture.
모든 다른 사람처럼, 그들은 주류 문화로 동화하지 않을 수 없었다.

assimilation n. ① (음식물의) 소화 ② 동화, 동화작용
assimilate into ~로 동화되다

## ☐ asthma
[ǽzmə]

n. 천식

Having severe **asthma** and you left it untreated, it can be life-threatening.
심각한 천식을 가지고 있는데 치료를 받지 않고 방치해 둔다면, 목숨을 위협할 수 있다.

## ☐ autism
[ɔ́ːtizm]

n. 자폐증

Children with **autism** need careful concern of people around them.
자폐증에 걸린 아이들은 주변 사람들의 세심한 관심이 필요하다.

## ☐ autopsy
[ɔ́ːtɑpsi]

n. 부검

According to the **autopsy**, it can be a murder, not an accident.
부검에 따르면, 그것은 사고가 아니라 살인일 가능성이 있다.

## ☐ bleed
[bliːd]

v. 피를 흘리다

A deep cut on her face was **bleeding** profusely.
그녀의 얼굴 위로 깊게 파인 상처에 피가 많이 흐르고 있었다.

## □ cardiologist
[kɑ̀:rdiɑ́lədʒist]

n. 심장전문의

You can be helped by your **cardiologist** by learning what is safe.
당신의 심장전문의에게 무엇이 안전한지 배움으로써 도움을 받을 수 있다.

## □ case
[kéis]

n. ① (질병, 부상) 사례, 환자 ② (법률) 소송, 소송 사건

In **cases** like this, the hospital has to be sold off to someone who can deal with the debt.
이와 같은 사례들에서 병원은 부채를 처리할 수 있는 사람에게 매각되어야만 한다.

case history 병력  medical history 병력
medical checkup 건강검진  as is often the case 종종 그렇듯이

## □ checkup
[tʃékʌp]

n. (종합) 건강진단

It's been three years since I had my last **checkup**.
나의 마지막 건강진단을 받은 지 3년이 지났다.

## □ chest
[tʃést]

n. 가슴

The gun is aimed directly at his **chest**.
그 총은 그의 가슴에 직접 조준되어 있다.

## □ chronic
[krɑ́nik]

adj. (병이) 만성의, 고질의(= prolonged[long lasting])

Australia is trying to cope with **chronic** water shortages and blackouts.
오스트레일리아는 만성적인 물 부족과 물 중단에 대처하기 위해 애쓰고 있다.

chronic fatigue 만성피로  chronic arthritis 만성 관절염

## ☐ clinic
[klínik]

n. ① 개인[전문] 병원 ② (의과대학병원 부속) 외래환자 진료소
③ (병원 내의) 과

Garry is one of several doctors who volunteer at the inner city **clinic**.

Garry는 도심 지역 병원에서 자원 봉사하는 여러 의사들 중 하나이다.

**clinical** adj. ① 진료소의 ② 치료[진찰]의

## ☐ complexion
[kəmplékʃən]

n. 안색

Her eyes were an astounding blue and her **complexion** was ruddy from a life spent mostly at sea.

그녀의 눈은 정말 파랬고 그녀의 안색은 바다에서 보낸 대부분의 삶으로 인해 불그스름했다.

**TIP** 사람의 얼굴을 알아보거나 인식할 때 사용되는 동사는 recognize이다.

## ☐ complication
[kàmpləkéiʃən]

n. 합병증

Without **complications**, she would have come home a week earlier.

합병증이 없었더라면, 그녀는 일주일 빨리 집에 올 수 있었을 것이다.

## ☐ conceive
[kənsíːv]

v. ① 임신하다 ② 생각하다

I don't believe an author could have **conceived** a more romantic first meeting.

나는 저자가 더 로맨틱한 첫 만남을 생각할 수 있었다는 것을 믿지 않는다.

The 40-year-old singer-actress claims the treatment reduced her stress levels deemed to be an important factor for women trying to **conceive**.

40살 가수이자 연기자인 그녀는 그 치료로 인해 임신을 시도하고 있는 여성에게 중요한 요소라고 간주되는 스트레스 수준이 줄었다고 주장한다.

**conception** n. ① 임신 ② 개념, 생각

## □ contagious

[kəntéidʒəs]

adj. (접촉, 공기에 의한) 전염성의

Chicken pox is a highly **contagious** disease.
수두는 전염성이 매우 심한 질병이다.

contagion n. 전염, 감염
contain the disease[virus / emotion] 질병[바이러스 / 감정]을 억제하다
contain 동사가 질병, 화재, 감정 등과 사용되면 의미는 '억제하다' 라는 의미로 사용

## □ contraception    n. 피임(법)(= birth control)

[kɑ̀ntrəsépʃən]

Despite the myths about reproduction and **contraception**,
contraceptive use has increased significantly in recent years.
생식과 피임에 대한 미신에도 불구하고, 피임약 사용은 최근에 상당히 증가했다.

contraceptive n. 피임약[기구]

## □ cramp

[krǽmp]

n. 쥐, 경련

He pulled his toes backwards, hard, to ease the **cramp**.
그는 경련을 줄이기 위해 발가락을 뒤쪽으로 세게 잡아당겼다.

## □ cripple

[krípl]

n. 다리를 저는 사람

He says it's sad that the thieves are so cowardly that they
can't face a **cripple**.
그는 그 도둑들이 너무 겁이 많아서 불구자를 마주 볼 수 없었다는 사실은 슬
픈 것이라고 말했다.

crippled adj. ① 다리를 저는 ② 불구의
the disabled(= the physically challenged, the handicapped)
장애인들  the dead 귀먹은 사람들  the elderly 노인들  the rich 부유한
사람들  the poor 가난한 사람들  the absent 부재 중인 사람들
the deceased 고인

## □ diabetes

[dàiəbíːtis]

n. 당뇨병

Being diagnosed with **diabetes** last year, he started to adjust
the diet.
작년에 당뇨병 진단을 받은 후 그는 식단을 조절하기 시작했다.

## diagnose
[dáiəgnòus]

v. (병을) 진단하다

If cervical cancer is **diagnosed** in its early stages, it can be cured.

자궁경부암이 조기 단계에서 진단된다면, 치료될 수 있다.

diagnosis n. 진단

## digest
[didʒést]

v. ① (음식을) 소화하다, (지식 등을) 이해하다 ② 요약하다

n. 요약, 개요

You shouldn't go swimming until your food has had a chance to **digest**.

음식이 소화될 때까지 수영을 하러 가서는 안 된다.

digestion n. ① 소화[작용], 소화력

digestive adj. ① 소화의 ② 소화를 돕는

## disability
[dìsəbíləti]

n. ① 불구 ② 무능, 무력

Studies say exposure to loud continuous noise can cause learning **disabilities** and behavioral problems in children.

연구에 따르면 지속적인 소음에 대한 노출은 아이들에게 학습 장애와 행동 장애를 야기할 수 있다고 한다.

## disabled
[diséibəld]

adj. 신체장애가 있는, 불구의

About 70 percent of those elderly persons living with younger people are severely **disabled**.

어린 아이들과 살고 있는 노인들의 약 70퍼센트가 심각한 신체장애가 있다.

## dispensary
[dispénsəri]

n. 조제실, 약국

Other Volunteers carried out projects in hospitals or rural **dispensaries**.

다른 자원봉사자들은 병원과 시골 약국에서 프로젝트를 수행했다.

## ☐ **dizzy**
[dízi]

adj. 현기증 나는, 어지러운

By the time she had explained to Pepe what had happened she began to feel **dizzy** and steadily more nauseous.
그녀가 Pepe에게 일어났던 일을 설명했을 때 쯤 그녀는 어지러움을 느끼기 시작했고 계속해서 더 심한 메스꺼움을 느꼈다.

## ☐ **dose**
[dóus]

n. (복용하거나 투약하는) 양  v. 먹다, 투약하다

We found double the lethal **dose** in the kid's body.
우리는 그 아이의 몸에서 치사량의 두 배가 되는 복용량을 발견했다.

After surgery, the pain is so severe that he is heavily **dosed** with painkillers.
수술 후에 통증이 너무 심해서 그는 진통제를 많이 먹는다.

dosage n. (약의 1회분) 복용량, 투약량

## ☐ **epidemic**
[èpədémik]

n. ① 급속한 확산[유행] ② 유행[전염]병(= pandemic)

The **epidemic** had already taken a terrible toll in his country.
그 유행병은 이미 그의 나라에서 끔찍한 피해를 냈다.

outbreak (질병이나 전쟁의) 발병, 발생  the outbreak of World War II 2차 세계대전의 발발  cholera outbreak 콜레라 발병

## ☐ **fatal**
[féitl]

adj. 치명적인(= lethal[deadly])

The delay may be disappointing but is not **fatal**.
연착은 아마 실망스러울 것이지만 치명적이진 않다.

## ☐ **fatigue**
[fətíːg]

n. (심한) 피로, 피곤

Moreover, **fatigue** from untreated sleep apnea may lead to motor-vehicle accidents.
더욱이, 치료되지 않은 수면성 무호흡으로부터 오는 피로는 자동차 사고를 야기할 수 있다.

unwind(= relax) 긴장을 풀다, 휴식을 취하다

## fever
[fíːvər]

n. ① (의학적 이상 징후의) 열, 고열 ② 열광, 흥분(상태)

Dengue **fever** is a viral disease that is transmitted by a mosquito common to the southeastern United States and the tropics.

뎅기열은 미 남부 지역과 열대 지역에서 흔한 것으로 모기에 의해 전염되는 바이러스성 질환이다.

run a fever[temperature] 열이 나다

---

## fit
[fít]

adj. ① 건강한 ② 적합한  v. (의복 등이) 꼭 맞다, 적합하다

We might speculate that those with dementia would be less willing to participate in a research project than the mentally **fit**.

우리는 치매를 앓고 있는 사람들이 정신적으로 건강한 사람들보다 연구 프로젝트에 참여하려는 의지가 덜할 것이라고 추측할지도 모른다.

fitness n. ① 건강 ② 적합(성)
stay fit(= stay healthy, keep in shape) 건강을 유지하다
balanced diet 균형 잡힌 식단  intake 섭취량  low-fat 저지방

---

## frail
[fréil]

adj. 노쇠한, 연약한

Sleeping on the street, he looks very **frail** and old.

노숙을 하는 그 남자는 매우 노쇠하고 늙은 것 같아 보인다.

---

## genetic
[dʒinétik]

adj. 유전의, 유전학의

New **genetic** tests for other dread diseases are appearing almost every day.

다른 치명적인 질병들에 대한 새로운 유전자 검사들이 거의 매일 나타나고 있다.

gene n. 유전자  genetics n. 유전학(단수취급)

---

## germ
[dʒəːrm]

n. 병원균, 세균

Many of the **germs** that cause disease pass from our hands into our mouths.

질병을 야기하는 대부분의 세균들은 우리의 손에서 입으로 들어간다.

# Testing Ground

**01.** Though she was the most beautiful girl in her class, she looks older than her age now because of drug _____.

    (a) abuse           (b) maltreatment     (c) harassment

**02.** The doctor decided to pump him a full of painkillers because he suffered an _____ pain.

    (a) local            (b) acute             (c) chronic

**03.** If I had gone to the hospital with my mother for her _____ last year, she would have not die from cancer this year.

    (a) hospitalization     (b) treatment        (c) checkups

**04.** My son is a troublemaker. And that's the reason why I always suffer a _____ migraine.

    (a) chronic           (b) chronicle       (c) acute

**05.** She got over a cancer but died of _____ from cancer.

    (a) complexion      (b) complication     (c) complement

**06.** I was afraid of being forsaken when my mother _____ because I was an adopted child.

    (a) comprehended    (b) conceived      (c) concealed

**07.** Some germs, like the ones causing measles, are _____ that passed directly from person to person.

    (a) harmless        (b) inevitable      (c) contagious

**08.** Keeping blood sugar levels under control can prevent or minimize complications of _____.

(a) autism          (b) pneumonia          (c) diabetes

**09.** I felt like world was caving in when the doctor __ _____ my case as a cancer.

(a) diagnose          (b) designate          (c) consider

**10.** The disabled and _____ elderly will, of course, have special requirements.

(a) fail          (b) frugal          (c) frail

01. 그녀는 반에서 가장 아름다운 소녀였지만 그녀는 약물 남용으로 지금은 그녀의 나이보다 더 늙어 보인다.

02. 의사는 그가 극심한 통증에 시달렸기 때문에 진통제를 잔뜩 주사하기로 결정했다.

03. 만약 내가 작년에 어머니의 건강검진을 위해 함께 병원에 갔더라면, 그녀가 올해 암으로 돌아가시지 않았을 텐데.

04. 내 아들은 말썽꾸러기이다. 그리고 그게 바로 내가 언제나 만성 편두통으로 고생하는 이유다.

05. 그녀는 암을 이겨냈다. 그러나 암의 합병증으로 죽었다.

06. 나는 입양아였기 때문에 어머니가 임신했을 때 버림받을까봐 두려웠다.

07. 홍역을 유발하는 것과 같은 어떤 병균들은 전염성이 있어서 사람들 사이에서 직접적으로 전해진다.

08. 혈당을 조절 가능한 수위로 유지하는 것은 당뇨병의 합병증을 막거나 최소화시켜 줄 수 있다.

09. 의사가 나의 병명이 암이라고 진단했을 때 마치 하늘이 무너지는 것 같은 기분이었다.

10. 장애인들이ㅏ 노쇠한 노인들은 당연히 특별한 요구조건들이 있을 것이다.

answer  01. (a)  02. (b)  03. (c)  04. (a)  05. (b)  06. (b)  07. (c)  08. (c)  09. (a)  10. (c)

# Expression for **TEPS VOCA**

1. 알 만한 사람이 왜 그래?
   You know better than that?

2. 그게 요즘 유행이에요.
   It's a fad these days.
   It's a thing these days.

3. 내 취향이 아니에요.
   It's not my taste.
   It's not my cup of tea.

4. 내 알람 시계가 울리지 않았어요.
   My alarm didn't go off.

5. 그래서 그녀와 연락이 안 됐구나.
   No wonder I couldn't get a hold of her.

6. 차를 길들여야 해.
   You should break in your car.
   The baseball glove is well broken in.

7. 이 연고를 바르세요.
   Apply this ointment.

· **distinguish A from B(= tell A from B)** 구분하다
The reason we are learning ethics is to distinguish right from wrong.
우리가 윤리를 배우는 이유는 옳은 것과 잘못된 것을 구분하기 위해서이다.

· **confuse A with B** ~을 혼동하다
Hanako always confuse a rice with a lice because she is foreigner.
Hanako는 외국인이기 때문에 언제나 쌀과 이를 혼동한다.

· **let someone down** 실망시키다
He let me down by breaking his appointment.
그는 그의 약속을 어김으로써 나를 실망시켰다.

· **be apt[likely, prone, inclined, disposed] to** ~하기 쉽다, ~할 경향이 있다
Television violence can be seen as something cool so that children may be apt to mimic.
텔레비전에서 나오는 폭력은 멋져 보일 수 있고, 그 결과 아이들이 쉽게 따라 할지도 모른다.

· **major in** ~을 전공하다
She finally decided to double major in Korean and English.
그녀는 마침내 한국어와 영어를 복수 전공하기로 결정했다.

· **get back** 돌아오다
I always imagine that I get back to my childhood.
나는 언제나 나의 어린 시절로 돌아가는 상상을 한다.

· **meet the need[deadline]** 요구[마감 기한]를 충족시키다
You should sell products which can meet the needs of our consumers.
당신은 우리 소비자의 요구를 충족시킬 수 있는 것을 팔아야 한다.

· **be at odds with** ~와 사이가 안 좋다
The opposition party is almost always at odds with the government party.
야당은 거의 언제나 여당과 사이가 좋지 않다.

## ☐ handicapped
[hǽndikæpt]

adj. 신체[정신]적 장애가 있는

Access to further and higher education has been unduly restricted for **handicapped** children and this should be improved.
더 높은 교육에 대한 접근이 장애가 있는 아이들에게 지나치게 제한되어 왔고 이것은 개선되어야만 한다.

## ☐ healthcare
[hélθkὲər]

n. 의료, 건강관리

Since I don't have sovereignty in Canada, I had to pay for **healthcare**.
나는 캐나다 주권이 없기 때문에, 의료보건을 위해 돈을 지불해야 한다.

## ☐ heredity
[hirédəti]

n. 유전, 유전적 형질

Other factors such as **heredity** and the physical environment play a major role as well.
유전이나 물리적 환경 같은 다른 요소들 또한 중요한 역할을 한다.
hereditary adj. ① 유전하는 ② 세습의, 물려받은

## ☐ hoarse
[hɔ́:rs]

adj. (감기 등으로 목소리가) 쉰

She now cannot speak for more than a short period without her voice becoming **hoarse** and has had to undergo extensive speech therapy.
그녀는 현재 쉰 목소리를 내지 않고서는 아주 짧은 시간 동안도 말할 수 없어서 집중언어치료를 받아야만 했다.

## ☐ holistic
[hóulìstik]

adj. 전체적인, (치료 등이) 포괄적인

I think his **holistic** approach is acceptable.
나는 그의 포괄적인 접근법이 수용할 만하다고 생각한다.

# hospitalization n. 입원

[hὰspitəlizéiʃən]

The injury was so severe that he was carried to the nearest city for **hospitalization**.
부상이 너무 심해서 그는 인접 도시의 병원으로 옮겨졌다.

I heard the news that my professor was admitted to a **hospital** last night.
교수님이 어젯밤에 입원했다는 소식을 들었다.

---

# hygiene

[háidʒiːn]

n. ① 위생학, 위생법 ② 위생

The Government hopes it will help councils enforce **hygiene** regulations.
정부는 그것이 의회가 위생법을 집행하는 데 도움이 되길 바란다.

---

# immunization n. 면역 v. 면역이 되게 하다(= immunize)

[ìmjunizéiʃən]

There is still no vaccine to **immunize** people against the virus.
그 바이러스에 대항하여 사람들을 면역시킬 수 있는 백신은 여전히 없다.

---

# impair

[impέər]

v. 손상시키다, 해치다

If there is something useful to you, you have to try not to **impair** it.
당신에게 유용한 어떤 것이 있다면, 당신은 그것을 손상시키지 않으려 노력해야 한다.

---

# infect

[infékt]

v. 감염[전염]시키다

The fruits were **infected** by a fungus disease called brown rot.
그 과일들은 갈색 부패병이라 불리는 곰팡이 질병에 의해 전염되었다.

infection n. 감염, 전염

## ☐ infirmary
[infə́:rməri]

n. (학교 등의) 양호실

She was taken to Glasgow Western **infirmary** and then transferred to the city's Southern General Hospital where she is being treated for a head injury.

그녀는 Glasgow Western 진료소로 옮겨지고 그 후 Southern General 병원으로 옮겨졌고, 이곳에서 현재 머리부상으로 치료를 받고 있다.

infirm(= weak) 허약한, 약한  senile 노쇠한  with age 나이가 듦에 따라

---

## ☐ injury
[índʒəri]

n. 상처, 부상

His words was an **injury** to my son.

그의 말이 나의 아들에게는 상처였다.

---

## ☐ innate
[inéit]

adj. 선천적인, 타고난

The photographer is thought to have an **innate** talent.

그 사진작가는 선천적인 재능을 가지고 있다고 생각된다.

---

## ☐ inoculate
[inɑ́kjəlèit]

v. 예방접종하다

To be sure, scientists have created disease by **inoculating** animals with brain tissue from infected animals.

확실히, 과학자들은 감염된 동물의 뇌 조직을 동물들에게 접종함으로써 질병을 만들어 왔다.

---

## ☐ miscarriage
[mìskǽridʒ]

n. 유산

During the last winter of the war she became pregnant again, but only to suffer another **miscarriage** in the New Year.

그 전쟁의 마지막 겨울 동안 그녀는 다시 임신을 했지만 결국 새해에 또 다른 유산을 겪고 말았다.

## □ nausea
[nɔ́ːziə]

n. 메스꺼움, 구역질

**Nausea** swept over me when I looked at the body of the dead boy.
죽은 소년의 시체를 보았을 때 메스꺼움이 온몸에 밀려왔다.

## □ nourish
[nə́ːriʃ]

v. ~에게 영양분을 주다, 기르다

A poorly **nourished** baby becomes small and thin.
영양이 좋지 못한 아이들은 작고 마르게 된다.

## □ onset
[ánsèt]

n. ① (병 등의) 발병 ② 습격

This was designed before the **onset** of destabilization, and aimed to restructure the formal school system.
이것은 불안정화가 시작되기 전에 만들어졌고 정규교육제도를 개혁화하는 것을 목표로 했다.

## □ outpatient
[áutpèiʃənt]

n. 외래 환자

Compliance was monitored by questioning patients and counting remaining capsules at each **outpatient** visit.
순응도는 각각의 외래 환자 방문 시 남은 캡슐 제를 세고 환자들에게 질문을 함으로써 관찰되었다.

house call 왕진, 가정방문

## □ over-the-counter (약을) 의사의 처방 없이 판매할 수 있는

If you've got a cold or sore throat, they can advise which **over-the-counter** medicines to take.
만약 당신이 감기나 인후염에 걸렸다면 그들은 처방전이 필요 없는 약 중 어떤 것을 섭취해야 할지 충고할 수 있다.

## □ pandemic
[pǽndəmik]

n. 유행병

There is a study that new virus can trigger a **pandemic**.
새로운 바이러스들이 유행병을 유발할 수 있다는 연구가 있다.

## ☐ perspiration
[pə̀ːrspəréiʃən]

n. 발한, 땀

His face was wet with **perspiration**, and there was fear on that face.

그의 얼굴은 땀범벅이었고, 얼굴에 공포가 깃들어 있었다.

perspire v. 땀을 흘리다(= sweat)

---

## ☐ placebo
[plətʃéibou]

n. 속임약, 위약

She says she feels better, but actually the doctor gave her a **placebo**.

그녀는 몸이 나아졌다고 말하지만 사실 의사는 그녀에게 위약을 주었다.

Not everyone has a **placebo** effect.

모든 사람들이 플라시보 효과를 겪지는 않는다.

---

## ☐ plague
[pléig]

n. 전염병, 역병

When **plague** broke out, that area was isolated to prevent further victims.

역병이 발발하면, 더 이상의 희생자를 막기 위해서 그 지역은 고립된다.

---

## ☐ potent
[póutnt]

adj. (약이) 강력한, 독한

If you have a light cold, you don't need to have **potent** drugs.

가벼운 감기에 걸렸다면, 독한 약을 먹을 필요가 없다.

---

## ☐ prescribe
[priskráib]

v. ① (약을) 처방하다 ② 규정하다, 제시하다

It has been agreed that diagnosis should not result in mere labeling but should be used to **prescribe** appropriate treatment.

진단은 단순한 표시의 결과가 아니라 적절한 치료를 처방하는데 사용되어야만 한다는 합의가 이루어졌다.

## recover
[rikʌ́vər]

v. (건강을) 회복하다, 낫다

She has been struggling to beat cancer but there is little hope to **recover**.

그녀는 암을 물리치려 노력했지만, 회복할 희망이 거의 없다.

## respire
[rispáiər]

v. 호흡하다, 숨 쉬다

Plants photosynthesize during the day more rapidly than they **respire** at night.

낮 동안 식물들의 광합성은 밤 동안의 호흡보다 더 빠르다.

## robust
[roubʌ́st]

adj. 건장한, 튼튼한, 기운찬

A softer than expected retail sales result suggests the economy is not as **robust** as first thought as consumers remain reluctant to open their wallets.

예상보다 부진한 소매업종의 매출 결과는 소비자들이 그들의 지갑을 여는 것을 꺼림에 따라 경제가 처음 생각했던 것만큼 튼튼하지 못하다는 걸 암시한다.

## sanitation
[sæ̀nətéiʃən]

n. 공중위생

We need someone responsible for **sanitation** at school.

우리는 학교 위생을 담당할 누군가가 필요하다.

## sneeze
[sníːz]

v. 재채기하다

As cats came near her, she **sneezed** because of an allergy.

고양이들이 그녀 가까이 오자, 그녀는 알레르기 때문에 재채기를 했다.

## soothe
[súːð]

v. ① (고통을) 덜어 주다 ② 진정시키다, 위로하다

I can get some tea to **soothe** my throat, wrap my knee if it hurts.

나는 내 목을 진정시키기 위해 차를 마시고, 만약 아프다면 내 무릎을 감싼다.

## □ sore
[sɔ́:r]

adj. 상처가 아픈, 쑤시는

She was **sore** all over, but she had to go to work as that was the first day.
그녀는 온몸이 쑤셨지만, 첫날이기 때문에 일하러 가야만 했다.

## □ spasm
[spǽzm]

n. 경련, 쥐

His left leg was going into muscle **spasms** of some sort and he clutched at his knee with frustration.
그의 왼쪽 다리에 어떤 근육 경련이 생기고 있었고 좌절감으로 무릎을 움켜쥐었다.

## □ sprain
[spréin]

n. 골절, 좌상  v. 부러뜨리다

If you get a **sprain** at home , what would you do?
집에서 접질린다면, 어떻게 하겠습니까?

I think I **sprained** my ankle playing basketball with friends.
친구들이랑 농구하다가 발목을 삔 것 같다.

## □ stature
[stǽtʃər]

n. ① 위상 ② 키, 신장

She was a musician of world **stature**.
그녀는 세계적인 위상을 가진 음악가였다.

Louis was short in **stature**, with a large head.
Louis는 큰 머리를 가진 키가 작은 사람이었다.

## □ sterilize
[stérəlàiz]

v. 소독하다, 살균하다

You need to **sterilize** the bottles with boiling water.
끓는 물로 병들을 소독할 필요가 있다.

## □ stout
[stáut]

adj. ① 뚱뚱한 ② 튼튼한, 강인한

She was a **stout** woman with an American accent.
그녀는 미국식 어투를 가진 뚱뚱한 여자였다.

## ☐ stroke
[stróuk]

n. ① (병의) 발작, 뇌졸중 ② 타격, 일격

The blood clots in your head can bring about a **stroke**.
당신 머리의 혈전으로 인해 뇌졸증이 생길 수 있다.

---

## ☐ susceptible
[səséptəbl]

adj. ① 병에 걸리기 쉬운 ② 민감한

The greatest challenge is strengthening judicial systems, which in some countries have long been **susceptible** to bribery or political pressure.
가장 어려운 도전은 오랫동안 뇌물과 정치적 압력에 영향받아 왔던 몇몇 나라들에서 사법제도들을 강화하는 것이다.

vulnerable 취약한

---

## ☐ symptom
[símptəm]

n. (병의) 증상, 증후

If some specific **symptoms** happen, stop taking this medicine.
어떤 특정한 증상들이 나타나면, 이 약을 복용하는 것을 멈추세요.

---

## ☐ throbbing
[θrɑ́biŋ]

adj. ① 두근거리는 ② 약동하는

Every morning she wakes up with a **throbbing** headache.
매일 아침 그녀는 심한 두통 때문에 일어난다.

---

## ☐ transfusion
[trænsfjúːʒən]

n. 수혈

When he was in crucial condition, he got blood **transfusion** which saved his life.
그가 위급한 상황에 있을 때, 수혈을 받았고 그는 생명을 구했다.

---

## ☐ transplant
[trænsplǽnt]

v. ① (신체의 기관 · 조직을) 이식하다 ② (식물을) 옮겨 심다
n. 이식수술

Critically ill patients such as Amy normally receive **transplanted** livers from a parent.
Amy처럼 위독한 환자들은 보통 부모로부터 간 이식을 받는다.

transplant surgery 이식수술

## ☐ vaccinate
[vǽksənèit]

v. 예방접종을 하다

It's not too late to be **vaccinated**, so hurry up!
예방접종을 맞기에 너무 늦은 건 아니니, 서두르세요!

---

## ☐ vessel
[vésəl]

n. 혈관, 선박

Using the blood **vessels**, dogs can release extra heat.
혈관을 이용해서, 개들은 여분의 열들을 방출할 수 있다.

---

## ☐ vigor
[vígər]

n. 힘, 활력, 정력

She is looking for a catalyst to recapture some of its original **vigor** and purpose.
그녀는 본래의 활력과 목적을 되찾기 위해 자극을 찾고 있는 중이다.

vigorous adj. 원기 왕성한, 정력적인

---

## ☐ vomit
[vámit]

v. 토하다

Whenever I drink alcohol too much, I feel like **vomiting**.
술을 많이 마실 때마다, 토할 것 같습니다.

---

## ☐ welfare
[wélfɛ̀ər]

n. 복지, 안녕, 사회 보장 연금

Still, the government mainly provides **welfare** to people.
아직까지는, 주로 국가가 국민들에게 복지를 제공한다.

If people want to claim **welfare** benefits, they should show their passports.
복지 혜택의 권리를 주장하기 위해서, 사람들은 여권을 보여 주어야 한다.

## wholesome
[hóulsəm]

adj. ① 건강에 좋은 ② 건전한

A shift to simple **wholesome** living could bring long life to many more.

간단하고 건강에 좋은 삶으로의 변화는 더 많은 사람들이 장수하도록 할 수 있다.

wholesome program 건전한 프로그램
wholesome food 몸에 좋은 음식

# Testing Ground

**01.** The analysis done by a cancer genetic counselor can help determine
if a _____ gene mutation is likely.

(a) common    (b) hereditary    (c) hierarchy

**02.** In this case, you need to use a _____ approach rather than
ecosystem-based approach, which is too limited.

(a) holistic    (b) hollow    (c) narrow

**03.** Smoking can _____ children's brain, so parents should not
smoke in front of their child.

(a) despair    (b) impair    (c) develop

**04.** I won the competition even though Mark had many _____
skills because I did my best.

(a) acquired    (b) learned    (c) innate

**05.** The doctor _____ her with a flu virus in order to prevent her
from coming down with a flu.

(a) administered    (b) gave    (c) inoculated

**06.** Plague was a notorious _____ that spread in short period of
time and killed over one thirds of European people.

(a) pandemic    (b) epitome    (c) penetration

**07.** Pharmacists cannot _____ drugs, so patients need to see a
doctor before they go to the pharmacy.

(a) ascribe    (b) prescribe    (c) conscribe

**08.** When I was young, I was so _____ that my parents didn't allow me to play outdoor in winter.

(a) stout          (b) fit          (c) susceptible

**09.** A kidney _____ means replacement of the failed kidneys with a working kidney from another person, called adonor.

(a) transplant          (b) transmit          (c) transport

**10.** All parents recommend _____ program to their children but they themselves don't watch it.

(a) wholesale          (b) wholeness          (c) wholesome

---

01. 암 유전학 카운셀러에 의해 행해진 분석은 유전적인 유전 변형이 있을 것 같은지 알아내는데 도움이 될 수 있다.

02. 이러한 상황에서는 너무 제한적인, 생태계에 바탕을 둔 접근법보다는 거시적(총체적) 접근법을 사용할 필요가 있다.

03. 흡연은 아이들의 두뇌를 손상시킬 수 있으므로 부모들은 그들의 아이 앞에서 흡연을 하면 안 된다.

04. 나는 최선을 다했기 때문에 비록 Mark가 많은 선천적 능력을 가지고 있었어도 이길 수 있었다.

05. 의사는 그녀가 유행성 감기에 걸리는 것을 예방하기 위해 그녀에게 감기 바이러스를 예방접종했다.

06. 흑사병은 단기간에 확산되어 유럽인의 삼분의 일 이상을 죽인 악명 높은 유행병이었다.

07. 약사들은 약을 처방할 수 없으므로 환자들은 약국에 가기 전에 의사에게 갈 필요가 있다.

08. 나는 어렸을 때 너무 병에 걸리기 쉬워서 부모님께서 겨울에 밖에서 놀게 허락해 주지 않으셨다.

09. 신장 이식은 기능을 제대로 하지 못하는 신장들을 기증자라고 불리는 다른 사람으로부터 나온 건강한 신장으로 대체하는 것을 의미한다.

10. 모든 부모들은 그들의 아이들에게 유익한 프로그램을 추천한다. 그러나 그들 자신들은 그것을 보지 않는다.

**answer**  01. (b)  02. (a)  03. (b)  04. (c)  05. (c)  06. (a)  07. (b)  08. (c)  09. (a)  10. (c)

1. 문 좀 열어(닫아) 주시겠어요?
   Can you get the door?

2. 심하게 자책하지 마.
   Don't be so hard on yourself.

3. 그런 일로 너무 신경 쓰지 마.
   Don't let it get to you.

4. 나 구박하지 마[나 놀리지 마].
   Don't pick on me.

5. 그는 약속을 잘 지키는 사람이야.
   He's a man of his word.

6. 입원했어요.
   He's in the hospital.
   He's admitted to the hospital.

7. 어떻게 지내고 있어요?
   How are you getting along?

· **pass by** 지나치다
When I passed by, a little boy called out my name loudly.
내가 지나갈 때, 작은 소년이 내 이름을 크게 불렀다.

· **pass away** 죽다[돌아가다]
Have you heard that Sam passed away three days ago?
Sam이 3일 전에 죽었다는 소식 들었어요?

· **pass out** 기절하다
After drinking a lot, the guy passed out.
술을 잔뜩 마신 후, 그 남자는 기절했다.

· **make it** 해내다
If you decide to do something, you should believe that you can make it.
무언가를 하려고 결심한다면, 당신은 해낼 수 있다고 믿어야 한다.

· **get to** 도착하다
It'll take her about over an hour to get to the station.
그녀가 역에 도착하는데 약 한 시간 넘게 걸릴 것이다.

· **break out(= take place, happen, occur, crop up)** 일어나다, 발생하다
What would you do if a fire broke out in your office?
만약 당신의 사무실에 불이 난다면 어떻게 하시겠습니까?

· **turn off** 끄다
I told you to turn off the TV. It's already 11 p.m.
내가 TV 끄라고 했지. 벌써 11시야.

· **be sentenced to death** 사형선고를 받다
The bodyguard was sentenced to death for the murder of his sister.
그 경호원은 그의 누이를 살해한 죄로 사형을 선고 받았다.

## ☐ adorn
[ədɔ́ːrn]

v. 장식하다, 꾸미다

I can see other pictures **adorning** the walls.
나는 벽을 장식한 다른 사진들도 볼 수 있다.

The bridesmaids **adorned** their heads with beautiful flowers.
신부 들러리는 그들의 머리를 아름다운 꽃으로 꾸몄다.

## ☐ affordable
[əfɔ́ːrdəbl]

adj. (가격 등이) 적당한, 저렴한

The development of an **affordable** electric vehicle would be more effective in decreasing air pollution.
적당한 가격의 전기 자동차를 개발하면 대기 오염을 줄이는 데 더 효과적일 것이다.

## ☐ amenity
[əménəti]

n. ① 위락 시설 ② (기후 · 장소 등의) 쾌적함

The condominium is in the city center, close to all local **amenities**.
시내 중심부에 있는 그 아파트는 지역의 모든 편의 시설과 가깝다.

facilities 시설들  all-time high 사상 최고치  all-time low 사상 최저치, 사상 최악

## ☐ amuse
[əmjúːz]

v. 즐겁게 하다, 웃기다

Something in the TV program had **amused** him.
TV프로그램에서 무언가가 그를 즐겁게 했다.

amusement n. 즐거움, 오락
amusement park 놀이공원

## ☐ asking-price 판매자의 제시 가격

Consumers may be willing to pay the **asking price** but not able to do so because of lack of income.
소비자들은 제시 가격을 흔쾌히 지불할 수 있지만, 수입이 적기 때문에 그렇게 할 수 없다.

for the asking(= for free, for nothing) 공짜로, 무료로
bargain over 가격을 흥정하다

## ☐ attire
[ətáiər]

n. 의복, 성장, 옷차림새

The swimsuits are the **attire** of the brave and very slim.
그 수영복은 용기 있고, 날씬한 사람들의 옷이다.

## ☐ authentic
[ɔːθéntik]

adj. 진품인, 진짜인

He bought the paining at a very expensive price knowing that it was **authentic**.
그는 그 그림이 진품이라 알고 매우 비싼 값에 샀다.

## ☐ avid
[ǽvid]

adj. 열렬한, 갈망하는

I was an **avid** reader of detective novels.
나는 탐정소설의 열렬한 독자였다.

## ☐ ball
[bɔ́ːl]

n. ① 무도회 ② 즐거운 한때

How was your housewarming party last night? I had **ball**.
어제 집들이 어땠어? 즐거웠어.

ball-park figure 대략적인 수치

## ☐ biased
[báiəst]

adj. 편파적인, 편향된

Interest often results in **biased** judgment.
이해관계는 종종 편파적인 판단을 초래한다.

## ☐ brand-new

신품인

He boasted a **brand-new** motorbike since he got it after three months of working.

세 달간 일을 한 후 오토바이를 샀기 때문에, 그는 새 오토바이를 친구들에게 자랑했다.

## ☐ bulk purchasing[buying] 대량 구입

On arrival in Rabat, the team discovered that Morocco had not participated in the **bulk purchasing** system for a period of two years.

라벳에 도착하자마자, 그 팀은 모로코가 2년 동안 대량 구입 시스템에 참여하지 않았다는 사실을 알았다.

## ☐ cater
[kéitər]

v. ① (파티나 연회에) 음식물을 제공하다 ② ~의 요구를 충족시키다

Varieties of traditional food from different countries **caters** to tourists in this hotel.

이 호텔에서는 관광객들에게 세계 각국의 다양한 전통 음식을 제공한다.

## ☐ cinch
[síntʃ]

n. 쉬운 일, 틀림없는 일

My teacher said that the test was going to be a **cinch** but not to me.

선생님이 시험이 쉬울 것이라 말했지만, 나에게는 그렇지 않았다.

## ☐ clearance
[klíərəns]

n. 재고 정리[판매], 정리, 제거

This summer sale includes up to 80% off out of season **clearance**.

이번 여름에 철 지난 재고 정리 물품에 대해서 최대 80퍼센트까지 할인을 해 줍니다.

It's a real bargain.(= It's a steal.) 공짜나 마찬가지구나.

flea market 벼룩시장

## ☐ compatible

[kəmpǽtəbl]

adj. 호환 가능한, 사이좋게 지내는

He is seemingly **compatible** with his parents, which is not true.

그는 보기에는 부모님과 잘 통하는 것 같지만 그것은 사실이 아니다.

## ☐ consolidate

[kənsάlədèit]

v. (입지를) 굳히다, 공고히 하다, 통합하다

Tired of wars, people wanted to find a person who can **consolidate** the country.

전쟁에 진절머리가 난 사람들은 나라를 통합할 수 있는 사람을 찾기 원했다.

consolidation n. 합동, 합병

## ☐ coordinate

[kouɔ́ːrdənit]

v. (색 · 디자인 등이) 조화를 이루다

This furniture **coordinates** with a wide range of other colors.

이 가구는 다른 여러 색상들과 잘 어울립니다.

coordinator n. 코디네이터, 진행책임자

## ☐ cosmetic

[kɑzmétik]

n. 화장품(보통 pl.) adj. 화장용의, 미용을 위한

She refuses to be part of the general **cosmetic** industry hype.

그녀는 일반적인 화장품 광고에 참여하기를 거부한다.

Are they on the diet for health or **cosmetic** reasons?

그들이 다이어트를 하는 이유가 건강 때문입니까 아니면 미용을 위한 겁니까?

## ☐ costume

[kʌ́stʃuːm]

n. (특정 국민 · 계급 · 시대 등의) 복장, 의상(= clothing)

Displayed are **costumes** dating back to the silent era but not beyond the 1960s.

전시된 것은 무성영화시대까지 거슬러 올라가는 의복이지만, 1960년대 이전은 아니다.

try on 옷을 입어 보다   take in(= alter) 옷을 수선하다

## ☐ defect
[difékt]

n. 결점, 흠, 결함

One of his personal **defects** is a narrow outlook.
그의 개인적인 결점 중 하나는 시야가 좁다는 것이다.

defective adj. 결함이 있는
birth defects 선천성 기형

## ☐ devote
[divóut]

v. 바치다, 쏟다

He decided to give up studying and **devoted** all his time to his farm.
그는 공부하는 것을 포기하기로 결심하고, 모든 시간을 농사하는 데 쏟았다.

## ☐ dine out

외식하다

They will **dine out** once a week from now on.
그들은 지금부터 일주일에 한 번 외식할 것이다.

## ☐ disconcert
[dìskənsə́:rt]

v. 당황스럽게 하다

She was not as **disconcerted** as she had expected to be.
그녀는 자신이 예상했던 것만큼은 당황하지 않았다.

## ☐ door-to-door delivery service 호별 배달 서비스

We are offering low cost **door-to-door delivery** for a variety of parcels and packages.
우리는 저렴한 가격으로 다양한 소포와 포장물들을 호별 배달 서비스로 제공하고 있습니다.

house call 가정 방문, 왕진

## dope
[dóup]

n. 약물, 마약  v. 약물을 투여하다

He emphasized that there would be **doping** control after the race.
그는 경기가 끝나고 금지 약물 검사가 있을 거라고 강조했다.

I heard the news that two guys doped a guard and stole $500,000 worth of jewelry.
도둑들이 경비에게 약을 투여하고 50만 달러 상당의 귀금속을 훔쳤다는 소식을 들었다.

## doze
[douz]

v. 졸다, 선잠 자다

As we **dozed** off, we heard the sound of approaching footsteps and voices, which jerked us quickly back to life.
우리가 꾸벅꾸벅 졸 때, 우리는 다가오는 발소리와 목소리를 들었고, 그것들이 우리를 빠르게 일상으로 돌아가게 했다.

take a nap 낮잠 자다  fall asleep 잠들다  stay up late 늦게 까지 자지 않다

## durability
[djùərəbíləti]

n. 내구성

Our instruments are second to none in design and **durability**.
당사의 기계는 디자인과 견고성에 있어서 타의 추종을 불허합니다.

## durable
[djúərəbl]

adj. 내구력이 있는, 질긴, 튼튼한

They are not **durable** like rocks.
그들은 바위처럼 단단하지 않다.

## elaborate on[upon]  ~에 대해 설명하다

She refused to **elaborate on** her earlier statement.
그녀가 앞서 한 진술에 대해 설명하기를 거부했다.

## ☐ **entertain**
[èntərtéin]

v. ① (음식물로) 대접하다 ② 즐겁게 하다

The amusement park should aim to **entertain** for kids.
놀이 공원은 아이들을 즐겁게 만드는 것을 목표로 한다.

entertainer n. 연예인  entertainment n. 대접, 환대, 오락

## ☐ **exorbitant**
[igzɔ́ːrbətənt]

adj. (가격·요구 등이) 과도한, 터무니없는

We couldn't afford to buy and rents are **exorbitant**.
우리는 구매를 할 정도로 여유롭지 않고, 임대료는 너무 비싸다.

steep (가격이) 터무니없이 비싼  reasonable price 합당한 가격

## ☐ **expire**
[ikspáiər]

v. 만기가 되다, (기간 등이) 끝나다

The government is now operating under a temporary measure that **expires** at the end of next month.
정부는 지금 현 정책으로 운영되고 있는데, 이 정책은 다음 달에 끝난다.

You already know that consumers need **expiration** dates on certain wines.
고객들이 어떤 와인들에 대해서는 유통기한을 필요로 한다는 사실을 당신은 이미 알고 있다.

## ☐ **extol**
[ikstóul]

v. 극찬하다

All the writings of that author **extolled** the role of Mary.
그 작가의 모든 작품들에서 메리의 역할을 극찬했다.

## ☐ **fabric**
[fǽbrik]

n. 직물, 천

The yarn is twisted and woven very tightly in this **fabric**.
그 원사는 꼬여져 이 천에서 매우 촘촘하게 짜여져 있다.

## ☐ **fad**
[fǽd]

n. 일시적 유행

This is not simply a passing **fad**.
이건 단순히 지나가는 일시적 유행이 아니다.

## □ fragrance
[fréigrəns]

n. (꽃 · 풀 등의 은은한) 향기, 향수

Leaves have a citrus **fragrance** and glycerin beautifully, turning the color of chamois leather.
잎사귀들은 감귤과 같은 향기를 내뿜고, 섀미 가죽의 색깔을 아름답게 변화시키는 글리세린을 포함한다.

fragrant adj. 향기로운

## □ garment
[gáːrmənt]

n. 의류 (한 점)

She always discarded all **garments** which were no longer modish.
그녀는 항상 유행을 따르지 않는 의상들을 무시했다.

## □ giveaway
[gívəwèi]

n. (손님을 끌기 위한) 무료 증정품, 염가품
adj. 투매 가격의, 공짜나 다름없는

Here are all kinds of **giveaways** which could be used in place of product samples.
제품 샘플 대신에 사용할 수 있는 모든 종류의 무료 증정품입니다.

The bank may also fear a **giveaway** budget.
은행은 공짜나 다름없는 비용에 두려워할지도 모른다.

## □ gratis
[gréitis]

adv. 무료의(로)

Medical advice was provided **gratis**.
의료상담이 무료로 제공되었다.

## □ guarantee
[gæ̀rəntíː]

v. 보증하다  n. 보증(서)

The result is **guaranteed** long wear, attractiveness and real comfort.
그 결과 오래 사용할 수 있고, 매력적이며 편리함을 보증해 드립니다.

Royal **guarantees** secured such a division.
황실 보증서들은 그러한 구분을 확실하게 보장한다.

## ☐ hilarious
[hilɛ́əriəs]

adj. 유쾌한, 즐거운

It's a great show that delivers **hilarious** commentaries on everything pop culture.
그것은 모든 대중문화에 대한 유쾌한 논평을 전하는 아주 좋은 공연이다.

## ☐ impetus
[ímpətəs]

n. 자극, 힘

The surgeon's speech is to give new **impetus** to the anti-smoking campaign.
그 외과의사의 연설이 금연 캠페인에 새로운 자극을 줄 것이다.

## ☐ inspire
[inspáiər]

v. 자극하다, 영감을 주다

The lecture today really **inspired** me to read more about English poetry.
오늘 강의는 내가 영시에 대해 더 많이 읽도록 많은 자극을 주었다.

## ☐ installment
[instɔ́:lmənt]

n. 할부, 할부의 1회 불입금

I want to pay on a ten month **installments**.
10개월 할부로 지불하기 원해요.

installment plan 할부계획  lump sum 일시불
payment by installments 분할 불입
payment in a lump sum 일시 불입

## ☐ interest-free  무이자의

That's why it is always best to pay in full if you possibly can and get 56 days' **interest-free** credit.
이것이, 당신이 할 수 있다면, 전액 지불을 하고, 56일간 무이자 신용거래를 하는 것이 가장 좋은 이유입니다.

high-risk 고위험  tax exempt 면세의

## ☐ inventory
[ínvəntɔ̀:ri]

n. 재고품 목록, (상품 등의) 목록

Some of the things in the shop were not listed in the **inventory**.

상점에 있는 몇 개의 물품들이 목록에 있지 않다.

market share 시장점유율  at a profit 이익이 되는  at a loss 나쳐하,
손해를 보는  demand 수요  supply 공급  glut 공급과잉 시장에 물량이
넘쳐나는 상황에 사용

## ☐ invincible
[invínzəbl]

adj. 꺾을 수 없는, 무적의

The tiger was bewildered by the seemingly **invincible** beast.

호랑이는 무적으로 보이는 짐승에 의해 당황했다.

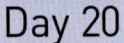

# ■ ■ ■ ■
# Testing Ground

**01.** My paintings will _____ the walls of new house.

    (a) adorn          (b) adjust          (c) adopt

**02.** The witness did not tell an _____ record of what really happened.

    (a) auspicious        (b) augmented        (c) authentic

**03.** Since he happened to have chance to read science fictions, my brother has become an _____ admirer of them.

    (a) amid          (b) aid          (c) avid

**04.** As of next week, the local fancy restaurant will _____ the banquet.

    (a) cater          (b) carter          (c) deliver

**05.** I have the old printer at home but I cannot use that as it is not _____ with my PC.

    (a) comparative        (b) complete        (c) compatible

**06.** The three donations of the charity for children _____ into one.

    (a) diverged        (b) consolidated        (c) constituted

**07.** Birth _____ tests are done during pregnancy to look for possible problems with an unborn baby.

    (a) defects        (b) deficits        (c) definite

**08.** She is going to renew her driver's license since it _____ two days ago.

(a) explore        (b) expire        (c) explode

**09.** After he saving many people against armed robber, his bravery has _____ all the citizens.

(a) aspired        (b) respired        (c) inspired

**10.** The victory showed that the team is _____ and give tension to other teams.

(a) invincible        (b) invisible        (c) investigational

# Expression for **TEPS VOCA**

1. 언제부터 통증[증상]이 있으셨습니까?
   How long have you had the pain[symptoms]?

2. 몸살이 났어요.
   I ache all over.

3. 시험 망쳤어.
   I bombed the test.

4. 너무 보고 싶어요.
   I can't wait to see him.

5. 방해할 생각이 아니었어.
   I didn't mean to get in your way.

6. 전혀 모르겠다.
   I don't have the slightest[faintest] idea.

7. 정말 미안하게 생각해.
   I feel bad about it.

· **settle down** 정착하다, 해결하다
I'd like to see my daughter get married and settle down.
나는 내 딸이 결혼해서 정착하는 것을 보고 싶다.

· **hand out** 나눠 주다
They used to travel around a lot, handing out leaflets.
그들은 전단지를 나눠 주면서 돌아다니곤 했다.

· **collide with** ~와 충돌하다
The boy was severely injured when his bicycle collided with a truck.
그의 자전거가 트럭과 충돌했을 때 그 소년은 크게 부상을 입었다.

· **count on** 의지하다, 기대하다
If you want the work done on time, you would count on me.
네가 일을 제시간에 끝내고 싶다면, 나에게 기대야 할 것이다.

· **hang out with** ~와 함께 시간을 보내다
In addition, her husband usually comes home late hanging out with his friends.
게다가 그의 남편은 친구들과 놀다가 보통 집에 늦게 들어온다.

· **show up** 나타나다; (모임 등에) 나오다
He didn't show up for the seminar in the end.
그는 결국 세미나에 나오지 않았다.

· **try it on (with sb)** 시험해 보다
I warn you that don't try it on with me.
경고하는데, 나를 시험해 보려고 하지 마.

· **get off** (차에서) 내리다, 하차하다
If you are on the way to city hall, you can get off the next stop.
시청으로 가는 길이라면, 다음 정거장에서 내리면 됩니다.

## ☐ leaflet
[líːflit]

n. (배포용) 낱장 인쇄물, 광고용 전단

Our recent **leaflet** on women's health, which has been a remarkable success, also provides information.
최근 놀라운 성공을 거둔 우리의 여성 건강 관련 인쇄물 역시 정보를 제공해 준다.

flyer 전단지  leftover 남은 음식물
reasonably priced product 합당하게 금액이 책정된 물품

## ☐ luncheon
[lʌ́ntʃən]

n. (정식의) 오찬

Sally was on her way to a Leaders Club **luncheon** meeting.
Sally는 리더스 클럽 오찬 미팅에 가는 길이었다.

## ☐ makeup
[méikʌ̀p]

n. 화장(품)

They would always be busy putting on their **make-up** and brushing their hair.
그들은 화장하고 머리를 손질하느라 항상 바쁠 것이다.

make up for(= compensate for) 만회하다, 보상하다
make up with(= reconcile) 화해하다  make-up test 재시험

## ☐ masterpiece  n. 걸작, 대작
[mǽstərpìːs]

Many people regard this painting as Raphael's **masterpiece**.
많은 사람들이 이 그림을 Raphael의 대작으로 간주한다.

## ☐ old-fashioned  adj. 구식의, 시대[유행]에 뒤진
[óuldfǽʃənd]

With a scanner, you might want to scan **old-fashioned** family photos.
스캐너로 오래된 가족사진을 스캔을 하는 것도 좋다.

novice(= beginner) 초보자  rookie 신참, 초보

## ☐ option
[ápʃən]

n. 선택 사항, 옵션

Among the **options** now under consideration, was a restoration of those earlier restrictions.
지금 고려되고 있는 옵션들 중에, 이전의 규제에 대한 복원이 있었다.

optional adj. 임의의, 선택의

---

## ☐ outfit
[áutfit]

n. (특정한 목적에 필요한) 구색 갖춘 옷 한 벌, 의상
   (= costume, clothing)

He bought a new cowboy **outfit** for the cowboy contest.
그는 카우보이 경연대회를 위해 새로운 카우보이 의상을 샀다.

**TIP** 독해 지문의 구성은 같은 단어를 바꿔 사용하면서 내용이 전개가 된다. 따라서 단어는 다르지만 같은 것을 지칭하는 것들을 파악하면서 독해를 진행하면 본문에 대한 이해도가 매우 높아진다. 즉, 본문의 앞부분에는 outfit을 사용하고 다음 문장에서는 costume 그리고 마무리 지을 때는 clothing을 사용한다는 것이다.

---

## ☐ pastime
[pǽstàim]

n. (기분 전환을 위한) 오락, 소일거리

His favorite **pastimes** were shooting and golf.
그가 좋아하는 오락은 사격과 골프이다.

---

## ☐ patch
[pætʃ]

n. (뚫어지거나 해진 곳에 덧대는) 조각  v. (~에 헝겊 등으로) 덧대다

I bought a pair of pants with **patches** at the knee.
나는 무릎에 헝겊으로 덧대어져 있는 바지 한 벌을 샀다.

Even after a year, she didn't know exactly how to **patch** up that wound.
일 년이 지났지만, 그녀는 그런 상처에 헝겊을 어떻게 덧대는지 정확히 알지 못한다.

---

## ☐ pathos
[péiθas]

n. 연민, 비애

After everyone goes away, he get to know the **pathos** in his situation.
모두 가버린 후에 그는 그의 상황에서 연민을 알게 되었다.

## ☐ perfume
[pə́:rfju:m]

n. 향수(= fragrance), (강하고 매혹적인) 향기

Not only does the technique have potential in the **perfume** industry, but it may provide clues about how we perceive smells.

그 기술은 향수 산업에 잠재성을 지닐 뿐 아니라, 우리가 냄새를 어떻게 자각하는지에 대한 단서를 줄지도 모른다.

aroma(= good and pleasant smell) 좋은 향기

## ☐ purchase
[pə́:rtʃəs]

v. 구입하다, 사다  n. 구매, 산 물건

For example, beer and cigarettes may both be **purchased** as recreational products.

예를 들어, 맥주와 담배는 둘 다 오락 상품으로 구매될 수 있다.

He paid for his **purchases**.

그는 자신의 구매품에 대해 지불했다.

purchaser n. 구매자

## ☐ purse
[pə́:rs]

n. 핸드백, 돈지갑, 돈주머니

A **purse** was stolen from a vehicle.

핸드백을 차량에서 도난당했다.

## ☐ reasonable
[rí:zənəbl]

adj. (가격 등이) 적당한(= affordable), 비싸지 않은, 분별 있는, 이치에 맞는

We have studied your prices and think they are **reasonable**, but without seeing the radios we cannot decide.

귀사의 제품 가격을 검토해본 결과 적당하다고 생각되나 라디오를 직접 보지 않고는 결정을 내릴 수 없습니다.

## ☐ rebate
[ríːbeit]

n. (금액 일부의) 환불  v. (금액의 일부를) 돌려주다

I know you have a **rebate** coming, but I can't recollect what it is.
당신에게 환불해 드려야 할 게 있다는 건 알고 있는데 그게 뭔지는 생각이 나질 않는데요.

**I rebated** 20 dollars to our client.
나는 우리 고객에게 20달러를 환불해 주었다.

## ☐ receipt
[risíːt]

n. 영수증 인수, 수취

When I asked for a refund, they asked me to show the **receipt**.
내가 환불을 요구하자, 그들은 영수증을 보여 달라고 했다.

## ☐ reception
[risépʃən]

n. 연회, 피로연

The wedding **reception** will take place at the Hilton Hotel, starting at 1:30 pm.
결혼식 피로연이 힐튼 호텔에서 1시 30분에 시작될 예정이다.

## ☐ recline
[rikláin]

v. 기대다, (기대어) 쉬다, 눕다

She was **reclining** on the lounge chair which had been her cradle during her trip through space.
그녀는 우주로의 여행 동안 그녀의 요람이었던 라운지 의자에 기대고 있었다.

unwind(= relax) 긴장을 풀다  lean on[against] 기대다
decline 감소하다, 거절하다
be inclined to V(= be apt to V, tend to V) ~하는 경향이 있는

## ☐ referee
[réfəríː]

n. 심판, 중재자 v. 심판을 보다

The **referee** decided to stop the game for minutes.
심판은 경기를 잠시 중지하기로 결정했다.

Mike, who had **refereed** the match impeccably, retired.
흠잡을 데 없이 경기의 심판을 봤던 마이크는 사직했다.

## ☐ refresh
[rifréʃ]

v. (심신을) 상쾌하게 하다, 원기를 회복시키다

Having eaten, I felt **refreshed** and calm as I got into bed.
식사하고 나서, 나는 침대로 돌아갈 때 상쾌함과 평온함을 느꼈다.

## ☐ refreshment
[rifréʃmənt]

n. ① 다과(pl.) ② 가벼운 식사, 음료 ③ 원기회복

Ask him to show you what you need for **refreshment** and never go after a solution of your plan.
원기회복을 위해서 당신이 필요한 것이 무엇인지 그에게 보여 달라고 부탁하고 당신의 계획한 해결책은 절대 하지 마세요.

## ☐ refund
[ríːfʌnd]

n. 환불, 반환(금) v. 환불하다 상환하다

The airline was meant to help passengers claiming **refunds**.
그 항공사는 환불을 요구하는 승객들을 안내해 주려고 했다.

## ☐ rendering
[réndəriŋ]

n. 연기, 연주

I was really impressed by her dramatic **rendering** of Ophelia.
그녀의 극적인 오필리아 연기를 보고 나는 정말 감명 받았다.

## ☐ renowned
[rináund]

adj. 유명한, 이름 있는

Vitamin A is **renowned** for its healing and anti-ageing properties.
비타민 A는 치료와 노화 방지의 특성이 뛰어난 것으로 알려져 있다.

## ☐ retail price

소매가

Today only, you can save up to twenty percent off the **retail price** on everything at the store.
오늘만, 가게에 있는 모든 제품에 대해 최대 소매가의 20퍼센트까지 절약할 수 있습니다.

wholesale price 도매가

## ☐ rip
[rip]

v. 잡아 찢다  n. 터짐, 터진 곳

He **ripped** me off with a junk car!
그는 고물차를 나한테 바가지 씌웠어요!

**Rip** off those strange stickers on your pants.
바지에 붙어있는 이상한 스티커 떼어 내라.

There were small **rips** in his sweater.
그의 스웨터에 작게 터진 부분이 있다.

rip-off n. 폭리, 바가지
reimburse 변상하다, 상환하다

## ☐ rivalry
[ráivəlri]

n. 경쟁, 경쟁의식

Just because sibling **rivalry** is normal doesn't mean you
can ignore it.
형제간 경쟁의식이 일반적이라고 해서 당신이 그것을 무시해도 된다는 것을
의미하는 것은 아니다.

## ☐ savor
[séivər]

v. (맛을) 즐기다, 음미하다

After all, this was an important moment, a time to **savor**.
결국 지금이 맛을 음미할 가장 중요한 순간이다.

## ☐ scramble
[skrǽmbl]

v. 힘겹게 ~하다, 서로 다투다

Many people were waiting and **scrambling** for the concert
ticket.
많은 사람들이 기다리고 있었고, 콘서트 티켓을 사려고 서로 밀치고 있었다.

## ☐ secondhand
[sékəndhǽnd]

adj. 중고품인, 중고의(= used)

They got it **secondhand**.
그들은 그것을 중고로 샀다.

For example, **secondhand** car deals are usually contracts
for the sale of specific goods.
예를 들어, 중고차 거래는 보통 특정한 물품들의 판매를 위한 계약이다.

hand-me-down 물려받은 옷  get out of hand(= get out of
control) 통제 불능의  hand down(= pass down) 후대에게 물려주다

## shabby
[ʃǽbi]

adj. (옷이) 낡은, 남루해진, 초라한

Apparently the **shabby** apartment is vacant.
겉으로 보기에 그 허름한 아파트는 빈 집인 것 같다.

## shrink
[ʃríŋk]

v. (열 · 물 등에 의해 천 따위가) 줄어들다

My sweater **shrank** in the dryer.
내 스웨터는 건조기 안에서 줄어들었다.

## spectator
[spékteitər]

n. (스포츠) 관중

There was a great cheer from the **spectators** during the game.
경기가 있는 동안에 관중들로부터 많은 환호가 있었다.

## spree
[spríː]

n. ① (과소비나 술로) 흥청거림 ② 술잔치

This is my first shopping **spree**.
이번이 내가 첫 번째로 흥청망청 쇼핑한 것이다.

## squander
[skwándər]

v. (시간, 돈 등을) 낭비하다, (기회를) 날려 버리다

England **squandered** a golden opportunity to score, just before the final whistle.
영국 팀은 마지막 휘슬 불기 바로 직전 점수를 낼 황금기회를 날려 버렸다.

## stroll
[stróul]

n. 산책, 한가롭게 거닐기  v. 산책하다, 한가롭게 거닐다

They **strolled** along the seashore at the sunset.
그들은 해 질 무렵에 바닷가를 거닐었다.

I went for a **stroll** in the garden.
나는 정원에 산책하러 갔다.

go for a walk(= take a walk, go for a stroll) 산책하다

## □ sublime
[səbláim]

adj. 숭고한, 최고의

I found this museum has some **sublime** paintings.
이 박물관에는 최고의 그림들이 몇 점 있다는 사실을 발견했다.

## □ tab
[tǽb]

n. 계산서, 청구서, 명찰, 짐표

Get me the **tab**, please.
계산서 좀 가져다주세요.

I'll pick up the tab(= It's on me). 내가 계산할게.

## □ tag
[tǽg]

n. 꼬리표, 가격표  v. 꼬리표[정가표]를 달다

Additional items such as color, indentation and tabs can be attached to the **tag**.
색깔, 무늬 또는 끈과 같은 추가 세목들은 꼬리표에 첨부될 수 있습니다.

Did you **tag** the suitcase?
여행 가방에 가격표를 달았나요?

## □ toast
[tóust]

v. (성공 · 건강 등을 기원하며) 축배를 들다  n. 축배, 건배

Let's **toast** the survival of Chilean miners isolated for 2 months.
2달간 갇혀 있었던 칠레 광부들의 생존을 기원하며 축배를 들자.

We'd like to propose a **toast** to the new employees.
새 직원들을 위해 축배를 올렸으면 합니다.

## □ trend
[trénd]

n. 유행 경향

If present **trends** continue, the earth will be considerably warmer in fifty years.
현재의 추세가 계속된다면, 50년 후에 지구는 상당히 따뜻해질 것이다.

be in vogue(= be in fashion, come into vogue) 인기가 있다

## ☐ valuable
[vǽljuəbl]

adj. 귀중한, 소중한

**Valuable** time was wasted correcting Dan's mistakes.
귀중한 시간을 Dan의 실수를 고치느라 허비했다.

invaluable 매우 귀중한, 유용한

## ☐ vendor
[véndər]

n. 노점상

I bought a weekly journal from a newspaper **vendor**.
나는 신문 노점상에서 주간지를 샀다.

## ☐ versatile
[və́:rsətl]

adj. 다재다능한 , 다용도의

No comic actress working today is funnier or more **versatile** than ever.
오늘날 활동하는 희극 여배우들만큼 재밌고, 다재다능한 배우는 없다.

## ☐ virtuoso
[və̀:rtʃuóusou]

n. (음악의) 거장

Zukerman is regarded as a natural **virtuoso**, on both the violin and viola.
주커먼은 바이올린과 비올라계의 순수 거장으로 간주된다.

## ☐ vogue
[vóug]

n. 유행

People's fondness for wearing black and other dark colors was a **vogue** I never really liked.
사람들이 검정색과 다른 어두운 색의 옷을 입는 것을 좋아하는 것이 유행이었는데 나는 그다지 좋아하지 않았다.

## ☐ voucher
[váutʃər]

n. (특별한 목적으로 돈 대신에 사용할 수 있는) 교환권, 할인권

You can get a **voucher** worth $ 135 to spend at Duty Free.
당신은 면세점에서 쓸 수 있는 135달러 상당의 상품권을 가질 수 있습니다.

## ☐ wallet
[wálit]

n. (지폐를 넣는 접는 식의) 지갑

Sedrick was too quick to open its **wallet**.
Sedrick은 돈을 너무 쉽게 쓴다.

## ☐ warehouse
[wέərhàus]

n. (특히 상품 또는 수송 전의 물품을 보관하는) 창고

This **warehouse** is filled with foul-smelling odor.
이 창고 안은 불쾌한 냄새로 차 있다.

## ☐ warrant
[wɔ́:rənt]

n. 증명(서) v. 보장하다 정당화하다

I **warrant** you it is the best price I can give you.
나는 이 가격이 당신에게 해 줄 수 있는 최저가라는 것을 보장합니다.

The network company issued **warrants** for 7million shares.
그 네트워크 회사는 7백만 주식에 대한 증명서를 발행했다.

search warrant 수색영장

## ☐ wholesale price  도매가

You can pick up this furniture at the **wholesale price**.
당신은 이 가구를 도매가에 구입할 수 있습니다.

# Testing Ground

**01.** How do we make a sound decision and a determination that the price is fair and _____ in a competitive environment?

  (a) exorbitant  (b) steep  (c) reasonable

**02.** If you think you've paid too much tax you can take some simple steps to apply for a _____ .

  (a) rebate  (b) abate  (c) bate

**03.** Because she was very tired, she _____ her seat to take a nap comfortably.

  (a) declined  (b) inclined  (c) reclined

**04.** He is the most famous actor who is good at _____ in a horror movie.

  (a) rendering  (b) wandering  (c) playing

**05.** This old area has been _____ for its tourist attractions such as an opera house.

  (a) unowned  (b) renowned  (c) infamous

**06.** My new sweater _____ when it was washed with hot water.

  (a) shred  (b) shrewd  (c) shrank

**07.** It is showed on TV that the _____ sitting the stand cheer the players on the court.

  (a) spectators  (b) spectacles  (c) specimen

**08.** I got realized that time is the most _____ gift and that I should be careful on how to spend and to whom I share it with.

(a) impeccable          (b) valuable          (c) profitable

**09.** Most of the people thought that he is a _____ actor who plays many different characters.

(a) various          (b) versatile          (c) fixed

**10.** The suspect didn't know that the police figured out a _____ for his arrest.

(a) errant          (b) errand          (c) warrant

# Expression for **TEPS VOCA**

1. 상사랑 한바탕했어.
   I had it out with my boss.

2. 이제 가 봐야겠어.
   I have to take off now.
   I have to get going now.

3. 크게 신세 졌어요.
   I owe you big time.

4. 수지 타산이 맞지 않아.
   I still can't make ends meet.

5. 우리 휴가 계획이 수포로 돌아갔어요.
   Our vacation plan fell through.

6. 신용카드로 계산할게요.
   Put it on my credit card.

7. 오해하지 마세요.
   Don't get me wrong.

- **put on airs** 뽐내다, 젠체하다
  He likes to put on airs in front of girls.
  그는 여자애들 앞에서 잘난 체하는 것을 좋아한다.

- **ring a bell with** 연상시키다, 상기시키다
  When the police asked me if I knew the face, I said it didn't ring a bell.
  경찰이 아는 얼굴이냐고 물었을 때, 나는 모르겠다고 말했다.

- **screw up** ~을 엉망으로 만들다
  He was disappointed with himself after screwing up the test.
  시험을 망친 후에 그는 자신에게 실망했다.

- **be on good[speaking] terms with** ~와 좋은[말 정도 나누는] 관계다
  It seems that he is on good terms with his classmate.
  그는 반 친구들과 사이좋게 지내는 것처럼 보인다.

- **wrap up** 끝마치다
  Let's wrap up the meeting now.
  이제 회의 마무리합시다.

- **catch up on** 밀린 일을 하다
  This weekend, I need to catch up on some chores.
  이번 주말에, 난 밀린 집안일을 좀 해야겠다.

- **be aware of** ~을 알고 있다
  Many people are aware of how dangerous drunken driving is.
  많은 사람들이 음주운전이 얼마나 위험한지 알고 있다.

- **fill up** (자동차에) 기름을 가득 채우다
  If the tank is less than half full, we'd better fill it up.
  차에 기름이 반보다 적게 남았다면, 우리는 기름을 꽉 채우는 게 좋겠다.

## ☐ accomplish
[əkámpliʃ]

v. 성취하다(= achieve)

As you **accomplish** tasks, cross them off your list.
일이 끝났으니까, 당신의 목록에서 끝난 일들을 지워버리세요.

---

## ☐ affiliation
[əfiliéiʃən]

n. 결연, 제휴(= alliance)

It is said that many people were arrested for their political **affiliations**.
많은 사람들이 그들의 정치적 연합 때문에 체포되었다고 전해진다.

---

## ☐ alternate
[ɔ́:ltərnit]

v. 번갈아 일어나다(= interchange)

The guide explained what happened just before, **alternating** between French and German.
안내원은 프랑스어와 독어를 번갈아 말하며 방금 전에 일어났던 일을 설명했다.

---

## ☐ altitude
[ǽltətjùːd]

n. 고도(= height)

It's very difficult to breathe at high **altitudes** since there isn't enough oxygen.
높은 고도에서는 산소가 충분치 않기 때문에 숨 쉬기가 힘들다.

---

## ☐ cherish
[tʃériʃ]

v. 소중히 여기다(= value)

As the war broke out, people were forced to leave behind possessions that they **cherished**.
전쟁이 발발하면서, 사람들은 그들이 소중히 여겼던 재산들을 남겨 두고 떠나야만 했다.

---

## ☐ cohesion
[kouhíːʒən]

n. 결속(= bond)

It created a wartime atmosphere which could be used to generate social **cohesion**.
그것은 전시 분위기를 만들었고, 이는 사회적 결속을 만드는데 사용될 수도 있다.

## ☐ commemorate  v. 기념하다(= celebrate)
[kəmémərèit]

He also instituted a festival to **commemorate** his victory.

그는 또한 승리를 기념하기 위해 축제를 창설했다.

## ☐ compensate  v. 보상하다, 보상금을 주다
[kámpənsèit]

She had also expressed great anxiety as to who was to **compensate** her for the loss of her fences and crop.

그녀는 또한 울타리와 농작물의 손실에 대해서 누가 그녀에게 보상을 해줄지에 대한 큰 우려를 나타냈다.

## ☐ complement  n. 보충, 보완(= supplement)
[kámpləmənt]

Both techniques can be the **complement** for each other if used together.

두 가지 기술은 같이 사용이 된다면 서로 서로 보완이 될 수 있다.

## ☐ contagious  adj. 전염성 있는(= communicable)
[kəntéidʒəs]

The highly **contagious** phrase quickly infected the international media and spread across the globe.

전염성 강한 문구는 빠르게 국제 미디어를 물들였고, 세계적으로 퍼졌다.

## ☐ culminate  v. ~로 끝나다(= result)
[kʌ́lmənèit]

The dispute **culminated** last month in a lawsuit against the company.

논쟁은 지난달 그 회사를 상대로 한 소송으로 끝났다.

## ☐ determine  v. 확인하다(= calculate), 결정을 내리다(= decide)
[ditə́:rmin]

These materials, like wood or stone or brick, also **determined** the architectural style.

나무나 돌, 벽돌과 같은 이런 재료들 또한 건축양식을 결정지었다.

## ☐ discern
[disə́:rn]

v. 알아차리다, 식별하다(= discriminate)

Lucy claims that such a relationship can be **discerned** in her data.
Lucy는 그러한 관계를 그녀의 자료에서 알아낼 수 있다고 주장한다.

## ☐ encompass
[inkʌ́mpəs]

v. 포함하다(= embrace)

Students in colleges **encompass** a wide age range and exhibit varying academic abilities and communication skills.
대학교에 다니는 학생들은 넓은 연령층을 포함하고, 다양한 학습 능력과 의사 소통 기술을 보여 준다.

## ☐ encroach
[enkróutʃ]

v. 침입하다(= trespass)

I don't want to **encroach** on his time and money any more.
나는 더 이상 그의 시간과 돈을 뺏고 싶지 않다.

## ☐ feeble
[fíːbl]

adj. 연약한(= fragile)

His health was so **feeble** that he went to the countryside and lived for more than a year.
그의 건강이 너무 허약해져서 그는 시골로 가서 1년 넘게 지냈다.

## ☐ grasp
[grǽsp]

v. 붙잡다(= seize), 이해하다(= comprehend)  n. 움켜잡기

Though I have no trouble **grasping** the concepts, math continues to be difficult for me.
개념들을 이해하는 데는 문제가 없지만, 나에게 수학은 여전히 어렵다.

Sometimes, people overlooks the problem which is beyond their **grasp**.
사람들은 가끔 그들이 보이지 않는 문제들을 간과한다.

beyond[within] one's grasp 손이 미치지 않은[미치는] 곳에

## ☐ hinder
[híndər]

v. 방해하다(= hamper)

There is a concern that higher interest rates can possibly **hinder** economic growth.

너 높은 이자율이 경제성장을 방해할 가능성에 대한 염려가 있다.

## ☐ illicit
[ilísit]

adj. 불법적인(= illegitimate)

There is a tradition of smuggling, **illicit** goods being brought from near neighbor.

가까운 이웃나라에서 들여온 불법 상품들을 밀수하는 관습이 있다.

## ☐ immoral
[imɔ́:rəl]

adj. 부도덕한(= improper)

My parents worries my lifestyle thinking it is both dangerous and **immoral**.

나의 부모님은 내 삶의 방식을 위험하고 부도덕하다고 생각해서 걱정하신다.

## ☐ implausible
[implɔ́:zəbl]

adj. 그럴듯하지 않은(= improbable)

After seeing the movie, I thought that the tremendous earthquakes they showed were somewhat **implausible**.

영화를 보고 난 후, 그들이 보여 주었던 엄청난 지진이 어딘가 그럴듯하지 않다고 생각했다.

## ☐ inappropriate
[ìnəpróupriət]

adj. 부적당한(= improper)

I am strongly for the opinion that using the violence is **inappropriate**.

나는 폭력의 사용이 부적절하다는 의견에 강하게 찬성합니다.

## ☐ indiscreet
[ìndiskrí:t]

adj. 자각 없는, 분별력 없는

I did hear them talking about sales figures but it would be **indiscreet** of me to say any more.

나는 그들이 매출액 대해 이야기하는 것을 들었지만 내가 더 이상의 말을 하는 것은 경솔할 것 같다.

## □ inhabitant
[inhǽbətənt]

n. 주민(= resident)

This is a poor rural area, with only one doctor per 2,000 **inhabitants**.
이곳은 2,000명의 주민 당 한 명의 의사밖에 없는 가난한 외곽 지역이다.

## □ initiate
[iníʃièit]

v. 시작하다(= commence)

If you'd also been able to identify me then they would certainly have **initiated** an investigation.
만약 당신이 나를 알아차릴 수 있었다면, 그들은 분명히 조사를 시작했을 것이다.

Majority of the students in this class were **initiated** into drug at the very early age.
이 교실에 있는 대부분의 학생들은 매우 어린 나이에 마약을 시작했다.

## □ intact
[intǽkt]

adj. 손상되지 않은(= complete)

Even with the harsh environment, most of the old relics remained **intact**.
거친 환경에도 대부분의 오래된 유물들은 손상되지 않고 남아 있었다.

## □ interfering
[ìntərfíəriŋ]

adj. 간섭하는, 방해하는

Schools should be managed by teachers, without **interfering** bureaucrats.
학교는 간섭하기 좋아하는 행정 관료 없이 선생님들에 의해 관리되어야 한다.

## □ magnify
[mǽgnəfài]

v. 확대하다, 증대하다(= enlarge)

On bad teams those inevitable difficulties tend to get **magnified**.
형편없는 팀들에서는 불가피한 어려움들을 확대하는 경향이 있다.

## massive
[mǽsiv]

adj. 거대한, 막대한(= enormous)

We need a solution to the problem of **massive** increases in the number of homeless.

노숙자의 수가 크게 늘고 있는 문제점에 대한 해결책이 필요하다.

## monotonous
[mənátənəs]

adj. 단조로운(= dull)

Some are assigned different tasks, partly to prevent the work from becoming **monotonous**.

몇몇 사람들은 다른 일을 배당 받는데, 부분적으로 일이 단조로워지는 것을 방지하기 위한 것이다.

## obsolete
[àbsəlíːt]

adj. 안 쓰이는(= unused)

Weapons that would have been invincible twenty years before are now **obsolete**.

20년 전에는 무적이었던 무기들은 이제 쓰이지 않는다.

## ordain
[ɔːrdéin]

v. 임명하다, 정하다

Born into a noble family, he was **ordained** into the priesthood at the age of twenty-five.

귀족집안에서 태어난 그는 25세의 나이에 사제직에 임명되었다.

## permanent
[pə́ːrmənənt]

adj. 영구적인(= perpetual)

After the car accident, she got **permanent** eye damage.

차사고 이후에 그녀는 영구적인 시력 손상을 입었다.

## portray
[pɔːrtréi]

v. 묘사하다(= depict)

This is the only example **portraying** a Roman Emperor which has survived intact.

이것은 온전히 살아남은 로마 황제를 묘사한 유일한 예시이다.

## prolific
[prəlífik]

adj. 다작의(= fertile)

She was a former journalist and a **prolific** writer in the field of literature.
그녀는 이전에 기자이자 문학 분야에서 다작 작가였다.

---

## prophetic
[prəfétik]

adj. 예언적인(= predictive)

I feel something **prophetic** in his words then become scared.
그의 말에서 무언가 예언적인 것을 느끼고 무서워졌다.

---

## refuge
[réfju:dʒ]

n. 피난처, 은신처(= sanctuary)

Hundreds of families came here seeking **refuge** from the war.
수백만의 가족들이 전쟁으로부터 피난처를 찾아 이곳으로 왔다.

This church has an Asian women's **refuge** for women fleeing domestic violence.
이 교회에는 가정폭력으로부터 도망친 아시아 여성들을 위한 피난처가 있다.

flee for refuge 피난하다

---

## scatter
[skǽtər]

v. 퍼뜨리다(= disperse)

There was a sudden crack of gunfire, and the crowd **scattered**.
갑작스런 총성이 있었고, 군중은 흩어졌다.

The Moai statues that is **scattered** around the island are as big as the bus.
섬 위에 흩어져서 서있는 모아이 석상들은 버스만큼 크다.

---

## scrupulous
[skrú:pjələs]

adj. 세심한, 꼼꼼한(= meticulous), 양심적인(= honest)

When you prepare for the meals in the kitchen, **scrupulous** cleanliness is necessary.
당신이 부엌에서 식사를 준비할 때 꼼꼼한 청결함이 필수적이다.

## ☐ solidify
[səlídəfài]

v. 결속시키다(= consolidate)

As it cools, over the years, the magma slowly **solidifies** and forms crystals.
식으면서, 몇 년의 세월이 지나면 마그마는 천천히 굳어지면서 크리스탈을 만든다.

## ☐ sporadically
[spərǽdikəli]

adv. 때때로(= occasionally)

I kept hearing aircraft passing low overhead and gunfire from automatic weapons **sporadically**.
나는 머리 위로 낮게 통과하는 비행기 소리와 자동 무기로부터 발포 소리를 간간히 계속 들었다.

## ☐ stabilize
[stéibəlàiz]

v. 안정되다, 안정시키다

City Hall had promised that urban renewal would be used to help **stabilize** the community.
시청은 도시재개발이 지역사회를 안정시키는 것을 돕는데 이용될 것이라고 약속했다.

## ☐ stain
[stéin]

v. 오염시키다(= contaminates)

The strawberry juice had **stained** their clothes and fingers.
딸기 주스가 그들의 옷과 손가락을 더럽혔다.

stain one's reputation 명성을 더럽히다

## ☐ taboo
[təbú:]

n. 금기(= prohibition)

It is a **taboo** subject, and the marriage ceremonies are performed in secret.
그것은 금기 주제이고, 결혼 의식은 비밀로 행해졌다.

taboo on[against / about] sth ~에 대한 금기

## ☐ tolerate
[tálərèit]

v. 견디다(= endure)

I cannot **tolerate** people smoking in public areas without thinking of others.
나는 다른 사람은 생각 안하고 공공장소에서 담배를 피는 사람들을 참을 수 없다.

## ☐ uneven
[ʌníːvən]

adj. 울퉁불퉁한(= rugged)

He thought that the floor under his feet is **uneven**.
그는 그의 발아래 느껴지는 바닥이 울퉁불퉁하다고 느꼈다.

## ☐ via
[váiə]

prep. ~을 경유하여(= by way of)

She went to London **via** New York.
그녀는 뉴욕을 경유하여 런던으로 갔다.

## ☐ vulnerable
[válnərəbəl]

adj. 영향 받기 쉬운(= easily damaged)

His victims are **vulnerable** women whom he can control.
그의 희생자들은 그가 통제할 수 있는 취약한 여자들이었다.

We also need to be aware that under pressure, all of us are **vulnerable** to alcohol misuse and even addiction.
압력이 가해지면, 우리 모두는 알코올 남용이나 심지어는 중독에 빠지기 쉽다는 것을 알 필요가 있다.

## ☐ withhold
[wiðhóuld]

v. 보류하다, 억제하다(= restrain)

She was blamed for deliberately **withholding** the evidence.
그녀는 고의로 증거를 보류한 것에 대해 비난 받았다.

## □ withstand
[wiðstǽnd]

v. 견디어 내다, 버티다, ~에 저항하다(= endure[stand, put up with, resist])

That building was constructed to **withstand** natural disaster.
그 빌딩은 자연재해를 견딜 수 있도록 건설되었다.

# ■ ■ ■ ■
# Testing Ground

**01.** From this experience, I learned that happiness _____ with unhappiness.

(a) oscillates       (b) altercates       (c) alternates

**02.** If you fall in love with someone, you'll realize that love is something to _____ someone.

(a) cherish       (b) cheat       (c) entertain

**03.** To _____ the death of soldiers, Armed Forced Day began to be celebrated.

(a) commence       (b) commemorate       (c) commend

**04.** They said they give us as much money as we want but no amount of money could _____ for my mother's death.

(a) compensate       (b) dispense       (c) compose

**05.** The government sometimes _____ on the freedom of the individual.

(a) enclose       (b) encroaches       (c) encompasses

**06.** After hearing why she is so late for our appointment, I found her excuse somewhat _____.

(a) irreplaceable       (b) impeccable       (c) implausible

**07.** She was a _____ writer, but she seems to lose interest in writing these days.

(a) prolonged       (b) prolific       (c) prepared

**08.** Every lawyer should be absolutely _____ in adherence to the law.

    (a) sculptural        (b) susceptible        (c) scrupulous

**09.** As he was a only witness of the incident, the police _____ his name to protect him.

    (a) withheld        (b) beheld        (c) upheld

**10.** Many people often suffer from _____ the stresses and strains of public life.

    (a) generating        (b) withstanding        (c) releasing

---

**01.** 이번 경험으로 나는 행복과 불행은 번갈아 일어난다는 것을 배웠다.

**02.** 누군가와 사랑에 빠지게 되면, 사랑이란 누군가를 소중히 여기는 것이라는 사실을 깨닫게 될 것이다.

**03.** 군인들의 죽음을 기념하기 위해서, 국군의 날은 기념되기 시작했다.

**04.** 그들은 우리가 원하는 만큼의 돈을 주겠다고 말했지만, 아무리 많은 돈도 우리 어머니의 죽음을 보상할 수는 없다.

**05.** 정부는 종종 개인의 자유를 침범한다.

**06.** 그녀가 우리 약속에 늦은 이유를 듣고 나서, 나는 그녀의 변명이 약간 그럴듯하지 않은 것을 발견했다.

**07.** 그녀는 다작하는 작가였다. 그러나 요즘 그녀는 글 쓰는 것에 흥미를 잃은 것처럼 보인다.

**08.** 모든 변호사는 철저히 법 고수에 있어 양심적이어야 한다.

**09.** 그는 그 사건의 유일한 목격자였기 때문에 경찰은 그를 보호하기 위해 이름을 발표하지 않았다.

**10.** 많은 사람들이 종종 공공생활에서 오는 스트레스와 압박감을 견디는 것에서 고통 받는다.

answer   01. (c)   02. (a)   03. (b)   04. (a)   05. (b)   06. (c)   07. (b)   08. (c)   09. (a)   10. (b)

# Expression for **TEPS VOCA**

1. 더 이상 손을 쓸 수가 없어.
   Things got out of hand.

2. 무슨 말씀하려는 거죠?
   What are you getting at?

3. 몸이 좀 안 좋아요.
   I'm under the weather.
   I'm feeling off.
   I'm out of sorts.

4. 해봐! 손해 볼 것 없잖아.
   It doesn't hurt to try.

5. 큰일 날 뻔 했어.
   It was a close call.

6. 잘 모르겠어요.
   It's way over my head.

7. 마무리합시다!
   Let's wrap things up!

· **be better off** 전보다 형편이 낫다, 전보다 잘 지내다
I think he's better off without his girlfriend.
내 생각에 그는 여자 친구 없이 전보다 잘 지내는 것 같다.

· **use up** 다 써 버리다
Don't use up all the paper.
종이를 다 쓰지 마세요.

· **pay a visit to** ~를 방문하다
If you have time, pay a visit to your grandmother this weekend.
시간 있으면, 이번 주말에 할머니 댁에 방문해 봐라.

· **put up with** 참다
I can't put up with her cynical smile.
나는 그녀의 냉소적인 웃음을 참을 수 없다.

· **sleep on it** 다음날로 결정을 미루다
He asked if he could sleep on it.
그는 그것에 대해 내일 결정해도 되는지 물어보았다.

· **snap out of it** 기운을 내다, 정신 차리다
Perhaps he would snap out of it.
그는 기운 낼 거예요.

· **stay put** 한자리에 있다, 떠나지 않다
I think you'd better stay put until the boss gets back.
제 생각에는 당신이 상사가 올 때까지 자리를 지키는 게 좋겠어요.

· **step on it** 빨리 가다, 서두르다
Take me to the airport and step on it.
서둘러서 공항에 데려나 수세요.

## ☐ accord
[əkɔ́ːrd]

n. 합의(안)  v. 부여하다, 부합하다

The two countries signed a peace **accord** in 1888 after a ten-year civil war.
그 두 나라는 10년의 내전 후인 1888년에 평화협의에 서명했다.

The government requires that racial minorities be **accorded** equal rights to housing.
정부는 소수 인종들이 주거에 대한 동일한 권리를 부여받아야 한다고 요구한다.

**According** to the data, about half of the criminals were arrested at the scene of the robbery.
자료에 따르면, 용의자의 절반 가량이 강도 현장에서 체포되었다는 것이다.

## ☐ accuse
[əkjúːz]

v. ① (범죄자를) 고소하다, 고발하다 ② 비난하다(= accuse sb of sth)

Ramaphosa's own transformation into a tycoon has disappointed some blacks, who **accuse** him of desertion.
Ramaphosa가 재계 거물급으로 탈바꿈하면서 몇몇 흑인들은 그에게 실망했고 그를 유기죄로 고소하였다.

accusation n. ① 고소, 고발 ② 비난
the accused(= the defendant) 피고  plaintiff 원고  witness 증인, 목격하다  verdict 평결하다  jury 배심원  be sentenced to 형량을 선고받다  capital punishment(= death penalty) 사형

## ☐ acquit
[əkwít]

v. 무죄를 선고하다

He has never failed to **acquit** a client charged with murder.
그는 살인죄로 기소된 고객의 혐의를 벗겨 주는 데 결코 실패 해 본 적이 없다.

The judge directed the jury to **acquit** the man of the murder.
그 판사는 배심원들에게 살인죄를 진 그 남자에게 무죄를 선고하라고 지시했다.

Phillips was **acquitted** of the murder.
Phillips의 살인죄가 무죄로 선고되었다.

be acquitted of ~ 혐의가 무죄로 선고되다

## ☐ ameliorate
[əmíːljərèit]

v. 개선하다, 호전시키다

Measures to **ameliorate** working conditions have had little effect.

근무 조건들을 개선하기 위한 조치들이 효과가 거의 없었다.

## ☐ amend
[əménd]

v. 개정하다, 수정하다(= revise, adjust)

If the two treaties have identical parties the subsequent treaty is regarded as **amending** the earlier.

만일 그 두 조약의 당사자들이 동일하다면 그 다음의 조약은 전자를 수정하는 것으로 간주된다.

The best way of making **amends** is to substitute for old habits new, and better, ones.

보상을 하는 가장 좋은 방법은 오래된 습관을 새롭고 더 나은 습관으로 대체하는 것이다.

amendment n. 개정, 수정

make amends to sb[for sth] ~에 대해 보상해주다[벌충해주다]

## ☐ arrest
[ərést]

v. 체포하다, 검거하다  n. ① 체포 ② 구류

He had been **arrested** trying to steal money from a church.

그는 교회에서 돈을 훔치려다가 체포되었다.

The police later claimed that he had resisted **arrest**.

경찰은 후에 그가 체포에 저항했다고 주장했다.

## ☐ assassinate
[əsǽsənèit]

v. 암살하다

One is that a team of army sharpshooters was sent to Memphis to **assassinate** king.

하나는 군의 명사수들 팀이 왕을 암살하기 위해 멤피스로 보내졌다는 것이다.

assassin n. (돈이나 정치적 목적의) 암살자

## ☐ asylum
[əsáiləm]

n. 망명

They have sought political **asylum** in the United States.
그들은 미국에서 정치적 망명을 찾았다.

Two years ago, that guy came to the England as an **asylum** seeker.
2년 전에 그 남자는 망명 신청자로 영국에 왔다.

## ☐ atone
[ətóun]

v. (잘못한 일에 대해) 보상하다, 속죄하다

Brian was anxious to **atone** for his sins.
Brian은 그의 죄를 속죄하기를 갈망했다.

## ☐ attorney
[ətə́:rni]

n. 변호사, 법정대리인

Lee is a working **attorney** undeniably in the mainstream of that community.
Lee는 명백히 그 지역의 주류인 현직 변호사이다.

## ☐ bail
[béil]

v. 보석으로 풀어주다   n. 보석금

The former vice president of Bosnia was freed on **bail** on Thursday, three days after being arrested in London on an extradition request from Serbia.
Bosnia의 전 부통령이 목요일에 보석으로 석방되었다. 이는 Serbia로부터 송환 요청을 받고 런던에서 체포된 후 3일 지난 뒤이다.

bailout 구제 조치, 구제금융, 긴급 구제금융

## ☐ ban
[bǽn]

n. 금지   v. 금지하다

A **ban** has been imposed on the hunting and killing of whales.
고래를 잡고 죽이는 것에 대한 금지령이 내려졌다.

The government has **banned** public servant from accepting gifts from commercial enterprises.
정부는 공무원들이 기업으로부터 선물 받는 것을 금지시켰다.

## ☐ be in dispute 논쟁 중이다

Employees **are in dispute** with their employers over pay.
직원들은 봉급에 대해 고용주들과 논쟁 중이다.

## ☐ blackmail
[blǽkmèil]

v. 갈취하다, 협박하다  n. 공갈, 협박

The criminal offence of **blackmail** is universally feared.
협박이라는 형사범죄를 보편적으로 두려워한다.

## ☐ breach
[bri:tʃ]

n. (법률 · 약속 등의) 위반, 불이행

The sector with which we are here concerned was an exceptional **breach** in a hitherto all-male part of the labor market.
여기에서 우리가 관심 있는 부분은 지금까지 노동 시장 중에서 남성들로만 구성된 한 분야에서 예외적인 침해였다는 점이다.

The organization claims the proposals are in **breach** of international law.
그 단체는 그 제안이 국제법을 위반한다고 주장한다.

be in breach of sth ~를 위반하다  break the law(= against the law[breach]) (법을) 위반하다  get away with ~을 하고도 벌 받지 않다[무사하다]  Do you think you can get away with it? 네가 그것을 하고도 무사할 거라 생각하니?

## ☐ burglar
[bə́:rglər]

n. (주거 침입) 강도

He got into bed as carefully as a **burglar** climbing through a window.
그는 강도가 창문을 통해 기어올라 가는 것만큼이나 조심스럽게 침대로 들어갔다.

## ☐ commit
[kəmít]

v. ① (죄·과실 등을) 범하다 ② 위임[위탁]하다

Now the Government is taking action to stop offenders **committing** crimes.
이제 정부는 범죄자들이 범죄를 저지르는 것을 막기 위해서 조치를 취하고 있다.

Manufacturers will have to **commit** substantial funds to developing new engines.
제조업자들은 새로운 엔진들 개발에 엄청난 양의 기금을 할당해야 할 것이다.

commit crimes 범죄를 저지르다

---

## ☐ compulsory
[kəmpʌ́lsəri]

adj. ① 강제적인 ② 의무의, 필수의

There are many benefits of **compulsory** competitive tendering in London, but many local authorities resisted it.
런던에서는 강제 경쟁 입찰 제도에 많은 장점들이 있지만 대부분 지방 당국은 그것에 반대했다.

The study of Shakespeare is **compulsory** for major and joint programs.
셰익스피어의 연구는 전공 과정과 합작 프로그램에 필수적이다.

---

## ☐ confess
[kənfés]

v. ① 실토하다 ② 인정하다

She consistently resisted to **confess** her secret.
그녀는 계속해서 비밀을 자백하지 않으려 저항했다.

However, I must **confess** that I do not find this to be a serious problem at least.
하지만 나는 적어도 내가 이것을 심각한 문제로 여기지 않는다는 것은 인정해야 한다.

confession n. 자백, 자인

---

## ☐ confiscate
[kánfiskèit]

v. 압수하다, 몰수하다

In increasing number of guns have been **confiscated** in schools recently.
최근에, 학교에서 점점 더 많은 수의 총기들이 압수되고 있다.

confiscation n. 몰수, 압수

## conflict
[kánflikt]

v. 상충하다, 충돌하다  n. (의견의) 충돌, 갈등

In other ways the activities of the councils tend to **conflict** with regional policy.
다른 방법들로, 그 의회들의 활동들은 지역 경찰과 충돌하는 경향이 있었다.

Normal children tend to be in **conflict** with their parents.
보통 아이들은 그들의 부모님들과 대립하는 경향이 있다.

This peace settlement brings an end to years of **conflict**.
이 평화 협정은 수년간의 갈등의 끝을 냈다.

## conspire
[kənspáiər]

v. 공모하다, 음모를 꾸미다

All this has **conspired** to turn a rich business into a relatively poor one.
이 모든 것이 부유한 사업이 비교적 가난한 사업으로 돌아서게 음모를 꾸몄다.
conspiracy n. 공모, 음모

## convict
[kənvíkt]

v. 유죄를 선고하다  n. 기결수, 죄수

He was never **convicted** of anything in this country.
그는 이 나라에서 결코 어떤 죄도 선고 받은 적이 없다.
conviction n. ① 유죄판결 ② 신념

## crime
[kraim]

n. (법률상의) 범죄, 죄

It is no wonder that 50% of serious **crimes** are drug-related.
50퍼센트의 중죄가 마약과 관련이 있다는 것은 당연한 일이다.
criminal adj. 범죄의, 형사상의  n. 범인
crack down on ~을 단속하다, 단속을 강화하다

## culprit
[kʌ́lprit]

n. ① 범죄자, 죄인 ② 피고인, 미결수

Everyone in the class started laughing and the teacher began searching for the **culprit**.
이 수업에서 사람들은 웃기 시작했고 선생님은 범인을 찾기 시작했다.

## custody
[kʌ́stədi]

n. ① (경찰에 의한) 구금, 보호 관리 ② 법적 보호권, 양육권

On Wednesday, he was in the **custody** of federal authorities in Baton Rouge.
수요일에 그는 Baton Rouge에 있는 연방 당국의 구금 하에 있었다.

## decree
[dekríː]

v. (법령에 의거하여) 포고하다, (신이) 명하다  n. 포고, 법령

In December 1936 a **decree** was issued which made all volunteer forces subject to military jurisdiction.
1936년 12월에 모든 자원한 군대들이 군 법령에 복종하라고 포고령이 내려졌다.

## defendant
[diféndənt]

n. 피고

All of the three **defendants** were convicted of conspiracy to commit murder.
세 명의 피고 모두 살인을 도모한 혐의로 유죄판결 받았다.

## denounce
[dináuns]

v. ① 비난하다 ② 고발하다

His music was considered so controversial at the time that Coleman was **denounced** by many critics and musicians.
Coleman의 음악은 그 당시에 너무 많은 논란이 있다고 생각되어 그는 많은 비평가들과 음악가들에 의해 비난 받았다.

## detain
[ditéin]

v. 구류[감금]하다 (남을) 지체하게 하다

When Steven reaches Winchester safely, the Earl of Gloucester will be released and his son **detained**.
Steven이 윈체스터에 안전하게 도착하면, Gloucester 백작이 석방될 것이고 그의 아들은 구금될 것이다.

## ☐ edge
[edʒ]

n. ① 우세, 강점 ② 날 ③ 테두리

Don't measure the **edge** of your knitting as this is inaccurate.
이것은 부정확하니까 당신이 한 뜨개질의 테두리를 측정하지 마세요.

Yet people ignore the plight of the several species of bat which are on the **edge** of extinction.
하지만 사람들은 멸종위기에 처해있는 몇몇 종류의 박쥐의 상태를 무시한다.
on the edge of sth sth의 가장자리에

## ☐ embezzle
[embézl]

v. 횡령하다, 착복하다

After **embezzling** funds he spent time in prison in the 80s.
기금을 횡령한 후에 그는 80년대를 감옥에서 보냈다.
embezzlement n. 횡령

## ☐ enact
[enǽkt]

v. (법률을) 제정하다

Under a new law, universities must **enact** smoke-free policies on their campuses.
새로운 법 아래에서, 대학들은 그들의 대학 내에서 담배 없는 정책을 제정해야만 한다.

## ☐ enlist
[enlíst]

v. 입대하다, (도움 등을) 구하다

Brand **enlisted** in the marines at the age of 19.
Brand는 19세에 해병대에 입대했다.

## ☐ evacuation
[ivǽkjuéiʃən]

n. 피난, 대피

The **evacuation** of British troops from the area is important to deal with the problem.
영국군을 그 지역으로부터 빼내는 것은 그 문제를 해결하는데 있어서 중요하다.

## extort
[ikstɔ́:rt]

v. 강탈[강요]하다

The man **extorted** a lot of money from his company and pretended not to.
그 남자는 그 회사로부터 많은 액수의 돈을 강탈하고는 모른 체 했다.

## felon
[félən]

n. 중죄인

If Diaz is convicted of robbing Leal, he could face 15 years to life in jail as a predicate **felon**.
만일 Diaz가 Leal을 강탈한 것으로 유죄를 선고 받는다면 그는 단정적인 중죄인으로서 15년 형을 살게 될 것이다.

## felony
[féləni]

n. 중죄

For his **felony**, his hands were cruelly lopped and thrown away.
그의 중죄에 대해서, 그의 손들은 잔인하게 잘려나가 버려졌다.

## file
[fáil]

v. (신청 · 항의 등을) 제출[제기]하다

She would **file** for divorce if she cannot stand her situation any more.
만일 그녀가 더 이상 그 상황을 견딜 수 없다면 그녀는 이혼소송을 제기할 것이다.

file a claim 청구권을 내세우다

## fine
[fáin]

v. 벌금을 부과하다  n. 벌금

Any young man whose waist went beyond the standard belt length was **fined**.
허리가 기준 벨트 길이를 초월한 모든 젊은이들이 벌금형을 받았다.

heavy find 육중한 벌금

## ☐ forfeit
[fɔ́ːrfit]

v. 상실하다, 몰수되다   n. ① 벌금 ② (권리 · 명예 등의) 상실

And once it has **forfeited** the power to act, the organization becomes both reactive and reactionary.
그리고 일단 행동할 권한을 상실하면, 그 조직은 반작용을 보이거나 반발하게 된다.

## ☐ forge
[fɔ́ːrdʒ]

v. (관계 등을) 구축하다, 형성하다, 위조하다

In 1776 the United States **forged** an alliance with France.
1776년 미국은 프랑스와 동맹을 구축했다.

Someone stole my credit card and **forged** my signature.
누군가가 내 신용카드를 훔쳤고 내 사인을 위조했다.

forge an identify 정체성을 형성하다

## ☐ fraud
[frɔ́ːd]

n. 사기(행위), 사기꾼

He feels like he is a **fraud** and that he does not cut out for the job.
그는 그가 사기꾼인 것같이 느꼈고, 그 일에 적합하지 않다고 느꼈다.

con ~을 속이다   con artists 사기꾼 예술가들

## ☐ hostage
[hástidʒ]

n. 인질

For a politician to have a clear objective is to offer **hostages** to his opponents.
정치인들에게 명백한 목적을 가진다는 것은 상대에게 인질을 넘겨주는 것이다.

## ☐ impeach
[impíːtʃ]

v. (고위 공무원을) 탄핵하다, 고발하다

He tried to **impeach** Mr. Premadasa, accusing the president of corruption.
그는 Premadasa 씨를 부패 대통령으로 고소하면서 탄핵하려고 했었다.

impeachment n. 탄핵, 고발

## ☐ income
[ínkʌm]

n. 소득, 수입

The whole family survives on the mother's monthly **income** of less than £500.

온 가족이 500파운드가 안 되는 어머니의 월수입으로 먹고 산다.

## ☐ indebted
[indétid]

adj. 부채가 있는, 감사하는

I am deeply **indebted** to the people who gave a great deal of assistance in the final revisions of the manuscript.

저는 마지막 원고 수정작업에서 큰 도움을 준 사람들에게 깊이 감사드립니다.

## ☐ indict
[indáit]

v. 기소하다

More sitting senators have been **indicted** and convicted of felonies than have been elected president.

더 많은 현직 상원의원들이 대통령으로 당선되기보다는 흉악 범죄로 기소되고 유죄선고를 받는다.

indictment n. 기소, 고소

## ☐ infiltrate
[infíltreit]

v. 잠입하다, 침투하다, (액체가) 스며들다

Everyone knew the organization had been **infiltrated** by government agents, but could not prove it.

모든 사람이 정부 기관들이 그 기관에 잠입했다는 걸 알고 있지만, 그것을 증명할 수 없었다.

## ☐ infringe
[infríndʒ]

v. (법률을) 위반하다, (권리를) 침해하다

The court ruled that he had **infringed** the company's patent.
법원은 그가 그 회사의 특허를 침해했다고 판결했다

infringement n. (법규) 위반, (권리의) 침해

# Testing Ground

**01.** The cooperation has been _____ of exploiting their workers and evading paying taxes.

(a) accused        (b) charged        (c) indicted

**02.** To govern Korea, Japan _____ the Koreans from holding a mass rally.

(a) limited        (b) banned        (c) forbade

**03.** It is _____ for all drivers not to use cell phones during they drive.

(a) selective        (b) prerequisite        (c) compulsory

**04.** The suspect's _____ involved a number of gangs in the affair.

(a) confession        (b) confidence        (c) comformation

**05.** The police searched the cooperation and _____ many evidences of corruptions.

(a) configured        (b) returned        (c) confiscated

**06.** He is a journalist who discovered a _____ of politicians, and he tries to announce the truth.

(a) consistancy        (b) conspiracy        (c) conspicuity

**07.** The suspect were _____ of murder, he were sentenced to 20 years to life in the prison.

(a) convicted        (b) condemned        (c) guilty

**08.** According to a new study, global warming may be the _____ behind abnormal climate.

(a) culprit            (b) criminal            (c) evidence

**09.** A discussion occurs whether this policy should be _____ and how it should be implemented.

(a) intact            (b) entered            (c) enacted

**10.** The government has implemented forcible _____ of residents near a mining site where a deadly landslide took place.

(a) eradiate            (b) erode            (c) evacuation

01. 그 회사는 그들의 노동자를 착취하고 탈세하는 것에 관하여 고소당했다.
02. 한국을 지배하기 위해, 일본은 한국 사람들이 대형 집회를 여는 것을 금지했다.
03. 운전 중에 휴대폰을 사용하지 말아야 하는 것은 모든 운전자에게 의무 사항이다.
04. 그 용의자의 자백이 다른 폭력 조직이 그 일에 연루되었음을 보여 주었다.
05. 경찰은 그 회사를 조사했고 그리고 많은 부패의 증거를 압수했다.
06. 그는 정치가들의 음모를 발견한 기자로 그 사실을 알리기 위해 노력한다.
07. 그 용의자는 살인으로 유죄가 선고되었고, 20년 형을 선고 받았다.
08. 최근 연구에 따르면, 지구온난화가 이상기후의 원인일지도 모른다.
09. 이 정책이 제정되어야 하는지 그리고 어떻게 시행되어야 하는지에 대한 논쟁이 있었다.
10. 정부는 치명적인 산사태가 발생한 광산 주위의 주민들의 강제 대피령을 시행했다.

answer 01. (a) 02. (b) 03. (c) 04. (a) 05. (c) 06. (b) 07. (a) 08. (a) 09. (c) 10. (c)

# Expression for **TEPS VOCA**

1. 지난 일은 잊자, 지나간 일은 지나간 일이다.
   Let bygones be bygones.

2. 상사가 나를 힘들게 해요.
   My boss is giving me a hard time.

3. 내 명예가 걸려 있어.
   My honor is at stake.

4. 오른쪽 발목을 삐었어요.
   My right ankle is sprained.

5. 가장 중요한 것은 네가 그 문제를 책임질 유일한 사람이야.
   The bottom line is you are the one responsible for the problem.

6. Tom과 Jessy는 잘 지내요.
   Tom gets along with Jessy.

7. 여기는 무슨 일로 오셨어요?
   What brings you here?

· **stir up** 선동하다
He often stirred up trouble in meeting.
그는 회의할 때 종종 문제를 일으켰다.

· **stuck in** 곤경에 빠져 꼼짝 못하는
They are stuck in a traffic jam.
그들은 교통 체증에 걸려 꼼짝 못한다.

· **wind up with(= end up (with)~ing)** 결국 ~하게 되다
We'll wind up with nothing.
우리는 결국 아무것도 아니게 될 것이다.

· **fall asleep** 잠들다
His colleague fell asleep in a public lecture.
그의 동료는 공개 강연에서 잠들었다.

· **come up with** ~(아이디어, 해결책)을 생각해 내다
He can't force our employees to come up with a brilliant idea.
그가 우리 직원들에게 묘안을 생각해 내도록 강요할 수 없다.

· **stem from** ~에서 유래하다
In part, this stems from Chinese history.
부분적으로, 이것은 중국 역사에서 유래한다.

· **sign up for(= register for, enroll)** 등록하다
She signed up for an advanced-level course.
그녀는 고급 과정에 등록했다.

· **point out** ~을 지적하다
He looked at it for a while, then pointed out that there is a serious error in the work.
그가 잠시 그것을 보고는 작업에 심각한 오류가 있다고 지적했다.

## ☐ **inmate**
[ínmèit]

n. (교도소 · 정신병원 등의) 수감자, 입원자

The **inmates** of the institution were treated well, whether they ware in the workhouse or in the infirmary.
그들이 노역장에 있던지 양호실에 있던지 간에 그 기관의 수감자들은 처우가 좋았다.

infirm(= weak, senile) 허약한  with age 나이가 듦에 따라
People become senile with age. 사람들은 나이가 듦에 따라 쇠약해 진다.

## ☐ **interrogate**
[intérəgèit]

v. 심문하다, 질문하다

Army officers have been accused of using unorthodox methods when **interrogating** enemy prisoners.
군 장교들이 적군 포로들을 심문할 때 정상적인 방법을 사용하지 않는 것에 대해 기소되었다.

interrogation n. 심문, 질문

## ☐ **investigation**
[invèstəgéiʃən]

n. 조사, 연구

Prison officials are carrying out a full **investigation** after three prisoners escaped.
교도관들은 세 명의 수감자가 탈옥한 후 전면 수사를 하고 있다.

investigate v. 취조하다, (상세히) 조사하다

## ☐ **judicial**
[dʒuːdíʃəl]

adj. 사법의, 재판상의

That kind of matter should not be left to the **judicial** process.
그러한 종류의 문제는 재판 소송 절차에 맡겨두어서는 안 된다.

judiciary n. ① 사법부 ② (집합적) 재판관, 법관

## ☐ **juror**
[dʒúərər]

n. 배심원

Of the prospective **jurors** questioned, only six were dismissed in open court.
조사를 받은 전도유망한 배심원들 중 단지 여섯 명 만이 공개 법정에서 각하되었다.

## kidnap
[kídnæp]

v. (몸값을 노려) 유괴[납치]하다

Everyone assumed that it was the **kidnapped** child, and the remains were hastily cremated.

모든 사람들이 그것은 유괴된 아이였고 그 유해는 서둘러 화장되었다고 추측했다.

## lawsuit
[lɔ́:sùːt]

n. 소송

The **lawsuit**, filed Tuesday in state court in Houston, seeks unspecified damages.

휴스턴 주 법원에서 화요일에 제기된 그 소송은 확실히 명시되지 않은 보상금을 요구하고 있다.

## misappropriate
[mìsəpróuprièit]

v. (자금 등을) 남용[유용]하다

During the trial, Ruby admitted that he **misappropriated** $50,000 of church funds.

재판 동안, Ruby는 교회 기금 5만 달러를 유용했다고 인정했다.

## multiply
[mʌ́ltəplài]

v. 증가시키다

The germs **multiply** quickly in the heat, and can produce food poisoning.

그 세균들은 열에서 빨리 증가하고, 식중독을 유발할 수 있다.

## murder
[mə́ːrdər]

n. 살인  v. 살해하다

Mands's husband has been charged with her **murder**.

Mands의 남편은 살인죄로 기소되었다.

One of the country's top judges has been **murdered** by the Mafia.

그 나라의 최고 판사 중 한 명이 마피아에 의해 살해딩했다.

## ☐ obligation
[àbləgéiʃən]

n. (도덕 · 법률상의) 의무, 책임

We will meet our international **obligations** to reduce harmful chimney emissions.
우리는 해로운 굴뚝 배출 가스를 줄이기 위해 국제적인 의무를 이행할 것이다.

## ☐ observe
[əbzə́:rv]

v.① (법 · 규칙 등을) 준수하다 ② 관찰[관측]하다

The judge has warned the local council that it must **observe** the law.
판사는 반드시 그 법을 준수해야 한다고 지방의회에 경고조치를 내렸다.

If we look at other photographic genres, we can also **observe** the way in which commodity culture has affected their development.
만일 우리가 다른 장르의 사진을 본다면, 우리는 상품 문화가 어떻게 그들의 발전에 영향을 미쳤는지 관찰할 수 있다.

observance n. (법 · 규칙의) 준수  observation n. 관찰, 관측
obey(= comply with, abide by, conform to, observe) (법, 원칙 등을) 지키다, 준수하다, 따르다  by the book 원칙대로, 규정대로
to the letter 쓰여 있는 그대로, 문자 그대로  keep an eye on ~을 예의 주시 하다

## ☐ outlaw
[áutlɔ̀:]

v. 불법화하다

The authority concerned **outlawed** smoking in public buildings to protect non-smokers.
관계 당국은 비흡연자들을 보호하기 위해서 공공 건물들에서의 흡연을 불법으로 정했다.

## ☐ parole
[pəróul]

n. 가석방, 가출옥

If a kid is on **parole** and his parole officer wishes to incarcerate him, there would be no room.
만약 한 아이가 가석방 중이고 그의 가석방 경관이 그를 수감시키기를 소망한 다 해도, 공간이 없을 것이다.

## perjury
[pə́:rdʒəri]

n. (법정에서의) 위증(죄)

In October a jury at Winchester Crown Court found him guilty of theft, **perjury** and fraudulent trading.
10월에 윈체스터 크라운 법원의 한 배심원이 그에게 절도, 위증죄, 사기성 거래로 유죄 판결을 내렸다.

## persistent
[pə:rsístənt]

adj. 끈질긴, 지속적인

He has a **persistent** cough because of his smoking.
그는 흡연 때문에 끊임없이 기침을 했다.

## petition
[pitíʃən]

n. 청원(서), 진정(서)  v. 청원하다, 탄원하다

That same signature would remain valid on the **petition** of an independent candidate, she said.
똑같은 서명이 무소속 입후보자의 청원서에서 유효할 것이라고 그녀가 말했다.

## pickpocket
[píkpàkit]

n. 소매치기

I didn't know that girl was a **pickpocket**.
나는 그녀가 소매치기라는 것을 몰랐다.

## plaintiff
[pléintif]

n. 원고, 고소인

The **plaintiffs** devoted much of their rebuttal case Wednesday to damage control.
그 고소인들은 수요일에 그들 반박의 대부분을 피해 대책에 쏟았다.

## plead
[plí:d]

v. ① (법정에서) 답변하다 ② 간청[탄원]하다

He **plead** guilty and was fined $ 3000.
그는 유죄를 인정했고 3천 달러의 벌금을 부과받았다.

preside over (회의, 모임) 진행하다, 주재하다

## ☐ plunder
[plʌ́ndər]

v. 약탈하다, 훔치다  n. 약탈(품)

Critics claim the President has **plundered** the national treasury.

비평가들은 대통령이 국고를 약탈했다고 주장했다.

## ☐ probation
[proubéiʃən]

n. 집행유예, 보호관찰, 수습(기간)

The 31-year-old executive has been in jail since October for **probation** violations.

31세 경영 간부가 집행유예 위반으로 10월 이래로 수감 중이다.

## ☐ prohibit
[prouhíbit]

v. (법률 · 규칙으로) 금지하다, 방해하다

Heavy rain **prohibited** him from going out to the school.

폭우가 그를 학교에 가지 못하도록 막았다.

## ☐ prosecute
[prásəkjùːt]

v. 기소[고소]하다

However, Bee said she still planned to **prosecute** the four on robbery charges in Superior Court.

그러나 Bee는 그녀가 여전히 고등법원에서 절도죄로 그 네 명을 기소하는 것을 계획하고 있다고 말했다.

prosecution n. 기소, 고발

## ☐ protest
[prətést]

v. 항의하다, (공개적으로) 반대하다  n. 항의(시위)

Billy **protested** it wasn't him who had caused the problems.

Billy는 그 문제들을 야기시켰던 사람은 그 사람이 아니라고 항의했다.

Despite their **protests**, the students' fees were increased.

그들의 항의에도 불구하고, 학생들의 수업료는 인상되었다.

## □ raid
[réid]

n. 급습, 불시 단속  v. 급습하다, 침입하다

Detectives managed to catch the gunman who had taken three hostages in a **raid** on a jeweler's shop.
형사들은 한 보석 가게에서 세 명의 인질을 잡고 있던 무장 강도를 간신히 잡았다.

The police **raided** a pirate video factory in San Diego.
경찰들이 샌디에이고에 있는 개인 비디오 공장을 급습했다.

## □ ransom
[rǽnsəm]

n. 몸값, 배상금

She didn't know what to do after hearing a **ransom** of a million dollar from a kidnapper.
그녀는 유괴범이 몸값으로 백만 달러를 부르자 어떻게 해야 할지 몰랐다.

## □ rehabilitate
[rì:həbílətèit]

v. 사회 복귀를 돕다, 회복시키다

Programs have been established to help young adults **rehabilitate** or achieve their potential.
젊은 성인들이 그들의 잠재력을 회생하거나 성취할 수 있도록 돕기 위한 프로그램들이 설립되었다.

## □ repeal
[ripí:l]

v. (법을 공식적으로) 폐지하다

The draconian Special Powers Act was never **repealed** despite the election promises.
매우 엄격한 Special Powers Act(특별권한법)는 선거공약에도 불구하고 결코 폐지되지 않았다.

## □ repel
[ripél]

v. 물리치다, 격퇴하다, 혐오감을 주다

Her heavy make-up and cheap perfume **repelled** him.
그녀의 두꺼운 화장과 값싼 향수기 그를 쫓아버렸다.

The U.S army was ready to **repel** an attack.
미군은 공격을 물리칠 준비가 되어 있었다.

## ☐ restrict
[ristríkt]

v. 제한하다

Many counties have **restricted** smoking in the public sector.
많은 주들이 공공장소에서 흡연을 제한했다.

The damage is **restricted** to the right side of the brain.
그 손상은 뇌의 오른쪽에 제한되어 있다.

## ☐ retaliate
[ritǽlièit]

v. 보복하다, 앙갚음하다

The man agent has promised to take tough measures to **retaliate** against a persistent offender.
그 남자는 상습범에게 보복하기 위한 단호한 조치를 하겠다고 약속했다.

## ☐ retroactive
[rètrouǽktiv]

adj. (법령 등이) 소급 적용되는

I think **retroactive** laws should be made illegal.
나는 소급법이 불법으로 되어야 한다고 생각한다.

## ☐ revoke
[rivóuk]

v. 취소하다, 철회하다

A testator can **revoke** his will at any time during his life.
유언자는 그가 살아 있는 동안 언제든지 그의 유언을 취소할 수 있다.

## ☐ seize
[síːz]

v. 잡다, 점령하다, 압수하다

He **seized** her by the hand.
그는 그녀의 손을 잡았다.

A group of government agency with soldiers **seized** the airport.
정부 기관들과 군인들이 공항을 점령했다.

Police **seized** 42 weapons and made 30 arrests.
경찰은 42개의 무기를 압수했고 30명을 체포했다.

## sentence
[séntəns]

n. 판결, 선고  v. 판결을 내리다, 형을 선고하다(= be sentenced to)

He was found guilty and **sentenced** to ten years' imprisonment.
그는 유죄를 선고받았고 10년 형의 감옥 형이 내려졌다.

## shoplift
[ʃáplìft]

v. (가게 안에서 물건을) 슬쩍 훔치다

So I had to go out **shoplifting** every day then.
그래서 나는 그때 매일 물건을 훔치기 위해서 나갔어야만 했다.

shoplifter n. (가게 안에서 물건을) 슬쩍 훔치는 사람

## smuggle
[smʌ́gl]

v. 밀수입[밀수출]하다, 밀매하다

Large number of firearms were **smuggled** across the border.
많은 수의 화기가 국경을 넘어 밀수되고 있다.

## soar
[sɔ́ːr]

v. 치솟다

The death toll **soared** to 200 in Mexico from last week's heat wave.
멕시코에서 지난주의 혹서로 인해 총 사망자수가 200명으로 치솟았다.

## statute
[stǽtʃuːt]

n. ① 성문법 ② 법령, 법규

The principle applies not only to taxing statutes but all forms of **statute** law.
그 원칙은 세금법 뿐만 아니라 모든 형태의 성문법에도 적용된다.

## sue
[suː]

v. 고소하다, 소송을 제기하다

There is nothing in the contract that would prevent Judy from **suing**.
Judy가 고소를 못하게 막을 어떤 것도 계약서에는 없다.

## □ suspect
[səspékt]

v. ① 혐의를 두다 ② ~이 아닌가 의심하다  n. 용의자

Many **suspect** that retroactive tax cuts could be ditched.
많은 사람들이 소급 세금 감면이 내팽개쳐질 수 있다고 의심한다.

Not only did they have no **suspects**, they could not even identify the body.
그들은 용의자가 없을 뿐만 아니라, 그들은 그 시체의 신원조차 확인할 수 없었다.

suspicious adj. ① 혐의를 두는 ② 의심하는
suspected(= be under suspicion) 혐의가 있는, 혐의를 받고 있는

---

## □ testify
[téstəfài]

v. (법정에서) 증언하다, 입증[증명]하다(= attest)

Anyone who knew him will gladly **testify** that he was a disaster.
그를 알고 있었던 사람은 누구든지 그는 실패자였다는 것을 기꺼이 증언할 것이다.

testimony n. (법정에서의) 증언

---

## □ transgress
[trænsgrés]

v. (법규를) 어기다, (적정 한도를) 넘다, 벗어나다

The act is too attractive, and they are tempted to **transgress**.
그 행위는 매우 매력적이었고 그들은 법을 어기고 싶은 생각이 든다.

---

## □ trial
[tráiəl]

n. 재판, 공판

Bedworth's **trial**, expected to last three weeks, continues.
3주간 지속될 것으로 예상했던 Bedworth의 재판이 계속된다.

---

## □ verdict
[və́:rdikt]

n. (배심원의) 평결

Jurors were unable to reach a **verdict** even after deliberating for hours Thursday afternoon.
배심원들은 목요일 오후에 몇 시간 동안 신중하게 생각한 후에도 평결을 내리지 못했다.

verification n. 입증, 확인

## ☐ verify
[vérəfài]

v. (증인에 의해서) 진실임을 입증하다

That way we can **verify** that the figures are accurate.
그 방법으로 수치가 정확하다는 것을 입증할 수 있었다.

---

## ☐ veto
[víːtou]

v. 거부하다  n. 거부(권)

President Obama **vetoed** the bill which has passed through Congress on June 7.
오바마 대통령은 6월 7일 의회를 통과한 법안을 거부했다.

The Obama administration criticized the decision and threatened to use its **veto** powers.
오바마 행정부는 그 결정을 비판했고 거부권을 행사한다고 위협했다.

---

## ☐ waive
[wéiv]

v. (권리 · 주장 등을) 포기하다, 미루다, 연기하다

They believe the Government promise to **waive** the clause could be the crucial breakthrough.
그들은 그 법 조항을 포기하려는 정부의 약속이 결정적인 돌파구가 될 수 있다는 것을 믿는다.

---

## ☐ witness
[wítnis]

n. (법정의) 증인, 목격자  v. (법정에서) 증언하다, (현장을) 목격하다

Scores of equally distinguished **witnesses** gave similar testimony.
많은 유명한 목격자들이 유사한 증언을 했다.

# Testing Ground

**01.** James was _____ by the police for more than 6 months before he was arrested.

(a) investigated      (b) released      (c) confessed

**02.** Ten Japanese tourists were said to be _____ by terrorists and the police tried to find out where they are.

(a) murdered      (b) kidnapped      (c) missed

**03.** People say that the rich have a moral _____ to help the poor.

(a) function      (b) obligation      (c) obliteration

**04.** Certain religions may _____ believers from taking particular types of food or alcoholic drink.

(a) prohibit      (b) control      (c) spur

**05.** Although some radical environmentalists _____ angrily, building will go ahead as planned.

(a) strikes      (b) performs      (c) protests

**06.** Fund should be raised to help _____ victims of the earthquake.

(a) recover      (b) restore      (c) rehabilitate

**07.** His license was _____ because he continued selling alcohol to minors.

(a) revoked      (b) rebuked      (c) redeemed

**08.** He secretly _____ the guns across the border, and sold it to the terrorists.

(a) smuggled      (b) threw      (c) fired

**09.** When I touch her hair, it was so smooth that I _____ a wig.

(a) suspended      (b) suspected      (c) imagined

**10.** The police have to guard him in hospital until he is prepared to _____ his statement.

(a) test      (b) give      (c) testify

01. James는 체포되기 전 경찰에게 6개월 이상 조사를 받았다.
02. 열 명의 일본 관광객들이 테러리스트들에 의해 납치되었다고 알려졌고, 경찰들은 그들이 어디 있는지 찾기 위해 애쓰고 있다.
03. 흔히 부자들은 가난한 자들을 도울 도덕적 의무가 있다고 말한다.
04. 어떤 종교들은 신자들이 특정 종류의 음식이나 주류의 섭취를 금지하기도 한다.
05. 비록 일부 급진적 환경주의자들이 거세게 저항했지만, 건물은 계획대로 지어질 것이다.
06. 지진의 피해자들을 돕기 위해 기금이 조성되어야 한다.
07. 그가 미성년자들에게 술을 파는 것을 계속했기 때문에, 그의 면허가 취소되었다.
08. 그는 비밀스럽게 총을 국경 너머로 밀수해 왔고, 그것을 테러리스트들에게 팔았다.
09. 내가 그녀의 머리카락을 만졌을 때 너무 부드러워서 나는 가발인줄 알았어.
10. 경찰은 그가 자신의 증언을 입증할 준비가 될 때까지 그를 병원에 두고 보호해야만 한다.

answer 01. (a) 02. (b) 03. (b) 04. (a) 05. (c) 06. (c) 07. (a) 08. (a) 09. (b) 10. (c)

# Expression for **TEPS VOCA**

1. 왜 안 되는데?
   What's stopping you?

2. 입원을 하셔야 합니다.
   You should be admitted.

3. 주문하셨어요?
   Are you being helped?
   Are you being served?

4. 후회보단 미리 조심하는 게 낫다.
   Better safe than sorry.

5. 절 끼워 주세요.
   Count me in.
   Let me in.

6. 전 빼 주세요.
   Count me out.

7. 이해했니?
   Did you get the picture?

· **throw[shed] light on** ~을 밝히다
These new findings may throw light on the origins of the human beings.
이 새로운 발견들이 인류 기원을 밝히는 것에 도움이 될지도 모른다.

· **bring up(= rear, raise)** 기르다, 양육하다
She was brought up by her sister after her parents passed away.
그녀는 부모님이 돌아가신 후 그녀의 언니에게 길러졌다.

· **bring about(= cause)** 야기하다, 초래하다
Indeed, the expectation of such misfortunes brings them about.
실제로, 그와 같은 불운에 대한 기대가 그것들을 야기한다.

· **succeed in ing** ~하는데 성공하다
His defense does not succeed in overcoming the problems.
그의 변호로는 그 문제를 극복하는 데 성공하지 못한다.

· **succeed to + 명사** ~을 계승하다, 물려받다
Everyman wondered who would succeed to the throne.
누가 왕위를 계승할지 모두가 궁금해 했다.

· **ascribe[attribute] A to B** A를 B의 탓으로 돌리다
We could ascribe these setbacks to the fact that our regime is young.
우리는 이런 좌절들이 우리의 정권이 젊은 사람들로 구성되었기 때문이라고 생각할 수 있다.

· **get over(= overcome)** 극복하다
Don't worry about Susie. She'll soon get over it.
Susie는 걱정하지 마세요. 그녀는 곧 극복할 거예요.

· **get away with** ~을 하고도 무사하다, 벌 받지 않다
I'll cheat if I think I can get away with it.
부정행위를 하고도 벌 받지 않는다면 난 할 것이다.

· **do away with(= abolish)** 없애다, 폐지하다
The report showed that the use of computers would do away with formal paper work.
보고서에 따르면, 컴퓨터의 사용으로 형식적인 서류 작업이 없어질 것이라고 한다.

## ☐ absorb
[əbsɔ́ːrb]

v. 흡수하다, 받아들이다

Plants **absorb** nutrients from the soil throughout the day.
식물은 낮 동안에 흙으로부터 영양분을 흡수한다.

For the next two hours Amy was **absorbed** in the film, which turned out to be as good as she had hoped.
두 시간 동안 Amy는 영화에 몰두했고 그 영화는 그녀가 희망했었던 것만큼 좋았다.

---

## ☐ Antarctic
[æntáːrktik]

adj. 남극의

The **Antarctic** is the very cold most southern part of the world.
남극은 지구에서 가장 추운 최남단이다.

---

## ☐ anthropology
[æ̀nθrəpálədʒ]

n. 인류학

Nancy was in Japan in 1990 to gather information for her **anthropology** dissertation.
Nancy는 그녀의 인류학 박사학위 논문을 위한 정보를 수집하기 위해 1990년에 일본에 있었다.

---

## ☐ Arctic
[áːrktik]

adj. 북극의

**Arctic** is the most northern part of the world and there are a lot of polar bears.
북극은 지구의 최북단에 있고, 많은 수의 북극곰이 있다.

## ☐ atmosphere
[ǽtməsfíər]

n. ① 대기 ② 공기 ③ 분위기

The **atmosphere** of Earth is a layer of gases surrounding the planet Earth that is retained by Earth's gravity.
지구의 대기는 지구의 중력에 의해 유지되는 지구 행성을 둘러싸고 있는 가스 층들이다.

The stuffy **atmosphere** of Westminster was less dense this year.
Westminster의 갑갑한 공기가 이번 해에는 밀도가 좀 더 낮았다.

It was a pleasant **atmosphere**, so I had a ball.
분위기가 좋아서 나는 즐거운 시간을 보냈다.

a feeling 어떤 느낌  the feeling(= such a feeling) 그러한 느낌
feel like ing(= feel inclined to V, be in the mood to v) ~하고 싶다

## ☐ bay
[béi]

n. (바다·호수의) 만

A **bay** is an area of water mostly surrounded by land.
만은 대부분이 대륙에 둘러싸인 바다 지역이다.

## ☐ blast
[blǽst]

n. ① 돌풍 ② 폭발, 폭파

Are you ready for winter's icy **blast**?
겨울의 차가운 돌풍에 맞설 준비가 되었습니까?

Irish soldier is injured in Afghanistan **blast**.
아일랜드 군인들은 아프가니스탄의 폭파로 인해 부상당했다.

## ☐ bleak
[blíːk]

adj. ① (날씨·바람 등이) 차가운, 살을 에는 듯한 ② 황량한

The ruins appears to be pretty **bleak** in the middle of the desert.
사막 가운데에 있는 그 유적은 황량해 보인다.

## ☐ border
[bɔ́ːrdər]

n. 경계, 국경

Fighting in **border** disputes has killed at least 30 people.
국경 분쟁 싸움에서 적어도 30명의 사람들이 죽었다.

There is a market town on the **border** of England and Wales.
영국과 웨일즈의 경계에 정기적으로 장이 서는 도시가 있다.

## □ botany
[bátəni]

n. 식물학, 식물 생태

**Botany** is about the scientific study of plants.
식물학은 식물의 과학적 연구에 관한 것이다.

---

## □ breeze
[bríːz]

n. 미풍, 산들바람

A fresh **breeze** blows through Thunder Bay.
상쾌한 산들바람이 Thunder 만을 통해 불어 온다.

It's a breeze.(= It's a snap. = It's a walk in the park. = It's as
easy as pie.[walk in the park, as easy as pie].) 매우 쉽다.

---

## □ brink
[briŋk]

n. (심각한 위험 등의) 직전, 가장자리

Our family had huge debts and was on the **brink** of collapse.
우리 가족은 큰 부채를 가지고 있어 파산 직전에 있었다.

---

## □ calamity
[kəlǽməti]

n. ① 재난, 참화(= disaster, catastrophe) ② 불행, 비운

I'm sure there must have been discussion regarding a Civil
War **calamity**.
남북전쟁의 참화에 대해서 토론이 있었다고 나는 확신한다.

I need to get advice and support on how to address my
domestic **calamity**.
내 집안의 불행을 어떻게 말해야 할지 조언과 지지가 필요하다.

death toll 사망자 집계[수치]

---

## □ canal
[kənǽl]

n. 운하

The incoming president intends to build a **canal** stretching
the length of the country.
새로 선출된 대통령은 국가를 길게 가로지르는 운하를 지으려 한다.

peninsula 반도  the Korean peninsula 한반도

## carnivore

[kάːrnəvɔ̀ːr]

n. 육식동물

The meaning of **carnivore** is an animal that eats flesh.
육식동물은 살코기를 먹는 동물을 의미한다.

## catastrophe

[kətǽstrəfi]

n. (회복 불가능할 정도의) 대참사, 재앙

Fears of major **catastrophe** arouse as 7.0 quake rocks Haiti.
Haiti에 진도7의 지진이 강타하면서, 대참사에 대한 두려움이 생겼다.

## centigrade

[séntəgrèid]

n. 섭씨(온도계)  adj. 섭씨의

It is -30° **Centigrade** and there is a snowstorm.
온도는 영하 30도이고, 눈보라가 있다.

Fahrenheit 화씨, 화씨의

## chilly

[tʃíli]

adj. 쌀쌀한, 차가운, 으슬으슬한

It's **chilly** today, but we'll have warmer week ahead.
오늘 날씨는 쌀쌀하지만, 다가올 주는 따뜻해질 것이다.

I experience frequent headaches and feel **chilly** especially in the head.
나는 자주 두통을 겪고, 특히 머리 쪽이 으슬으슬하다.

chill n. ① 냉기, 한기 ② 오한
overcast(= cloudy) 구름 낀, 흐림  drizzle 이슬비, 보슬비  shower 소나기  blizzard 눈보라  frost 성에가 낀  boiling(= scorching, sizzling, blazing, burning, baking, broiling) 매우 더운

## cliff

[klif]

n. (해안의) 낭떠러지, 절벽

**Cliff** is a significant vertical, or near vertical rock exposure.
절벽은 아주 깎아 내린 듯한, 거의 수직에 가까운 암석이 노출된 곳이다

## ☐ **conserve**
[kənsə́:rv]

v. 보호[보존]하다, 유지하다

Why should you **conserve** forest and wildlife?
왜 우리는 숲과 야생동물을 보호해야 하는가?

If you find you are getting tired, follow these steps to **conserve** your energy.
만약 당신이 피로해짐을 느낀다면, 에너지를 유지하기 위해서 이 조치들을 따라 해 보십시오.

conservation n. (자연환경) 보호, 관리

## ☐ **construe**
[kənstrú:]

v. 이해하다, 해석하다

The term can be **construed** in two different ways.
그 용어는 두 가지의 다른 의미로 해석될 수 있다.

## ☐ **crude**
[krú:d]

adj. 가공되지 않은

Diesel comes from **crude** oil, and it is less refined than gasoline.
디젤은 원유로부터 오고, 가솔린보다 덜 정제된 것이다.

## ☐ **damp**
[dæmp]

adj. 습기가 있는, 축축한

Typically, wild violets grow in meadows or **damp** woods and bloom in the spring.
전형적으로 야생 제비꽃은 목초지나 습한 숲에서 자라고 봄에 꽃이 핀다.

## ☐ **decoy**
[dí:kɔi]

n. 미끼

The burglars started the fire as a **decoy** so that they could escape from police.
그 강도들은 미끼로 불을 지폈고 그 결과 경찰로부터 탈출할 수 있었다.

## ☐ **deforest**
[di:fɔ́:rist]

v. 삼림을 없애다, 벌채하다

One third of Amazon has been **deforested** in the last decade.
아마존의 1/3이 지난 10년 동안에 벌채되었다.

## □ devastate
[dévəstèit]

v. (국토 등을) 황폐화시키다, 유린하다

The city is **devastated** by the bombing.
그 도시는 폭발에 의해서 황폐화되었다.

## □ disaster
[dizǽstər]

n. (생명을 잃거나 재산상의 큰 손실을 가져오는 예기치 못한) 재해, 참사, 큰 불행

The Munich air **disaster** took place on 6 February 1958.
뮌헨 참사는 1958년 2월 6일에 일어났다.

Financial **disaster** will lead to civil disorder in 2010.
재정적 재앙은 2010년 시민들의 혼란을 야기할 것이다.

disastrous adj. 재해의, 비참한, 실패의

## □ drench
[dréntʃ]

v. (물에) 흠뻑 적시다

Blood was pouring from the cut, **drenching** her shirt.
혈액이 상처 부위에서 흘러 나와 그녀의 셔츠를 적셨다.

be[get] drenched in[with] ~로 흠뻑 젖다

## □ drizzle
[drízl]

n. 이슬비, 보슬비

Now we can enjoy a sunny and bright day for the first time after having been caught in a **drizzle** and sudden rush of shower.
이슬비와 갑작스러운 소나기가 내린 후, 처음으로 우리는 화창하고 눈부신 날씨를 즐길 수 있다.

## □ drought
[draút]

n. (장기간의) 가뭄, 한발

**Droughts** are caused by lack of rain over a long period of time.
가뭄은 오랜 기간 동안 비가 내리지 않아 발생한다.

arid(= dry) 건조한  irrigate 관개하다, 논에 물을 대다

## □ dwindle
[dwíndl]

v. 줄어들다, 점차 감소하다

The money available to build new building has **dwindled**.
새로운 건물을 짓기 위해 이용 가능한 돈이 줄었다.

---

## □ earthquake
[ɔ́:rθkwèik]

n. 지진

The **earthquake** in China two years ago was five miles from where I live.
2년 전에 중국에서 일어난 지진은 내가 살던 곳에서 5마일 떨어진 곳에서 일어났다.

**magnitude** (지진의) 강도, 진도

---

## □ ecology
[i:kálədʒi]

n. 생태학

**Ecology** is the study of environmental systems, or as it is sometimes called, the economy of nature.
생태학은 환경 시스템, 혹은 소위 자연의 경제를 연구하는 것이다.

**ecological** adj. 생태학의

---

## □ ecosystem
[ékousìstəm]

n. 생태계

The issue was whether the bacteria in his body would contaminate the local **ecosystem**.
문제는 그의 몸에 있는 박테리아가 지역 생태계를 오염시킬 것인가에 관한 것이었다.

---

## □ endanger
[endéindʒər]

v. 위태롭게 하다

Experts warn that smoking during pregnancy can **endanger** your baby's health.
임신 기간 동안 흡연이 당신 아이의 건강을 위태롭게 할 수 있다고 전문가들은 경고한다.

## □ endemic
[endémik]

adj. (지역) 풍토성의, 고질적인

Cholera was **endemic** in Mexico in the 19th century.
콜레라는 19세기 멕시코의 풍토병이었다.

---

## □ erupt
[irʌ́pt]

v. ① (화산 등이) 폭발[분화]하다 ② (갑자기) 발생하다

The volcano **erupted** last year and now it is inactive.
화산은 지난해에 폭발했고, 지금은 잠잠하다.

eruption n. ① (화산의) 분출, 분화 ② (사건의 갑작스런) 발생
active volcano 활화산  dormant volcano 휴화산  lava 용암

---

## □ evacuate
[ivǽkjuèit]

v. ① (위험으로부터) 대피[피난]시키다 ② (집 등을) 비우다

Police officers and their families are being **evacuated** to prevent further violence after a riot on the Indonesian island.
경찰관들과 그 가족들은 인도네시아 섬에서 폭동이 일어난 후에 더 이상의 폭력 사태를 예방하기 위해서 떠나고 있다.

Employees were told to **evacuate** their offices without hesitation.
직원들은 그들의 사무실을 즉시 비워달라는 소식을 들었다.

vacate (집 등을) 비워주다

---

## □ exotic
[igzátik]

adj. 외래의, 이국적인

We are not going to do anything **exotic** in this city.
우리는 이 도시에서 이국적인 어떤 것도 하지 않을 것이다.

---

## □ Fahrenheit
[fǽrənhàit]

n. 화씨(온도계)  adj. 화씨의

**Fahrenheit** is the temperature scale proposed in 1724 by, and named after, the physicist Daniel Gabriel Fahrenheit.
화씨는 1724년 제시된 온도 눈금이고 물리학자 Daniel Gabriel Fahrenheit의 이름을 따라 지어졌다.

## ☐ fertile
[fə́:rtl]

adj. 비옥한, 번식능력이 있는

Farmers left the rocky hills for the **fertile** plains in 1921.
1921년 농부들은 돌투성이의 산을 떠나 비옥한 초지를 향해 갔다.

While most men remain **fertile** into old age, women do not.
대부분의 남자들이 늙을 때까지 번식능력이 가능한 반면, 여성들은 그렇지 못하다.

## ☐ flood
[flʌd]

v. 범람하다, 침수하다, 침수되다  n. ① 홍수(= deluge), 범람 ② 쇄도

After two days of continuous rain, the village was **flooded**.
이틀 동안 계속해서 비가 내린 후에 그 마을은 침수되었다.

What is generating this uncontrollable **flood**?
이렇게 통제할 수 없는 홍수를 일으키는 것은 무엇인가?

considerable water damage 상당한 수해

## ☐ fog
[fɔ:g]

n. 짙은 안개

Travelling in **fog** can be extremely dangerous.
안개 속에서 이동하는 것은 아주 위험할 수 있다.

foggy adj. 안개가 자욱한

## ☐ forecast
[fɔ́:rkæst]

n. 예상, 예보  v. 예보하다, 예측하다

According to the weather **forecast**, it's going to stay chilly for two days.
일기예보에 따르면, 이틀 동안 쌀쌀할 것이라고 한다.

Property analysts **forecast** a fall in house prices.
자산 분석가들은 부동산 가격의 하락을 예측했다.

## ☐ gale
[géil]

n. 강풍, 센 바람

Which is stronger a storm wind or a **gale** wind?
폭풍과 강풍 중 어떤 것이 더 강한가?

## ☐ gulf
[gʌlf]

n. (보통 bay보다 큰) 만

It begins in the warm waters of the **Gulf** of Mexico.
그것은 멕시코 Gulf 만의 따뜻한 바다에서 시작된다.

---

## ☐ gust
[gʌst]

n. 돌풍, 갑자기 부는 바람

A sudden violent **gust** of wind often attended with rain or snow.
갑작스럽게 거세게 부는 돌풍은 종종 비나 눈을 수반한다.

gusty adj. ① 돌풍의 ② (비바람 등이) 세찬, 거센

---

## ☐ habitat
[hǽbətæt]

n. (동물의) 서식지, (식물의) 자생지

A wildlife **habitat** is an area that offers feeding, breeding, nesting.
야생동물의 서식지는 먹이, 번식, 서식지를 제공하는 지역이다.

wildlife 야생  endangered species 멸종 위기에 처한 종
breed 사육하다  shelter 보호처, 피난처  sanctuaries 성역, 은신처

---

## ☐ hail
[héil]

n. 우박

**Hail** causes $1 billion dollars in damage to crops and property each year.
우박은 매년, 농작물과 재산에 10억 달러의 피해를 입힌다.

---

## ☐ hazy
[héizi]

adj. (엷은) 안개가 낀, 흐린

Sunny but **hazy** weather is predicted for the weekend.
주말동안 맑지만 안개 낀 날씨가 예상됩니다.

haze n. 얕은 안개

---

## ☐ hibernate
[háibərnèit]

v. 동면하다

Amphibians may have survived because of their ability to **hibernate**.
양서류는 동면할 수 있는 그들의 능력 때문에 아마도 살아남았을 수도 있다.

# Testing Ground

**01.** The scientists estimate that within a day, these artificial trees could
_____ one ton of carbon dioxide.

(a) absorb (b)absurd (c) adjust

**02.** The _____ shook buildings across the street and could be
heard at least two miles away.

(a) blade (b)bland (c) blast

**03.** Everyone needs to protect environment by _____ water and
recycling resources.

(a) observing (b) conserving (c) deserving

**04.** He brought on criticism by asserting that the term should be
_____ in two different ways.

(a) separated (b) constructed (c) construed

**05.** This type of storm would be _____ the surrounding area and
cause flood damages to 1 in 4 homes.

(a) devastating (b) deviating (c) developing

**06.** The polar bear population is _____ , and measures to prevent
extinction are proposed nationally.

(a) soaring (b) mounting (c) dwindling

**07.** Citizens _____ the area immediately after receiving a bomb
threat.

(a) evaluated (b) evacuated (c) evaporated

**08.** Most of the birds seemed bizarre and interesting, mostly because of their _____ colors.

(a) exotic        (b) ordinary        (c) usual

**09.** Most plants like sun and water as well as a _____, well-drained soil.

(a) fertile        (b) futile        (c) fulfill

**10.** Animals must be able to live through extreme cold, or die. They _____ or deep sleep to escape that cold.

(a) move        (b) hunt        (c) hibernate

01. 그 과학자들은 하루에 이 인공 나무들이 1톤의 이산화탄소를 흡수할 수 있다고 추측한다.
02. 돌풍이 길을 가로질러 건물을 흔들었고 이것이 적어도 2마일 밖에서도 들릴 정도였다.
03. 모든 사람들이 물 자원을 보존하고, 자원들을 재활용함으로써 환경을 지킬 필요가 있다.
04. 그는 그 용어가 두 가지 다른 의미로 이해되어야 한다고 단언하여 비난을 샀다.
05. 이러한 종류의 폭풍은 인근 지역을 황폐화시키고 네 가구당 하나에 폭우 피해를 입힐 것이다.
06. 북극곰 숫자가 줄어들고 있고, 멸종을 막기 위한 방안들이 국제적으로 제안되고 있다.
07. 마을 사람들은 폭격 위협을 받은 후 신속히 그 지역에서 대피했다.
08. 주로 그것들의 이국적인 색들 때문에, 많은 새들이 이상하고 흥미롭게 보였다.
09. 대부분의 식물들이 비옥하고 배수가 잘 되는 토양뿐 아니라 해와 물을 좋아한다.
10. 동물들은 극한의 추위를 헤쳐 살아 나갈 수 있어야 한다, 아니면 죽는다 그들은 동면, 즉 깊은 잠을 자는데 이것은 그런 추위에서 벗어나기 위해서이다.

answer 01. (a) 02. (c) 03. (b) 04. (c) 05. (a) 06. (c) 07. (b) 08. (a) 09. (a) 10. (c)

# Expression for **TEPS VOCA**

1. 약속 안 지키면 안 돼!
Don't go back on your word!

2. 좀 더 가져다 드릴까요?
Would you like another serving?

3. 커피 좀 더 드시겠습니까?
Would you like more coffee?

4. 원칙대로 하세요.
You should go by the book.

5. 너무 심했네요.
You've gone too far.
You are too much.

6. 어디서 내려야 할지 알려 주시겠어요?
Can you tell me where to get off?

7. 신고할 물건 있습니까?
Do you have anything to declare?

· **pass the buck to a person** 남에게 책임[비난, 일 따위]을 전가하다
It was her mistake that she tried to pass the buck to another department.
그녀가 다른 부서로 책임을 넘기려 했던 것은 그녀의 실수였다.

· **show off** 과시하다, 돋보이게 하다
Since you are here with him, I think he drives faster than usual to show off.
당신이 그와 함께 있기 때문에, 그는 과시하기 위해서 평소보다 빨리 운전하는 것 같다.

· **sum up** 합계를 내다, 요약하다
The chairman tried to sum up the situation.
의장은 상황을 정리하려고 노력했다.

· **abound in** ~에 많이 있다, 풍부하다
Good news abound in our company.
우리 회사에 좋은 소식이 많다.

· **abound with(= be filled with)** ~으로 가득 차다
Now the wine industry abounds with successful women.
이제, 와인 산업에서 성공한 여자들이 넘쳐 난다.

· **call in sick** 전화로 병결을 알리다
If you are in a terrible condition, you'd better call in sick and take some rest.
당신의 몸이 많이 안 좋다면, 전화로 병결을 알리고 쉬는 게 낫다.

· **take it for granted** ~을 당연히 여기다
The coach took it for granted that his team would win the game.
코치는 그의 팀이 당연히 경기에서 이길 것이라 생각했다.

· **call for(= require)** 요구하다
If you are to launch a new product, you need to know that careful planning is always called for.
당신이 새로운 제품을 출시하려고 한다면 항상 조심스러운 계획이 요구된다는 것을 알 필요가 있습니다.

## ☐ humid
[*h*jú:mid]

adj. 습기가 많은

Cool weather crops such as lettuce, radishes, and carrots do not grow well in **humid** areas.
서늘한 날씨에서 자라는 양배추, 무, 당근과 같은 작물들은 습기가 많은 지역에서 잘 자라지 못한다.
humidity n. 습기, 습도

## ☐ incessant
[insésnt]

adj. 끊임없는

Rana became irritated by the mother's **incessant** nagging.
Rana는 어머니의 끊임없는 잔소리에 의해 짜증이 났다.

## ☐ inclement
[inklémənt]

adj. ① (날씨가) 험한, 혹독한 ② 무자비한

We decided not to go hiking due to **inclement** weather.
좋지 않은 날씨 때문에 우리는 등산을 가지 않기로 결정했다.
the harsh sentence of an inclement judge 무자비한 판사의 혹독한 선고

## ☐ indispensable  adj. 필수적인
[ìndispénsəbl]

A knowledge of classical music is **indispensable** to anyone who wants to apply for this job.
클래식 음악에 대한 지식은 그 직업에 지원하기를 원하는 사람 모두에게 필수불가결하다.

## ☐ insulate
[ínsəlèit]

v. 절연하다

Pipes may need **insulating** against the cold.
파이프는 추위에 대비해 절연될 필요가 있을 것이다.

## ☐ inundate
[ínəndèit]

v. 범람하다, 침수시키다

Floodwaters periodically **inundate** the lowlands of the state.
빔림힌 물이 주기적으로 그 주의 지지대를 침수시켰디.

be inundated (with[by] something) 범람하다

## ☐ latitude
[lǽtətjùːd]

n. 위도

The major reason is that the **latitude** of Sweden is for south of ours.
가장 큰 이유는 스웨덴의 위도가 우리나라의 위도보다 훨씬 남쪽에 있기 때문이다.

## ☐ lava
[lávə]

n. 용암

**Lava** is hot liquid rock that flows from a volcano.
용암은 화산부터 흘러나오는 뜨거운 액체성 돌이다.

## ☐ lightning
[láitniŋ]

n. 번개

**Lightning** is a beautiful but deadly natural phenomenon.
번개는 아름답지만 치명적인 자연현상이다.

thunder 천둥

## ☐ lofty
[lɔ́ːfti]

adj. 우뚝 솟은, 고귀한, 오만한

The swallow's nest is on a **lofty** perch on the tree.
제비의 둥지가 나무의 높은 가지에 있다.

He had set himself the **lofty** goal of reaching the world's top five.
그는 세계에서 가장 높은 5개의 정상을 오를 거라는 고귀한 목표를 스스로 정했다

He has such a **lofty** manner.
그는 매우 오만한 태도를 가지고 있다.

## □ mercury
[mə́:rkjəri]

n. ① 수은(주) ② 수성

How many energy levels does **mercury** have?
수은은 얼마나 많은 에너지 레벨을 가지고 있는가?

Like the Moon, **Mercury** has very little atmosphere to stop impacts, and it is covered with craters.
달과 마찬가지로 수성은 충격을 멈추기 위해 대기를 거의 가지고 있지 않고 분화구들로 덮여 있다.

descendant 후손  ancestor 조상

## □ mist
[mist]

n. 안개

April O'Brien saw a strange sight appear out of the morning **mist**.
April O'Brien은 아침 안개 사이로 나타나는 이상한 광경을 보았다.

misty adj. 안개 낀

## □ moist
[mɔ́ist]

adj. (적당히) 습기가 있는, 촉촉한

Warm, **moist** air from the gulf of Mexico clashes with cold air from the north and fuels storms.
멕시코 만에서 따뜻하고 습기 찬 공기가 북쪽의 차가운 공기와 부딪쳐서 폭풍을 부채질한다.

## □ muggy
[mʌ́gi]

adj. 무더운, 후덥지근한

I feel like I'm going crazy having eaten a hot thing on a **muggy** day.
후덥지근한 날씨에 뜨거운 음식을 먹으면 난 미쳐버릴 것 같다.

## □ mutate
[mju:téit]

v. 돌연변이가 되다

If the temperature is too high, the yeast will **mutate** and produce unpleasant flavors in the beer.
만약 온도가 너무 높다면, 맥주 속의 효모는 돌연변이가 되고 불쾌한 맛을 만들 것이다.

## offspring
[ɔ́(ː)fsprìŋ]

n. (사람, 동물의) 자식, 새끼

Parents with the disease are likely to pass it on to their **offspring**.

그 질병을 가지고 있는 부모들은 그들의 자손에게 그 질병을 넘겨 줄 가능성이 있다.

## overcast
[òuvərkǽst]

adj. (잔뜩) 흐린, 우중충한

But the sky became **overcast** all of a sudden.

하지만 하늘이 갑자기 잔뜩 흐려졌다.

The afternoon will be **overcast** with cooler temperatures.

오후는 더 차가운 기온으로 우중충한 날씨가 될 것이다.

## paleontology
[pèiliəntálədʒi]

n. 고생물학

**Paleontology** is the study of fossils such as ancient bones, plants that have been preserved in rock.

고생물학은 돌 안에 들어 있었던 오래된 뼈나, 식물과 같은 화석을 연구하는 것이다.

## patriarchy
[péitriɑ̀ːrki]

n. 가부장제

**Patriarchy** is a social system in which the oldest man rules his family and passes power and possessions on to his sons.

가부장제는 가장 나이 든 남자가 가족들을 통제하고 권한과 재산을 그의 아들에게 넘겨 주는 사회제도이다.

## peninsula
[pənínsjulə]

n. 반도

The Korean **Peninsula** is a peninsula in East Asia.

한반도는 동아시아에 있는 반도이다.

## ☐ photosynthesis n. 광합성
[fòutousínθəsis]

Membrane damage can slow down **photosynthesis** quite substantially.

막 손상은 광합성을 상당히 늦출 수 있다.

## ☐ precipitation n. 강우[강설](양)
[prisìpətéiʃən]

When cloud particles become too heavy to remain suspended in the air, they fall to the earth as **precipitation**.

구름 입자들이 공기 중에 떠 있기 너무 무거워지면, 비의 형태로 땅에 떨어진다.

## ☐ predator
[prédətər]

n. 포식자, 약탈자

The long spines of the sea urchins protect them from most **predators**.

바다 성게들의 긴 가시돌기가 대부분의 포식자로부터 그들을 보호한다.

## ☐ proliferate
[prəlífərèit]

v. 급증하다, 증식하다

The HIV virus is able to **proliferate** at an astonishing rate.

HIV바이러스는 아주 놀라운 속도로 증식할 수 있다.

## ☐ radioactive
[rèidiouǽktiv]

adj. 방사능의, 방사성의

The most serious difficulty is the problem of how to dispose of **radioactive** waste.

가장 심각한 어려움은 방사성 폐기물을 어떻게 처리할지의 문제이다.

## ☐ rainfall
[réinfɔ̀:l]

n. (일정한 기간에 한 지역에 내리는) 강우(량)

Now, scientists have shown that eruptions also affect **rainfall** over the Asian monsoon region.

이제, 과학자들은 아시아 몬순 지역 전역에 분화가 강우량에도 영향을 미친다는 것을 보여주었다.

absorb(= take in) 흡수하다

## ☐ regressive
[rigrésiv]

adj. 퇴행하는, 퇴보적인

Here are the roots of the **regressive** trends in adolescence and in adult life.

여기에 청소년과 성인의 삶에 있어서의 퇴보적 경향의 원인이 있다.

## ☐ rescue
[réskju:]

v. 구조하다

Firefighters worked for two hours to **rescue** people who were trapped in the bus.

소방관들은 버스 안에 갇힌 사람들을 구하기 위해 두 시간 동안 구조 작업을 했다.

## ☐ rite
[ráit]

n. (종교적) 의식, 의례

The body cannot be buried until the funeral **rites** have been performed.

시체는 장례 의식이 수행되기 전에 매장될 수 없다.

## ☐ scorching
[skɔ́:rtʃiŋ]

adj. 몹시 더운

**Scorching** heat bakes the people living in New York.

몹시 더운 열이 뉴욕 사람들의 살갗을 태운다.

## ☐ seismic
[sáizmik]

adj. ① 지진(성)의 ② 지진에 의한[관한]

Scientists have used indirect measurements and **seismic** waves from earthquakes to determine the internal structure of the Earth.

과학자들은 지구 내부의 구조를 알아내기 위해서 간접측량을 이용했고 지진으로부터 발생한 지진파를 이용했다.

## ☐ serene
[sirí:n]

adj. 평화로운, 고요한

The girl's face was **serene** and beautiful.

그 소녀의 얼굴은 평화롭고, 아름다웠다.

## sewage

[súːidʒ]

n. 하수, 오물

The factory secretly dumped millions of gallons of raw **sewage**.
그 공장은 수백만 통의 미처리 하수 오물을 몰래 버렸다.

## shower

[ʃáuər]

n. 소나기 v. 소나기가 오다

It's not a big **shower**.
큰 소나기는 아니야.

take a shower 샤워하다  baby shower 출산 준비물을 선물로 주는 파티

## soak

[souk]

v. ① 흠뻑 적시다, 흠뻑 젖다 ② 담그다  n. ① 흠뻑 젖음 ② 담그기

After a long **soak** in the bath, I felt much better.
욕조에 몸을 푹 담그고 난 뒤 나는 기분이 한결 나아졌다.

Prior to application, you may **soak** in warm water for 5 minutes.
적용하기 전에, 따뜻한 물에 5분 정도 담그셔도 좋습니다.

## species

[spíːʃiːz]

n. (생물 분류상의) 종

The census conducted for a decade has newly discovered an estimated 6,000 **species** of marine creatures throughout the world.
지난 10년간 행해진 인구통계가 전 세계에 걸쳐 대략 6,000종의 해양생명체를 새롭게 발견했다.

## stunted

[stʌ́ntid]

adj. (발육 등을) 저해당한, 방해받은

She's emotionally **stunted**.
그녀는 감성적으로 성장을 방해받았다.

## superstition
[sìːpərstíʃən]

n. 미신

It's an old **superstition** that walking under a ladder is unlucky.
사다리 아래에서 걷는 것이 불운을 나타낸다는 것은 오래된 미신이다.

## surge
[sə́ːrdʒ]

n. ① 큰 파도 ② (감정의) 격동   v. ① 밀려오다, 쇄도하다
② (감정이) 끓어오르다

Suddenly a feeling of rage **surged** up in me on seeing that guy.
그 남자를 보자마자 갑자기 분노가 내게 치밀었다.

plummet 급락하다

## swamp
[swámp]

n. 늪, 습지대   v. ① (물에) 잠기게 하다 ② 압도하다

A **swamp** is a wetland with some flooding of large areas of land by shallow bodies of water.
늪은 범람된 넓은 지역의 습지인데 얕은 수역에 의해 둘러싸여 있다.

be swamped with(= be tied up with) 바빠서 옴짝달싹 못하다

## sweat
[swét]

v. 땀 흘리다, 열심히 일하다   n. 땀

It's so hot, she starts **sweating** the minute she walks outside.
너무 더워서, 밖에 나가자마자 그녀는 땀을 흘리기 시작했다.

She stopped working for a moment to wipe the **sweat** off her face.
그녀는 그녀의 얼굴의 땀을 닦아내기 위해 잠시 동안 일을 멈췄다.

no sweat 쉬운 일, 간단한 일

## terrain
[təréin]

n. ① (자연적) 지대, 지역 ② 지형, 지세

Most houses are built to suit a particular **terrain**.
대부분의 집들은 특정한 지형에 맞게 만들어진다.

## ☐ turbulence

[tə́:rbjələns]

n. ① 난기류 ② 동요, 소란

Flight plans will be made to avoid turbulence if possible, but often the pilot encounters **turbulence** during the flight.

비행 계획은 가능하다면 난기류를 피해 정해질 것이지만 가끔 조종사는 비행하는 동안 난기류에 맞닥뜨리게 된다.

## ☐ vapor

[véipər]

n. 증기, 수증기

When you place dry ice in hot water, it creates a dense fog that contains harmless carbon dioxide and water **vapor**.

우리가 뜨거운 물에 드라이아이스를 놓으면, 짙은 안개가 생성되는데, 그것은 유해하지 않은 이산화탄소와 수증기를 포함한다.

## ☐ victim

[víktim]

n. 희생자, 피해자

It has revised its internal rules to enable foreign **victims** of crimes to benefit from compensation paid out by the government.

범죄의 외국인 피해자들이 정부로부터 보상 혜택을 받을 수 있도록 국내법이 개정되었다.

Heart attack **victims** stand a better chance if they are treated immediately.

심장마비 희생자들은 만일 그들이 즉각적으로 치료를 받는다면 나아질 가능성이 훨씬 더 높다.

## ☐ weather bureau 기상국(청)

**Weather Bureau** has warned of the threat of violent storms during this week.

기상국은 이번 주 동안에 있을 격렬한 태풍의 위험성에 대해 경고했다.

## □ weed
[wíːd]

n. 잡초 v. 잡초를 뽑다

Invading **weed** can cause devastation to western rangelands.
잡초를 없애는 것은 서양식 방목장에 황량함을 초래할 수 있다.
mow the lawn 잔디를 깎다  water the plant 식물에 물 주다
make the bed 침구 정리하다  do the dishes 설거지하다
household chores 집안 허드렛일

## □ wilderness
[wíldərnis]

n. (사막과 같은) 황야, 황무지

The Tasmanian **wilderness** is one of the largest remaining temperate rainforests in the world.
태즈메이니아 황무지는 세계에서 남아 있는 가장 큰 온대 강우림 중 하나이다.

## □ wildlife
[wáildlàif]

n. 야생 생물  adj. 야생 생물의

We need a law to protect many endangered **wildlife**.
우리는 멸종위기의 많은 야생생물을 보호하기 위한 법이 필요하다.

**01.** After coming home, she was annoyed by the mother's _____ nagging.

    (a) incessant         (b) excited         (c) comforted

**02.** It is _____ for you to know classical music in order to apply for this job.

    (a) elective         (b) independent     (c) indispensable

**03.** The weather becomes _____ all of a sudden and it is likely that it's going to rain.

    (a) overthrow       (b) overcast       (c) overwhelm

**04.** Digital growth is slowing even as new online services continue to _____ throughout the world.

    (a) steady         (b) wane          (c) proliferate

**05.** Firefighters are working for an hour to _____ people who were trapped in the car.

    (a) rescue         (b) treat          (c) relieve

**06.** The company has stated that the car with the highest level of performance in all weather condition be it _____ hot or shivering cold.

    (a) scorching       (b) raining       (c) windy

**07.** The boatman turns off the engine and lets his long boat glide along the lake, as foreign tourists _____ in the stunning scenery.

    (a) seek         (b) soak          (c) sympathize

**08.** That's because domestic consumption of the clean fuel is to
_____ in accordance with the country's need to reduce carbon
emissions.

(a) submerge        (b) surge        (c) purge

**09.** It must be revised its internal rules to enable foreign _____ of
crimes to benefit from compensation paid out by the government.

(a) culprits        (b) plaintiff        (c) victims

**10.** India is finally making efforts to prevent unplanned urbanization from
threatening _____ sanctuaries and national parks.

(a) wildlife        (b) welfare        (c) wilderness

---

**01.** 집에 돌아온 후, 그녀는 어머니의 끊임없는 잔소리 때문에 짜증이 났다.

**02.** 당신들이 이 직업에 지원하려면, 클래식 음악에 대한 지식은 필수다.

**03.** 날씨가 갑자기 우중충해지더니, 비가 올 것 같다.

**04.** 심지어 새로운 온라인 서비스들이 전 세계적으로 빠르게 확산되고 있는 가운데서 조차, 디지털의 성장은 더 뎌지고 있다.

**05.** 소방관들은 차 안에 갇힌 사람들을 구하기 위해 한 시간 동안 구조 작업을 하고 있다.

**06.** 그 회사는 찌는 듯한 더위든 온몸이 떨리는 추위든 어떤 날씨에서도 최고의 성능을 보여주는 차를 출시했다.

**07.** 외국인 관광객들이 놀라운 경치에 흠뻑 빠지자 뱃사공은 엔진을 끄고 기다란 보트를 호숫가에 미끄러지듯 댄다.

**08.** 이에 대한 이유는 국가의 이산화탄소 소비를 줄여야 할 필요성에 부합하여 청정 연료에 대한 국가적인 소비가 급증할 것이기 때문이다.

**09.** 범죄로 피해를 받은 외국인에게 정부에서 지급되는 보상금을 받을 수 있도록 내면 규칙이 개정되어야 한다.

**10.** 마침내 인도는 계획되지 않은 도시화가 야생농불 보호지역과 국립공원을 위협하는 것을 막기 위한 노력을 시작할 것이다.

# Expression for **TEPS VOCA**

1. 어서 안전벨트를 매 주십시오. 곧 착륙하겠습니다.
   Fasten your seat belt, please. We are going to land soon.

2. (기름을) 가득 채워 주세요.
   Fill her up.
   Please fill it up.

3. 그는 넋을 잃었다[흥분했다].
   He got carried away.

4. 그는 다른 사람을 발판으로 삼아 성공했어요.
   He succeeded in stepping on other's toes.

5. 지금 상당히 위험한 상태입니다.
   He's not out of woods yet.

6. 처음 뵙겠습니다.
   I haven't had the pleasure.

7. 가격 때문에 그냥 지나쳤다(포기했다).
   I passed up on it because of the price.

· **call on(= visit)** 방문하나
Christina usually call on her parents on weekends.
Christina는 보통 주말에 부모님 댁을 방문한다.

· **make up** 구성하다, 화해하다
I find that women make up a small proportion in science class.
나는 과학 수업에서 여성들이 낮은 비율을 구성하는 것을 안다.

· **slip one's mind** 잊어버리다, 생각나지 않다
I meant to buy some cocoa, but it slipped my mind.
나는 코코아를 좀 사려고 했는데, 잊어버렸다.

· **break down(= out of order)** 고장난
My car broke down in the middle of the highway.
내 차가 고속도로 한가운데서 고장났다.

· **get by** 그럭저럭 헤쳐 나가다
Even though I don't earn much money, I can get by.
내가 많은 돈을 벌진 못하지만, 나는 그럭저럭 산다.

· **get going** ~하기 시작하다(= begin), 서두르다(= make haste)
Let's get going now not to late for the meeting.
회의에 안 늦으려면 지금 가자.

· **keep up with(= keep abreast of)** ~에 뒤쳐지지 않고 따라가다
He was unable to keep up with what was going on.
그는 무슨 일이 일어나고 있는지 따라갈 수가 없었다.

· **get over (and done) with** ~을 끝내다
Without his help, I couldn't have got over with my homework on time.
그의 도움이 없었더라면, 나는 제때 숙제를 끝마칠 수 없었을 것이다.

☐ **agitated**
[ǽdʒətèitid]

adj. 매우 초조한, 당황한

A subset of elders with Alzheimer's disease or age-related dementia experience high levels of negative emotional states and **agitated** behaviors.

일부 알츠하이머병이나 노인성 치매에 걸린 노인들은 심한 부정적 감정 상태와 초조한 행동들을 경험한다.

---

☐ **ambivalent**
[æmbívələnt]

adj. 상반된 입장을 다 가지는, 애매모호한

At the very least, men generally assume their **ambivalent** feelings are normal.

적어도 일반적으로 상반된 감정을 띠는 사람들은 정상이다.

ambivalent attitude[feelings] 상반된 태도[감정들]
ambidextrous 양손잡이의, 능숙한  ambiguity 애매모호함

---

☐ **anguished**
[ǽŋgwiʃt]

adj. 고통스러운, 고뇌에 찬

Again and again and again, the wordless timid sounds of **anguish** continued.

계속 반복해서, 소리 없고 자신감 없는 고뇌의 소리들이 계속되었다.

suffer from ~을 겪다  mental disorder 정신장애
complication 합병증  psychological 심리적인
affective(= emotional) 감정적인, 정서적인

---

☐ **apprehensive**   adj. 걱정하는, 두려워하는(= worried, anxious, concerned)
[æ̀prihénsiv]

No one need be **apprehensive** when it comes to safety concerns because everything is under control.

모든 것이 통제되고 있기 때문에 안전 문제에 관해서라면 누구도 걱정할 필요가 없다.

## arrogant
[ǽrəgənt]

adj. 거만한

How do I say this and not sound **arrogant**, like an idiot or way too out there?

어떻게 하면 바보스럽거나 아주 이상해 보이지 않고 거만하게 들리지 않게 이것을 말할 수 있을까요?

## avaricious
[ævəríʃəs]

adj. 탐욕스러운

The **avaricious** man prayed to have a room full of gold.

그 탐욕스러운 사람은 금으로 가득찬 방을 갖기를 기도했다.

avid(= keen) 열중한, 열심히 하는

## benevolent
[bənévələnt]

adj. 인자한(= kind[generous])

Deep down inside, I still believed that life was basically **benevolent**.

내면 깊숙이, 나는 아직 삶은 기본적으로 자비롭다고 믿는다.

benefit ~을 이롭게 하다  benefit from ~으로 부터 혜택을 얻다

## complimentary
[kàmpləméntəri]

adj. 칭찬의, 무료의

Everything you've done since coming back to school can be highly **complimentary**.

네가 학교로 돌아온 후에 했던 모든 일들은 크게 칭찬받을 수 있다.

## condemning
[kəndémiŋ]

adj. 비난하는

The National Association for the Advancement of Colored People will propose a resolution this week **condemning** racism within the tea party movement.

흑인인권단체는 이번 주에 티파티 운동에서 일어난 인종차별주의를 비난하는 결의안을 제출할 것이다.

## □ conniving
[kənáiviŋ]

adj. 묵인하는, 못 본 척하는

She keeps in mind that if she is not say anything to him, she would be **conniving** in an injustice.

그녀가 그에게 아무 말도 하지 않으면 부정을 묵인하게 되는 것이라는 사실을 명심하고 있다.

## □ contemptuous    adj. 경멸적인
[kəntémptʃuəs]

The clerk throws a **contemptuous** look to the girl who doesn't have any money.

그 점원은 돈이 하나도 없는 한 소녀를 경멸하는 눈으로 쳐다 본다.

## □ contented
[kənténtid]

adj. 만족한

Even with low salary, he is **contended** with his life.

비록 월급은 적지만, 그는 그의 삶에 만족했다.

be pleased with(= be satisfied with, be content with) ~에 만족 하다

## □ convinced
[kənvínst]

adj. 확신한

The young C.E.O was **convinced** that he was doing the right thing.

그 젊은 사장은 그가 옳은 일을 하고 있다고 확신했다.

convincing 설득력 있는

## □ cordial
[kɔ́:rdʒəl]

adj. 친절한, 애정 어린(= amicable, friendly)

We had a ball at the party in a **cordial** atmosphere.

화기애애한 파티 분위기 속에서 우리는 즐거운 시간을 보냈다.

have a ball(= have a great time) 즐거운 시간을 보내다

## cowardly
[káuərdli]

adj. 겁 많은

I am not into him as he acts in a **cowardly** way.
나는 그가 비겁하게 행동하기 때문에 끌리지 않는다.

coward(= chicken) 겁쟁이  spineless 줏대 없는

## cunning
[kʌ́niŋ]

adj. 교활한

Some colleges used to play a **cunning** trick to buy luxury cars and get financial aid.
몇몇 대학교들은 고급 승용차를 사고 재정 원조를 받기 위해 교활한 속임수를 쓰곤 한다.

cheat on (시험 볼 때) 부정행위하다, 바람피다

## desirable
[dizáiərəbl]

adj. 바람직한

It is neither socially nor economically **desirable** that employees having criminal records should generally be fired.
전과 기록이 있는 직원들이 일반적으로 해고당해야 한다는 것은 사회적으로나 경제적으로나 바람직하지 않다.

desirous 원하는  considerable 상당한  considerate 사려 깊은

## determined
[ditə́:rmind]

adj. 단호한

He came back to Korea with a **determined** mind to be an actor.
그는 배우가 되겠다는 일념 하나를 가지고 한국으로 돌아왔다.

TIP determine의 자주 사용되는 의미들
1. 결정하다
The young couple determined to leave at once.
그 젊은 커플은 즉시 떠나기로 결정했다.
2. 알아보다(= find out)
Investigators are trying to determine the cause of the accident.
조사관들은 그 사고의 원인을 알아내기 위해서 노력 중이다.
3. 단호한, 결심한
Susie is a very determined woman.
수지는 매우 단호한 여인이다.

## ☐ devoted
[divóutid]

adj. 헌신적인

She is a kind of person who is **devoted** and polite to all people around her.
그녀는 주위 모든 사람들에게 헌신적이고 친절한 그런 사람이다.

## ☐ disgusting
[disgʌ́stiŋ]

adj. 불쾌한

It would be very **disgusting** if you feel someone is touching you in a crowded bus.
만원인 버스에서 누가 당신을 만지는 것을 느낀다면 매우 불쾌할 것이다.

**outrageous** 말도 안 되는, 터무니없는

## ☐ disillusioned
[dìsilú:ʒənd]

adj. 환멸을 느끼는

But many spouses suddenly excluded now find themselves **disillusioned**.
하지만 갑작스레 배제된 많은 배우자들은 지금 자신들에게 환멸을 느낀다.

## ☐ disinterested
[disíntəristid]

adj. 사심 없는, 공정한, 무관심한(= indifferent)

But several of the **disinterested** baristas tell me they don't like coffee so they can't really tell me what's good.
그러나 몇몇의 무관심한 바리스타들은 나에게 그들은 커피를 좋아하지 않기 때문에 무엇이 좋은지 정말로 말해줄 수 없다고 말한다.

## ☐ dismayed
[disméid]

adj. 당황한

The election result has left the party members confused, **dismayed** and dejected.
선거 결과는 당원들을 혼란스럽고, 당황스럽고, 낙담케 했다.

## ☐ earnest
[ə́:rnist]

adj. 진지한

As the debate was prolonged and **earnest**, people attending the meeting got exhausted.
그 토론이 길어지고 진지해지면서, 회의에 참석했던 사람들은 지쳐 갔다.

## ☐ easeful
[íːzfəl]

adj. 안락한, 평화로운

Incorporating a regular routine to regain and maintain an **easeful** body is an essential part of health enhancement.
편안한 몸을 되찾고 유지하기 위해서 규칙적인 일상생활을 구체화하는 것은 건강 증진에 중요한 부분이다.

## ☐ enthusiastic
[enθúːziæstik]

adj. 열성적인, 열렬한, 열광적인

After published, reviews of the book were **enthusiastic**, and soon sales increased noticeably.
출판된 이후, 그 책의 리뷰들은 열광적이었고, 곧 판매량이 눈에 띄게 증가했다.

## ☐ exaggerative
[igzǽdʒərèitiv]

adj. 과장적인

An **exaggerative** commercial can easily catch the eyes and mind of audiences.
과장 광고는 쉽게 시청자의 눈과 마음을 사로잡을 수 있다.

**commercial** 상업광고 **advertising** 광고 **play on** ~을 이용하다

## ☐ greedy
[gríːdi]

adj. 욕심이 많은

They did not make bad or **greedy** investments, but lost all their money in stock deals.
안 좋은 투자를 한 것도 아니었고, 욕심을 부린 것도 아니었지만, 그들은 주식 거래에서 모든 돈을 잃었다.

## ☐ humble
[hʌ́mbl]

adj. 공손한

You need to have a **humble** attitude to learn a lesson from your mistakes.
당신은 실수에서 교훈을 얻으려면 겸손한 자세가 필요합니다.

## □ impatient
[impéiʃənt]

adj. 조바심을 내는, 안달하는

**Impatient** with her hesitation, he blamed Katherine for his own confusion.

그녀가 주저하자 짜증이 난 그는 그가 혼동한 것을 Katherine 탓으로 돌렸다.

## □ indifferent
[indífərənt]

adj. 무관심한, 중요하지 않은

Two-thirds of the people polled were either happy or **indifferent** about the mayor's decision to step down.

여론조사에 참여한 시민의 2/3가 시장의 사퇴 결정에 대해 행복해하거나 무관심했다.

## □ irritated
[irətèitid]

adj. 짜증난

He got **irritated** because of her repeated mistakes and consistent silence.

그는 그녀의 반복된 실수와 일관된 침묵 때문에 짜증이 났다.

## □ mandatory
[mǽndətɔ̀ːri]

adj. 강제적인, 의무적인(= compulsory, required)

The French Government is developing secret plans to impose **mandatory** vaccination of the entire French population.

프랑스 정부는 모든 프랑스 국민의 필수 예방접종을 도입하는 비밀계획을 세우고 있는 중이다.

required course 필수과목  elective course 선택과목  credit 학점

## □ monotonous
[mənátənəs]

adj. 단조로운, 지루한(= boring[dull / tedious])

The class was so **monotonous** today that I couldn't help dozing off.

수업이 오늘 너무 지루해서 나는 졸 수 밖에 없었다.

## ☐ neutral
[njúːtrəl]

adj. 중립적인

That's precisely the point of gender-**neutral** language—to change the way we speak so that we don't perpetuate the unjust value systems that shaped our language.

우리가 말하는 방식을 바꿔서 우리 언어를 이루는 부당한 가치 시스템을 영속시키지 않아야 하는 것, 그것이 성 중립적 언어의 요점이다.

## ☐ obstinate
[ábstənit]

adj. 완고한, 고집 센

The painter living across my room is widely known to be **obstinate** and proud of his works.

내방 건너편에 사는 화가는 고집 세기로 잘 알려져 있고, 그의 작품들에 대한 자부심이 대단하다.

## ☐ ominous
[ámənəs]

adj. 불길한

I felt as if something **ominous** was happening while sitting there watching him.

나는 그를 보면서 앉아 있는 동안 마치 불길한 무언가가 일어나고 있는 것 같은 느낌이 들었다.

hunch 예감, 느낌

## ☐ pretentious
[priténʃəs]

adj. 잘난 체하는

So reflect a moment on the **pretentious** videos of the 1980s.

그러니까 1980년대의 허세가 심한 영화들에 대해 잠시만 생각해 보아라.

## ☐ resolute
[rézəlùːt]

adj. 불굴의, 단호한

This situation requires our **resolute** action.

이 상황은 우리의 단호한 행동을 요구한다.

## ☐ sarcastic
[saːrkǽstik]

adj. 빈정대는

Everyone want to avoid him because of his **sarcastic** way of speaking.

그의 빈정거리는 말투 때문에 모두가 그를 피하고 싶어 한다.

## skeptical
[sképtikəl]

adj. 회의적인

A man answered the question, but he was **skeptical** and didn't have any interest in the lecture.
한 남자가 질문에 대답했지만 그는 회의적이었고, 그 강의에 전혀 관심이 없었다.

## sorrowful
[sároufəl]

adj. 슬픔에 젖은

I feel really bad on seeing her **sorrowful** eyes at her daughter's funeral.
그녀의 딸의 장례식장에서 그녀의 슬픈 눈을 보자마자 나는 정말 안쓰러웠다.

## striking
[stráikiŋ]

adj. 인상적인(= impressive)

Therefore today I have collected 40 **striking** high resolution photography wallpapers.
따라서 오늘날 나는 40개의 인상적인 고해상도 사진의 바탕화면을 수집했다.

## sympathetic
[sìmpəθétik]

adj. 동정적인

They are **sympathetic** to illegal immigrants who have been working hard and staying out of trouble.
그들은 열심히 일하지만 곤경에서 벗어나지 못하는 불법 이민자들을 동정한다.
feel sorry for ~을 불쌍히 여기다

## tense
[téns]

adj. 긴장된

How come you are so **tense** today unlike other days?
평소와 다르게 오늘 왜 이렇게 긴장해?

## thoughtful
[θɔ́:tfəl]

adj. 사려 깊은

New parents appreciate **thoughtful**, useful presents their infant can enjoy for a long time.
새로 온 부모들은 그들의 아이가 오랫동안 가지고 놀 수 있는 사려 깊고, 유용한 선물에 감사함을 느낀다.

## ☐ timid
[tímid]

adj. 소심한

You are so **timid** to speak out loud what you have in mind.
낭신은 사신의 생각을 크게 말하기에는 너무 소심하다.

## ☐ unconcerned
[ʌnkənsɔ́ːrnd]

adj. 무심한, 관심 없는, 변덕스런

The **unconcerned** life doesn't sound so great at first.
무심한 삶은 처음에는 그렇게 좋게 들리지 않는다.

## ☐ uneasy
[ʌníːzi]

adj. 불안한, 거북한

The farmers were **uneasy** since it had not rained for more than 3 months.
그 농부들은 3개월 이상 동안 비가 내리지 않았기 때문에 불안했다.

## ☐ uninterested
[ʌníntərəstid]

adj. 관심 없는

She says that her kids are "**uninterested**" in watching her movies and they actually mistake her acting for real life.
그녀는 아이들이 그녀의 영화를 보는 것에 '관심이 없고', 사실 실제 삶과 영화를 오해한다고 말한다.

## ☐ urgent
[ɔ́ːrdʒənt]

adj. 긴박한

Global forum calls for **urgent** action to resolve health worker crisis.
국제 포럼은 의료 기사 위기를 해결하기 위한 긴급한 조치를 요구했다.

# Testing Ground

**01.** David has _____ feelings toward his father—lots of love, on the one hand, deep concern, on the other.

   (a) ambivalent      (b) ambidextrous      (c) ambiguity

**02.** There is no necessity for being _____ when it comes to safety concerns because everything is under control.

   (a) comprehensive    (b) reprehensive    (c) apprehensive

**03.** With a $5 donation, guests can receive 2 _____ drinks and free appetizers.

   (a) complimentary    (b) complementary    (c) supplementary

**04.** It is neither socially nor economically _____ that employees who have criminal records must be fired in general.

   (a) considerable      (b) desirable      (c) considerate

**05.** After released, reviews of the novel were _____, and the sales increased dramatically.

   (a) vague      (b) enthusiastic      (c) entertaining

**06.** It is better _____ than rude in order to learn a lesson from your mistakes.

   (a) humble      (b) outgoing      (c) timid

**07.** Change can be hard at times. Other times, we can be _____ simply because we just don't want to change.

   (a) arrogant      (b) obstinate      (c) evolve

**08.** For the first year of being famous I was scared of using the word 'art' because I thought it was _____.

(a) progressive        (b) pragmatic        (c) pretentious

**09.** A woman answered the question, but she was _____ and doesn't interested in the lecture.

(a) skeptical        (b) extraverted        (c) absorbed

**10.** What I got instead was a very funny, surprisingly _____ movie about friendship and loyalty.

(a) indifferent        (b) thoughtful        (c) thorough

**01.** David는 그의 아버지에 대해 상반된 감정을 가진다. 한편으로는 많이 사랑하지만 다른 한편으로는 크게 염려스럽다.

**02.** 모든 것이 다 통제 가능하니 안전 문제에 관해서는 걱정할 필요가 없다.

**03.** 5달러를 기부하면 손님들은 두 잔의 무료 음료와 무료 에피타이저를 받을 수 있다.

**04.** 일반적으로 범죄기록을 가지고 있는 직원들이 해고당해야 한다는 것은 사회적으로나 경제적으로 바람직하지 않다.

**05.** 출판된 후에 소설의 논평은 열광적이었고, 판매량이 급증했다.

**06.** 당신의 실수로부터 교훈을 얻기 위해서는 무례하기보다는 겸손한 것이 낫다.

**07.** 변화는 때로는 힘들 수 있다. 다른 때는 우리가 단순히 변화를 원치 않기 때문에 완고할 수도 있다.

**08.** 유명해진 첫 해 동안은 그것이 잘난 체한다고 생각했기 때문에 '예술'이라는 단어를 쓰는 것이 두려웠다.

**09.** 한 여자가 그 질문에 대답했지만 그녀는 회의적이었고 강의에 관심이 없었다.

**10.** 내가 대신 얻은 것은 우정과 충성에 관한 매우 재미있고 놀라울 정도로 사려 깊은 영화였다.

answer   01. (a)   02. (c)   03. (a)   04. (b)   05. (b)   06. (a)   07. (b)   08. (c)   09. (a)   10. (b)

# ■ ■ ■ ■
# Expression for **TEPS VOCA**

1. 오늘 밤엔 그들이 결국은 승리를 이끌어 냈으면 해요.
   I want to see them finally pull off a win tonight.

2. 근육을 좀 만들고 싶어요.
   I'd like to put on some muscles.

3. 떠나려고 하는데 계산서 좀 주세요.
   I'm checking out. Will you make out my bill?

4. 이 자리 주인 있나요?
   Is this seat taken[occupied]?

5. 저와는 상관없어요.
   It doesn't concern me.

6. 정말 신경 쓰여요.
   It's getting on my nerves.

7. 생각이 날 듯 말 듯 혀 안에서 맴돌아요.
   It's on the tip of my tongue.

- **give in** ~를 제출하나, 굴복하나
He gave in the report in the nick of time.
그는 알맞은 때에 보고서를 제출했다.

- **give off** (증기·빛 냄새 따위)를 내다, 풍기다, 발하다
Natural gas gives off less carbon dioxide than coal.
천연가스는 석탄보다 이산화탄소를 적게 배출한다.

- **give up** ~을 단념하다, 항복하다
She decided to give up smoking after being diagnosed with the lung cancer.
그녀는 폐암 진단을 받은 후에 담배를 그만 피기로 결심했다.

- **make sense** 뜻이 통하다, 이치가 닿다
It doesn't make sense to drive if you drink.
당신이 술을 마셨다면, 운전을 하는 것은 말이 안 된다.

- **die out** 쇠퇴하다, 소멸하다
As the country changes very quickly and a large portion of the old traditions are dying out.
그 나라는 빠르게 변화하면서, 옛 전통의 큰 부분이 쇠퇴되고 있다.

- **be likely to + R[be likely that]** ~할 것 같다
That means it is likely that there will be change soon.
그것은 곧 변화가 있을 것 같다는 것을 의미한다.

- **be unlikely to + R** ~할 것 같지 않다
They are unlikely to accept her opinion proposed at the meeting.
그들은 회의에서 제시되었던 그녀의 의견을 받아들일 것 같지 않다.

- **be akin to** ~과 유사하다
Listening to his story is akin to reading a adventure novel.
그의 이야기를 듣는 것은 모험 소설을 읽는 것과 유사하다.

## ☐ anachronism   n. 시대착오

[ənǽkrənìzm]

The harvest festival celebrations in the town are an **anachronism** since almost everyone who lives there nowadays works in an office.

그 마을의 추수감사절 기념 행사는 요즘에 거기에서 사는 거의 모든 사람들이 비슷한 환경의 사무실에서 일하기 때문에 시대착오적이다.

---

## ☐ anecdote   n. 일화, 비화

[ǽnikdòut]

His story was not an **anecdote**, but a real story.

그의 이야기는 일화가 아니라 실제 이야기다.

---

## ☐ archaeologist   n. 고고학자

[àːrkiálədʒist]

These ruins were excavated by great **archaeologist** Tomas Harry.

이 유물들은 훌륭한 고고학자인 Tomas Harry에 의해 발굴되었다.

---

## ☐ archaeology   n. 고고학

[àːrkiálədʒi]

This is so difficult, but I like **archeology**.

이것은 매우 어렵지만, 나는 고고학을 좋아한다.

---

## ☐ artifact   n. 인공물

[áːrtəfæ̀kt]

Only one member of the group has to bring in an **artifact** that represents them.

그 그룹의 한 명만 그들을 대표하는 공예품 하나를 가져와야 한다.

---

## ☐ atheist   n. 무신론자

[éiθiist]

Her father became a confirmed **atheist** after the death of his daughter.

그는 그의 딸의 죽음 이후로 확고한 무신론자가 되었다.

## carnage
[ká:rnidʒ]

n. 대학살, 살육

The **carnage** in the World War 2 was very dreadful.
2차 세계대전에서 벌어진 대학살은 매우 끔찍했다.

## collapse
[kəlǽps]

n. 붕괴

This stone wall is on the verge of **collapse**.
이 돌담은 붕괴직전에 있다.

## colonialism
[kəlóuniəlìzm]

n. 식민주의, 식민정책

Japan's history of **colonialism** continues to arouse dispute.
일본의 식민 통치 역사는 계속해서 논쟁을 자극하고 있다.

## colony
[káləni]

n. 식민지

In 18th century Africa was a **colony** of England.
18세기에 아프리카는 영국의 식민지였다.

## crusade
[kru:séid]

n. 십자군

Most parts of their life were changed because of the **crusades**.
그들의 생활 대부분이 십자군 때문에 바뀌었다.

## doctrine
[dáktrin]

n. 교리, 신조, 원조

We must observe the traditional **doctrines** of divine power.
우리는 신의 권능에 대한 전통적 교리를 준수해야만 한다.

## emancipation
[imǽnsəpéiʃən]

n. 해방

The **emancipation** of slaves is the one of the most important fact in American history.
노예해방은 미국역사에서 가장 중요한 사실 중 하나이다.

## era
[íərə]

n. 시대

A new **era** of world peace begins with the end of war.
세계 평화의 새로운 시대는 전쟁의 종결과 함께 시작한다.

## excavate
[ékskəvèit]

v. 발굴하다

They will continue to **excavate** this site and look for other bones as well.
그들은 이 지역을 계속 발굴할 것이고 다른 뼈들도 찾아낼 것이다.

excavation n. 발굴

## extinct
[ikstíŋkt]

adj. 멸종한

Elephants could become **extinct** in the wild due to global warming.
코끼리는 야생에서 지구 온난화로 인해 멸종될 수 있다.

## famine
[fǽmin]

n. 기근

Many African suffer from annual **famine**.
많은 아프리카 사람들은 매년 기근으로 고통을 겪고 있다.

## feudal age

봉건시대

The customs of the **feudal age** will last somewhere in the world.
세계 어딘가에 봉건 시대의 풍습은 계속 지속될 것이다.

## heir
[ɛ́ər]

n. 후계자, 상속인

I just got to know that a friend of mine is an **heir** of the company.
나는 내 친구가 그 회사의 후계자란 사실을 방금 알게 되었다.

## □ humane
[hjuːméin]

adj. 인도적인, 인문학의

The new boss is much more **humane** than his predecessor.
새로운 상사는 그의 전임자보다 훨씬 더 인간적이다.

## □ ideology
[àidiάlədʒi]

n. 이념, 관념, 사상

Confucianism is pretty much Korea's historic **ideology**.
유교는 한국의 전통적 이념이다.

## □ imperial
[impíəriəl]

adj. 제국의

There was some reasons of Britain's **imperial** success of colonization.
대영제국이 식민지화에 성공한 이유가 몇가지 있다.

## □ invasion
[invéiʒən]

n. 침입

The Catholic church was more protected after the **invasion**.
그 성당은 침략당한 이후로 더 보호되었다.

## □ monarch
[mάnərk]

n. 군주

An king is a **monarch** who rules a kingdom.
왕이란 왕국을 통치하는 군주다.

## □ monument
[mάnjəmənt]

n. 기념비, 기념관

That **monument** stands for the victory of the war.
저 기념비는 그 전쟁에서의 승리를 상징한다.

## □ nomadic
[noumǽdik]

adj. 유목의, 방랑의

The **nomadic** tribes move place to place to find lush grass.
유목 민족들은 풍성한 풀을 찾기 위해 여기저기 이동한다.

## persecute
[pə́ːrsikjùːt]

v. 괴롭히다, 박해하다

How come the government is **persecuting** me like that?
국가는 나를 왜 그런 식으로 못살게 구는 거죠?

Throughout history, many politicians have been **persecuted** for their political beliefs.
역사를 통틀어 많은 정치가들은 정치적 신념 때문에 박해를 받아 왔다.

## prehistoric
[prìːhistɔ́ːrik]

adj. 선사시대의

Since **prehistoric** times, people have participated in sports or competition.
선사시대 이래로 사람들은 스포츠 또는 경쟁에 참가해 왔다.

## primeval
[praimíːvəl]

adj. 원시의, 태고의

This was the **primeval** fossil from which the organism was discovered.
이것은 유기체가 발견된 원시 화석이었다.

## prosper
[prɑ́spər]

v. 번영하다, 번창하다

The kingdom **prospered** under a strong and wise king's rule.
그 왕국은 강력하고 현명한 왕의 통치하에서 번영을 누렸다.

## relic
[rélik]

n. 유물, 유적, 잔해

The **relic** was found in exactly the place indicated.
그 유물은 명시된 바로 그 장소에서 발견되었다.

## restore
[ristɔ́ːr]

v. 복구하다, 부활시키다

A brief nap during the day time can be helpful to **restore** memory.
잠깐의 낮잠은 기억을 회복하는 데 도움이 된다고 합니다.

## □ revolution
[rèvəlúːʃən]

n. 혁명

The 1960s saw the beginnings of a new technological **revolution**.
1960년대에 새로운 기술 혁명이 시작되었다.

## □ ritual
[rítʃuəl]

n. 의식

After an **ritual**, the boys are formally accepted into the tribe.
의식 후에 소년들은 그 부족의 정식 일원이 되었다.

## □ ruins
[rúːin]

n. 유적

In addition to modern sites, Seoul has many ancient **ruins**.
현대적인 장소 이외에도 서울에는 많은 고대 유적들이 있다.

## □ saga
[sáːgə]

n. 중세 북유럽의 전설, 무용담

I saw the film which is about a two-hour **saga** of the Civil War.
나는 남북전쟁에 관한 무용담을 다룬 두 시간짜리 영화를 봤다.

## □ sage
[séidʒ]

n. 현자

Confucius is a **sage** who has wisdom and calm judgment.
공자는 지혜와 침착한 판단력을 가지고 있는 현자이다.

## □ savage
[sǽvidʒ]

adj. 야만적인, 격렬한

The newspaper article was a **savage** attack on the company's record.
그 신문 기사는 그 회사의 기록에 대한 맹렬한 공격이었다.

## specimen
[spésəmən]

n. 표본

The scientific community found a clue when the scientist found a rare mineral **specimen** in Africa.
과학계는 그 과학자가 아프리카에서 희귀한 광물 표본을 발견했을 때 큰 단서를 찾았다.

## succumb
[səkʌ́m]

v. 굴복하다, 지다

We **succumbed** to powerful nation's pressure.
우리는 강대국의 압력에 굴복했다.

## sweeping
[swíːpiŋ]

adj. 전면적인

The government enforced **sweeping** reforms.
정부는 전면적인 개혁을 실시했다.

## tenet
[ténət]

n. 교리, 주의

Each religion has many **tenets**.
각각의 종교는 많은 교리를 갖고 있다.

## theology
[θiːálədʒi]

n. 신학

I am interested in these new reports on **theology**.
나는 신학에 관한 이 새로운 보고서들에 흥미를 갖고 있다.

## tribe
[tráib]

n. 종족

Some archeologist found the evidence that the **tribe** lived in this site thousand of years ago.
몇몇의 고고학자들은 몇 천 년 전에 그 종족이 이 지역에 살았다는 증거를 발견했다.

## tribute
[tríbjuːt]

n. 공물

The small and weak nations paid the powerful nations a **tribute**.
약소국은 강대국에 조공을 바쳤다.

## turmoil
[tə́ːrmɔil]

n. 소란, 소동

Amid the **turmoil**, they toured the region.
그 소란 중에서도, 그들은 그 지역을 여행했다.

## tyranny
[tírəni]

n. 압제, 횡포, 독재

A political system that refuses to allow objection is a **tyranny**.
이의를 허용하지 않는 정치체제는 독재이다.

## undermine
[ʌ̀ndərmáin]

v. 기반을 약화시키다

His behaviors **undermined** the strength of the word he said.
그의 행동들은 그가 하는 말의 설득력을 약화시켰다.

## unearth
[ʌnə́ːrθ]

v. 발굴하다

The graverobber **unearthed** buried treasures.
그 도굴꾼은 묻혀 있는 보물들을 파냈다.

## uprising
[ʌ́pràiziŋ]

n. 폭동

The new leader put down the **uprising** by dispatching government troops to the area.
그 새로운 지도자가 정부군을 그 지역에 보냄으로써 폭동을 진압했다.

# Testing Ground

**01.** Though Ben believed in Christ, he became a confirmed _____ after the death of his daughter.

(a) atheist        (b) apathy        (c) athlete

**02.** As a part of structure _____, some people under the building came near being injured.

(a) constructed        (b) renovated        (c) collapsed

**03.** The _____ of slaves is the one of the most important facts in American history.

(a) anticipation        (b) emancipation        (c) emanation

**04.** They will continue to _____ this site and look for other bones as well.

(a) examine        (b) excavate        (c) exaggerate

**05.** Many a zoologist concerns that elephant could become _____ in the wild due to global warning.

(a) instinct        (b) distinct        (c) extinct

**06.** Wednesday night, the police said that she was shot with an airgun and passed out during a home _____ robbery.

(a) invasion        (b) evasion        (c) division

**07.** I am thinking about quitting this job since my boss is constantly _____ me like that.

(a) appreciating        (b) persuading        (c) persecuting

**08.** A short break during the study time can be helpful to _____ memory.

    (a) store            (b) redeem           (c) restore

**09.** Archaeologists have discovered the _____ of two ancient cities dating back 4000 years in central Asia.

    (a) ruins            (b) ruin             (c) rise

**10.** According to the latest news, the graverobber _____ buried treasures in the royal tomb.

    (a) unearthed        (b) discovered       (c) hid

---

01. 비록 Ben은 기독교 신자였지만, 그의 딸의 죽음 이후로 확고한 무신론자가 되었다.
02. 건물 일부분이 붕괴되면서, 건물 아래 있던 몇몇 사람들은 다칠 뻔했다.
03. 노예해방은 미국 역사에서 가장 중요한 사실 중 하나이다.
04. 그들은 이 자리를 계속 발굴할 것이고 다른 뼈도 찾아낼 것이다.
05. 많은 동물학자들이 지구온난화로 인해 코끼리가 야생에서 멸종될 수 있다는 사실에 대해 염려한다.
06. 수요일 밤에 경찰은 주택 침입 강도가 일어나는 동안, 그녀가 공기총에 맞아 기절했다고 말했다.
07. 사장이 나를 그처럼 끊임없이 괴롭히기 때문에 이 일을 그만두는 것을 생각 중이다.
08. 공부 시간 중 잠깐의 휴식은 기억을 회복하는 데 도움이 될 수 있다.
09. 고고학자들은 중앙아시아에서 4천 년 전까지 거슬러 올라가는 두 고대 도시의 유적을 발견했다.
10. 최근 뉴스에 따르면, 그 도굴꾼이 왕릉에 묻혀 있는 보물들을 파냈다고 한다.

answer  01. (a)  02. (c)  03. (b)  04. (b)  05. (c)  06. (a)  07. (c)  08. (c)  09. (a)  10. (a)

# Expression for **TEPS VOCA**

1. 이 잡동사니 다 치우세요.
   Put away these odds and ends.

2. 코리아나 호텔로 가 주세요.
   Take me to Koreana Hotel.

3. 일이 제대로[옳은 방향으로] 되겠네요.
   That would be step in the right direction.

4. 그 선거는 막상막하가 될 것이다.
   The election will be too close to call.

5. 선물은 대단하진 않았지만 정성이 갸륵하다.
   The gift wasn't great, but it's the thought that counts.

6. 그들은 곧 판결에 항소를 할 겁니다.
   They are going to appeal the ruling soon.

7. 그들은 대단히 멋진 공연[경기]을 했다.
   They gave a phenomenal performance.

- **dwell on** ~을 깊이 생각하다, 숙고하다
  I didn't dwell on the fact that I missed the chance to travel the space.
  나는 우주를 여행할 수 있는 기회를 놓쳤다는 사실에 대해 깊이 생각하지 않았다.

- **dozed off** 꾸벅꾸벅 졸다
  When I thought he listended to the teacher, actually he dozed off.
  나는 그가 선생님 말씀을 듣고 있다고 생각했는데 사실 그는 졸고 있었다.

- **make out** ~을 이해하다, 판독하다
  The road I am walking along is so dark that I can't make out what the sign says.
  내가 걷고 있는 길이 너무 어두워서, 표지판을 읽을 수 없다.

- **make sense of** ~의 뜻을 이해하다
  We're trying to make sense what it means.
  우리들은 그것이 무엇을 의미하는 것인지 이해하려고 노력하고 있다.

- **pay back** ~을 상환하다, 앙갚음하다, 빌린 것을 돌려주다
  You will have to pay back the loan for two years.
  당신은 그 융자금을 2년간 상환해야 할 것이다.

- **pay for** 대금을 지불하다, 빚을 갚다
  I think the company should pay for it.
  나는 회사에서 변상해야 한다고 생각한다.

- **pay off** 소기의 성과가 나다, 잘 되어 가다
  Everyone works hard believing his effort will pay off someday.
  노력이 언젠가 성과가 날 것이라 믿고, 모든 사람들은 열심히 일을 한다.

- **take after** ~을 닮다
  My mother say to me that I don't take after her.
  어머니는 내가 그녀를 닮지 않았다고 한다.

## ☐ allegory
[ǽləgɔ̀ːri]

n. 우화

Perhaps the author is being satirical, employing irony, **allegory**, or ambiguity.

아마도 그 작가는 반어와 우화 그리고 모호함을 사용하는 것으로 풍자적인 태도를 보일 것이다.

---

## ☐ annotation
[æ̀nətéiʃən]

n. 주석(= gloss)

Tim, whether or not he saw the **annotations**, thoroughly understood what was happening.

주석을 읽었는지 아닌지 모르겠지만 Tim은 어떤 일이 발생했는지 완전히 이해했다.

---

## ☐ antagonist
[æntǽgənist]

n. 적대자

In Shakespeare's play Othello, Iago is presented as the **antagonist**.

셰익스피어의 희곡 오셀로에서 이아고는 적대자로 나타난다.

---

## ☐ anthology
[ænθáləʤi]

n. 시화집, 선집

I tried to make out the cover and thought it might be a recent **anthology** of poetry.

나는 표지를 알아보려고 노력했고, 이것이 어쩌면 최근의 시 선집일지 모른다고 생각했다.

---

## ☐ aphasia
[əféiʒiə]

n. 실어증

Now I'll show you a card saying I have **aphasia**.

이제, 나는 당신에게 내가 실어증을 앓고 있다는 것을 말해 주는 카드를 보여 줄 것이다.

## awareness
[əwέərnis]

n. 자각

People who are involved in the issues lack of **awareness** of its seriousness.
그 문제에 연루된 사람들은 그 문제의 심각성에 대한 자각이 부족하다.
raise awareness 의식을 높이다

## bibliography
[bìbliάgrəfi]

n. 참고문헌

The **bibliography** is extensive with over a thousand entries.
그 참고문헌은 광범위하고 천 개가 넘는 항목을 가지고 있다.

## bilingual
[bailíŋgwəl]

adj. 이중 언어의

Around 78 percent of the students in the school are **bilingual**.
그 학교에서 약 78퍼센트의 학생들이 두개의 언어를 할 수 있다.

## biography
[baiάgrəfi]

n. 전기

I was really impressed in reading a **biography** of Mother Theresa.
테레사 수녀의 전기를 읽었을 때 나는 정말 감동 받았었다.

## censorship
[sénsərʃìp]

n. 검열

The authority concerned announced that partial censorship will be enlarged to complete **censorship**.
당국은 부분적인 검열이 전체로 확대될 예정이라 발표했다.

## cliche
[kli:ʃéi]

n. 상투적 문구

I cannot bear the books all filled with **cliche**.
나는 상투적 문구들로만 가득 찬 책들을 견딜 수 없다.

## ☐ **coined word** 신조어

Sometimes it is very hard to make out the **coined words** especially on the Internet.
가끔 신조어를 이해하기 힘든데, 특히 인터넷 상에서 그렇다.

## ☐ **commentator** n. 주석자
[káməntèitər]

The woman on the TV show was the former political **commentator** on the night news.
텔레비전 쇼에 나오는 여자는 예전에 밤 뉴스에서 정치 평론가였다.

## ☐ **concept** n. 개념
[kánsept]

Though it is simple, you can't get it if you don't understand the **concept**.
간단하지만, 그 개념을 이해하지 못하면, 알아듣지 못한다.

## ☐ **derive from** ~에서 기원하다

Quite a few words in English are **derived from** Latin.
영어에서 상당수의 단어들이 라틴어에서 기원한다.

## ☐ **dialect** n. 방언
[dáiəlèkt]

He spoke a **dialect** of French that I found hard to understand.
그가 프랑스 사투리로 말을 해서 나는 이해하기가 힘들었다.

## ☐ **disability** n. 장애
[dìsəbíləti]

Suppose I suffered from a reading **disability** or, worse yet, was illiterate?
내가 읽기 장애로 고통을 받는다던가 더 심해서 문맹이라고 가정하면 어떻겠는가?

## ☐ drive
[draiv]

n. 동기, 동인

Donald certainly has the **drive** to become a good doctor.
Donald는 좋은 의사가 되기 위한 동기를 확실히 가지고 있다.

## ☐ ego
[íːgou]

n. 자아

However, their **egos** are strong enough to overcome fear of the failure.
하지만, 그들의 자아는 실패에 대한 공포를 극복하기에 충분히 강하다.

## ☐ epic
[épik]

n. 서사시

This junk pile just happens to be our **epic**.
이 쓰레기 더미가 어쩌다 보니 우리 서사시가 되었다.

## ☐ epitome
[ipítəmi]

n. 완벽한 (본)보기, 요약

She has always wanted to be the **epitome** of her age.
그녀는 항상 그 나이대의 본보기가 되기를 원해 왔다.

## ☐ extravert
[ékstrəvə̀ːrt]

n. 외향적인 사람

Her nephew, on the other hand, has been more like an **extravert**.
반면에, 그녀의 조카는 외향적인 사람에 가까웠다.

## ☐ fable
[féibl]

n. 우화

This is just a **fable** to frighten the children.
이건 단지 아이들을 겁주기 위한 이야기이다.

## ☐ hemisphere
[hémisfiər]

n. 반구

The average temperature of the southern **hemisphere** is minus 60 degrees Celsius.
남반구의 평균기온은 섭씨 영하 60도이다.

## □ icon
[áikɑn]

n. 상징, 기호, 아이콘

I could not open an application by selecting an **icon** and double-clicking.
나는 아이콘을 선택해서 더블클릭 하는 것으로 응용 프로그램을 열 수 없었다.

Until his death last November, environmental **icon** David Brower provided an annual message of hope.
지난 11월 그가 사망할 때까지 환경과 관련된 상징이었던 David Brower는 매년 희망의 메시지를 주었다.

## □ identity
[aidéntəti]

n. 정체성, 동질성

She was afraid that she would lose her **identity** after marriage.
그녀는 결혼 후에 그녀의 정체성을 잃어버릴까봐 두려워했다.

## □ inconsistency  n. 모순, 불일치
[ìnkənsístənsi]

The **inconsistency** of the team on defense has lost them three games.
수비에서 그 팀의 불일치 때문에 그들은 세 경기에서 졌다.

## □ intrigued
[intrí:g]

adj. 흥미 있는

I was **intrigued** to find that she spoke French.
나는 그녀가 프랑스어를 말하는 것을 보고 흥미로웠다.

## □ introverted
[íntrəvə̀:rt]

adj. 내성적인

Pan is just too **introverted** to be a good manager.
Pan은 훌륭한 경영자가 되기에는 지나치게 내성적이다.

## □ irony
[áirəni]

n. 반어

It is **irony** that some of the poorest countries have the richest natural resources.
가장 빈곤한 국가들 중 몇몇이 가장 풍부한 천연자원을 가지고 있다는 것은 역설적이다.

## □ literacy

[lítərəsi]

n. 읽고 쓰는 능력

We found no **literacy** gap in home-schooled boys and girls.
우리는 홈스쿨 교육을 받은 아이들에게서 어떠한 읽고 쓰는 능력의 차이를 발견하지 못했다.

## □ literal

[lítərəl]

adj. 문자 그대로의

One could misunderstand a trade war as a war in the **literal** sense.
혹자는 무역전쟁을 문자 그대로 전쟁으로 오해할 수도 있다.

## □ literature

[lítərətʃər]

n. 문학, 문헌

We want students who would major in Renaissance **literature**.
우리는 르네상스 문학을 전공으로 공부할 학생을 원한다.

## □ lyric

[lírik]

n. 서정시

Wordsworth is known to be one of the greatest **lyric** poets among the contemporaries.
워즈워스는 동시대 작가들 사이에서 가장 뛰어난 서정 시인 중 한 명이라고 알려져 있다.

## □ metaphor

[métəfɔ̀ːr]

n. 은유

I like this poem since the whole part is a **metaphor**.
나는 이 시 전체가 은유이기 때문에 좋아한다.

## □ norm

[nɔːrm]

n. (행동의) 기준, 규범

Peer evaluation within the teams has become the **norm**.
팀 내 동료 평가가 일반적이 되어가고 있다.

## ☐ paradox
[pǽrədàks]

n. 역설

I suggest another **paradox** in war.
전쟁의 또 다른 역설을 제시해 보겠습니다.

## ☐ portrait
[pɔ́:rtrit]

n. 초상화, 인물화

I found myself staring at the **portrait** on the wall.
나는 내가 벽에 걸린 초상화를 응시하고 있다는 것을 발견했다.

## ☐ prose
[próuz]

n. 산문

There is not a great deal of readable **prose** in the field.
이 분야에서 읽을 만한 산문이 많이 없다.

## ☐ protagonist
[prou*t*ǽgənist]

n. 주인공

The **protagonist** is a 22-year-old youth but still in high school.
주인공은 22살이지만 아직 고등학생이다.

## ☐ resistance
[rizístəns]

n. 반감

At the same time he was capable of strong **resistance** to conform to the rule.
동시에 그는 법규에 순응하는 것에 대한 강한 반감을 드러낼 수 있었다.

## ☐ satire
[sǽtaiər]

n. 풍자

One genre people mostly ignores is **satire** and humor.
대부분 사람들이 무시했던 한 장르가 풍자와 유머이다.

## ☐ self-fulfillment  n. 자기 실현
[sélffulfílmənt]

Parents usually play a major part in the development of child's **self-fulfillment**.
부모들은 보통 자녀들이 자기 실현을 계발하는 데 중요한 역할을 한다.

## ☐ simile
[síməlì:]

n. 직유

They are expressed in **similes**, metaphors and plots.
그것들은 직유, 은유 그리고 줄거리로 표현되었다.

## ☐ stereotype
[stériətàip]

n. 고정관념

We need to get rid of **stereotyped** images of women in children's books.
우리는 아이들의 책에서 정형화된 여성의 이미지를 버릴 필요가 있다.

## ☐ stimulus
[stímjələs]

n. 자극

The surge in new housing construction would provide a **stimulus** to the economy.
새 주택 건설의 급증은 경제에 자극을 줄 것이다.

## ☐ tragedy
[trǽdʒədi]

n. 비극

Investigators still do not know what caused the **tragedy**, which killed all passengers on board.
탐사관들은 무엇이 탑승객 전원을 사망시킨 비극을 초래했는지 아직 알지 못한다.

## ☐ verse
[vəːrs]

n. 운문

Most of the play is written in **verse**, but some are in prose.
대부분의 희곡은 운문으로 쓰여지지만 몇 개의 경우 산문으로 쓰여진다.

# Testing Ground

**01.** _____ is a disease which occurs due to damage in parts of the brain that are responsible for language and speech functions.

(a) Amnesia          (b) Aphasia          (c) Anemia

**02.** The family of a girl who died of carbon monoxide poisoning is doing everything they can to spread _____ of this deadly gas.

(a) effect          (b) awareness          (c) advantage

**03.** Not interested in father's professional life, the author wanted to look at her parents just as "human beings" in her _____ .

(a) novel          (b) biography          (c) sci-fi

**04.** Any films that are shown here have to pass government _____ to be released.

(a) fellowship          (b) hardship          (c) censorship

**05.** The police are still trying to determine the _____ of a body found near the street at the weekend.

(a) entity          (b) license          (c) identity

**06.** This program is an early _____ program that uses stories, music and nursery rhymes to help babies learn the language faster.

(a) literacy          (b) recreation          (c) outdoor

**07.** The artist was best known for painting _____ rather than landscapes, which is completely unknown until recently.

(a) depiction          (b) portraits          (c) descriptions

**08.** One way to prevent cold and flu is by having good health habits to maintain your body's _____ to infection.

(a) restriction　　　　(b) reservation　　　　(c) resistance

**09.** Books provide children with a _____ to think about the activities they are taking part in.

(a) stimuli　　　　(b) stipulation　　　　(c) stimulus

**10.** In Aristotle's Poetics, _____ is a form of drama exciting the emotions of pity and fear.

(a) tragedy　　　　(b) tradition　　　　(c) treaty

---

01. 실어증은 언어와 말하기 기능들에 영향이 있는 뇌의 부분들의 손상으로 인해 발생하는 질병이다.
02. 일산화탄소 중독으로 숨진 한 소녀의 가족들은 이 치명적인 가스에 대한 인식을 퍼뜨리기 위해 할 수 있는 모든 것을 하고 있다.
03. 아버지의 직업적인 삶에 관심이 없었던 그 작가는 그녀의 전기에서 자신의 부모를 단지 '인간'으로 봐 주기를 원한다.
04. 여기서 보여 지는 모든 영화는 개봉되기 위해서 정부 검열을 통과해야만 한다.
05. 경찰은 주말에 도로변에서 발견된 시체의 신원을 알아내기 위해 아직 애쓰고 있다.
06. 이 프로그램은 초기 읽기 쓰기 프로그램으로 아기들이 언어를 더 빨리 습득하도록 도움을 주기 위해 이야기들과 음악, 그리고 동요를 이용한다.
07. 그 화가는 풍경화보다는 초상화를 그리는 것으로 유명했는데, 이 사실은 최근까지 철저히 몰랐던 것이다.
08. 감기나 독감을 예방하는 한 가지 방법은 감염에 대한 신체 저항성을 유지하는 좋은 건강 습관들을 가짐으로써 이루어질 수 있다.
09. 책은 아이들에게 그들이 참여하고 있는 활동에 대해 생각을 하도록 자극을 준다.
10. 아리스토텔레스의 시편에서, 비극은 연민과 공포의 감정을 자극시키는 드라마의 한 형태이다.

answer　01. (b)　02. (b)　03. (b)　04. (c)　05. (c)　06. (a)　07. (b)　08. (c)　09. (c)　10. (a)

1. 전화 요금이 너무 터무니없이 많이 나왔어요.
This phone bill is outrageous.

2. 글쎄요, 교통량에 달렸지요.
Well, it depends on the traffic.

3. 어떤 방을 원하시죠?
What kind of room would you like?

4. 오늘 안건이 뭐죠?
What's on the agenda for today's meeting?

5. 앞으로 두고 볼 일이다[두고 보면 안다].
It remains to be seen.

6. 다행이다.
It's a good thing.

7. 이렇게 간단해, 그게 다야.
It's as simple as that.

· **take on** (일 따위)를 떠맡다, 채용하다
We are planning to take on 20 more employees this year.
우리는 올해 20명의 직원을 더 채용할 계획이다.

· **touch on** ~에 대한 간단히 말[언급]하다
The study touches on the cause and effect of depression.
그 연구는 우울증의 원인과 결과에 대해 간단히 언급한다.

· **get in touch with** ~와 연락[접촉]하다
After argument, he tried to get in touch with his girl friend.
다툰 후에, 그는 그의 여자 친구와 연락을 하려 노력했다.

· **come a long way(= breakthrough)** 크게 발전하다
By working with my present boss, I feel that I've come a long way.
지금 현 상사와 일하면서, 나는 크게 발전했다고 느낀다.

· **abstain from(= refrain from)** ~을 삼가다
You ought to abstain from smoking in the hospital.
병원에서는 금연해야 한다.

· **work out** (문제를) 풀다, 풀리다
Usually I work out regularly, but today I feel so tired that I'd better skip it.
보통 나는 규칙적으로 운동을 하는데, 오늘은 너무 피곤해서 쉬는 것이 낫겠다.

· **rule out(= exclude)** 제외하다
He refused to rule out the possibility of murder.
그는 타살의 가능성을 배제하기를 거부했다.

· **indulge in** ~에 빠지다, ~에 탐닉하다
We are short on time to indulge in shopping.
쇼핑을 즐기기에는 시간이 너무 촉박하다.

## ☐ ace
[éis]

v. 일등하다

I **aced** the History test.
나는 역사 시험에서 일등했다.

**ace in the hole** 비장의 무기

## ☐ aesthetic
[esθétik]

n. 미적 특징  adj. 심미적인

Another popular **aesthetic** of the tribe is pottery.
그 부족의 또 다른 유명한 미적 특징은 도자기이다.

The town council will discuss plans for **aesthetic** improvements around the city park.
그 시 의회는 공원 주변의 미적인 발전을 위한 계획을 토의할 예정이다.

## ☐ affable
[ǽfəbəl]

adj. 상냥한, 붙임성 있는

She married an **affable**, middle-aged businessman yesterday.
그녀는 어제 상냥하고 중년인 사업가와 결혼했다.

## ☐ alumni
[əlʌ́mnai]

n. 졸업생, 동창

Seek private sector and **alumni** support to increase scholarship funds.
장학기금을 증가시키기 위해서 민간 부문과 동창을 물색해 보십시오.

## ☐ application form  입학원서

I filled in the **application form** and sent it off.
나는 입학원서를 작성해서 보냈다.

## ☐ banquet
[bǽŋkwit]

n. 연회, 만찬

A huge **banquet** was planned to celebrate new year.
새해를 축하하기 위해 거대한 연회가 계획되었다.

**luncheon** 오찬  **feast** 축제, 연회  **delicacy** 섬세함, 정교함, 맛있는 음식

## ☐ cheating
[tʃíːtiŋ]

n. 부정행위

Studies indicate around 25 percent of college students **cheat** in the test.
연구가 나타내는 바에 의하면 약 25퍼센트의 대학생들이 시험에서 부정행위를 한다고 한다.
**cheat on sb** 바람 피우다

---

## ☐ coeducation
[kòuedʒukéiʃən]

n. 남녀공학

Our college is a **coeducational** school for students in their teens.
우리학교는 10대 학생들을 위한 남녀공학이다.

---

## ☐ commencement
[kəménsmənt]

n. 졸업식

Efforts will continue to find a suitable person before the **commencement** of next term.
다음 학기 졸업식 전에 적당한 사람을 찾는 노력은 계속될 것이다.

---

## ☐ confide
[kənfáid]

v. 얘기하다, 털어놓다

She had **confided** she was in love with someone else, but he would not believe her.
그녀는 다른 어떤 이와 사랑에 빠졌다고 털어놓았고, 그는 그녀의 말을 믿으려 하지 않았다.

---

## ☐ contribution
[kàntrəbjúːʃən]

n. 기부, 기여

Paul also received no **contribution** from the organization.
Paul은 또한 그 단체로부터 어떤 기부도 받지 않았다.

---

## ☐ cram for the test  ~를 벼락치기하다

I have to **cram for** my physics **test** tomorrow.
나는 내일 있을 물리 시험을 벼락치기 공부해야 한다.

## □ credit
[krédit]

n. 학점

I have to take 7 courses this semester to satisfy enough **credit** for graduation.
나는 졸업을 하기에 충분한 학점을 충족시키기 위해서 이번 학기에 7과목을 수강해야 한다.

## □ curriculum
[kəríkjələm]

n. 교육과정

We made the **curriculum** by choosing things the kids are likely to be interested in.
우리는 아이들이 흥미로워할 만한 것들을 골라 교육과정을 만들었다.

## □ dean
[di:n]

n. 학장

Some time later, he was forced to step down as **dean** of the dental department at the college.
얼마 후, 그는 치의대 학장에서 물러나야만 했다.

## □ degree
[digrí:]

n. 학위

His dream is to get a **degree** in computer science and then get a high-paying job.
그의 꿈은 컴퓨터 공학에서 학위를 따고 고소득 직장을 얻는 것이다.

bachelor's degree 학사   master's degree 석사학위

## □ diploma
[diplóumə]

n. 졸업장

Anyone with a high school **diploma** is entitled to enroll in the course.
고등학교 졸업장이 있는 사람이면 누구나 이 과목을 수강할 자격이 주어진다.

## □ discipline
[dísəplin]

n. 훈육, 교육

**Disciplines** such as yoga improve both mental and physical fitness.
요가와 같은 훈련은 정신적이고 육체적인 건강 모두 증진시킨다.

## dissertation
[dìsərtéiʃən]

n. 박사학위 논문

As I cannot decide on the topic of my **dissertation**, the professor gave a piece of advice.
내가 박사학위 논문의 주제에 관해서 결정하지 못하고 있자, 교수님이 조언을 해 주셨다.

## doctorate
[dáktərit]

n. 박사학위

She needs to get down to serious thought about her **doctorate**.
그녀의 박사학위에 대해서 심각하게 생각하기 시작할 필요가 있다.

## donate
[dóuneit]

v. 기부하다

He suggested they **donate** five percentage of their revenue to the cause.
그는 그들의 수입 중 5퍼센트를 그 조직에 기부하자고 제안했다.
donation n. 기부

## drop-out

중퇴자, 낙제(생)

More than half of the prisoners are high-school **dropouts**.
그 수감자의 절반 이상이 고등학교 중퇴자이다.

## elective course 선택과목

I don't have specific plan what **elective course** to take.
나는 어떤 선택과목을 들을지 구체적인 계획이 없다.

## enrollment
[enróulment]

n. 등록, 입학

It is encouraged that students are actively involved prior to **enrollment**.
등록에 앞서 학생들이 적극적으로 참여하는 것이 장려된다.

## ☐ field trip

수학여행, 견학

Teachers have a specific plan for a **field trip** to a factory.
선생님들은 공장으로 갈 견학에 대해 구체적인 계획을 가지고 있다.

## ☐ flunk out

낙제하다

If you are not able to pass and get your degree, you'll **flunk out**.
시험에 통과하여 학위를 딸 수 없다면, 당신은 낙제할 것입니다.

## ☐ foster
[fɔ́(ː)stər]

v. 발전시키다, 양육하다

These classroom activities are intended to **foster** children's language skills.
이 교실 활동들은 아이들의 언어기술을 발전시키기 위해 의도되었다.

## ☐ gathering
[gǽðəriŋ]

n. 모임

The students in this class had so intimate relationship that they set up fifty **gatherings** a year!
이 반의 학생들이 워낙 사이가 좋아서 일 년에 모임을 50회나 만들었다.

## ☐ grade
[greid]

n. 성적, 학년

With all my efforts, I got a very low **grade** which makes me disappointed.
최선을 다했지만, 낮은 점수를 받았고, 이 사실은 나를 실망시켰다.

## ☐ illiterate
[ilítərət]

adj. 문맹의

I've always been proud of my father even though he is an **illiterate** farm worker.
우리 아버지는 문맹인 농부이지만, 나는 항상 아버지를 자랑스럽게 생각했다.

## infrastructure n. 기반시설
[ínfrəstrʌ̀ktʃər]

There is no doubt that we need more **infrastructure**.
우리가 더 많은 기반 시설이 필요하다는 사실은 의심의 여지가 없다.

## mingle v. 섞다, 어울리다
[míŋgəl]

The smell of the sea **mingled** with the faint scent of the grass.
바다 냄새가 희미한 풀 내음과 잘 어울렸다.

## outreach n. 봉사 활동, 자원 활동
[àutríːtʃ]

We thought this was a good beginning as **outreach** program.
우리는 이것이 봉사 활동 프로그램으로서 좋은 출발이라 생각했다.

## pledge v. 약속하다 n. 서약, 맹세
[pléʤ]

Many stars have **pledged** to support the campaign to save the rainforests.
많은 스타들이 열대우림을 지키기 위한 캠페인을 지지할 것을 약속했다.

We have received **pledges** of help from various organizations.
우리는 다양한 기관들로부터 도움의 서약을 받아 왔다.

## postgraduate n. 대학원생
[póustgrǽʤuit]

Some 450 students, mainly **postgraduates**, were overseas students.
450명 정도의 학생들은 주로 대학원생이었고 외국 학생들이었다.

## prerequisite n. 선수 과목, 전제 조건
[priːrékwəzit]

At one time, physical presence was a **prerequisite** for first-hand experience.
한때 실제로 거주하는 것이 직접경험의 전제 조건이었다.

## prevalent
[prévələnt]

adj. 일반적인, 널리 퍼진

It is well known that crime is more **prevalent** in big cities.
대도시에서 범죄가 더 일반적이라는 사실은 잘 알려져 있다.

## required subject  필수과목(=compulsory)

I have two courses to take as **required subject** in this term.
이번 학기에 필수과목으로 들어야 할 것이 두 과목이 있다.

## scholarship
[skάlərʃìp]

n. 장학금(= fellowship)

I attended the university where I wanted to go on an athletic **scholarship**.
나는 가고 싶었던 대학을 운동 장학생으로 다녔다.

## secular
[sékjələr]

adj. 세속적인

Religious laws were abolished, and a **secular** system of that introduced.
종교법이 폐지되었고, 세속적 법률 시스템을 갖춘 법이 소개되었다.

## semester
[siméstər]

n. 한 학기

Students tend to take a sequence of two or three specialized courses together each **semester**.
학생들은 한 학기마다 연속되는 두세 개의 전공과목들을 같이 수강하는 경향이 있다.

## suspend
[səspénd]

v. 정학시키다, 정직시키다

A couple of police officers have been **suspended** for accepting bribes.
두세 명의 경찰관들이 뇌물 수수 혐의로 정직 당했다.

## ☐ tardy
[tá:*r*di]

adj. 늦은

I apologize for our **tardy** response to your letter.
당신의 편지에 답변이 늦어 죄송합니다.

## ☐ thesis
[θí:sis]

n. (석사학위) 논문

You might end up starting on another project with a new **thesis** adviser.
당신은 새로운 논문 지도자와 함께 다른 프로젝트를 시작하게 되는 것으로 결론이 날 수도 있습니다.

## ☐ tranquil
[trǽŋkwil]

adj. 고요한, 평온한

For a few weeks, the atmosphere on the road was almost **tranquil**.
몇 주간, 도로 위의 분위기가 거의 평온했다.

## ☐ undergraduate
[ʌ̀ndərgrǽdʒuit]

n. 대학생, 학부생

They met when they were **undergraduates** at Harvard.
그들은 하버드에서 대학생이었을 때 만났다.

## ☐ vicinity
[visínəti]

n. 근처, 부근

The traders in the **vicinity** eavesdropped.
근처에 있는 그 무역상이 엿들었다.

in the vicinity of sth ~의 가까이에

# Testing Ground

**01.** Increased interest in _____ plastic surgery has resulted from reality TV.

    (a) aesthetic        (b) estimated        (c) artful

**02.** Which actor is consistently among Hollywood's most loved for his charming, _____ attitude?

    (a) affective        (b) effective        (c) affable

**03.** Caught by _____ during the Spanish exam, Eblin was suspended from the school.

    (a) chatting        (b) cheating        (c) checking

**04.** Undergraduate students must carry 12 or more _____ during this semester.

    (a) credit        (b) benefit        (c) audit

**05.** The candidate has not yet completed the _____, so he is not eligible for election.

    (a) degree        (b) decree        (c) grade

**06.** Mary's Catholic School will close in June, mainly because of declining _____.

    (a) enlightenment        (b) enrollment        (c) engagement

**07.** Perry also spends time doing _____ work for homeless people.

    (a) outreach        (b) outstanding        (c) outgoing

**08.** Before taking the course, be sure to have completed _____ to the program.

(a) mandatories      (b) preparations      (c) prerequisites

**09.** So many people seem to be _____, ideal couples and then one day we hear they're divorced.

(a) secluded      (b) tranquil      (c) solitary

**10.** As there is no fire station in the _____, victims suffer from a huge loss.

(a) vicinity      (b) distance      (c) space

---

**01.** 리얼리티 TV로 인해 미용 성형수술의 관심이 증가했다.

**02.** 할리우드의 가장 사랑 받는 배우 중에서 매력적이고 상냥한 태도로 계속해서 사랑을 받고 있는 배우가 누굴까요?

**03.** 스페인어 시험 시간에 부정행위를 하다 붙잡힌 Eblin은 학교에서 정학 당했다.

**04.** 학부생들은 반드시 이번 학기 중에 12점 이상 학년 학점을 이수해야 한다.

**05.** 그 후보자는 아직 학위를 마치지 못해서 선거에 자격 조건이 없다.

**06.** 메리 가톨릭 학교는 입학의 감소 때문에 6월에 닫을 예정이다.

**07.** Perry는 또한 노숙자들을 위해 봉사 활동으로 시간을 보낸다.

**08.** 과목 신청하기 전에, 그 과목에 대한 선수과목들을 확실히 마쳐야 합니다.

**09.** 많은 사람들이 평온하고 이상적인 커플 같아 보이지만, 어느 날 우리는 그들이 이혼했다는 소식을 듣는다.

**10.** 근처에 소방서가 없었기 때문에, 피해자들은 큰 손실로 고통 받았다.

answer   01. (a)   02. (c)   03. (b)   04. (a)   05. (a)   06. (b)   07. (a)   08. (c)   09. (b)   10. (a)

# Expression for **TEPS VOCA**

1. 서둘러!
   Shake a leg!

2. 친구 좋다는 게 뭐야!
   That's what friends are for!

3. 시기가 무르익었다[때가 되었다].
   The time is ripe.

4. 아무것도 아니다[매우 쉽다].
   There's nothing to it.

5. 신경 쓰지 마, 괜찮아.
   Think nothing of it.

6. 수용할 수 있다.
   I can live with that.

7. 전적으로 지지한다[대찬성이다].
   I'm all for that.

8. 너 외출 금지다.
   You're grounded.

· **correspond with** 일치하다, ~와 편지를 나누다
What he just said did not correspond with his behavior.
그가 방금 한 말은 그의 행동과 일치하지 않았다.

· **break into** ~에 침입하다
Last night, someone broke into my house and stole money all I'd got.
지난밤, 누군가 내 집에 침입해서 가진 모든 돈을 훔쳐 갔다.

· **pick up** 차로 마중 나가다, 도중에서 태우다
Do you want me to come back and pick you up?
제가 돌아와서 태우고 가길 원하세요?

· **cannot ~ too** 아무리 ~해도 지나치지 않다
You cannot be too cautious when driving a car.
당신이 차를 운전할 때는 아무리 주의해도 지나치지 않다.

· **stand someone up** 바람맞히다
He was so late, which made me think that he stood me up.
그는 너무 늦었고, 이 때문에 나는 그가 날 바람맞혔다고 생각하게 되었다.

· **have a chance to** ~할 기회를 갖다
These days, I'm tied up with work that do not have a chance to go to a theater.
요즘, 나는 일이 너무 많아서 극장에 갈 기회가 없다.

· **put someone through(= connect)** 전화를 연결해 주다
When I call him, a stranger answers that she will put me through him right away.
내가 그에게 전화하면 낯선 여자가 그에게 바로 전화를 연결해 주겠다고 대답한다.

· **hit the road** 출발하다
If all things are to be ready, let's hit the road!
준비 다 됐으면, 출발하자!

# Part

# 02

# Mini Actual Test
# 3 set

---

**Part 1_ Questions 1-13**

**Choose the best answer for the blank.**

---

**1.** A: Do you happen to know how to operate this smart phone?

B: I'm afraid I'm all _____ when it comes to handling electronic devices.

(a) thumbs

(b) on the tip of my tongue

(c) ears

(d) goes in one ear and out the other


**2.** A: Do you carry smoke alarms?

B: Sorry, we're out of _____ now. They will come in tomorrow.

(a) order

(b) question

(c) mind

(d) stock


**3.** A: Mom, can I go out in this old shirt?

B: It's out of _____. It's too dirty.

(a) the blue

(b) the question

(c) sorts

(d) this world

**4.** A: I'd like to book a room for this weekend.

B: Sorry, we're all _____ .

(a) booked up

(b) come up

(c) up against

(d) hooked up


**5.** A: I think we'd better buy a printer in this office.

B: I couldn't agree with you more. It's time we _____ in for one?

(a) broke

(b) chipped

(c) gave

(d) turn


**6.** A: Do you think our candidate will win this coming election?

B: Well, the chance is very _____ .

(a) odd

(b) rare

(c) slender

(d) slim


**7.** A: What do you do to _____ after work?

B: I just try breathing exercise, stretching, and meditation.

(a) unwind

(b) emulate

(c) alleviate

(d) assume

**8.** A: I wonder if he could help us with this project?

B: _____ chance! You'd better ask somebody else for help.

(a) Good

(b) By

(c) Slim

(d) Fat


**9.** A: How do you like my essay?

B: From my perspective, it's good save for some _____.

(a) typos

(b) blunders

(c) proofreading

(d) slip


**10.** A: While you're staying in New York, what do you do for a living?

B: I'm afraid I haven't _____ that out yet.

(a) worked

(b) screened

(c) watched

(d) filled


**11.** A: Do you think this sound forge program work on my Mac computer?

B: Don't worry! It's _____ with both a Window PC and a Mac.

(a) reasonable

(b) consonant

(c) incompatible

(d) compatible

**12.** A: How did you like your new supervisor?

B: He's real professional. He does all things by the _____.

(a) week

(b) book

(c) dozen

(d) time


**13.** A: Why don't you come over my place for dinner tonight?

B: Maybe next. I'm too _____ today.

(a) hooked up

(b) fed up

(c) tied up

(d) looked up


> **Part 2_ Questions 14-25**
> **Choose the best answer for the blank.**


**14.** Two-thirds of the soldiers have _____ AIDS while in Zimbabwe and were taken to a neighboring hospital.

(a) contracted

(b) captured

(c) contacted

(d) affirmed


**15.** A comprehensive research was _____ on the effectiveness of discipline on students' behaviors.

(a) found

(b) taken

(c) conducted

(d) come

**16.** The immune _____, which is made up of special cells, proteins, tissues, and organs, defends people against germs and microorganisms every day.

(a) section
(b) system
(c) category
(d) process

**17.** It was actually Andrew, not Cathy, that _____ the news to us last month.

(a) broke
(b) blew
(c) informed
(d) reminded

**18.** In general, many people became so _____ with age that they couldn't keep their job any more.

(a) stout
(b) exquisite
(c) wholesome
(d) infirm

**19.** The early _____ lived in Australia until the seventeen century when European settlers reached the land.

(a) dwellers
(b) inhabitants
(c) aborigines
(d) dermatologists

**20.** As a third daughter in the family, I always had to wear my sister's
_____.

(a) hand-me-downs
(b) off the record
(c) markdowns
(d) starter kits

**21.** Fortunately, tests on all 50 people suspected of suffering the illness
turned out _____.

(a) negative
(b) ambidextrous
(c) pessimistic
(d) ambivalent

**22.** The accident left the old driver in so _____ condition that
she was taken to central hospital.

(a) critical
(b) outstanding
(c) terrific
(d) endangered

**23.** In almost most countries it is _____ for drivers to buckle up
their seatbelts while driving.

(a) introverted
(b) unequivocal
(c) mandatory
(d) voluntary

**24.** The legal issue is so _____ that many critics say it will influence the outcome of the election.

(a) unanimous
(b) controversial
(c) tentative
(d) opinionated

**25.** The man who helped the poor wanted to remain _____; he did not want what he did publicized.

(a) acclaimed
(b) astounded
(c) anonymous
(d) vernacular

Part 1_ Questions 1-13
Choose the best answer for the blank.

1. A: I'm really sick and tired of working night _____.
   B: So am I. but we are paid extra dollars.
   (a) turn
   (b) shift
   (c) lift
   (d) ride

2. A: I have a hunch that things won't go as planned.
   B: Look at the bright side. You can _____ the deadline.
   (a) meet
   (b) come
   (c) put
   (d) take

3. A: Could you come to my housewarming party this weekend?
   B: Of course, I wouldn't miss it _____.
   (a) for the world
   (b) out of this world
   (c) on earth
   (d) out of the question

**4.** A: Is it possible for us to _____ earlier tonight?
B: Hang in there! We're almost getting there.

(a) wrap up
(b) come up
(c) pull over
(d) turn down

**5.** A: I hope that my daughter will _____ well to her new school.
B: Don't worry about it. Maybe her new classmates will treat her well.

(a) ground
(b) adjust
(c) stun
(d) flee

**6.** A: I was surprised to hear what the boss said to you at the meeting this morning.
B: Yes. I can't _____ this treatment any more.

(a) get away with
(b) do away with
(c) put up with
(d) come up with

**7.** A: I don't know whether I can get the homework done in time.
B: _____, things seems much more complex than they actually are. Once you take up it, it will take less than you thought.

(a) At your disposal
(b) At random
(c) At first glance
(d) At stake

**8.** A: When do you expect the couch we ordered the other night to arrive?

    B: They're going to _____ it by this weekend.

    (a) deliver

    (b) forward

    (c) dispatch

    (d) incur


**9.** A: That class I took yesterday was so boring.

    B: Welcome to the club. It _____ me to sleep.

    (a) pointed

    (b) acclaimed

    (c) elected

    (d) put


**10.** A: The shirt in this shop is way too expensive for me.

    B: Yes, the prices are _____ .

    (a) outrageous

    (b) inexpensive

    (c) reasonable

    (d) exclusive


**11.** A: There's a new Italian restaurant that opened around the corner.

    B: I heard about it. Let's _____ this coming Friday.

    (a) drop by

    (b) turn in

    (c) show up

    (d) get by

**12.** A: How dare you stand me up like this?

B: I am really sorry. Give me a break. Something urgent
_____ on my way.

(a) brought about

(b) came up

(c) filled out

(d) took up

**13.** A: Could you _____ in for me while I am out.

B: Why not? I will cover for you until you are back.

(a) make

(b) chip

(c) give

(d) fill

Part 2_ Questions 14-25
Choose the best answer for the blank.

**14.** The Obama administration issued new guidelines for educators on
how to _____ the problem of bullying and harassment in
schools.

(a) reprimand

(b) allocate

(c) address

(d) advocate

**15.** The public servant is suspected of _____ government funds over the past two decades.

(a) appropriating

(b) advocating

(c) conceding

(d) convincing

**16.** In the United States, public school teachers are given considerable _____ to teach their students in classroom.

(a) autonomy

(b) autopsy

(c) authority

(d) regression

**17.** For the first time this year, a _____ commission has proposed resolving long-term US budget deficits at the expense of the working class.

(a) breakthrough

(b) bipartisan

(c) bureaucracy

(d) landslide

**18.** In terms of socio-economic status, doctors have considerably more political _____ than teachers.

(a) clout

(b) chamber

(c) coalition

(d) transparency

**19.** Most nutritional experts note that there is little _____ on the ideal level of antioxidants.

(a) consensus
(b) constituent
(c) deputy
(d) deprivation

**20.** In the United States, under federal law, it is illegal to _____ against minorities and women.

(a) enforce
(b) discriminate
(c) distinguish
(d) discern

**21.** In India, the caste system categorized someone whose religion is Hinduism into a social _____.

(a) hierarchy
(b) nomination
(c) rally
(d) literacy

**22.** With divorce rate increasing, the Irish people voted 'no' in a national _____ on divorce in 1986.

(a) referendum
(b) segregation
(c) regime
(d) brevity

438 |

**23.** In Korea, parents have been _____ in supporting the after-school program.

    (a) suffrage

    (b) staunch

    (c) unanimous

    (d) anonymous

**24.** The firm has made reasonable efforts to _____ employees' requests for transfers.

    (a) declare

    (b) accommodate

    (c) ascend

    (d) confiscate

**25.** Most ski resorts offer every _____ for shopping during the day, and a choice of clubs, discos and casinos at night.

    (a) amenity

    (b) landmark

    (c) souvenir

    (d) casualty

**Part 1_ Questions 1-13**
**Choose the best answer for the blank.**

---

1.  A: How's Andrew going?
    B: He's fine. But, nowadays he's _____ on gambling.

    (a) hooked
    (b) dropped
    (c) booked
    (d) introverted

2.  A: I thought you majored in history this semester.
    B: I was. But my parents _____ me out of it.

    (a) spoke
    (b) talked
    (c) said
    (d) told

3.  A: What can I do for you?
    B: Could you _____ this ten dollar bill, please?

    (a) break
    (b) give
    (c) lend
    (d) count

**4.** A: How can you stay in shape?

B: I don't know why. Maybe it just _____ in the family.

(a) does

(b) comes

(c) puts

(d) runs

**5.** A: I'll treat you this time.

B: Thanks. I'll _____ the tab next time.

(a) pick up

(b) lend

(c) owe

(d) evade

**6.** A: Do you know when Susie will arrive so that we can pick her up at the airport?

B: Give me a second. I will check her _____.

(a) matter

(b) tourist attractions

(c) implication

(d) itinerary

**7.** A: Do you remember Cathy's new roommate' name?

B: It's on the tip of my _____.

(a) tongue

(b) finger

(c) shoulder

(d) eye

**8.** A: How come your computer didn't work properly?

B: I don't know why. I followed the instructions _____.

(a) by the book

(b) to the letter

(c) by that name

(d) by chance

**9.** A: What are you up to now?

B: I am learning the _____ at my new workplace.

(a) lines

(b) ropes

(c) heart

(d) fiasco

**10.** A: Why don't you take a _____ now?

B: I will get some rest when this work is done.

(a) stance

(b) walk

(c) nap

(d) break

**11.** A: Why didn't you call me last night?

B: I did. But when I made a call, the line was _____.

(a) heavy

(b) for

(c) against

(d) busy

**12.** A: The Economics 103 isn't easy to follow.

B: To be honest, it was over my _____.

(a) head

(b) ear

(c) mind

(d) complicated


**13.** A: I am really sorry to hear that your grandmother passed away. Please accept my deepest _____.

B: Thanks for concerning me. I will be okay in time.

(a) breakthrough

(b) condolences

(c) accommodation

(d) regret


---

**Part 2_ Questions 14-25**

**Choose the best answer for the blank.**

---

**14.** Given the recent major political crisis, a gloomy economic _____ in Western Europe is only natural.

(a) outlook

(b) scenery

(c) compartment

(d) viewpoint

**15.** Since we didn't want to get caught in rush-hour traffic, we took a _____ to avoid the town center.

(a) detour

(b) overhaul

(c) transit

(d) quagmire

**16.** The new mayor promised to improve _____ so that more people can use mass transportation during their commute.

(a) sewage treatment

(b) aviation

(c) mass transit

(d) complication

**17.** Investigators are searching _____ for clues as to why the transport plane crashed.

(a) the wreck

(b) the vessel

(c) the vehicle

(d) the remains

**18.** Many studies show that diabetes appears to _____ in families.

(a) run

(b) turn

(c) come

(d) put

**19.** Kendall doesn't mind _____ on the train as long as he has a good book to read.

(a) telecommuting
(b) commuting
(c) communing
(d) consonant

**20.** Modern people can access their homepage _____ the Internet at home.

(a) without
(b) via
(c) for
(d) regardless of

**21.** Condolences may be sent to the family through the _____ page at the Internet site www.reedfuneralchapel.com.

(a) obituary
(b) arbitrary
(c) manuscript
(d) dissertation

**22.** The museum sends _____ porcelain objects to specialists to be restored.

(a) fragile
(b) viable
(c) intact
(d) versatile

**23.** All _____ and most books more than ten years old are to be sent to the same special departments in order to preserve those valuable collections.

(a) periodicals

(b) circulation

(c) chronic

(d) plots


**24.** Forecasts of economic growth are being _____ by some experts to reflect the perceived changes.

(a) devised

(b) convinced

(c) revised

(d) recollected


**25.** The science fiction movie is supposed to be _____ next week.

(a) starred

(b) released

(c) discharged

(d) subscribe

# Part 1_

**1. (a)**

A: 혹시 이 스마트 폰 어떻게 사용하는지 알고 있니?

B: 유감스럽게도 전자 기계를 다루는 데 나는 재주가 없어.

해설 | '~에 손재주가 없다'는 의미의 I'm all thumbs.을 묻는 문제이다. 따라서 정답은 (a)이다.

on the tip of my tongue는 혀끝에 맴도는 정도의 의미로 무언가가 기억이 날 듯 말 듯 명확히 생각나지 않을 때 사용하는 중요한 표현이다. I'm all ears. 매우 경청하다. goes in one ear and out the other 는 '금방 잊혀 지다'는 의미로 사용된다.

Do you happen to know 혹시 ~알고 계세요? device 장치 operate 작동하다, 운영하다, 수술하다 when it comes to ~에 관해서라면

tip_ slip one's mind '~을 깜박 잊어버리다'라는 의미이므로 같이 기억해 두자.

**2. (d)**

A: 화재경보기 취급하시나요?

B: 미안합니다, 지금 재고가 없네요. 내일 입고됩니다.

해설 | out of stock 재고가 없는(= unavailable), in stock 재고가 있는(= available). 따라서 정답은 (d)이다.

carry 취급하다 carry out 수행하다 out of order(= break down) 고장 난 in order 질서 정연한 place an order 주문하다 out of one's mind(= beside oneself, insane) 제 정신이 아닌 out of question(= without question, beyond question) 틀림없는, 확실한 out of the question(= impossible) 불가능한

tip_ Does this come in black? 이 물건이 검정색으로도 들어오나요?

**3. (b)**

A: 엄마 이 오래된 셔츠 입고 나가도 되나요?

B: 말도 안 돼, 너무 더럽잖아.

해설 | out of the question(= impossible) 불가능힌. 띠리서 정답은 (b)이다.

out of sorts(= under the weather) 몸이 안 좋은, 아픈 out of this world (맛 등이) 좋다 blue(= depressed) 우울한 I feel kind of blue. 나 좀 우울하다. (kind of(= sort of) 약간, 조금)

**4. (a)**

A: 이번 주말에 사용할 방을 예약하고 싶은데요.

B: 미안합니다. 예약이 다 찼네요.

해설 | We're all booked up. '예약이 다 찼다.'라는 의미를 묻는 문제이며 동사로 book이 '예약하다'라는 의미가 있다는 것을 알면 쉽게 해결할 수 있는 문제이다. 따라서 정답은 (a)이다.

The show's booked solid. 그 공연 표들이 다 팔렸다.(sold out 매진되다) come up (일이) 일어나다 hook up (전자 장비 등을) 연결하다 I've got a CD player, but it's not hooked up yet. 나는 CD플레이어가 있지만 아직 연결이 되지 않았다. ring off the hook 전화가 많이 오는, 전화통이 불나다(많은 사람들이 전화를 할 때 사용하는 표현) off the hook 전화기 수화기가 잘못 놓여진 hooked on(= addicted) ~에 푹 빠진, 중독된, 매우 좋아하는 She got hooked up on TV when she was ill. 그녀가 아팠을 때 그녀는 TV에 푹 빠졌었다.

**5. (b)**

A: 내 생각에 우리는 이 사무실에 프린트기를 사는 게 낫겠다.

B: 맞아, 이제 우리가 돈 모아서 하나를 살 때인 것 같다.

해설 | chip in for '돈을 모아서 무엇을 사다'. 따라서 정답은 (b)이다.

I'm broke.(= penniless) 난 빈털털이야. give in(= surrender) 굴복하다, 항복하다 turn in(= hand in, submit) 제출하다 due date 마감 기일 overdue 연체된 extend (마감 기일 등을) 연장해 주다

tip_ I couldn't agree with you more. I'll say you are telling me.는 모두 상대방이 하는 말에 동의할 때 사용하는 표현이다.

**6. (d)**

A: 네 생각에 우리 후보가 이번 선거에서 이길 것 같니?

B: 글쎄, 가능성이 매우 낮아.

해설 | '가능성이 낮다'는 표현으로 There is a slim chance.(= The chance is slim. / The chances are against us.)라는 표현을 알면 간단히 해결되는 문제이다. 따라서 정답은 (d)이다.

odd(=eccentric, weird, bizarre) 기이한, 이상한 rare 보기 드문, 진귀한 It's a rarity. 그것은 보기 드문 것이다. slender 늘씬한 odd number 홀수 even number 짝수 even 평평한, 고른, 균등한

**7. (a)**

A: 퇴근 후 긴장을 풀기 위해 뭐 하니?

B: 그냥 운동하고, 스트레칭하고 명상해.

해설 | '긴장을 풀거나 휴식을 취하다'는 의미의 unwind(= relax)를 묻는 문제이다. 정답은 (a)이다.

emulate(= imitate) 모방하다, 흉내 내다  alleviate 경감시키다, 완화시키다  assume ① 추측하다 (= presume), 생각하다 ② (일, 책임 등을) 떠맡다(= take on)

## 8. (d)

A: 그가 이 프로젝트를 도와줄 수 있을 지가 궁금해.
B: 그럴 리가 없어. 너는 다른 사람에게 도움을 청하는 게 낫겠다.

해설 | '가능성이 거의 없다'는 의미의 fat chance를 묻고 있다. 따라서 정답은 (d)이다.

help 사람 with 일 ~을 도와주다  Can you help me with this work? 이 일 좀 도와줄 수 있니? I can help you with that. 나는 그 일을 도와줄 수 있다.  ask for help 도움을 청하다  ask for advice 충고를 요청하다  had better ~하는 게 낫겠다

## 9. (a)

A: 내 에세이 어때?
B: 내 생각으로는 몇몇 오타만 제외하면 좋은 것 같아.

해설 | '오타'라는 의미의 typo를 묻는 문제이다. 따라서 정답은 (a)이다.

typo 오타  save for(= except for) ~를 제외하면, ~을 제외하고  blunder 큰 실수  proofreading 교정  slip 작은 실수  fiasco 큰 실패
tip_ 의견을 물을 때 자주 사용하는 표현
A 어떠니?, A를 어떻게 생각하십니까?
What do you think of A? / How do you like A? / How do you find A?

## 10. (a)

A: 네가 뉴욕에 머무는 동안에 생계를 위해서 무슨 일을 할래?
B: 아직 해결하지 못했어.

해설 | '(문제 등을) 해결하다'는 의미로 work out을 알고 있으면 바로 해결할 수 있는 문제이다. 정답은 (a)이다.

screen 검사하다, 선별하다  watch out 조심하다, 주의하다  fill out 작성하다, 기입하다 earn[make] a living 생계를 꾸리다  what do you do for a living?(= what do you do as a job?) 직업이 무엇입니까?  work out 운동하다(= exercise)
tip_ That'll work for me. 나는 괜찮다.
A: How about 7? 7시 괜찮니?
B: That'll work for me. 난 괜찮아.

**11. (d)**

A: 네 생각에 이 사운드포지 프로그램이 내 맥 컴퓨터로 작동이 될 것 같니?

B: 걱정하지 마. 이 프로그램은 윈도우와 맥 모두에 호환 가능해.

해설 | '호환 가능한, 양립 가능한'이라는 의미의 compatible를 묻는 문제이다. 따라서 정답은 (d)이다.

reasonable(= make sense) 이치에 맞는  consonant with ~에 부합하는, ~에 일치하는 incompatible 양립 불가능한, 같이 공존할 수 없는

**12. (b)**

A: 네 새 상사 어떠니?

B: 그는 정말 프로야. 그는 모든 일을 원칙대로 하는 사람이야.

해설 | '원칙대로'라는 의미의 by the book을 알면 간단히 해결되는 문제이다. 따라서 정답은 (b)이다.

to the letter 문자 그대로, 쓰여 있는 그대로(지시 사항 등을 철저히 따랐을 때 사용하는 표현)
by the week 주당  I get paid by the week. 나는 주급으로 돈 받는다.  by the dozen 열 두 개씩
on time 정식에  be on time(= be punctual) 시간을 엄수하다

**13. (c)**

A: 오늘 저녁에 우리 집에 와서 같이 저녁 먹자?

B: 다음에, 나 오늘 너무 바빠.

해설 | '너무 바쁘다'는 의미의 I'm tied up.(= I am swamped with it.)을 알면 간단히 해결되는 문제이다. 따라서 정답은 (c)이다.

be sick of(=be sick and tired of, be fed up with) ~에 질리다, 싫증나다  look up (사전에서 단어 등을) 찾아보다  look up to(= respect) 존경하다  look down on ~을 멸시하다
look into(= investigate) 조사하다  tie 무승부  I bet it will be a tie. 내가 장담건데 그 경기는 비길 거야.

## Part 2_

**14. (a)**

군인들 중 2/3은 짐바브웨에 있는 동안에 에이즈에 걸렸고 이들은 인근 병원으로 후송되었다.

해설 | '병에 걸리다'라는 의미를 표현할 때 contract를 많이 이용한다. 따라서 정답은 (a)이다.

contract 병에 걸리다, 계약  capture 사로잡다  contact 접촉하다, 연락하다  affirm(= confirm) 확인하다, 확신하다
tip_ contain이 '~를 포함하다'로, lift가 '들어올리다'로 우리에게 잘 알려져 있지만 아래의 경우는 중요

하므로 기억해 두자.

contain the virus[the fire, the disease] 바이러스의[화재의, 병의] 확산을 막다  lift the ban[prohibition] 금지령을 해제하다

## 15. (c)

학생들의 행위에 대한 훈육의 효과성에 관해 하나의 광범위한 리서치가 수행되었다.

해설 | '(리서치, 서베이, 실험 등을) 수행하다'는 의미를 표현할 때는 do[conduct]를 이용하는 경우가 일반적이다. 따라서 정답은 (c)이다.

discipline 훈육  comprehensive 포괄적인  exercise the power[control] 권력[통제력]을 행사하다

## 16. (b)

특별한 세포, 단백질, 조직과 기관으로 구성이 되어 있는 면역 체계는 매일매일 세균이나 미생물로부터 우리를 보호해 준다.

해설 | '면역 체계'라는 의미로 immune system이 이용한다는 것을 알고 있다면 쉽게 해결할 수 있는 문제이다. 따라서 정답은 (b)이다.

inoculate 예방접종하다  vulnerable 취약한  section 구역  category 범주  process 절차, 과정  public sector 공공 영역  private sector 사적 영역  be made up of(= consist of, be composed of) ～으로 구성되다  germ 세균

## 17. (a)

지난달에 나에게 소식을 전한 것은 Cathy가 아니라 실제로는 Andrew였다.

해설 | '소식을 전하다'라는 의미의 break the news를 이용한 문제이다. 따라서 정답은 (a)이다.

blow 바람이 불다, 기회를 날리다  inform 통보하다, 알려 주다(= notify)  remind 상기시키다
tip_ break
break up with ～와 헤어지다(≠make up with(= reconcile) ～와 화해하다)  break down 고장 나다, 분해하다, 쉽게 설명해 주다  break out 발생하다, 발발하다

## 18. (d)

일반적으로 많은 사람들은 나이가 듦에 따라 너무 허약해져서 더 이상 일을 할 수 없게 된다.

해설 | '허약한'이라는 의미의 infirm이 적절한 문맥이므로 정답은 (d)이다.

stout 강한(= sturdy)  exquisite 정교한, 훌륭한  wholesome 몸에 좋은, 건전한, 유익한  wholesome food 몸에 좋은 음식  wholesome program 건전한 프로그램  infirm(= weak) 허약한  with age 나이가 듦에 따라  with interest 관심을 가지고  with care(= carefully) 주의 깊게

**19. (c)**

초기의 원주민들은 유럽의 개척자들이 도착했을 때인 17세기까지 호주에 살았었다.

해설 | '원주민, 토착민'이라는 의미의 (c)가 정답이다.

dweller(=inhabitant, resident) 거주민, 거주자  dwell on 곰곰이 생각하다  dermatologist 피부과 의사

**20. (a)**

집안의 셋째 딸로서 나는 항상 언니가 입은 옷을 물려 입어야만 했다.

해설 | 문맥상 물려받은 옷이라는 의미의 hand-me-downs가 적절하다. 따라서 정답은 (a)이다.

hand-me-downs 물려받은 옷  take in(= alter) 수선, 변경하다  try on 옷을 입어 보다
knock off(= knock down) 할인하다  off the record 비공개의  markdown 가격 인하
(= discount)  kit 도구(= equipment, tool)

**21. (a)**

다행스럽게도, 그 질병으로 고통 받고 있다고 의심되었던 50명의 사람들 모두에 대한 검사가 음성으로 밝혀졌다.

해설 | 문맥상 병에 걸리지 않았다는 의미의 '음성의'가 필요하므로 negative가 정답이다. 따라서 (a)가 옳다. negative의 본래 의미는 '부정적인'이지만 시험 결과에 이용되면 '음성'이라는 의미로 사용되며, positive 역시 '긍정적인'의 의미이지만 병 검사 결과에 사용되면 '양성'으로 쓰인다.

turn out 모습을 드러내다, ~인 것으로 밝혀지다  turn into 변하다  turn down 거절하다
ambidextrous 양손잡이의, 능숙한  ambivalent 상반된 감정이 존재하는  pessimistic 비관적인
optimistic 낙관적인  suspected of ~에 혐의가 있는

**22. (a)**

사고로 인해 노년의 운전자는 위급한 상태가 되어서 그녀는 중심지의 병원으로 수송되었다.

해설 | 큰 병원으로 수송될 만큼 부상이 심하다는 것을 알 수 있다. 따라서 정답은 '위태로운'이라는 뜻의 (a)이다.

critical 비판적인, 중요한, 위중한  critical condition 위독한 상태  outstanding 뛰어난
(= superb, brilliant), 미지불의  terrific 훌륭한, 매우 좋은(= great, awesome)  terrible 끔찍한,
형편없는  endangered 멸종 위기에 처한  vanish 사라지다  extinct 멸종한  die out 멸종하다, 소멸하다

**23.** (c)

「대부뷰 모든 국가에서, 운전자들이 운전하는 동안 안전벨트를 매는 것이 의무적이다.

해설 | '의무적인, 강제적인' 의미의 mandatory가 필요한 문맥이므로 (c)가 정답이다

introverted 내성적인(≒extroverted 외향적인)  unequivocal 명백한, 분명한(= clear, explicit, plain)  mandatory 의무적인(=compulsory, requisite)  buckle up 안전벨트를 매나

**24.** (b)

법적 문제는 너무 논쟁이 심해서 많은 비판가들은 이 문제가 선거 결과에도 영향을 미칠 것이라 말했다.

해설 | 문맥상 '논쟁이 되는, 쟁점이 되는' 이라는 의미의 controversial이 필요하므로 정답은 (b)이다.

unanimous 만장일치의  controversial 논쟁적인  issues under fire 논쟁이 되고 있는 이슈들  tentative 잠정적인, 임시의  opinionated 독선적인  outcome(= result) 결과  critics 비평가들

**25.** (c)

가난한 사람을 도왔던 사람은 익명이기를 원했다; 그가 한 일이 알려지지 않길 바랐다.

해설 | 마지막의 publicized가 단서가 된다. 빈칸 하기를 원하고, 알려지기를 원하지 않으니, publicized 의 반대가 되는 뜻을 찾으면 된다. 따라서 정답은 (c)이다.

acclaim 극찬하다  rave review 좋은 평가  astounded 놀라운(= astonished, surprised, amazed)  vernacular 토착어, 방언(= dialect)  the poor 가난한 사람들  the rich 부유한 사람들  the deaf 청각장애인들  the disabled 장애인들  the absent 부재중인 사람들, 자리에 없는 사람들

## Part 1_

**1. (b)**

A: 나는 정말로 밤 교대 일하는 게 지겨워.
B: 나도 그래. 그래도 우리는 추가 수당을 받잖아.

해설 | shift는 '교대'라는 의미로 night shift는 '야간 근무'라는 의미로 사용되므로 꼭 기억해 두자. 비슷한 의미로는 night duty가 있다. 따라서 정답은 (b)이다.

**on duty** 근무 중 **off duty** 비번 **leave** 휴가 **sick leave** 병가 **pay a visit**(= visit) 방문하다 **pay attention to** ~에 주의를 기울이다 **pay a compliment** 칭찬하다 **pay off** 효과가 있다, 성과가 있다 **pick up**(= give a lift, give a ride) 차로 사람을 태워 주다

**2. (a)**

A: 상황이 계획대로 진행될 것 같지 않은 예감이 들어.
B: 긍정적으로 생각해. 너는 마감 기한을 맞출 수 있어.

해설 | '마감 기한을 맞추다'라는 의미로 meet the deadline(= make the deadline)이다. 따라서 정답은 (a)이다.

**due date** 마감 기일 **overdue** 연체된, 마감 기한을 넘긴, 예정일을 넘긴 **turn in**(= hand in, submit) 제출하다 **extend** (마감 기한을) 연장하다 **The book was two days overdue.** 그 책은 이틀이 연체되었습니다. **His daughter's baby is ten days overdue.** 그의 딸의 아이는 예정일을 10일을 넘겼다.

**3. (a)**

A: 이번 주 집들이에 오실 수 있나요?
B: 물론이죠, 무슨 일이 있어도 갈게요.

해설 | '무슨 일이 있어도 꼭 가겠다'는 표현으로 I wouldn't miss it for the world를 알고 있는지를 물어보는 문제이다. 따라서 정답은 (a)이다.

**out of the question** 불가능한(= impossible) **out of question** 틀림없는, 확실한(= without question, beyond question)
tip_ **out of this world**
음식 등의 맛이 훌륭할 때 사용하는 표현이며 on earth(=in the world)는 의문문을 강조할 때 사용하는 강조 어구로 의미는 '도대체'이다. What on earth did you do that for? 도대체 무엇 때문에 그랬니?

**4. (a)**

A: 우리가 오늘 밤 일을 더 일찍 끝낼 수 있을까?

B: 조금만 더 기운 내재! 일이 거의 다 끝나 가고 있어.

해설 | '일을 끝내다, 매듭짓다'라는 의미로 wrap up의 의미를 묻는 문제로 정답은 (a)이다. 비슷한 의미로 get it done(= have it done)은 '일을 끝내다'라는 뜻이다. come up은 '갑자기 임이 발생하다'라는 의미이고 pull over는 '차를 세우다'라는 의미이며, turn down은 '(제안 등을) 거절하다'라는 의미로 자주 사용되므로 기억해 두자.

**5. (b)**

A: 딸 아이가 새 학교에 적응을 잘 했으면 좋겠어.

B: 걱정하지 마. 아마 새 친구들이 잘 대해 줄 거야.

해설 | '적응하다'라는 의미의 adjust를 알고 있는지 묻는 문제이다. 따라서 정답은 (b)이다. ground는 '외출 금지시키다'라는 의미로 You are grounded. 너는 외출 금지야.라는 뜻이므로 같이 정리해 두자.

stun(= surprise) ~을 놀라게 하다  flee 달아나다, 도망치다

**6. (c)**

A: 나는 오늘 아침 회의에서 사장이 너에게 말하는 것을 듣고 놀랐어.

B: 그래, 난 더 이상은 이런 대접을 못 참겠어.

해설 | '참다, 견디다'라는 의미로 put up with(= endure, stand)를 이용한다. 따라서 정답은 (c)이다.

get away with (무엇을 하고도) 무사하다, 벌 받지 않다  do away with(= abolish) ~을 폐지하다, 없애다  come up with ~를 생각해 내다

**7. (c)**

A: 내가 숙제를 시간 내에 끝낼 수 있을지 모르겠어.

B: 첫눈에 봐선, 상황들은 실제보다 훨씬 더 복잡해 보이기 마련이야. 일단 해 보면 생각보다 덜 걸릴걸.

해설 | '첫눈에 봐선'이라는 의미로 at first glance[sight]를 알고 있는지를 물어보는 문제이다. 따라서 정답은 (c)이다.

at one's disposal ~이 재량 하에 있는  at random 무작위로  at stake 위태로운, 위기에 처해 있는

**8. (a)**

A: 우리가 요전 밤에 주문한 소파가 언제쯤 도착할까?

B: 이번 주말까지 배달해 줄 거야.

해설 | '배달하다' 라는 의미의 deliver가 필요하므로 정답은 (a)이다. forward는 '(편지 등을) 새 주소로 보내다' 라는 의미이다.

dispatch 급파하다, 파병하다  incur (수수료 등을) 초래하다, 야기하다

## 9. (d)

A: 어제 들었던 그 수업 너무 지루했어.
B: 나도 그랬었어. 난 잠들었었어.

해설 | '잠 오게 하다' 라는 의미로 put me to sleep을 알고 있는지를 묻는 문제이다. 따라서 정답은 (d)이다. welcome to the club는 상황이나 처지가 같을 때 사용하는 표현이다.

point는 가르치다, 지적하다  acclaim 극찬하다  elect 선출하다

## 10. (a)

A: 이 가게 셔츠는 너무 심하게 비싸다.
B: 맞아, 가격이 정말 엄청난데.

해설 | outrageous는 '매우 놀라울 정도로 엄청난' 이라는 의미이다. 따라서 정답은 (a)이다.

inexpensive 비싸지 않은  reasonable(= affordable) 합당한, 지불 가능한  exclusive 배타적인
It's a real bargain.(= It's a steal.) (무언가를) 싸게 잘 샀다.
tip_ rip-off
'바가지' 라는 의미로 물건을 비싸게 샀을 때 자주 사용된다. The meal was a rip-off and the service was appalling. 그 식사는 매우 비쌌고 서비스는 형편없었다.

## 11. (a)

A: 모퉁이 근처에 새로운 이탈리안 레스토랑이 있대.
B: 응, 나도 들어 봤어. 이번 금요일에 한번 들러 보자.

해설 | '잠시 들르다' 라는 의미의 drop by(= stop by, swing by, come by)를 묻는 문제이다. 정답은 (a)이다.

turn in (숙제, 보고서 등을) 제출하다, 일찍 잠들다  show up 나타나다, 등장하다  get by(= survive) 그럭저럭 헤쳐 나가다, 살아가다

## 12. (b)

A: 어떻게 네가 감히 나를 이렇게 바람맞히니?
B: 정말 미안해, 한번 만 봐주라. 오는 길에 급한 일이 생겼거든.

해설 | '(어떤 일이 갑자기) 생기다, 발생하다' 라는 의미로 come up이 사용된다. 따라서 정답은 (b)이다.

bring about(= cause) 초래하다, 야기하다 fill out 작성하다 take up 시작하다, 착수하다

## 13. (d)

A: 네가 외출 중에 나를 대신해서 일해 줄 수 있니?

B: 좋아, 네가 돌아올 때까지 너를 대신할게.

해설 | fill in for somebody(= cover somebody) ~를 대신해서 일해 주다. 따라서 정답은 (d)이다.

make up for(= compensate for) 보충하다, 보상하다 give in 항복하다 chip in for 십시일반으로 ~을 사다 We all chipped in for it. 우리는 돈을 모아서 그것을 샀다.

# Part 2_

## 14. (c)

오바마 행정부는 학교에서의 괴롭힘 문제를 어떻게 해결할지에 대해 교육자들을 위한 새로운 지침서를 만들었다.

해설 | '문제를 해결하다, 역점을 두어 다루다' 라는 의미의 address가 필요한 문맥이다. 정답은 (c)이다.

reprimand 꾸짖다, 비난하다 allocate 할당하다 advocate ~을 옹호하다, 대변하다

## 15. (a)

그 공무원은 지난 20년 동안에 공금을 도용한 혐의를 받고 있다.

해설 | '~을 도용하다, 불법적으로 이용하다' 라는 의미의 appropriate가 필요하다. 따라서 정답은 (a)이다.

appropriate ~에 적당한, ~을 도용하다 convincing 설득력 있는 convinced 확신하다

## 16. (a)

미국에서 공립학교 교사들은 교실에서 그들의 학생들을 가르치는 것에 대해서 상당한 자율성이 주어진다.

해설 | '자율성, 자치' 라는 의미가 필요하다. 따라서 정답은 autonomy인 (a)이다.

autopsy 부검 authority 권위 authoritles 당국, 정부 regression 퇴보 considerable 상당한

## 17. (b)

올해 처음으로 한 양당위원회는 노동자 계층의 희생으로 장기적인 미국의 예산 적자를 해결할 것을 제안했다.

해설 | bipartisan '양당의, 양당에 관한' 이라는 의미가 필요하므로 정답은 (b)이다.

breakthrough 획기적인 발전  bureaucracy 관료제  red tape 비효율적인 관료주의  landslide 산사태, (투표에서의) 압도적인 승리

**18. (a)**

사회 경제적인 지위라는 관점에서 의사들은 교사들보다 더욱 더 정치적인 영향력을 갖는다.

해설 | '영향력'이라는 의미의 clout가 필요한 상황이다. 따라서 정답은 (a)이다.

pull one's string 인맥을 이용하다  corruption 부패  transparency 투명함, 공정함  chamber 방, 회의실  coalition 연합

**19. (a)**

대부분의 영양 전문가들은 항산화제에 대한 이상적인 수위에 대한 의견의 일치가 거의 없다는 점에 주목한다.

해설 | '의견 일치, 합의'라는 의미인 consensus가 필요한 문맥이다. 따라서 정답은 (a)이다.

**20. (b)**

미국에서는 연방법에 따라서 소수민족과 여성을 차별하는 것은 불법이다.

해설 | '차별하다'라는 의미의 동사 discriminate가 필요하다. 따라서 정답은 (b)이다.

enforce 단속하다(=crack down on), 단속을 강화하다  distinguish A from B(= tell A from B) A와 B를 구별하다  discern 식별하다  recognize 인식하다, 알아보다, 인정하다

**21. (a)**

인도에서 카스트제도는 힌두교가 종교인 사람을 사회적인 위계질서로 분류했다.

해설 | 위계질서를 의미하는 hierarchy인 (a)가 정답이다.

nomination 지명, 후보, 후보  rally 집회  literacy 문명(읽고 쓸 수 있는)

**22. (a)**

이혼율이 증가함에 따라, 아일랜드 사람들은 1986년에 이혼에 대한 국민투표에서 'no'라고 투표했다.

해설 | '국민투표'라는 의미의 referendum인 (a)가 정답으로 적절하다.

vote for 찬성 투표하다  vote against 반대 투표하다  cast a ballot 투표하다  election campaign 선거운동  segregation 분리, 차별  regime 체제  brevity 간결함  prolixity 장황함

**23.** (c)

한국에서 부모들은 방과 후 프로그램에 대한 지지에서 만장일치였다.

해설 | '만장일치의' 라는 의미의 unanimous가 필요하므로 정답은 (c)이다.

anonymous 익명의  suffrage 투표권, 참정권  staunch 충실한

**24.** (b)

그 회사는 전근에 대한 직원들의 요구를 수용하기 위해서 합리적인 노력들을 해 왔다.

해설 | '~을 수용하다' 라는 의미의 accommodate가 필요한 문맥이다. 따라서 정답은 (b)이다.

declare 선언하다  ascend 상승하다  confiscate 몰수하다

**25.** (a)

대부분 스키 리조트들은 주간에는 쇼핑을 위한 모든 위락 시설들을 제공하고 야간에는 클럽, 디스코, 카지노를 갈 수 있도록 하고 있다.

해설 | '위락 시설, 편의 시설' 이라는 amenity가 적합하다. 따라서 정답은 (a)이다.

souvenir 기념품  landmark 중요한 건물이나 사물, 중요한, 기념비적인  casualty 사상자 수

# Part 1_

## 1. (a)

A: Andrew 요즘 어떻게 지내니?
B: 잘 지내. 그러나 요즘 도박에 푹 빠져 있어.

해설 | '~에 사로잡히다, 푹 빠지다'라는 의미로 hook의 의미를 묻고 있으므로 정답은 (a)이다.

drop out of school 자퇴하다   book 예약하다   We are all booked up. 예약이 꽉 찼어요.
introverted 내성적인   extroverted(= sociable) 외향적인, 사교적인

## 2. (b)

A: 나는 네가 이번 학기에 역사를 전공하는 줄 알았어.
B: 그러려고 했었어. 그러나 부모님이 그러지 말라고 설득하셨어.

해설 | talk A into ing A에게 말해서 -ing하게 하다, talk A out of -ing A에게 말해서 -ing하지 않게
하다. 따라서 정답은 (b)이다.

say to somebody ~에게 말하다   say something ~을 말하다   tell somebody ~에게 말하다
talk to[with] ~에게 말하다

## 3. (a)

A: 무엇을 도와드릴까요?
B: 이 10달러 지폐 좀 잔돈으로 바꿔 주실래요?

해설 | '(지폐 등을) 소액으로 바꿔 주다'라는 의미로 사용되는 break을 묻는 문제이다. 정답은 (a)이다.

change 잔돈   out of change 잔돈이 없는   out of cash 현금이 없는
tip_ I'm broke(= penniless). 나는 빈털터리다. 돈이 하나도 없다.   I'm flattered. 과찬이십니다.
I'm all ears. 경청하다, 열심히 듣다.   I'm all thumbs. 손재주가 없다.

## 4. (d)

A: 어떻게 그렇게 늘씬한 몸매를 유지하니?
B: 잘 모르겠어. 아마도 집안 내력인가 봐.

해설 | '집안 내력이다, 유전이다'라는 의미의 run in the family라는 표현을 묻는 문제이다. 따라서 정답은
(d)이다.

hand-me-downs (언니나 형으로부터) 물려받은 옷   markdown(= discount) 할인   let down

(= disappoint) 실망시키다  **let-down** 실망  **let up** 비가 그치다  **in shape** 건강한, 몸매가 좋은  **out of shape** 살찐, 몸매가 망가진  **work out(= exercise)** 운동하다  **balanced diet** 균형 잡힌 식단

**5. (a)**

A: 이번에는 내가 살게.
B: 고마워, 다음번에는 내가 계산할게.

해설 | I'll treat you.(= I'll pick up the tab. This one is on me.) 내가 살게. 따라서 정답은 (a)이다.

**lend** ~을 빌리다  **owe** (신세 등을) 지다  **I owe you one.** 너에게 신세 한번 졌다.  **evade** 피하다, 회피하다

**6. (d)**

A: Susie를 공항에서 태워 오고 싶은데 도착하는 시간 알고 있니?
B: 잠깐만, 그녀의 여행 일정표를 확인해 볼게.

해설 | '여행 일정표'라는 의미로 itinerary를 알고 있는지 묻는 문제이다. 따라서 정답은 (d)이다.

**plan(= scheme)** 계획  **tactic(= strategy)** 전략  **tourist attractions(= tourists spot)** 관광 명소  **implication** 의미, 함의(함축적인 의미)

**7. (a)**

A: Cathy의 새 룸메이트 이름 기억나니?
B: 생각이 날 듯 잘 나지 않네.

해설 | '기억이 날 듯 말 듯하다'라는 의미의 on the tip of my tongue를 묻는 문제이다. 정답은 (a)이다.

**keep one's fingers crossed** 잘 되도록 빌어 주다, 기도해 주다  **shoulder** (부담, 책임 등을) 떠맡다  **have an eye for** ~에 안목이 있다  **keep an eye on** 예의 주시하다
**tip_ see**의 다양한 의미들
**I see.** 이해하다, 이해가 되다.  **I'll see about it.** 내가 알아볼게.  **Andrew is seeing Susie.** Andrew는 Susie와 사귀고 있다.  **See eye to eye.** 의견이 일치하다.

**8. (b)**

A: 왜 컴퓨터가 작동이 제대로 안 됐니?
B: 나도 이유를 모르겠어. 난 지시 사항을 있는 그대로 따랐거든.

해설 | '글자 그대로, 철저하게'라는 to the letter라는 의미를 물어보는 문제이다. 따라서 정답은 (b)이다.

**by the book** 원칙대로, 규정대로  **She do everything by the book.** 그녀는 모든 일들을 규정대로

한다.  **by that name** 그런 이름 가진 사람  Here is no one by that name. 여기에 그런 이름 가진 사람은 없습니다.  **by chance** 우연히  I met a friend of mine by chance. 나는 우연히 내 친구를 만났다.  **on purpose** 고의로

### 9. (b)

A: 너 요즘 어떻게 지내니?
B: 난 요즘 새 직장에서 실무를(일하는 요령을) 배우고 있어.

해설 | learn the ropes 요령이나 일하는 방법을 배우다. 따라서 정답은 (b)이다.

**learn the lines(= memorize)** 기억하다  **learn by heart** 암기하다  **fiasco** 대 실패  **trial and error** 시행착오  **pros and cons** 찬반론

### 10. (d)

A: 지금 좀 쉬지 그래?
B: 이 일이 끝난 이후에 좀 쉬려고.

해설 | take a break(= relax, unwind) 긴장을 풀다, 휴식을 취하다. 따라서 정답은 (d)이다.

**take a nap** 낮잠 자다  **take a walk(= go out for a walk)** 산책하다  **stroll stance** 입장

### 11. (d)

A: 왜 지난밤에 전화 안 했니?
B: 했어. 내가 전화했을 때, 통화 중이었어.

해설 | The line is busy. 통화 중이다. 정답은 (d)이다.

**Hold on(= stay on the line).** 잠시만 기다리세요.  **hand up** 전화를 끊다  **heavy traffic** 극심한 교통 체증  **heavy rain[snow]** 폭우[폭설]  **for and against** 찬성과 반대  I am for the proposal. 나는 그 제안에 찬성이다.  I am against the proposal. 나는 그 제안에 반대한다.

### 12. (a)

A: 경제학 103 수업은 이해하기가 쉽지 않아.
B: 솔직히, 그 수업은 난 너무 어려워.

해설 | over one's head ~의 머리 위에, 이해하기 어려운. 문맥상 이해하기가 어렵다는 상황이므로 정답은 (a)이다.

**get it(= get the picture)** 이해하다  **slip one's mind** 깜박 잊어버리다
**out of one's mind(= beside oneself)** 제정신이 아닌  **complicated** 복잡한

## 13. (b)

A: 할머니가 돌아가셨다니 정말 안됐군요. 깊은 조의를 표합니다.
B: 신경 써 주셔서 감사합니다. 시간이 지나면 좀 나아지겠죠.

해설 | accept my condolences 조의를 표하다. 따라서 정답은 (b)이다.

**breakthrough** 획기적인 발전, 많은 발전 **have a come a long way** 많은 발전을 해 오다, 많은 성장을 하다 **pass away**(= die) 돌아가시다 **pass out** 기절하다, 쓰러지다 **pass down**(= hand down) (후대에게) 물려주다 **accommodation**(= hotel) 숙박 시설 **accommodate** 수용하다 **regret to V** ~하게 되어 유감이다 **regret -ing** ~한 것을 후회하다

# Part 2_

## 14. (a)

최근의 주요한 정치적인 위기를 고려해 보면 서부 유럽에 대한 우울한 경제적인 전망은 지극히 당연하다.

해설 | '전망' 이라는 의미의 outlook이 필요하므로 정답은 (a)이다.

**scenery** 풍경 **compartment** 수납 공간, 비행기 좌석 위의 짐칸 **given**(= considering) ~을 고려하면 **crisis** 위기 **viewpoint**(= point of view, perspective) 관점, 시각

## 15. (a)

우리는 출퇴근 시간대의 교통 혼잡에 갇히길 원하지 않았었기 때문에 시내 중심을 피하기 위해서 우회를 했다.

해설 | 동사로는 '우회하다' 라는 의미와 명사로는 '우회로' 라는 의미의 detour가 필요하다. 따라서 정답은 (a)이다.

**traffic jam**(= traffic congestion) 극심한 교통 체증 **detour**(= bypass) 우회하다 **mass transit** (= mass transportation) 대중교통 **quagmire** 수렁, 어려운 상황, 난관

## 16. (c)

새 시장은 더 많은 사람들이 통근 시간에 대중교통을 이용하도록 하기 위해서 대중교통을 향상시키기로 약속했다.

해설 | '대중교통' 이라는 의미의 mass transit이 필요하다. 적절한 정답은 (c)이다.

**sewage treatment** 하수처리, 오수 처리 **irrigation** 관개 **aviation** 항공 **complication** 합병증 **contaminated** 오염된 **tap water** 수돗물

**17. (a)**

조사관들은 왜 군 수송기가 추락했는지에 대한 단서를 찾기 위해서 난파된 비행기를 조사 중이다.

해설 | 난파된 비행기나 배, 자동을 의미하는 wreck이 필요하다. 따라서 정답은 (a)이다.

**wreck havoc on** ~에 심각한 피해를 입히다, 야기하다  **vessel** 배(= ship)  **vehicle** 자동차(= car)  **the remains** 잔해  **ruins** 유적지  **clue** 단서, 실마리  **as to**(= with regard to, regarding, concerning) ~에 관하여, ~에 대하여

**18. (a)**

많은 연구들이 당뇨는 집안 내력이라고 보여 준다.

해설 | '유전이다, 집안 내력이다'라는 의미의 run in the family를 물어보는 표현 문제이다. 따라서 정답은 (a)이다.

**genetic** 유전의  **run in the family** 집안 내력이다  **run a red light** 정지 신호를 무시하다  **out of control** 통제 불능인

**19. (b)**

Kendall은 그가 읽을 만한 좋은 책이 있는 한 기차로 통근하는 것을 꺼려하지 않는다.

해설 | commute 통근하다. 따라서 정답은 (b)이다.

**telecommute** 재택근무하다  **commune** 의사소통하다  **consonant with** ~에 부합하는, 일치하는  **as long as**(= so long as) ~하는 한  **once** 일단 ~하면

**20. (b)**

현대인들은 집에서 인터넷을 통해 홈페이지에 접근할 수 있다.

해설 | via(= by way of, through) ~을 통하여, ~을 이용하여, ~을 경유하여. 따라서 정답은 (b)이다.

**without**(= but for) ~이 없다면  **regardless of** ~에도 불구하고  **access** 접근하다  **account** 계좌, 계정  **balance** 잔고

**21. (a)**

www.reedfuneralchapel.com의 인터넷 사이트에서 부고란을 통해 가족들에게 조의를 표하세요.

해설 | '부고'라는 의미의 obituary를 묻는 문제이다. 따라서 정답은 (a)이다.

**arbitrary** 임의로, 무작위로(= at random)  **manuscript** 원고  **draft** 초안  **dissertation** (박사 학위) 논문

**22. (a)**

박물관은 깨어지기 쉬운 지기 물건을 전문가들에게 복원하도록 보낸다.

해설 | '깨지기 쉬운, 약한' 이라는 의미의 fragile이 적합한 문맥이다. 정답은 (a)이다

viable 실행 가능한(= feasible), 생존 가능한  intact 손상되지 않는  versatile 다재다능한, 다용도의
volatile 휘발성의, 화를 잘 내는

**23. (a)**

모든 정기간행물들과 10년 이상 된 대부분의 책들은 보존을 위해서 똑같은 특별 부서로 보내질 예정이다.

해설 | '정기간행물' 이라는 의미의 periodical을 알고 있는지를 묻는 문제이다. 따라서 정답은 (a)이다.

circulation 순환  circulation desk 도서 대출 창구  chronic 만성적인  chronic fatigue 만성피로
plot 음모, 줄거리  reference 참고문헌

**24. (c)**

경제 성장에 대한 예측들이 인식된 변화들을 반영하기 위해 몇몇 전문가들에 의해서 수정되고 있다.

해설 | '수정되다' 라는 의미의 revise가 적절하므로 정답은 (c)이다.

devise 고안하다  convinced 확신하는  recollect 회상하다

**25. (b)**

그 공상 과학 영화는 다음 주에 개봉하기로 되어 있다.

해설 | '개봉하다' 라는 의미의 release가 필요한 문맥이므로 정답은 (b)이다.

star in 주연으로 출연하다  release 해방시키다, (유해 가스 등을) 방출하다, 개봉하다, (음반 등을) 발매하
다  subscribe to 정기 구독하다

# Appendix

**TEPS plus Vocabulary**

## Verb

| | | | |
|---|---|---|---|
| abandon | 버리다, 그만두다 | arrange | 배열하다, 가지런히 하다 |
| absorb | 흡수하다 | ascend | 오르다 |
| accept | 받아들이다, 수락하다 | aspire | 열망하다, 갈망하다, 포부를 가지다 |
| acclaim | 극찬하다, 박수갈채를 보내다 | | |
| accommodate | 돌보다, 순응하다, 수용하다, 공간을 제공하다 | assassinate | 암살되다 |
| | | assert | 단언하다, 주장하다 |
| accompany | 동반하다, 수반하다 | assign | 배정하다, 할당하다 |
| accrue | 축적하다 | assimilate | 동화되다, 완전히 이해하다 |
| accuse | 고소하다, 비난하다 | assume | 가정하다, 떠맡다 |
| ache | 아픔, 아프다 | assure | 보증하다, 확신하다 |
| achieve | 이루다, 성취하다 | attain | 달성하다, 성취하다 |
| acquire | 얻다, 취득하다 | attempt | 노력하다, 시도하다 |
| adapt | 맞추다, 적응시키다 | attend | 참석하다 |
| adjust | 조정하다 | attract | 매혹시키다, (마음을) 끌어당기다 |
| admire | 찬양하다, 감탄하다 | | |
| adopt | 채택하다, 입양하다 | avail | 쓸모가 있다, 이익이 되다 |
| affect | 영향을 미치다, 감동시키다 | avoid | 피하다 |
| afford | 여유가 있다 | back | 지지하다 |
| aggregate | 모으다, 결집시키다 | ban | 금지하다 |
| alleviate | 완화하다, 경감하다 | batter | 타격하다, 망가뜨리다 |
| ally | 동맹하다 | benefit | 이득을 보다, 혜택을 얻다 |
| amass | 축적하다, 쌓다 | bind | 매다, 감다 |
| analyze | 분석하다 | boast | 자랑하다 |
| appear | 나타나다, ~인 것처럼 보이다 | boost | 밀어 올리다, 증대시키다 |
| apply | 적용하다, 지원하다 | breast-feed | 모유를 먹이다 |
| appreciate | 감상하다, 고맙게 생각하다 | breathe | 호흡하다 |
| argue | 주장하다, 논쟁하다 | burgeon | 싹트다, 갑자기 성장하다 |
| arise | 발생하다 | calculate | 계산하다, 계획하다 |

| | | | |
|---|---|---|---|
| carve | 새기다 | constitute | 구성하다, 구성 요소가 되다 |
| cast | 주조하다, 던지다 | consume | 소비하다 |
| cater | 제공하다, 요구를 채우다 | contain | 막다, 예방하다 |
| cause | ~을 야기하다 | contaminate | 오염시키다, 타락시키다 |
| challenge | 도전하다 | contend | 싸우다, 논쟁하다 |
| chart | 계획을 세우다, 기록하다 | contract | 계약(하다), 병에 걸리다 |
| claim | 주장하다 | contribute | 기여하다, 기부하다 |
| classify | 분류하다 | convert | 개종하다, 전환하다 |
| code | (유전자가) 유전 정보를 지정하다 | convey | 전달하다, 나르다 |
| coexist | ~와 공존하다, 동시에 존재하다 | crash | 붕괴(하다) |
| | | cultivate | 경작하다 |
| coincide | 일치하다 | curtail | 축소하다, 단축하다 |
| cold | 차가워지다 | date | 시대를 나타내다, 날째(를 적다) |
| collapse | 붕괴되다 | debate | 논쟁하다 |
| collide | 부딪히다, 상충하다 | decimate | 많은 사람을 죽이다 |
| colonize | 식민지를 만들다 | declare | 선언하다 |
| commit | ~을 범하다 | decline | 거절하다, 기울다 |
| communicate | 전달하다, 의사소통하다 | decode | 암호를 해독하다 |
| compensate | 보상하다, 메우다 | decrease | 줄어들다, 감소하다 |
| compete | 경쟁하다 | deepen | 깊어지다 |
| complete | 완료하다, 완전한 | defeat | 패배(시키다) |
| comprise | 포함하다, 구성되다 | defend | 방어하다, 막다 |
| concentrate | 집중하다 | define | 정의를 내리다 |
| conclude | 끝내다, 결말짓다 | delay | 미루다 |
| confer | 협의하다, 수여하다 | demonstrate | 보여 주다, 실례를 들어 입증하다 |
| confront | 직면하다, 대항하다 | deny | 거부하다, 부인하다 |
| confuse | 혼동하다 | depict | 묘사하다, 표현하다 |

| | | | |
|---|---|---|---|
| deride | 비웃다 | dub | ~라고 부르다 |
| descend | 내려오다, 전해지다 | dwindle | 점차 감소하다, 저하되다 |
| describe | 묘사하다, 설명하다 | earn | 벌다 |
| designate | ~으로 지정하다 | ease | 진정시키다 |
| desire | 열망(하다), 바라다 | elevate | 올리다, 들어 올리다 |
| deter | 그만두게 하다, 방지하다 | elicit | 이끌어내다, 알아내다 |
| determine | 결정하다 | eliminate | 없애다, 제거하다 |
| devastate | 완전히 파괴하다, 비탄에 빠뜨리다 | elude | 교묘히 피하다, 벗어나다 |
| diagnose | 진단하다, 규명하다 | embalm | 방부 처리하다, 미라로 만들다 |
| diet | 식이요법을 하다 | embody | 구체화하다, 구현하다 |
| differentiate | 식별하다, 구별하다 | emerge | 떠오르다, 출현하다 |
| digest | 소화하다 | emphasize | 강조하다 |
| diminish | 사라지다, 없어지다 | employ | 이용하다, 쓰다 |
| direct | 지시하다 | empower | 권력[권한]을 부여하다 |
| discharge | 방출하다 | enact | 제정하다 |
| discover | 발견하다 | encompass | 둘러싸다, 포위하다 |
| disintegrate | 분해하다, 붕괴하다 | encourage | 격려하다, 북돋우다 |
| dispense | 분배하다, 베풀다 | endow | 부여하다, 증여하다 |
| disperse | 흩어지다, 해산시키다 | enhance | 강화하다, 향상시키다, 인상하다 |
| display | 전시하다, 나타내다 | enrich | 풍요롭게 하다, 강화하다 |
| distinguish | 구별하다 | ensure | 보장하다, 확실하게 하다, 보증하다 |
| distort | 왜곡하다, 뒤틀다 | erode | 침식하다, 부식시키다 |
| distrust | 신용하지 않다, 의심하다 | erupt | 분출하다, 폭발하다 |
| disturb | 방해하다 | escalate | 오르다, 단계적으로 확대하다 |
| divide | 나누다, 분리하다 | establish | 확립하다, 설립하다 |
| domesticate | 길들이다 | estimate | 추정하다, 추산하다 |
| dominate | 지배하다 | evaluate | 평가하다 |

| | | | |
|---|---|---|---|
| evoke | 자아내다, 환기시키다 | gain | 얻다, 획득하다 |
| evolve | 발전시키다, 진화하다 | grant | 수여하다 |
| exaggerate | 과장하다 | gravitate | (중력에 끌려) 내려앉다, 자연히 끌리다 |
| cxceed | 초과하다 | grieve | 비통해 하다, 대단히 슬프게 하다 |
| exclude | 배제하다 | | |
| exist | 존재하다, 생존하다 | ground | 근거를 두다 |
| expand | 넓히다, 확장하다 | halve | 반감하다, 절반씩 가르다 |
| exploit | ~을 착취하다, 이용하다 | handle | 다루다 |
| explore | 개척하다, 탐험하다 | harass | 괴롭히다 |
| export | 수출하다, 전하다 | hardly | 거의 ~않다 |
| expose | 노출시키다, 드러내다 | heal | 치유하다, 고치다 |
| facilitate | 용이하게 하다, 쉽게 하다, 촉진하다 | highlight | 강조하다 |
| fade | 약해지다, 사라지다 | hinder | 훼방시키다, 지연시키다 |
| fertilize | 수정하게 하다 | husk | 곡물의 겉껍질(을 벗기다) |
| file | 제기하다, 제출하다 | identify | 확인하다 |
| firm | 회사, 단단하게 하다 | ignore | 무시하다 |
| flee | 도망하다, ~에서 도망하다 | illustrate | 설명하다, 명확히 하다 |
| flourish | 번성하다, 번창하다 | imitate | 모방하다, 흉내 내다 |
| flow | 흐르다 | immerse | 담그다, 열중하게 하다, 파묻다, 가라앉히다 |
| flush | 상기하다, (물이) 쏟아져 나오다 | imply | 의미하다, 내포하다 |
| forge | 벼리다, 위로하다 | import | 수입하다 |
| fortunately | 다행히 | impose | 강요하다, 부과하다 |
| found | 설립하다 | impoverish | 빈곤하게 하다, 저하시키다 |
| fuel | 야기하다, 연료를 보급하다 | incorporate | 법인으로 만들다, 결합의 |
| fulfill | 이행하다, 실행하다 | incur | (빚을) 지다, (손실을) 입다 |
| gag | 말 못하게 하다, 언론의 자유를 억압하다 | indicate | 가리키다, 지적하다 |
| | | inhabit | 살다, 거주하다 |

| | | | |
|---|---|---|---|
| inscribe | 새기다 | mask | 감추다, 가리다 |
| instill | 서서히 스며들게 하다, 주입시키다 | migrate | 이주하다, 이동하다 |
| | | mitigate | 완화하다, 누그러뜨리다 |
| institute | 세우다, 설립하다 | modify | 변경하다, 수정하다 |
| intensify | 증대시키다, 격렬해지다 | motivate | 자극하다, ~에게 동기를 주다 |
| interact | 서로 작용하다, 서로 영향을 미치다 | mow | 베다 |
| invent | 발명하다 | neglect | 방치하다, 도외시하다 |
| investigate | 조사하다, 연구하다 | note | 주목하다, 주의하다 |
| involve | 수반하다, 포함하다 | observe | 관찰하다, 알다 |
| ionize | 이온화하다 | occupy | 차지하다, 점령하다 |
| justify | 정당화하다, 옳다고 하다 | oppose | ~에 반대하다 |
| lack | 부족하다 | organize | 조직하다, 계획하다 |
| last | 지속하다 | orient | 방향에 맞추다 |
| lavish | 아끼지 않고 주다, 사치스러운 | outsource | 외부에서 조달하다 |
| leave | 떠나다, 남겨 두다 | outweigh | ~보다 중요하다 |
| legitimization | 합법화하다, 정당화하다 | overlook | 내려다 보다, 너그럽게 봐주다 |
| lend | 빌려 주다, 대출해 주다 | overthrow | 전복시키다, 뒤엎다 |
| lessen | 줄이다, 감소시키다 | overweight | 과체중이 되다, 지나치게 싣다 |
| lie | ~에 놓여 있다 | overwhelm | 압도하다 |
| lift | 철폐하다 | pave | (길을) 포장하다, 준비하다 |
| linger | 꾸물거리다, 근근이 이어가다 | perceive | 지각하다, 이해하다 |
| litter | 잡동사니, 어질러 놓다, 흩뜨리다 | permeate | 퍼지다, 투과하다 |
| | | permit | 허락하다, 허가하다 |
| lure | 유혹하다, 꾀어내다 | persist | 지속하다 |
| maintain | 지속하다, 유지하다 | pinpoint | 정확하게 지적하다 |
| manifest | 명백하게 하다 | pipe | 배관하다 |
| manipulate | 교묘하게 다루다, 조종하다 | place | 일어나다, 개최되다 |
| mark | 나타내다 | portray | 그리다, 묘사하다 |

| | | | |
|---|---|---|---|
| pose | 문제를 일으키다, 배치하다 | recognize | 인정하다, 인지하다 |
| posit | 두다 | recommend | 추천하다, 권장하다 |
| possess | 소유하다, 갖다 | redeem | 회복하다, 구해내다 |
| predict | 예측하다 | reduce | 감소시키다, 줄이다 |
| prefer | ~쪽을 더 선호하다, 차라리 ~을 선택하다 | re-establish | 재건하다 |
| preserve | 보존하다, 보호하다 | refine | 정제하다 |
| prevent | 막다, 예방하다 | reflect | 반영하다, 반사하다 |
| proclaim | 공표하다, 선언하다 | reform | 개정하다 |
| procure | 획득하다, 조달하다 | regulate | 규제하다, 단속하다 |
| progress | 진보, 전진, 진행하다 | remain | 남다 |
| project | 예측하다, 예상하다 | replace | 대신하다 |
| promote | 촉진하다, 장려하다, 승진시키다 | replenish | 가득 채우다, 보충하다 |
| pronounce | 발음하다, 선언하다 | replicate | 반복하다, 복제하다 |
| prove | 입증하다, 입증되다 | represent | 나타내다, 대표하다, 대리하다 |
| provide | 공급하다 | resign | 그만두다, 사임하다 |
| publish | 발행하다, 널리 알리다 | resist | ~에 거부하다, 저항하다 |
| purge | 깨끗이 하다, 제거하다 | resolve | 결심하다, 해결하다 |
| pursue | 추구하다, 쫓다 | restore | 치료하다, 회복하다 |
| puzzle | 혼란하게 하다 | restrict | 제한하다 |
| raid | 습격하다, 침입하다 | resume | 개시하다, 다시 시작하다, 이력서 |
| rarely | 거의 ~않다 | retail | 소매의, 소매하다 |
| ratify | 승인하다, 비준하다 | retain | 계속 유지하다, 간직하다 |
| ravage | 파괴하다 | reveal | 드러내다, 누설하다 |
| reach | 연락하다 | roam | 방랑하다, 떠돌아다니다 |
| reap | 수확하다 | root | 근원, 뿌리(를 내리다) |
| reassure | 안심시키다 | ruin | 망치다, 파괴하다 |
| recall | 기억나게 하다, 상기시키다 | sanitize | 깨끗하게 보이게 하다, 위생적으로 만들다 |

| | | | |
|---|---|---|---|
| scale | 기어오르다 | submerge | ~을 물에 잠기게 하다 |
| schedule | 예정하다 | submit | 제출하다 |
| scrawl | 갈겨쓰다, 아무렇게나 쓰다 | subordinate | 종속된, 부차적인, 경시하다 |
| seal | 봉인하다 | subside | 가라앉다 |
| secure | 보호하다 | subsidize | 보조금을 지불하다 |
| seek | 추구하다, 찾다 | succumb | 굴복하다 |
| segregate | 차별하다, 분리하다 | sue | 고소하다, 소송을 제기하다 |
| serve | 섬기다, 접대하다, 응대하다, 소용이 되다 | suffer | 고통을 겪다, 경험하다 |
| settle | 해결하다, 결정하다 | suppose | 가정하다, 생각하다 |
| shift | 이동하다, 바꾸다 | surrender | 항복하다 |
| shorten | 줄이다 | sustain | 유지하다, 부양하다 |
| shrink | 감소하다, 줄어들다 | symbolize | 상징하다 |
| sift | 정밀히 조사하다 | tame | 길들이다 |
| simplify | 단순화하다 | tariff | 관세(를 부과하다) |
| sink | 가라앉다 | terrify | 두렵게 하다 |
| slap | 때리다 | threaten | 위협하다 |
| slip | 미끄러지다, 사라지다 | tolerate | 내성이 있다, 참다 |
| soar | (가격 등이) 솟구치다, 오르다 | tout | 크게 선전하다 |
| sought | (seek의 과거형, 과거분사형) 찾다, 추구하다 | transcend | 초월하다, 능가하다 |
| sow | 뿌리다 | transform | 변화시키다 |
| spar | 언쟁하다, 시합하다 | translate | 고치다, 번역하다 |
| speculate | 숙고하다, 추측하다 | trigger | 자극하다 |
| spoil | 망쳐 놓다, 손상시키다 | triple | 3배의, 3배가 되다 |
| stabilize | 안정시키다 | undergo | 겪다 |
| strive | 노력하다, 애쓰다 | undermine | 토대를 허물다, 서서히 쇠퇴시키다 |
| stun | 놀라게 하다 | undertake | 착수하다, 떠맡다 |
| | | unionize | 노동조합을 결성[가입]하다 |

## Noun

| | | | | |
|---|---|---|---|---|
| unveil | 베일을 벗기다, 밝히다 | | abbreviation | 생략, 약어 |
| urge | 강요하다, 몰아대다 | | abduction | 유괴, 탈취 |
| usher | 선구가 되다, 안내를 맡다 | | ability | 능력, 재능 |
| utilize | 이용하다 | | abortion | 낙태 |
| validate | 정당성을 입증하다, 유효하게 하다 | | absenteeism | 장기 부재, 상기 결석 |
| vary | 다양하다 | | abuse | 남용, 학대 |
| vent | 배출하다, 발산하다 | | access | 접근 |
| violate | 위배하다 | | accommodation | 숙박 설비, 적응 |
| void | 무효로 하다 | | acquisition | 습득 |
| vote | 투표하다 | | acropolis | 아크로폴리스, 고대 그리스 도시의 성채 |
| wane | 쇠퇴하다, 약해지다 | | acupuncture | 침술 |
| weave | 엮다, 만들어 내다 | | addition | 추가물, 추가 |
| weigh | 무게를 달다 | | adherence | 고수, 집착 |
| wield | 휘두르다, 지배하다 | | adolescent | 젊은이 |
| withhold | 억누르다, 보류하다 | | advancement | 촉진, 진보 |
| wonder | 이상하게 여기다, 궁금해 하다 | | advantage | 장점 |
| wrap | 싸다 | | advent | 출현, 도래 |
| | | | afterlife | 사후, 내세 |
| | | | agenda | 의제(議題); 비망록 |
| | | | agriculture | 농경, 농업 |
| | | | ailment | 병, 불쾌, 질환 |
| | | | allergy | 알레르기 |
| | | | alliance | 동맹, 결연 |
| | | | ambassador | 대사, 영사 |
| | | | ambiguity | 애매모호함 |
| | | | amenity | 예의, 오락 |
| | | | amount | 양 |

| | | | |
|---|---|---|---|
| amphibian | 양서류 | auction | 경매 |
| analyst | 분석가 | audience | 관객, 청중 |
| announcement | 공고, 발표 | autonomy | 자율, 자치권 |
| annual health exam(=annual checkup) | 연례 건강검진 | awareness | 인식, 관심 |
| anorexia nervosa | 거식증 | bachelor | 학사 |
| anti-addiction | 항중독제 | bandwagon | 억대 차, 인기 정당 |
| antibody | 항체 | barrier | 장벽, 장애 |
| anxiety | 걱정, 불안 | basis | 근간 |
| appetite | 식욕 | battle line | 전선 |
| appliance | 기구 | bearing | 결실, 얻은 것 |
| applicant | 지원자 | beetle | 딱정벌레 |
| application | 적용, 적응, 지원(서) | behavior | 행동 |
| aristocracy | 귀족 계급 | belonging | 소지품 |
| arrival | 도착, 출현 | bibliography | 저작 목록, 문헌 목록 |
| artery | 동맥 | bibliotheca | 장서, 서고 |
| article | 물품; 조항 | bilingualism | 2개 국어를 말하는 능력 |
| artifact | 인공물, 가공품 | billion | 십억 |
| aspect | 면, 측면, 양상 | biodiversity | 생물학적 다양성 |
| assembly | 조립 | biofuel | 생물 연료 |
| asset | 자산, 재산 | bite | 물기 |
| assistance | 원조 | blending | 혼합 |
| association | 협회, 연합 | blindness | 맹목 |
| attention | 주의, 관심 | bloodstream | 혈류 |
| attitude | 태도 | bloody stool | 혈변 |
| attorney | 대리인, 변호사 | blunder | 큰 실책 |
| attraction | 매력, 관광 명소 | boldness | 용감, 대담 |
| attribute | 특징, 특성 | bond | 속박, 유대 |
| | | bookmark | 갈피표 |

| | | | |
|---|---|---|---|
| boon | 이익, 혜택 | catalyst | 촉매 |
| border | 국경, 가장자리 | celebrity | 유명인사 |
| borrower | 빌리는 사람 | cell | 전지 |
| boundary | 경계선, 경계 | censorship | 검열 |
| branch | 부서 | census | 인구조사 |
| breast cancer | 유방암 | certiorari | 서류 이송 명령(서) |
| bronze | 청동 | check | 저지, 견제 |
| buddhism | 불교 | checkup | 검사, 건강진단 |
| budget | 예산 | chemist | 화학자 |
| buildup | 강화, 증강 | chief | 수장, 최고의 |
| bulletin boards | 게시판 | child abuse | 아동 학대 |
| burden | 짐, 부담 | chill | 한기 |
| bureaucracy | 관료 | circulation | 순환 |
| burial | 매장 | circumstance | 상황, 환경 |
| candidate | 지원자, 후보자 | civil war | 내전, 미국 남북전쟁 |
| canning | 통조림 제조업 | civilization | 문명 |
| capability | 능력 | clan | 일족, 일문 |
| capacity | 능력, 용량, 수용력 | clergy | 성직자 |
| cap-and-trade system | 탄소 배출권 거래제 | clergyman | 성직자 |
| capitalism | 자본주의 | client | 소송 의뢰인, 고객 |
| capitol | 미국 국회의사당 | coffin | 관 |
| carbon dioxide | 이산화탄소 | cohesion | 응집력, 결합 |
| cardiologist | 심장전문의 | collaboration | 공동 연구, 협력 |
| cardiology | 심장학 | colleague | 동료, 동급생 |
| career | 직업, 경력 | collection | 수집, 채집 |
| carriage | 탈것, 운송 | colonist | 식민지 주민, 개척자 |
| case | 경우, 사건 | colony | 군락, 식민지 |
| | | combatant | 전투원 |

| | | | |
|---|---|---|---|
| coming of age | 성인 연령 | constraint | 속박, 제약 |
| commitment | 헌신 | consumer | 소비자 |
| communicator | 전달자 | contaminant | 오염 물질 |
| communist | 공산주의자 | context | 맥락, 전후 사정 |
| company | 주식회사, 합자회사 | continent | 대륙, 육지 |
| compensation | 보상(배상금), 수당 | contract | 계약 |
| competency | 재능 | contradiction | 부정, 반대 |
| competition | 경쟁, 시합 | contrast | 대비, 대조 |
| complaint | 불만, 불평 | contribution | 기부, 공헌 |
| complications | 합병증 | conversion | 전환 |
| component | 구성 요소, 성분 | cooperation | 협력, 협동 |
| composition | 구성 | copyright | 저작권, 판권 |
| computerization | 컴퓨터화 | coronation | 대관식 |
| concept | 생각, 개념 | corporate bond | 회사채 |
| conception | 개념 | corporation | 법인, 회사 |
| concern | 걱정, 관심 | corpse | 시체 |
| conference | 회의, 협의 | correlation | 상관관계 |
| confidence | 자신, 확신, 자신감 | correspondence | 조화 |
| confrontation | 대결, 대치 | costume | 의상, 복장 |
| confucianism | 유교 | counter-reformation | |
| Confucius | 공자 | | 개혁에 대한 반대 개혁 |
| confusion | 혼란, 혼동 | courage | 용기 |
| congress | 국회, 연방의회 | courtesy | 예의 바름, 공손 |
| conquest | 정복 | craft | 공예, 수작업 |
| conquistador | 정복자 | cramp | 경련, 쥐 |
| consequence | 결과, 중요성 | craving | 갈망, 열망 |
| constitution | 구조, 설립 | credence | 신용 |
| constitutionality | 합헌성 | credential | 신임장, 증명서 |

| | | | |
|---|---|---|---|
| credit line | 신용 한도 | dependency | 의존(도), 종속물 |
| criteria | criterion의 복수형 | depression | 경기 침체, 우울증 |
| criterion | 기준, 표준 | depth | 깊이, 깊음 |
| critic | 비평가, 평론가 | deregulation | 규제 해제 |
| criticism | 비판, 비난 | descendant | 후손, 자손 |
| crop | 농작(물), 수확 | description | 기술, 묘사, 설명 |
| crossroad | 교차로 | desert | 사막(의) |
| cubism | 입체파, 큐비즘 | desertification | 사막화 |
| culmination | 최고점, 정상 | destruction | 파괴 |
| culprit | 범인, 범죄 용의자 | deterioration | 악화 |
| curriculum | 교육과정, 이수 과정 | developed country | 선진국 |
| custom | 풍습, 관습 | developing country | 개발도상국 |
| customs | 관세; 세관 | devotion | 헌신, 전념 |
| damsel | 소녀, 처녀 | diabetes | 당뇨병 |
| daycare | 탁아, 보육 | diagnosis | 진단, 점검 |
| deadline | 마감 기한 | diarrhea | 설사 |
| decade | 10년 간 | dictator | 독재자 |
| deception | 속임수, 기만 | digester | 소화(제) |
| deference | 복종, 존경 | digestion | 소화, 이해 |
| definition | 정의 | disability | 허약, 장애 |
| deforestation | 삼림 벌채 | disabled | 신체 장애자 |
| deformity | 기형 | disappointment | 실망, 낙심 |
| degree | 정도, 단계 | disaster | 재해 |
| dehydration | 탈수 | discrimination | 차별, 구별 |
| deity | 신, 신성 | discussion | 토론, 의논 |
| democracy | 민주주의 | disintegration | 붕괴, 분해 |
| demonstration | 시연, 설명 | | |
| department | 부서 | | |

| | | | |
|---|---|---|---|
| disorder | 장애, 병 | emergency | 비상사태, 위급 |
| disparity | 차이, 불일치 | emission | 배출, 방출 |
| distinction | 구별, 분별 | emperor | 황제 |
| distribution | 분배, 분포 | emphasis | 중요성, 강조 |
| district | 구역 | empire | 제국, 왕국 |
| doctrine | 교리, 주의 | empiricist | 경험주의자 |
| dose | 1회 복용량, 분량 | employee | 종업원, 고용인 |
| dragonfly | 잠자리 | employment | 고용 |
| drawback | 장애, 훼방 | empowerment | (권한, 권리 등의) 부여, 권한 |
| drinking water | 식수 | enforcement | (법률의) 시행, 집행 |
| dropout | 중퇴자 | enrichment | 성취 |
| drug abuse | 약물 남용 | entity | 독립체 |
| dungeon | 지하 감옥 | enumerator | 조사원, 계수원 |
| eclipse | 쇠퇴 | environment | 환경, 주변 |
| economic slowdown | | epic | 서사시 |
| | 경기 침체 | epidemic | 유행병, 유행성 전염병 |
| ecosystem | 생태계 | equality | 평등 |
| effectiveness | 효율성 | equilibrium | 평형 상태 |
| efficacy | 유효성 | equitable | 공정한 |
| egoism | 이기주의 | equity | 공평 |
| egoist | 이기주의자, 자부심이 강한 사람 | equivalent | 동등한 물건 |
| election | 선거, 당선 | era | 기원, 시대, 연대 |
| electrode | 전극 | establishment | 설립, 창설 |
| electrolysis | 전기 분해법 | ethicist | 윤리학자 |
| element | 요소, 성분 | ethics | 윤리학 |
| eligibility | 적임, 적격 | ethnicity | 민족성 |
| elite | 엘리트 | etiology | 원인론, 인과관계 연구 |
| | | evolution | 발달, 진화 |

| | | | |
|---|---|---|---|
| examination | 검사, 시험 | feudalism | 봉건제 |
| exhibition | 전시회 | fiber | 섬유질, 섬유 |
| expectancy | 기대 | figure | (중요한) 인물, 숫자, 모양 |
| expense | 지출, 비용 | fine art | 순수예술 |
| expert | 전문가 | fitness | 건강함 |
| explanation | 설명 | flexibility | 유연성, 융통성 |
| exploitation | 개발, 약탈 | flip side | 이면, 뒷면 |
| explorer | 탐험가, 조사자 | flood | 홍수 |
| explosion | 급증, 폭발 | floodplain | 범람원 |
| exposure | 노출 | fold | 굽, 겹 |
| expressionism | 표현주의 | foliage | 나뭇잎 |
| extent | 정도 | fondness | 다정함, 취미 |
| extinction | 멸종 | food poisoning | 식중독 |
| fable | 전설, 신화, 꾸며낸 이야기 | foodstuff | 식료품 |
| fabric | 구조, 체계, 조직 | foreman | 우두머리 |
| facet | 한 면, 양상 | forerunner | 선구자, 선각자 |
| fact-checker | 사실 확인(자) | formation | 형성 |
| factor | 요소, 요인 | former | 전자 |
| fad | 일시적 유행 | formula | 공식, 방식 |
| fading | 쇠퇴, 퇴색 | fortune | 운, 행운 |
| fame | 명성 | fossil fuel | 화석연료 |
| famine | 기근 | foundation | 기초 |
| federalist | 연방주의자 | founder | 창건자, 설립자 |
| fee | 비용 | fraction | 파편, 조금 |
| fellow | 동료 | framework | 뼈대, 구성, 조직 |
| fellowship | 동료 의식, 협력 | fraud | 사기 |
| fertility | 비옥, 다산 | fringe | 언저리, 주변 |
| fertilizer | 비료 | function | 기능 |

| | | | |
|---|---|---|---|
| functional illiteracy | 기능 문맹(직업상 필요한 지식이 없는 것) | hegemony | 지배권, 패권 |
| gait | 걸음거리, 보행, 보조 | hemisphere | 반구 |
| gathering society | 채집 사회 | hereafter | 사후, 내세 |
| generation | 세대 | heredity | 유전 |
| generosity | 관대함, 너그러움 | heritage | 세습, 유산 |
| genetic risk | 유전적 위험 | high-tech career | 최첨단 직업 |
| genocide | 대량 학살 | hippocampus | 해마 |
| germplasm | 세포질 | hive | 꿀벌통 |
| gift | 선물, 재능 | homeland | 본국, 조국 |
| gig | 재즈 연주회 | horizon | 지평선, 수평선, 한계 |
| glacier | 빙하 | hospice | 호스피스(말기 환자용 병원) |
| globalist | 세계화주의자 | hospitality | 후대, 환대 |
| goblet | 고블릿, 손잡이 없는 술잔 | hospitalization | 입원 |
| governance | 통치, 지배 | household | 가구, 가사, 가족, 가정 |
| government | 정부, 정치(체제) | humanities | 인문학 |
| graduate school | 대학원 | humankind | 인류, 인간 |
| graffiti | 낙서 | hydrogen | 수소 |
| grain | 곡물, 곡식 | hypersensitivity | 과민증 |
| grassland | 목초지 | hypotheses | 가설 |
| great depression | 대공황 | hypothesis | 가설, 가정 |
| grief | 슬픔 | iceberg | 빙산 |
| growth | 성장, 발전 | identification | 신원 확인, 식별 |
| guardian | 보호자, 수호자 | ideology | 이데올로기, 이념 |
| habitat | 서식지 | illiteracy | 문맹 |
| handful | 소량, 소수 | immigrant | 이민자, 이주민 |
| harvest | 수확, 추수 | immigration | 이민, 이주 |
| health care | 의료 서비스, 보건 | immune system | 면역 기능 |
| | | immunity | 면역, 면제 |

| | | | |
|---|---|---|---|
| implement | 실행, 수행 | insurance | 보험, 대비 |
| implication | 함축, 암시, 함축적 의미 | interest | 이자, 이율 |
| importance | 중요성 | interference | 간섭, 방해 |
| inaccuracy | 부정확 | interpretation | 해석 |
| incentive | 장려책, 우대책 | interrelationship | 상호 관계 |
| incidence | 발생 | interrogation | 심문, 질문 |
| incident | 사건, 부수적인 일 | intervention | 간섭, 개입, 중재 |
| income | 수입 | intolerance | 참을 수 없음 |
| indenture | 계약서, 증서 | introduction | 소개 |
| independence | 독립 | inundation | 범람, 홍수 |
| indicator | 지표 | invasion | 침략, 침입, 쇄도 |
| inequality | 불균형, 불평등 | investigation | 조사 |
| infection | 감염, 전염 | investment | 투자 |
| inflammation | 염증, 점화 | involvement | 관련, 연루, 성가신 일 |
| influx | 유입 | irrigation | 관개 |
| infrastructure | 경제 기반, 기본 조직 | issue | 발행물, (특히 출판물의) 발행 부수 |
| infringement | 위배, 침해 | | |
| initiative | 시작, 주도 | jade | 옥 |
| inoculation | 접종 | jeopardy | 위험 |
| inquiry | 연구, 조사 | joint-stock | 공동자본 |
| inscription | 비문, 새긴 글씨 | justice | 정의, 법관 |
| insecticide | 살충제 | key | 해결책, 열쇠 |
| insomnia | 불면증 | keynote | 원리 원칙, 요지 |
| instance | 사례 | key-phrase | 주요 어구 |
| institution | 기관, 협회, 시설, 세노 | kidney failure | 신부전증 |
| instruction | 교수, 교훈 | kidney | 신장 |
| instrument | 기계, 도구 | kingdom | 왕국 |
| insulin resistance | 인슐린 저항성 | knight | 기사 |

| | | | | |
|---|---|---|---|---|
| lactase | 유당, 락타아제 | mammal | 포유동물 |
| lactose | 젖당, 락토오스 | manufacture | 제조 |
| ladder | 단계, 지위 | manufacturer | 제조 업자, 제조 회사 |
| landmark | 획기적인 사건, 경계표 | manufacturing | 제조, 제조업 |
| landscape | 풍경, 경관 | marble | 대리석 |
| laughter | 웃음(소리) | marijuana | 마리화나 |
| lawn | 잔디밭 | mass media | 매스미디어, 대중매체 |
| lawn-mowing | 잔디 깎기 | mass | 무리, 집단 |
| leading cause | 주요 원인 | master | 석사 |
| legacy | 유산 | masterpiece | 걸작, 대표작 |
| legality | 적법, 합법 | material | 재료, 물질 |
| legislation | 법률 제정, 법령 | mathematician | 수학자 |
| lender | 빌려 주는 사람(기관) | matrix | 행렬, 모체 |
| Liberal arts | 인문 과학, 교양과목 | meal | 식사 |
| librarian | 사서, 도서관원 | means | 방법, 수단 |
| license | 자격증, 면허 | medicaid | 저소득자 의료 보조 |
| linen | 리넨 | medication | 약물, 약물 치료(처리) |
| liner | 여객선, 정기선 | medium | 미디어, 매체 |
| literacy | 읽고 쓰는 능력 | mentor | 스승, 멘토 |
| livelihood | 생계 | messiah | 구세주 |
| livestock | 가축 | metric ton | 미터톤(1000kg) |
| loan | 대부(금) | migration | 이주, 이동 |
| locale | 장소, 현장 | military | 군대 |
| locust | 메뚜기 | minority | 소수 |
| lodging | 숙박 | misery | 비참, 불행 |
| loss | 분실, 상실 | mobility | 움직임, 이동성 |
| loyalty | 충성 | moderation | 절제, 알맞음 |
| majority | 대부분, 다수 | modernization | 현대화 |

| | | | |
|---|---|---|---|
| momentum | (일의 진행에서의) 가속도, 탄력 | nook | 구석, 벽지 |
| monarch | 통치자, 주권자, 군주 | norm | 기준, 전형 |
| monopoly | 독점, 전매 | notion | 개념, 관념 |
| monounsaturated fat | 불포화지방 | obesity | 비만 |
| moot | 모의재판 | objection | 반대 |
| morality | 도덕 | observation | 관찰 |
| mortality rate | 사망률 | obsession | 집념, 강박관념 |
| mother tongue | 모국어 | obstacle | 장애 |
| multiple | 복합적인 배수 | occupation | 직업 |
| mummification | 미라화 | odor | 향기, 냄새 |
| muscle | 근육 | ointment | 연고 |
| mutation | 돌연변이, 변형 | opponent | 상대, 반대자 |
| mythology | 신화 | oracle | 신탁, 계시 |
| nationalism | 민족주의, 애국심 | oratory | 웅변술 |
| natural selection | 자연선택 | order | 명령 |
| nature | 성질, 성격 | origin | 근원, 기원 |
| nausea | 매스꺼움, 배멀미 | ornament | 장식, 장식품 |
| necessity | 필요성 | outbreak | (전쟁, 질병 등의) 발발 |
| nectar | (꽃의) 꿀 | outcome | 결과 |
| need | 요구 | outline | 윤곽, 개략 |
| needle | 바늘 | outlook | 전망, 견해 |
| neighborhood | 이웃 | outpost | 주둔 기지 |
| nerve | 신경 | outsourcing | 아웃소싱, 외주 제작 |
| neuroscientist | 신경 과학자 | parasite | 기생(균)(동물) |
| neurotransmitter | 신경 전달 물질 | participant | 참가지, 관계자 |
| nobility | 귀족계급, 귀족 | participation | 참여, 참가 |
| nobleman | 귀족 | party | 정당 |
| | | passage | 흐름, 통로 |

| | | | |
|---|---|---|---|
| pasture | 목초지, 초원 | plaintiff | 원고, 고소인 |
| patent | 특허권 | plant | 공장 |
| path | 길, 방향 | plantation | 농원, 재배지 |
| pathway | 좁은 길, 오솔길 | plaque | 치석 |
| patient | 환자 | platypus | 오리너구리 |
| patron | 후원자, 단골손님 | plumbing | 배관 공사 |
| patronage | 단골, 후원 | pod | 꼬투리, 깍지 |
| peak | 절정, 최고점 | poetry | 시 |
| peasantry | 소작인 계급, 소농 계급 | poll | 여론조사 |
| pelvis | 골반(뼈) | pollination | 수분 |
| per capita | 1인당 | pollinator | 꽃가루 매개자 |
| perception | 지각, 인식 | pollster | 여론 조사자 |
| performance | 일, 상연 | pollution | 오염, 공해 |
| peristyle | 열주 | popularity | 인기, 대중성 |
| perpetuity | 영속 | population | 인구, 주민 |
| persistence | 끈기 | portrait | 초상화 |
| personality | 성격 | portrayal | 묘사(하기); 기술(description) |
| personnel | 직원, 인사과 | possession | 소유, 재산 |
| pessimist | 비관론자 | practice | 습관, 실행 |
| pest | 해충, 성가신 것 | precaution | 예방책 |
| pesticide | 살충제 | prediction | 예측 |
| petition | 청원, 소송, 탄원 | predictor | 예보자, 예언자 |
| petro-dollar | 오일 달러 | predominance | 우세, 우월 |
| phase | 단계 | pregnancy | 임신 |
| phenomena | phenomenon의 복수형 | prematurity | 조산, 시기상조 |
| phenomenon | 현상 | premise | 전제 |
| physician | (내과)의사 | preparation | 준비 |
| piracy | 저작권 침해, 해적 행위 | preschooler | 취학 전 아동 |

| | | | | |
|---|---|---|---|---|
| presence | 존재, 출석 | | ramification | 분기, 세분화 |
| presentation | 상연, 발표 | | range | 범위, 구역 |
| pretext | 구실, 핑계 | | rating | 평가액, 신용도 |
| prevalence | 보급, 유행 | | real estate | 부동산 |
| preventative | 예방책, 예방 수단 | | realm | 왕국, 영역 |
| prevention | 예방, 저지 | | reassurance | 안심하기 |
| principle | 원리, 원칙 | | receptor | 수용체, 감각기관 |
| priority | 우선순위 | | recession | 불황 |
| privilege | 특권 | | recipient | 수령인, 수신인 |
| productivity | 생산성 | | recognition | 인정, 승인 |
| profession | 직업 | | recovery | 회복 |
| professionalism | 전문성 | | recreation | 휴양, 기분 전환 |
| proliferation | 증식, 번식 | | recruitment | 채용 |
| property | 재산 | | reduction | 감소, 축소 |
| proportion | 비율, 균형 | | referendum | 국민투표 |
| prosperity | 번영, 부유 | | reformation | 개혁 |
| prostitution | 매춘, 변절, 악용 | | regime | 정치제도, 정권 |
| protection | 보호 | | region | 지역, 영역 |
| provision | 조항, 지급량 | | regulation | 규제, 제한 |
| public relations | 홍보, 선전 | | reign | 통치 기간, 지배 |
| publisher | 출판인, 출판사 | | relief | 완화, 안도, 개선, 제거 |
| pumpkin | 호박 | | religion | 종교 |
| pursuit | 추구 | | reluctance | 꺼림 |
| pyre | 장작더미 | | remittance | 송금 |
| quarter | 1/4 | | replacement | 복직 |
| racism | 인종주의 정책 | | republic | 공화국, 공화정 |
| radiation | 방사선, 복사(작용) | | requirement | 요구, 필수 조건 |
| rag | 누더기, 넝마 조각 | | resemblance | 유사, 비슷함 |

| | | | |
|---|---|---|---|
| reserve | 축적 | servant | 하인 |
| reservoir | 저수지, 저장 | setback | 역행 |
| residency | 전문의 실습 기간 | setting | 환경, 배경 |
| resident | 거주자 | settlement | 정착 |
| residue | 잔류물, 잔여물 | settler | 정착민, 개척자 |
| resistance | 저항, 반대 | sewage | 오수, 하수 |
| responsibility | 책임, 책무 | shade | 그늘, 응달 |
| retiree | 퇴직자 | shanty | 판자 집 |
| riot | 폭동 | shortcoming | 결점, 단점 |
| ritual | 의례, 의식 | sick leave | 병가 |
| rote memorization | 기계적 암기 | side effect | 부작용 |
| routine | 정해진 일, 일과 | sight | 견해, 시야 |
| rubber | 고무 | signal | 신호(의), 징후 |
| sailor | 선원 | silt | 실트, 미사 |
| sanctuary | 신성한 장소, 안식처 | silverware | 은그릇 |
| saturated fat | 포화지방 | sin | 죄 |
| scar | 상처, 흉터 | skepticism | 회의론, 무신론 |
| scarcity | 부족, 결핍 | skin rash | 피부 발진, 부스럼 |
| scholarship | 학문, 장학금 | slave | 노예 |
| scope | 범위, 영역 | slavery | 노예제도 |
| sculpture | 조각 | slot | 위치, 지위 |
| search engine | 검색 엔진 | smoking | 흡연 |
| sect | 교파, 당파 | software piracy | 소프트웨어 불법복제 |
| sectarianism | 파벌주의, 당파심 | soil | 토양, 흙 |
| sector | 분야 | sojourn | 위안, 위로 |
| seed | 씨앗, 종자 | sovereign | 군주, 주권 |
| segregation | 분리, 차별 대우 | span | 얼마 안 되는 범위, 짧은 기간 |
| senate | 의회 | specialist | 전문가 |

| | | | |
|---|---|---|---|
| sphere | 영역 | structure | 구조 |
| sponsor | 후원자 | studio | 원룸 |
| spontaneity | 자연 발생 | stylus | 철필 |
| spouse | 배우자 | subject | 주제 |
| stability | 안정성, 견고함 | subsidy | 보조금 |
| stabilization | 안정 | subsistence | 생존 |
| stamina | 지구력, 체력 | substance | 물질, 본질 |
| stance | 태도, 입장 | success | 성공 |
| standard | 기준, 표준 | superiority | 우월 |
| standpoint | 시점, 관점 | supervision | 감독, 관리 |
| starvation | 기아, 아사 | supply and demand | 수요와 공급 |
| starving | 굶어 죽는 것, 아사 | | |
| state | 상태 | supremacy | 최고 주권 |
| statement | 진술 | Supreme Court | 대법원 |
| statistic | 통계치 | surveillance | 감시, 감독 |
| statistics | 통계 자료들, 통계학 | survey | 조사, 검사 |
| statue | 상, 조각상 | susceptibility | 민감, 감수성 |
| status | 지위, 신분 상태 | swallow | 삼킴 |
| still-life | 정물화 | symmetry | 대칭, 균형 |
| stimuli | stimulus의 복수 | symptom | 증상, 징후 |
| stimulus | 동기, 자극 | tablet | 정제 |
| stock | 축적, 저장 | tactic | 전략, 방법 |
| stockbroker | 주식 중매인, 브로커 | taoism | 도교 |
| stock-market | 주식시장 | tap water | 수돗물 |
| strain | 계통, 성질, 변종 | task | 직무, 과제 |
| strategist | 전략가, 책사 | taxation | 과세, 징세 |
| strategy | 전략, 교묘한 운용 | technocrat | 기술자(과학자) 출신 관리자 |
| strip | 한 조각 | temple | 신전, 사원, 절 |

| | | | | |
|---|---|---|---|
| tenant | 임차인 | tool | 도구, 수단 |
| tendency | 경향 | tourist spot | 관광 명소 |
| tension | 긴장 | trade | 무역, 거래 |
| term | 기간, 조건, 용어, 학기 | tradition | 전통 |
| termination | 종료, 만료 | tragedy | 비극, 참사 |
| termite | 흰개미 | trait | 특징, 특색 |
| terrain | 지역, 지대 | transformation | 변형 |
| territory | 영토, 지역 | transition | 이행 |
| textile | 직물 | transmission | 전염, 전달 |
| the needy(=the poor) | 가난한 사람들 | transportation | 수송, 운송 |
| the poor | 가난한 사람들 | trapper | 덫을 놓는 사람 |
| the pros and cons | 찬반론, 찬성과 반대 | treatment | 치료, 대우 |
| theology | 신학 | treaty | 조약 |
| theory | 학설, 이론 | trial | 시도, 재판, 공판 |
| therapy | 치료 | tribute system | 조공제도 |
| thief | 도둑, 절도 | troop | 군대 |
| thievery | 도둑질 | turning point | 전환점, 분기 |
| thinness | 마름, 수척함 | turtle | 거북 |
| threat | 위협, 협박 | two thirds | 3분의 2 |
| three-dimensional | 3차원 | undertaking | 사업, 인수 |
| throat | 목구멍, 인후 | unemployment rate | 실업률 |
| throne | 왕좌, 왕위 | unemployment | 실직, 실업 |
| timber | 재목 | union | 노조, 결합 |
| times | 배, 곱 | unit | 공장, 단위 |
| title | 표제, 직함 | upheaval | 대변동 |
| toll | 가격, 희생, 대가(=bade) | ups and downs | 기복, 오르내림 |
| tomb | 무덤 | upset stomach | 위장 장애 |

| | | | |
|---|---|---|---|
| uptake | 이해, 들어 올리기 | workplace | 직장, 일터 |
| urbanization | 도시화 | youthfulness | 젊음 |
| variation | 차이, 변화 | | |
| vassal | (봉건시대의) 가신, 종속자 | | |
| vegetation | 초목 | | |
| vehicle | 차, 탈것 | | |
| ventilation | 통풍, 환기 | | |
| verdict | 판결 | | |
| vessel | 용기, 배 | | |
| victim | 희생자, 피해자 | | |
| viewpoint | 견해, 관점 | | |
| vigor | 활력 | | |
| violence | 폭력 | | |
| vision | 시력, 환상 | | |
| vomit | 구토 | | |
| vomiting | 구토 | | |
| voyage | 항해 | | |
| vulnerability | 취약성 | | |
| waiver | 권리 포기(증서) | | |
| warranty | 품질 보증, 보증 | | |
| wastewater | 폐수, 오수 | | |
| weather | 날씨 | | |
| wilderness | 황무지, 미개지 | | |
| wildlife | 야생생물 | | |
| willingness | 기꺼이 하는 마음 | | |
| winery | 포도주 양조장 | | |
| wit | 지력, 재치 | | |
| workforce | 노동자, 노동력 | | |

## Verb & Noun

| | | | |
|---|---|---|---|
| address | (문제 등을) 다루다, 연설하다, 연설, 주소 | facility | 편하게 하다, 시설, 기능 |
| advocate | 주장하다, 변호사, 옹호자 | feature | 특징을 이루다, 용모 |
| aid | 돕다, 도움 | force | 강요하다, 힘 |
| appeal | 애원(하다), 호소(하다) | fund | 기금(을 대다), 지원하다 |
| approach | 다가오다, 접근 | grasp | 붙잡다, 쥐다, 이해하다, 움켜 잡기 |
| censor | 검열하다, 검열관 | impact | 충돌(하다), 영향 |
| clot | 응고시키다, 엉긴 덩어리 | influence | 영향(을 미치다) |
| coin | (새로운 어구를) 만들다, 동전 | input | 투입(하다) |
| comment | 논평하다, 설명하다, 논평 | interfere | 간섭(하다), 개입(하다) |
| commission | 위임(하다); 수수료 | journey | 여행(하다), 여정 |
| complement | 보충(하다) | labor | 노동(하다), 근로 |
| compost | 퇴비(를 주다) | link | 연결하다, 관련성 |
| compromise | 위태롭게 하다, 손상시키다, 타협하여 해결하다, 타협, 절충안 | manure | 거름(을 주다) |
| conduct | 수행하다, 행동하다, 행위, 경영 | mate | 교미하다, 동료, 배우자 |
| conflict | 갈등(하다), 충돌하다, 갈등, 분쟁 | measure | 재다, 측정하다, 기준, 척도, 수단 |
| delegate | 대표하다, 파견단 | prompt | 고무(하다), 격려 |
| demand | 요구(하다) | rupture | 찢어지다, 파열하다, 파열 |
| discipline | 훈련시키다, 단련시키다, 규율, 훈련 | shelter | 보호하다, 피난(처) |
| divorce | 이혼(하다) | spot | 발견하다, 장소 |
| document | 기록하다, 서류 | struggle | 투쟁하다, 저항하다, 투쟁, 싸움 |
| drain | 배수하다, 고갈시키다, 비우다 유출, 소모 | suspect | 의심하다, 용의자 |
| effect | 결과(를 가져오다), 영향 | target | 목표로 삼다, 목표 |
| encounter | 마주치다, 접촉, 만남 | tie | 묶다, 속박하다, 끈 |
| endeavor | 노력하다, 노력, 시도 | transfer | 옮기다, 이동(하다) |
| | | upset | 화나게 하다, 속상한, 곤경 |
| | | witness | 목격하다, 증인 |

## Adjective & Adverb

| | | | |
|---|---|---|---|
| absent | 부재의 | annual | 매년, 연례의 |
| absolute | 절대적인 | annually | 매년 |
| abundant | 풍부한 | antidepressant | 항울성의, 항울제 |
| abusive | 남용된, 악용된 | antiquated | 고풍스런, 오래된 |
| accidental | 우연한 | apart | 떨어져, 다른 |
| accurate | 정확한, 올바른 | apathetic | 무관심한 |
| acutely | 날카롭게 | apelike | 원숭이 같은, 유인원 |
| adaptive | 적응하는 | apparent | 명백한, 분명한 |
| addictive | 습관성(중독성)의 | apparently | 외관상으로 |
| additional | 추가적인 | appealing | 매력적인 |
| additionally | 게다가, 이밖에도 | applicable | 적용 가능한, 적절한 |
| adequate | 알맞은, 충분한, 적합한, 적절한 | archaeological | 고고학적인, 고고학상의 |
| adequately | 상응하게, 충분하게 | archeological | 고고학적인 |
| adjusted | 조절된, 적응한 | architectural | 건축학의 |
| aesthetic | 미의, 미학(의) | arctic | 북극의 |
| affected | 영향을 미친, 감동한 | arguably | 논의의 여지가 있지만 |
| affective | 정서적인 | astonishing | 놀라게 하는 |
| affordable | 알맞은, 감당할 수 있는, 지불 가능한 (금액) | at-risk | 위험한 상태에 |
| | | attributable | 기인하는, ~에 돌릴 수 있는 |
| agrarian | 농지의, 농민의 | autumnal | 가을의 |
| alarming | 놀라게 하는, 위급한 | available | 이용할 수 있는, 유효한 |
| alcoholic | 알코올 중독성의 | average | 평균(의) |
| alien | 이질적인 | avian | 조류의, 새의 |
| alike | 서로 닮은 | based | ~에 근거를 둔 |
| alternative | 대안의 | basically | 기본적으로, 기조석으로 |
| ambitious | 야망 있는 | beforehand | 미리, 사전에 |
| ancient | 고대의, 옛날의 | behavioral | 행동의, 행동에 관한 |
| anguished | 괴로움을 느끼는, 괴로운 | beneficial | 유익한, 이로운 |

| | | | |
|---|---|---|---|
| benevolent | 자비로운, 인자한 | complicit | 공범인, 공모한 |
| beyond | ~을 넘어서 | compound | 혼합의, 합성물 |
| bitter | 쓴 | comprehensive | 이해가 되는, 광범위한 |
| bitterly | 비통하게, 격렬히 | compromised | 면역 반응 따위가 제대로 발휘 되지 못하는 |
| blooming | 활짝 꽃핀 | | |
| breathtaking | 깜짝 놀랄만한, 흥분시키는 | concerning | ~에 관하여 |
| briefly | 요약해서, 일시적으로 | confident | 자신감 있는, 확신 있는 |
| brilliant | 빛나는, 훌륭한 | confrontational | 대치되는, 모순되는 |
| briskly | 활발하게 | confucian | 유교의, 공자의 |
| broad | 폭이 넓은, 광대한 | confused | 혼란스러운, 당황한 |
| brutish | 짐승 같은 | consequently | 결과적으로, 그 결과로 |
| candid | 솔직한, 공평한 | conservative | 보수적인 |
| catastrophic | 비극적인, 파멸의 | considerable | 상당한 |
| certain | 확실한, 어떤 | considerably | 상당히, 꽤 |
| certainly | 확실히 | consistent | 밀접하게 결합된, 일치하는 |
| certified | 인증된, 검증된 | constant | 끊임없는, 지속적인 |
| chosen | 선택한, 선발된 | constantly | 끊임없이 |
| chronic | 만성의, 고질병이 있는 | constitutional | 헌법의 |
| clinical | 임상의 | consummate | 완벽한, 능숙한 |
| coastal | 근해의 | contemporary | 같은 시대의, 현시대의 |
| collaborative | 공동의 | continuously | 계속해서, 연속적으로 |
| colored | 착색된, 유색의 | controversial | 쟁점이 되는 |
| comfortably | 편안하게, 쾌적하게 | conventional | 전통에 따른, 상투적인 |
| commercial | 상업상의 | cooperative | 협력적인 |
| commonplace | 흔한, 평범한 | coronary | 관상동맥의, 심장의 |
| compassionate | 연민하는, 동정하는 | cost-efficient | 비용 효율적인 |
| complex | 복잡한, 복합지, 대단지 | costly | 값이 비싼, 손해가 많은 |
| complicated | 복잡한 | countless | 셀 수 없는, 무수한 |

| | | | |
|---|---|---|---|
| creeping | 기는, 기어 돌아다니는 | dominant | 지배적인, 우세한 |
| critical | 결정적인, 중요한 | downhill | 내리막의, 언덕 아래에 |
| crucial | 결정적인, 매우 중요한 | downright | 노골적인, 영락없는 |
| curative | 치유력이 있는 | dramatic | 극적인 |
| current | 현재의 | dramatically | 극적으로, 급격하게 |
| daring | 대담한, 참신한 | drowsy | 졸리는, 꾸벅꾸벅 조는 |
| deadly | 치명적인 | Dutch | 네덜란드의 |
| deceased | 사망한 | eager | 열망하는 |
| decent | 좋은, 예의 바른 | earthly | 지상의, 지구의 |
| deconstructive | 해제적인, 탈구축적인 | ecological | 생태학의 |
| defenseless | 무방비의, 방어할 수 없는 | ecologically | 생태적으로 |
| deliberate | 신중한, 고의의 | efficient | 능률적인 |
| democratic | 민주주의의 | elaborate | 정교한, 복잡한 |
| demographic | 인구 통계학의 | elderly | 나이가 지긋한 |
| depressive | 낙담시키는, 우울하게 하는 | elected | 선출된 |
| destructive | 파괴적인 | elsewhere | 어떤 딴 곳에 |
| deterrent | 단념하게 하는, 방해하는 | embarrassed | 당황한, 난처한 |
| detrimental | 해로운, 이롭지 못한 | embarrassing | 당황하게 하는, 당혹스럽게 하는 |
| devastating | 엄청난, 황폐화시키는 | emerging | 최근에 생겨난, 신생의 |
| developing | 개발 중인, 개발도상국의 | enabling | 권능을 부여하는, 합법화하는 |
| devised | 고안된, 제안된 | endangered | 멸종 위기에 처한 |
| differently | 다르게 | enlightening | 계몽적인 |
| diplomatic | 외교의 | entire | 전체의, 완전한 |
| discriminatory | 식별하는 | entrenched | 깊게 뿌리박힌 |
| distinct | 별개의, 뚜렷한 | environmentally | 환경 보호적으로 |
| distorted | 왜곡된 | especially | 특히, 특별히 |
| diverse | 다른 종류의, 다른 | esthetic | 미의, 미학의 |
| divisive | 나누어지는, 분열을 초래하는 | | |

| | | | |
|---|---|---|---|
| ethical | 도덕적인, 윤리의 | fluid | 유동성의 |
| ethnic | 민족의, 종족의, 인종의 | focal | 중심의, 초점의 |
| even | 균등한, 짝수의 | following | 다음의, 뒤따르는 |
| evenly | 고르게, 평등하게 | forbidden | 금지된 |
| eventually | 결국, 마침내 | foremost | 가장 중요한 |
| evident | 분명한 | foreseeable | 예견할 수 있는 |
| exact | 정확한, 정밀한 | formal | 공식적인, 격식을 차린 |
| excessive | 과도한 | fossil | 화석의, 시대에 뒤진, 화석 |
| explanatory | 설명을 위한, 주석적인 | foundational | 기본의, 기초적인 |
| extensively | 널리, 광범위하게 | frequently | 종종, 빈번하게 |
| extraordinary | 비범한, 예사롭지 않은 | friendly | 친절한 |
| facial | 얼굴의, 표면상의 | full-scale | 전면적인 |
| factional | 파벌적인 | fundamental | 근본적인 |
| fallow | 휴경된, 개간하지 않은 | further | 더 먼, 더 앞의 |
| fascinated | 매혹된, 마음을 뺏긴 | furthermore | 더욱이, 게다가 |
| fascinating | 매혹적인 | futile | 헛된, 효과 없는 |
| fatal | 치명적인, 운명의 | genetic | 유전자의, 유전 |
| fatigued | 지친 | genuine | 진짜의, 참의 |
| favorable | 호의적인, 유리한 | geographical | 지리학의 |
| feasible | 실행 가능한, 있음직한 | gestational | 임신 기간의, 잉태한 |
| fertile | 기름진, 비옥한 | gifted | 타고난 |
| feudal | 봉건의 | gigantic | 거대한 |
| few | 거의 없는 | graduated | 등급을 매긴, 누진적인 |
| financial | 재정적인, 금융의 | grand | 웅장한, 원대한 |
| flaming | 불타는 | haggard | 사나운, 몹시 수척한 |
| flat | 균일한, 평평한 | harmful | 유해한 |
| flawed | 흠이 있는 | harsh | 거친, 가혹한 |
| flexible | 유연한, 융통성 있는 | hazardous | 위험한 |

| | | | |
|---|---|---|---|
| head-on | 정면 충돌의, 정면의 | indicative | 의미하는, 암시하는 |
| heavily | 몹시, 무겁게 | indigenous | 고유의, 토착의 |
| highland | 고지대의 | indirectly | 간접적으로 |
| hilarious | 우스운, 재미있는 | industrial | 산업상의, 공업상의 |
| historic | 역사적인, 역사의 | industrious | 근면한, 부지런한 |
| holistic | 총체적인, 전체론의 | ineffective | 비효과적인 |
| homeless | 집 없는 | inevitable | 피할 수 없는, 불가피한 |
| horizontally | 수평으로 | inexpensive | 저렴한, 비싸지 않은 |
| horrible | 역겨운, 무서운 | infected | 감염된 |
| hostile | 적대적인 | inferior | 열등한, 하위의 |
| hugely | 거대하게, 엄청나게 | inflammatory | 염증성의, 격렬하게 하는 |
| ideal | 이상적인, 이상 | inflexible | 유연하지 못한 |
| identical | 같은, 동일한 | informal | 비격식의, 형식을 따지지 않는 |
| illegal | 불법(위법)의 | informing | 교육적인 |
| illegible | 읽기 어려운 | inherently | 타고나서, 본질적으로 |
| illicit | 불법의, 금기의 | inhumane | 비인간적인, 잔인한 |
| immature | 미숙한, 미완성의 | initial | 처음의, 최초의 |
| immediately | 곧, 즉각 | initially | 처음에 |
| impressionist | 인상주의의, 인상주의자 | instrumental | 수단이 되는, 유익한 |
| impressive | 강한 인상을 주는, 감명 깊은 | insured | 보험에 가입한 |
| inactive | 비활동적인, 정지하고 있는 | intact | 손상되지 않은, 완전한 |
| incidentally | 우연히 | integral | 없어서는 안 될 |
| inclusive | 포용적인, 포함하여 | integrated | 평등한, 통합된 |
| incompatible | 비교할 수 없는, 비길 데 없는 | intellectual | 지적인, 지성의 |
| increasingly | 점점 더 | intensive | 강력한, 집중적인 |
| indeed | 실로, 참으로 | interactive | 서로 작동하는, 영향을 미치는 |
| indelible | 지울 수 없는, 잊혀지지 않는 | internal | 내부의, 내면적인 |
| indestructible | 불멸의, 파괴할 수 없는 | interventional | 사이에 있는, 개입된 |

| | | | |
|---|---|---|---|
| irreversible | 돌이킬 수 없는 | maiden | 처녀의 |
| judicial | 사법의 | make-shift | 임시방편의 |
| juvenile | 청소년의 | malignant | 극히 해로운, 악성의 |
| knowable | 알 수 있는, 인식할 수 있는 | marvelous | 놀라운 |
| knowledgeable | 지식 있는, 아는 것이 많은 | massive | 거대한, 막대한 |
| labor-intensive | 노동 집약적인 | mathematical | 수리적인 |
| largely | 주로, 대부분 | mature | 성숙한 |
| lasting | 영속하는, 지속하는 | meanwhile | 그러는 동안에 |
| late-onset | 후발성의, 고령에 발생하는 | measurable | 측정할 수 있는 |
| latter | 후자의, 뒤쪽의 | mechanical | 기계상의, 기계적인 |
| lazy | 게으른 | menopausal | 폐경기의 |
| leading | 주요한 | merely | 단지, 그저 |
| lean | 야윈, 마른 | metabolic | 신진대사의 |
| legal | 합법의 | microbial | 미생물의, 세균의 |
| legendary | 전설의 | migratory | 이주하는 |
| legitimate | 정당한, 합법적인, 이치에 맞는 | mild | 순한, 온후한 |
| life-threatening | 생존을 위협하는 | militant | 투쟁적인 |
| lightly | 가볍게, 부드럽게 | minded | ~에 마음이 있는 |
| likewise | 마찬가지로 | minor | 소수의 |
| lingering | 꾸물거리는 | misleading | 오해시키는, 혼동케 하는 |
| literally | 글자 그대로 | moderate | 보통의, 중간 정도의, 적당한 |
| literate | 글을 읽고 쓸 줄 아는, 교양 있는 | monumental | 기념비의 |
| | | moral | 도덕상의 |
| long-tailed | 꼬리가 긴 | morally | 도덕적으로 |
| loosely | 느슨하게, 막연하게 | moreover | 더욱이, 게다가 |
| lopsided | 한쪽으로 치우친 | mostly | 대개, 주로 |
| lowland | 저지대의 | motivated | 자극 받은, 동기가 부여된 |
| luxurious | 화려한, 사치스러운 | moveable | 움직일 수 있는 |

| | | | |
|---|---|---|---|
| multi-ethnic | 다종족(의) | opposite | 반대편의, 정반대의 |
| mutual | 서로의, 공통의 | oppressive | 억압하는 |
| myriad | 무수한 | optimal | 최저이, 최상의 |
| mythological | 신화의 | optimist | 낙관적인, 낙천가 |
| nasty | 더러운, 불쾌한 | optimistic | 낙관적인 |
| nationwide | 전국적인 | otherwise | 다른 |
| nearly | 거의, 대부분 | outright | 철저한, 완전한 |
| neatly | 깔끔하게 | outstanding | 현저한, 걸출한 |
| neotropical | 신열대구의(북회귀선 이남의 신대륙) | overall | 전반적인 |
| net | 순, 정가의 | overt | 분명한, 명백한 |
| neutral | 중립의 | overtime(= with time) | |
| nevertheless | 그럼에도 불구하고 | | 시간이 흐름에 따라 |
| newsworthy | 보도 가치가 있는 | overwhelming | 압도적인, 극도의 |
| nomadic | 유목의, 방랑의 | painstaking | 노고를 아끼지 않는, 공들이는, 근면한 |
| nonetheless | 그럼에도 불구하고 | painted | 그린, 색칠한 |
| nontraditional | 비전통적인, 비관습적인 | pandemic | 전국적인, 유행하는, 일반적인 |
| nonverbal | 비언어적인 | participant | 참여하는 |
| noticeable | 눈에 띄는 | particular | 특수한, 상세한 |
| nursing | 요양하는, 간호하는 | passive | 수동의 |
| obese | 비만의, 지나치게 살찐 | pediatric | 소아과의 |
| objective | 객관적인 | perceptible | 지각할 수 있는 |
| obviously | 명백히, 분명히 | perceptual | 지각의, 지각이 있는 |
| odd | 홀수의 | perhaps | 어쩌면, 아마 |
| offensive | 불쾌한, 공격적인 | periodic | 주기적인 |
| official | 직무상의 | peripheral | 주위의, 주변의 |
| ongoing | 계속 진행 중인 | permanent | 영구적인 |
| operational | 운영(가동)상의 | personally | 개인적으로 |

| | | | | |
|---|---|---|---|
| pessimistic | 비관적인 | profound | 깊은, 심오한 |
| physical | 물리적인, 육체의 | progressive | 급진적인, 누진적인 |
| piercing | 찌르는, 꿰뚫는 | prolonged | 오래 끄는, 장기의 |
| pointless | 무의미한, 요령 없는 | pronounced | 명백한 |
| politic | 현명한, 책략적인 | protestant | 개신교의, 프로테스탄트의 |
| popularist | 대중의 인기를 얻는 | publicly-funded | 국가에 의해 지원되는 |
| postmenopausal | 폐경기 후의 | racial | 인종의, 종족의 |
| potent | 강력한, 유력한 | radical | 급진적인, 급격한 |
| potential | 잠재적인, 가능성(이 있는) | rapidly | 급속히, 급격히 |
| potentially | 잠재적으로 | rare | 드문, 진기한 |
| practical | 실용적인, 실제적인 | rather | 오히려, 얼마간 |
| precious | 귀중한 | rational | 합리적인, 이성적인 |
| predictable | 예측할 수 있는 | raw | 그대로의 |
| predominantly | 뚜렷하게, 두드러지게 | reasonable | 도리에 맞는, 정당한 |
| pregnant | 임신한 | rebellious | 반역하는, 모의하는 |
| preliminary | 예비의, 서두의 | recent | 최근에, 최근의 |
| prerequisite | 없어서는 안 될 | recently | 요즈음, 근래(최근)에 |
| prestigious | 유명한, 일류의 | reduced | 감소한, 인하한 |
| prevalent | 널리 퍼진, 유행하는 | refined | 정제된, 세련된 |
| preventive | 예방의, 예방을 위한 | relatively | 비교적 |
| previous | 이전의 | religious | 종교적인 |
| previously | 전에 | remarkable | 놀랄 만한, 주목할 만한 |
| prewar | 전쟁 전의 | renewable | 갱신 가능한, 다시 시작 가능한 |
| prime | 제1의, 으뜸의 | renowned | 유명한 |
| primitive | 원시의, 근본의 | resilient | 회복력이 있는, 탄력 있는 |
| proactively | 선행학습에 영향 받아, 사전 대책을 강구해 | respectively | 각각 |
| professionally | 직업적으로 | responsive | 응답의, 반응하는 |
| | | rewarding | 보람 있는, 수익이 많은 |

| | | | | |
|---|---|---|---|
| rigid | 단단한, 완고한, 불굴의 | shifting | 이동하는, 바뀌는 |
| rigidly | 굳게, 완고하게 | significant | 중요한 상당한, 의미 있는 |
| ritualistic | 의식의 | significantly | 상당히, 두드러지게 |
| roughly | 대략적으로 | similar | 비슷한, 유사한 |
| routinely | 정기적으로 | simultaneous | 동시에 일어나는 |
| royal | 왕의 | skeptical | 회의적인, 의심하는 |
| rural | 시골의, 전원의 | skilled | 숙련된, 노련한 |
| sacred | 종교적인, 신성한 | slippery | 유동적인 |
| satisfactory | 만족스러운 | societal | 사회의, 사회 활동의 |
| saturate | 포화된, 스며든 | socioeconomic | 사회 경제적인 |
| scarce | 부족한 | sole | 유일한, 단 하나의 |
| scared | 겁에 질린 | somehow | 어떻게든 하여, 웬일인지 |
| scholarly | 학문적인, 학술적인 | somewhat | 다소, 어느 정도 |
| sculptural | 조각의 | sound | 건전한, 건실한 |
| seasonal | 계절의, 계절에 의한 | specific | 구체적인, 정확한 |
| second-hand | 중고의 | specifically | 명확하게 |
| secretarial | 비서의 | spiritual | 정신적인 |
| secular | 세속적인, 속세의 | stable | 안정된 |
| sedentary | 늘 앉아만 있는, 앉은 자세의 | stagnant | 침체한, 고어 있는 |
| seeming | 겉으로는 | steadfastly | 확고히 |
| selectively | 선택적으로 | steadily | 끊임없이 |
| self-interest | 이기심, 사리사욕 | steady | 확고한 |
| self-serving | 자기 이익만을 도모하는, 이기적인 | steep | 급격한 |
| several | 몇몇의 | steeply | 가파르게 |
| severe | 극심한, 가혹한 | storied | 잘 알려진, 유명한 |
| sharp | 분명한 | straightforward | 간단한, 쉬운, 솔직한 |
| sharply | 급격하게, 심하게 | strategic | 전략적인, 전술의 |
| | | strategically | 전략적으로 |

| | | | |
|---|---|---|---|
| strenuous | 불굴의, 활발한 | thoroughgoing | 철두철미한, 전적인 |
| stylistic | 문체의 | thoroughly | 완전히, 철저하게 |
| subjective | 주관적인 | threatening | 위협적인 |
| subsequent | 다음의, 뒤이은 | thriving | 번성(번영)하는, 성대한 |
| subsequently | 그 후에, 다음에 | through | ~을 통하여 |
| substantial | 대단한, 상당한 | thus | 그래서, 그러므로 |
| substantially | 상당하게, 단단하게, 실제로 | time-consuming | 시간이 소비되는 |
| subtle | 미묘한, 교묘한 | tiny | 아주 작은, 조그마한 |
| suburban | 교외의 | tough | 거친, 어려운 |
| subversive | 파괴하는, 위험인물 | tragically | 비극적으로 |
| successful | 성공한, 출세한 | transferable | 옮길 수 있는 |
| sufficient | 충분한 | transparent | 투명한 |
| suicidal | 자살의, 자살적인 | tremendous | 거대한, 격렬한 |
| suitable | 적당한, 적절한 | tropical | 열대의 |
| superficial | 표면적인 | troublesome | 성가신, 골치 아픈 |
| susceptible | 영향을 받기 쉬운 | typically | 전형적으로, 일반적으로 |
| sustainable | 지속 가능한, 유지 가능한 | ultimate | 최후의 |
| symbiotic | 공생의 | ultimately | 궁극적으로 |
| symbolic | 상징하는 | unacceptable | 받아들이기 어려운 |
| synthetic | 합성의 | uncomfortable | 불편한, 기분이 언짢은 |
| talented | 재능이 있는 | undemocratic | 비민주적인 |
| tangible | 만져 알 수 있는, 명백한 | underdeveloped | 저개발의 |
| territorial | 영토의, 세력의 | underrepresented | 불충분하게 대표[표시]된 |
| therapeutic | 치료(법)의 | underway | 진행 중인 |
| thereafter | 그 이후, 그 뒤로 | undesirable | 불쾌한, 바람직하지 않은 |
| thick | 걸쭉한, 진한 | uneven | 불균등한 |
| thorny | 가시가 있는, 골치 아픈 | unfortunately | 불행하게도, 유감스럽게도 |
| thorough | 철저한, 완전한 | uninsured | 보험에 들지 않은 |

| unintended | 의도하지 않은, 계획하지 않은 |
| --- | --- |
| unique | 독특한, 특유의 |
| universal | 보편적인 |
| unlikely | 있음직하지 않은, 성공할 것 같지 않은 |
| unmatched | 비길 데 없는 |
| unnoticed | 눈에 띄지 않는, 간과되는 |
| unpleasant | 불쾌한 |
| unprecedented | 전례 없는 |
| unsinkable | 가라앉지 않는 |
| untouched | 자연 그대로의, 영향 받지 않은 |
| upright | 직립의, 수직의 |
| urban | 도시의 |
| useful | 유용한 |
| utmost | 최고로, 가장 |
| vacant | 비어 있는, 결원의 |
| various | 다양한 |
| vast | 광대한, 막대한 |
| verbal | 말의, 구두의 |
| vertical | 수직의 |
| veteran | 노련한, 베테랑 |
| vibrant | 활기찬, 생기가 넘치는 |
| vigorous | 격렬한, 원기 왕성한 |
| vigorously | 발랄하게, 힘차게 |
| violent | 폭력적인, 난폭한 |
| virtual | 가상의, 사실상의 |
| virtually | 사실상, 거의 |
| visible | 나타나는, 명백한 |

| vitally | 치명적으로, 극히 중요하게 |
| --- | --- |
| voracious | 열성적인, 게걸스레 먹는 |
| vulnerable | 상처받기 쉬운, 취약한 |
| wan | 병약한, 창백한 |
| wary | 조심성 있는, 방심하지 않는 |
| well off | 부유한 |
| well-designed | 잘 계획[설치]된 |
| well-informed | 박식한 |
| well-rounded | 다재다능한, 박식한 |
| whereby | 무엇에 의하여, ～하는 바의 |
| widely | 널리, 폭넓게 |
| widespread | 널리 보급된, 광범위한 |
| willingly | 기꺼이 |
| worldly | 세속적인, 속되게 |
| worldwide | 전 세계적인 |
| worth | ～의 가치가 있는 |
| yearly | 매년 |
| year-round | 연중 내내 계속되는 |

## Preposition & Conjunction

| | |
|---|---|
| concerning | ~에 관하여 |
| given | ~을 고려하면(=considering), 만약, 가정하면 |
| including | ~을 포함하여 |
| throughout | 도처에, 내내 |
| thus | 그래서, 그러므로 |
| unlike | ~와 달리 |
| versus | ~와 비교하여 |
| whereas | ~에 반하여 |
| whether | ~인지 어떤지, ~이든지 아니든지 |
| while | 반면에 |

## Idiom

| | |
|---|---|
| along with | ~을 따라 |
| apart from | ~은 별개 문제로 하고 |
| aside from | ~을 제외하고, ~은 제쳐 놓고 |
| boiling over | 끓어 넘치다 |
| break into | 침입하다, 침범하다 |
| break the ice | 긴장을 풀게 하다, 서먹서먹한 침묵을 깨다 |
| bump up | 인상하다, 늘리다 |
| crash into | ~에 들이박다 |
| dare to | 감히 ~하다 |
| each other | 서로 |
| enable to | ~을 가능하게 하다 |
| engage in | 참가하다, 종사하다, ~에 착수하다, 약속하다, 예약하다 |
| enough to | ~하기에 충분한 |
| equate A with(to) B | A와 B를 동일시하다 |
| established in | ~에 설립되다 |
| even if | 비록 ~할지라도 |
| every 5 years | 매 5년 마다 |
| fade away | 사라져 버리다 |
| far away from | ~로부터 멀리 떨어진 |
| far from(= never) | 결코 ~이 아니다 |
| focus on | 집중시키다 |
| focus on(= concentrate on) | ~에 집중하다, ~에 초점을 맞추다 |
| for good | 영원히 |
| for instance | 예를 들면 |

| | | | |
|---|---|---|---|
| for the time being | 당분간은 | in ~ing | ~할 때 |
| free of charge | 무료로 | in a bid to | ~하려고, ~할 목적으로 |
| from the perspective of | ~의 관점에서 본다면 | in a big way | 대규모로, 사치스럽게 |
| gain access to | ~에 접근하다 | in actuality | 실제로, 현실적으로 |
| gear up | 준비시키다 | in addition | 게다가, 더구나 |
| get a hold of | ~와 연락이 되다 | in addition to | 게다가 |
| get stuck | ~을 시작하다, ~에 분발하다 | in charge of | ~을 맡고 있는, 담당의 |
| get through | 통과하다 | in comparison to | ~와 비교하면 |
| get up | 일어나다, 올리다 | in comparison with | ~와 비교해 볼 때 |
| give rise to | 초래하다, 일으키다 | in contrast with | ~와 대조를 이루어, ~와는 현저히 다르게 |
| give way to | 길을 내어 주다, 양보하다 | in decline | 감소하여, 쇠퇴하여 |
| given away | 나눠 주다, 거저 주다 | in exchange for | ~와 교환하여 |
| go a long away | ~에 크게 도움이 되다 | in fact | 사실 |
| go away | 가다, 갖고 도망가다 | in favor of | ~에 찬성하여 |
| go further | 더 나아가다 | in good hands | 안심할 수 있는, 잘 관리되는 |
| go the extra mile | 더 한층 노력하다 | in line with | ~와 일맥상통하는, ~와 일치하여 |
| go through(= experience) | 겪다, 경험하다 | in motion | 움직이고 있는 |
| go up | 오르다 | in nature | 사실상, 현존하여 |
| hand down | 판결을 내리다 | in order to | ~하기 위해서 |
| have an effect on | 영향을 미치다 | in reaction to | ~에 반응해서 |
| have influence on | ~에 영향을 미치다 | in regard to | ~에 관해서는 |
| have nothing to do with | ~와 관계기 없다 | in relation to | ~에 관하여 |
| head for | ~을 향하다 | in search of | ~을 찾아서 |
| hold back | 제지하다 | in sight | 보이는, 가까운 |
| hold up | 제시하다, (예로) 들다 | in spite of | ~에도 불구하고 |
| if anything | 오히려, 설사 있다 하더라도 | in terms of | ~에 관하여 |

| | |
|---|---|
| in the face of | ~의 직면에서 |
| in the past | 과거에 |
| in this way | 이러한 방법으로 |
| in turn | 차례로, 번갈아 |
| indulge in | ~에 빠지다 |
| inform A of B | A에게 B를 알리다 |
| interfere with | 방해하다 |
| involved in | ~에 관련된, 연루된 |
| is opposed to | ~에 반대이다 |
| jump on a bandwagon | 시류에 편승하다 |
| keep in mind | 명심하다 |
| keep up with | ~를 따라잡다, ~을 유지하다 |
| lay out | 배치하다 |
| lead to | ~으로 이끌다, ~을 낳다, ~의 원인이 되다 |
| lie upon | ~에게 달려 있다 |
| live on | ~을 먹고 살다 |
| look for | ~을 찾다 |
| look forward to~ | ~을 고대하다, 기대하다 |
| make sense | 이해하다, 이치에 맞다 |
| make up for | 보충하다, 보상하다 |
| mark out | 구획하다, 구별하다 |
| match up with | ~와 일치시키다, 조화시키다 |
| more likely | 더 ~할 것 같은 |
| move away from | ~에서 이사 가다 |
| much earlier | 훨씬 일찍 |
| no longer | 더 이상 ~않다 |

| | |
|---|---|
| nor V S | ~도 아니다 |
| not A but B | A가 아니라 B다 |
| not only A but also B | A뿐만 아니라 B 또한 |
| not ~ at all | 결코 ~않다 |
| object to ~ing | 부정하다, 반대하다 |
| odds and ends | 시시한 것, 잡동사니 |
| off the top of one's head | 언뜻 생각나는 대로 |
| on ~ing | ~하자마자 |
| on a daily basis | 일상생활에서, 매일매일 |
| on account of(= due to, owing to) | 때문에 |
| on site | 현장의 |
| on the other hand | 반면에 |
| on the rise | 증가 추세에 있는 |
| on the spot | 현장에서, 당장 |
| on the tip of one's tongue | 기억이 날듯 말듯 |
| on one's way to | ~로 가는 길에 |
| one of the most | 가장 ~한 것 중 하나 |
| out of print | 절판되어 |
| out of the woods | 곤란에서 벗어난 |
| out there | 저곳에, 저쪽 편에 |
| over the past | 과거 ~년에 걸쳐서 |
| over time | 시간이 흐름에 따라 |
| owing to | ~때문에 |
| participate in | ~에 참가하다 |
| pass down | ~을 전하다, 물려주다 |

| | | | |
|---|---|---|---|
| pay attention to | 주의를 기울이다 | set in | 발생하다, 시작하다 |
| pay off | 전액을 지불하다, 성과를 거두다 | set up | 만들다, 세우다 |
| play a role | 역할을 하다 | settle in | 자리 잡고 살게 하다 |
| point out | ~을 지적하다 | shortly after | 직후 |
| prevent(= stop) A from B | A가 B하는 걸 막다 | show off | 과시하다, 뽐내다 |
| prone to | ~의 경향이 있는 | shut off | 차단하다, 중단하다 |
| pull away | 몸을 떼다, 떠나기 시작하다 | sick from | ~로 아픈 |
| put an end to | ~을 끝내다 | single out | 선발하다, 선출하다 |
| put somebody at a state(risk) of | ~을 어떠한 상태(위험)에 처하게 하다 | so called | 소위, 이른바 |
| refer to | ~대해 언급하다 | so far | 지금까지는 |
| regard A as B(= see A as B) | A를 B로 간주하다 | so to speak | 말하자면 |
| regardless of | ~와 상관없이, ~을 개의치 않고 | so V S | S 역시 V 하다 |
| relative to | ~에 관하여, ~에 비하여 | sort of | 일종의 |
| rely on(= depend on, count on) | 의존하다, 의지하다 | sort out | 분류하다, 구분하다 |
| replace A with B | A를 B로 대체하다, 바꾸다 | split up | 분열시키다, 분할하다 |
| result from | (어떤 결과가) ~에서 기인한다 | stand for | ~을 상징하다 |
| result in | ~을 결과하다, 낳다 | stare out | 응시하다 |
| resulting in | 그 결과, ~으로 끝나다 | stem from | ~에서 생기다, 유래하다 |
| ride up | 타고 ~에 다다르다 | step into a person's shoes | ~의 후임이 되다 |
| rule out | 제외하다, ~의 가능성을 없애 버리다 | step up | 점점 오르다, 향상하다 |
| run the risk of | ~의 위험이 있다 | stick to | ~에 달라붙다, 집착하다 |
| scope of | 범위의 | succeed in | ~에 성공하다 |
| | | such as | ~와 같은 |
| | | suffer from | ~로 고통 받다, 괴로워하다, (병) ~을 앓다 |
| | | take a day off | 하루 쉬다 |
| | | take a stand | 입장을 취하다 |

| | | | |
|---|---|---|---|
| take out | 대출하다 | to date(= so far) | 지금까지 |
| take place(= occur, break out) | | trade with | ~와 거래하다 |
| | 일어나다, 발생하다 | turn into | ~로 전환하다, 변화하다 |
| take time off | 쉬다 | under no circumstances | |
| take up | 시작하다, 착수하다 | | 어떠한 상황에서도 안 된다 |
| take a toll on | ~에 피해를 가져오다 | up to date | 최신의 |
| tend to | ~하는 경향이 있다, ~하기 쉽다 | vary from | ~와 다르다 |
| these days | 요즘에, 최근에 | view A as B | A를 B로 간주하다, 생각하다 |
| think of A as B | A를 B로 간주하다 | when it comes to | ~에 관하여 |
| those who | ~하는 사람들 | whether or not | ~인지 아닌지 |
| throw away | 내버리다 | wind up | 끝을 맺다, 그만두다 |
| to a degree | 매우, 크게 | with regard to | ~대하여 |
| to a large extent | 많이 | with time | 시간이 흐름에 따라 |
| to compare | 비교하기 위해서 | work out | 운동하다, 성취하다 |